Pleticha
Deutsche Geschichte

Deutsche Geschichte

Band 6

Reformation und
Gegenreformation
1517–1618

Herausgegeben von
Heinrich Pleticha

BERTELSMANN
LEXIKON VERLAG

Die Autoren dieses Bandes:
Prof. Dr. Winfried Böhm, Manfred Firnkes, Siegfried Grißhammer, Lothar Häusler, Gerhard von Hinten, Dr. Karl Kunze, Max Lemmenmeier, Dr. Günter Merwald, Dr. Hanswernfried Muth, Prof. Dr. Heinrich Pleticha, Christian Roedig, Gerhard Schatt, Winfried Stadtmüller

Zeichnungen und Karten:
Hermann Schäfer

Redaktion: Erhard Bethke
Schlußredaktion: Birgit Willmann
Graphische Gestaltung: Hans Roßdeutscher

Druck und Verarbeitung: Elsnerdruck – Ein Mohndruck-Betrieb
Printed in Germany. ISBN 3-570-03760-6

Inhalt

Ein Wort zu diesem Band · 12

SIEGFRIED GRISSHAMMER

DIE ENTFALTUNG DER REFORMATION IN DEUTSCHLAND · 15

Luthers Jugend: Herkunft und Ausbildung 16
Das Gelübde im Gewitter 17
Auf den Pfaden der Kirche – Eine Romreise 20
Sola gratia – sola fide – Erlösung durch Gnade und Glauben 21
Ablaßhandel im Spannungsfeld Landesherrschaft/Rom 23
Der Thesenanschlag zu Wittenberg 24
Mißbehagen in Rom – Verhör in Augsburg 25
Sola scriptura – Wahrheit allein in der »Heiligen Schrift« 32
Leipziger Disputation – Kritik an der Vorherrschaft des Papstes 32
Verbrennung der Bannandrohung 33
Im Schutz starker Landesherren auf dem Reichstag zu Worms 35
Förderer der Reformation – Die Schriften Luthers 36
Theologie im Konflikt mit der Sozialrevolution 40
Der Abendmahlsstreit zwischen Luther und Zwingli 41
Die »Confessio Augustana« – Reichstag in Augsburg 1530 42
Landeskirchen, Gemeinden, Schulen 43

GERHARD VON HINTEN

DEUTSCHLAND UND EUROPA ZUR ZEIT KAISER KARLS V. · 47

Die Kaiserwahl Karls V. 1519 – Kurfürsten und Kapital 48
Ein Vertrag bindet den Kaiser schon vor der Krönung 49

Hoffnungen und Wünsche – Kaisertum und Glaube 52
Der Reichstag von Worms 1521 – Das Problem Luther 53
Umklammertes Frankreich, Zankapfel Italien 57
Siege und maßlose Forderungen – Der »Frieden von Madrid« 61
Franz I. bringt Türken, Italiener und Engländer ins Spiel 62
Meuternde Landsknechte, »Sacco di Roma« 64
Kaiserkrönung in Bologna: die letzte in der Geschichte des Reiches 66
Soziale und religiöse Spannungen 67
Unsicherheit des Lebens – Sehnsucht nach Rechtssicherheit 68
»Ritteraufstand« und »Bauernkrieg« 69
Katholiken und »Protestanten« – Gespaltenes »Reichsregiment« 70
Der Schmalkaldische Bund 73
Gegen osmanische und französische Expansion 74
Sieg im Mittelmeer 75
Zum dritten Mal Krieg mit Franz I. 78
Friede in Nizza – Aufstand in Gent 79
Erneutes Stillhalteabkommen mit den Protestanten 80
Unterstützung durch die Protestanten 81
Triumph und Niederlage: Mit Gewalt gegen die Protestanten 82
Überfall auf die Schmalkaldner 82
Der »geharnischte« Reichstag von Augsburg 85
Der Gegenschlag der protestantischen Fürsten 89
Der Augsburger Religionsfriede – Sieg der Territorialherren 90
Die Abdankung 91

HEINRICH PLETICHA
Die Landsknechte · 97

Das Ende der Ritterheere 97
»Reisläufer«, Söldner, »Lands-Knechte« 97
»Glücksritter« und Soldaten 100
Wilde Gesellen in farbenprächtiger Gewandung 102
Die Waffen der Landsknechte 106
Schlagkräftige Organisation – Teure Finanzierung 108
Karrees, »Verlorener Haufe«, Spieße, Büchsen und Artillerie 109
Das Landsknechtsfähnlein – Gemeinschaft aus Not und Armut 110
Selbstversorgung im Lager – Trunksucht und Spielleidenschaft 111
Ordnung und Rechtsprechung 112
Blütezeit und Niedergang 113

HEINRICH PLETICHA

Die Erhebung der Bauern 1460–1524/1525 · 114

Der Bundschuh 114
Unruhen und Aufstände von Speyer bis nach Kärnten 115
Der Pfeifer von Niklashausen 117
Feudalordnung und einseitige Begünstigung von Adel und Geistlichkeit 119
Stühlingen, Kempten, Ulm, Bodensee – Erhebungen überall 120
Maßvolle Forderungen der Bauern – Die »Zwölf Artikel« 122
Der Aufstand im Südwesten 123
Brutale Militärmaschinerie und Versprechungen 127
Der Aufstand an Tauber, Main und Neckar 127
Götz von Berlichingen und Florian Geyer 129
»Bauernparlament« von Heilbronn 129
Das Ende des fränkischen Aufstandes 130
Unruheherd Thüringen 132
Das Gemetzel von Frankenhausen 133
Der Anfang des absolutistischen Territorialstaates 134

MAX LEMMENMEIER

Die Reformation in der Schweiz · 136

Die Staatsorganisation der Eidgenossenschaft 136
Söldner, Soldunternehmen, »Pensionen« – Faktoren der Volkswirtschaft 137
Einfluß des Soldwesens auf die Reformation 139
Huldrych Zwingli – Begründer der Schweizer Reformation 139
Glaube und Gnade – Heilige Schrift und Gemeinschaft der Gläubigen 140
Die Reformation in Zürich 141
Kampf gegen die »Täufer« – Kampf gegen Änderung der Sozialordnung 142
Die Bauern fordern Freiheit und Rechte 143
Widerstand der altgläubigen alten Orte 144
Reformation in Bern – Zunehmende Militanz Zwinglis 145
Fortschritte im »Ersten Kappeler Landfrieden« 146
»Zweiter Kappeler Landfrieden« 147
Farels Reformation der Westschweiz – Expansion Berns 148
Johannes Calvin – Reformation in Genf 149

KARL KUNZE
Schwärmer und Täufer · 152

Der ›linke Flügel‹ der Reformation 152
Die Wittenberger ohne Luther 153
Die »Zwickauer Propheten« und der Wittenberger Kirchensturm 154
Die Täuferbewegung von Zürich 156
Die »Brüderliche Vereinigung« der Täufer 156
Die »Böhmischen Brüder« und »Hutterer« 157
Das Täuferreich zu Münster 157
Die Mennoniten 162

GERHARD SCHATT
Städte und Bürgertum im Wandel
Wirtschafts- und Sozialprobleme · 163

Ein neues Bildungs- und Wirtschaftsbürgertum 163
Das Bild der Städte wandelt sich 164
Auch das Heerwesen und die Artillerie verändern die Städte 167
Wirtschaftliche Schwächung der deutschen Städte durch die Entdeckung der Neuen Welt 171
Geldentwertung, Verlagswirtschaft, Lohnarbeit – Soziale Probleme – Soziale Unruhe und Reformation 173
Die Reformation als Träger sozialer Probleme 174
Kritik und Gefährdung der Kredit- und Monopolwirtschaft 176
Übermacht der zukunftsorientierten Territorialstaaten 178

CHRISTIAN ROEDIG
Handel und Gewerbe im 16. Jahrhundert · 182

Der Orient – wichtig für den Handel mit Luxusgütern 183
Damals wie heute ein Problem: die Inflation 183
Der frühkapitalistische Unternehmer 186
Ein neuer Wirtschaftsfaktor: Bücher 188
Neue Erzeugnisse: Brillen, Mikroskope, Uhren 189
Neue Techniken in Bergbau und Textilgewerbe 189
Neue Unternehmensformen: Kapitalgesellschaften, Monopole 193
Verschlechterung des Sozialstatus' – Streiks und Aufstände 194
Textilien in Großproduktion und auf »Verlegerbasis« 194
Bilanz der Epoche: Wettstreit individueller Leistung und organisierter Großproduktion 196

LOTHAR HÄUSLER

Höfisches Leben im 16. Jahrhundert · 199

Der Tagesablauf am Hof 199
»Unziemlichkeit« und Maßlosigkeit ... 200
Die Fürstentafel – Speisen und Getränke im Überfluß 201
Ehrenvoll aber fast immer undankbar: das Amt des Hofmarschalls 202
Fürstliche Familienfeste – farbige Schauspiele für Gäste und Bevölkerung 202
Mehr abenteuerlicher Exzeß als waidmännische Kunst: Die Jagd 204
Die Welt der Prinzen, Prinzessinnen, Fürstinnen und Hofdamen 205
Wandel höfischen Lebens am Ende des 16. Jahrhunderts 206

GÜNTER MERWALD

Literatur im Reformationszeitalter (1517–1600) · 209

Die Reuchlin-Fehde: Literarischer Auftakt der Reformation 209
Luther – Wegbereiter deutscher Gemein- und Schriftsprache 210
Flugschriften und Traktate 214
Luthers Bibelübersetzung 214
Die Reformation im Pro und Contra 216
Das Schuldrama in reformiertem Gewand 218
Fastnachtspiele: moralisch, humorvoll, unterhaltend 219
Jesuitendrama und englische Schauspieltruppen 220
Die Prosa der Volksbücher und Schwänke 221
Zwischen Anspruch und Volkstümlichkeit – Die Romane und Fabeln Wickrams und Fischarts 222
Die Lyrik im »Prokrustesbett« des Meistersangs 224

HANSWERNFRIED MUTH

Bildhauer und Maler im Reformationszeitalter · 225

Suche nach neuen Formen und Inhalten 225
Überragender Höhepunkt der Kunst in den ersten Jahrzehnten des 16. Jahrhunderts 226
Die deutsche Plastik der Spätgotik und Dürer-Zeit 230
Die oberdeutschen Bildhauer 230
In Franken: Adam Krafft, Veit Stoß, Tilman Riemenschneider 232
Bildhauer an Mittel- und Niederrhein 236
Lübecker Schule 237

Italienische Renaissance – Einflüsse in Augsburg und Kaufbeuren 238
Die deutsche Malerei von der Spätgotik bis zur Dürer-Zeit 240
Albrecht Dürer 241
Mathis Gothart – Neithart, genannt Grünewald 243
Albrecht Altdorfer 244
Lucas Cranach 244
Hans Holbein d. J. 246

WINFRIED STADTMÜLLER
Die Erneuerung der katholischen Kirche · 247

Alarmmeldungen und Sorglosigkeit 247
Rechthaberei und Verzagtheit statt Reformen 248
Waffengewalt, die nicht weiter hilft 249
Frühe Mahner und erste Reformbestrebungen 249
Die »Reform des Hauptes« 250
Der Ruf nach dem Konzil 251
Das Tridentinum – Konzil mit Schwierigkeiten und Erfolgen 251
»Reform an den Gliedern« 253
Neue Geschlossenheit und ein zukunftweisendes Programm 253
Herausragende Päpste und vorbildliche Bischöfe 254
Ignatius von Loyola 255
Die »Gesellschaft Jesu« 256
Die »Verfügungstruppe des Papstes in Deutschland« 257
Petrus Canisius – Reformer und Lehrer 258
Die ›Gegenreformation‹ mit politischen Mitteln 260

MANFRED FIRNKES
DEUTSCHLAND IN DER ZWEITEN HÄLFTE DES 16. JAHRHUNDERTS · 263

Karl V. und sein Nachfolger Ferdinand I. 264
Machtgrundlagen und Gefährdungen in Ferdinands I. Regierungszeit 266
Fünf Kaiser zwischen Frieden und Krieg 267
Die fünf Habsburger Kaiser im Bann der Erbteilungsprobleme 269
Die Hypothek der Türkengefahr 271
Kaiser und Reich in Abhängigkeit der Reichsstände und Territorialinteressen 272
Desolate Rechtsprechungsverhältnisse im Reich – Visitationskammer und »Vierklosterstreit« 275

Handlungsunfähigkeit des Reichstages 277
Eskalation: Protestantische »Union« und katholische »Liga« 278
Vorzeichen des Krieges 279
Territorial-konfessionelle Konflikte in Österreich 279
Die konfessionellen Zustände und Spannungen im Reich 281
Beispiel territorial-konfessioneller Brisanz – Die »Grumbachschen Händel« 284
Der Klosterkonflikt von Fulda 285
Der »Kölner Krieg« 286
Der »Jülich-Klevische Erbfolgestreit« 288
Der Dreißigjährige Krieg wirft seine Schatten voraus 290

WINFRIED BÖHM

Bildungswesen und Bildungsstätten im Deutschland des Spätmittelalters und der Reformationszeit · 291

Spätmittelalterliches Bildungsideal: die Vernunft 291
Vorbild und Gewissen – auch sie Gaben der Vernunft 293
Die Universitäten des Spätmittelalters 294
Universität mit scholastischen Prinzipien – lectio und auctores 295
Basis der Universität: Christliche Heilslehre, Universalität 297
Bürgertum – Stadtschulen – Privatschulen 297
Bildung zu Beginn der Reformationszeit 298
Renaissance – Humanismus – Reformation 299
Der Mensch – autonomes Ebenbild Gottes 299
Bildungsinhalte: Poesie, Literatur, Geschichte 301
Luthers Bildungsidee – Der freie Christenmensch 301
Verfall der Bildung und Bildungsstätten 304
Impulse der Humanisten – Altsprachliche Schulen und Universitätsreform 305
Praxisbezogenes protestantisches Schulwesen 305
Melanchthon: Gelehrtenschulen und neue Universitäten 305
Die landesherrlichen Schulen Ende des 16. Jahrhunderts 306
Auf dem Weg zur deutschen Volksschule 307
Die Gegenreformation – Die pädagogische Erneuerung durch die Jesuiten 308

Allgemeine Literaturhinweise · 310
Sach- und Namensregister · 311
Abbildungsnachweis · 320

Ein Wort zu diesem Band

Der sechste Band der »Deutschen Geschichte« umfaßt ein ebenso bewegtes wie bedeutsames Jahrhundert. Er beginnt mit 1517, dem Jahr, in dem Martin Luther seine berühmten Thesen veröffentlichte und damit eine theologische wie politische Umwälzung größten Ausmaßes einleitete. So ist auch seinem Werk, den geistesgeschichtlichen und theologischen Grundlagen der Reformation und ihrer inneren Entwicklung bis zum Augsburger Religionsfrieden von 1555 das erste Kapitel gewidmet.

Im Jahr 1517 regierte im Heiligen Römischen Reich Deutscher Nation noch Kaiser Maximilian I., den wir schon ausführlich im fünften Band kennengelernt haben. Als er 1519 starb, folgte ihm sein Enkel auf den Thron, der in Spanien aufgewachsene Karl V., der dann für fast vierzig Jahre nicht nur die deutsche Politik bestimmte, sondern das Reich auch immer wieder in seine Auseinandersetzungen mit Frankreich hineinzog. Mit seiner Regierungszeit beschäftigt sich das umfangreiche zweite Kapitel des Buches.

Das dritte und vierte Kapitel beleuchten punktuell zwei Teilbereiche: Schon unter Maximilian gab es die sogenannten Landsknechte, die dann unter Karl V. eine so kriegsentscheidende Bedeutung erlangten, daß es sich lohnt, ihren militärischen Aufbau, vor allem aber ihre merkwürdige soziale Struktur einmal näher zu untersuchen. Und kaum ein anderes Ergebnis in der Regierungszeit Karls V. beschäftigt uns heute noch so nachhaltig wie der sogenannte Bauernkrieg. Die exemplarische politische Bedeutung dieser ersten deutschen Revolution verlangt deshalb auch eine ausführlichere Darstellung.

Diesen militärgeschichtlich, politisch und sozial geprägten Kapiteln stehen drei andere gegenüber, die sich in Ergänzung und Fortführung des ersten mit theologischen und geistesgeschichtlichen Fragen wie

den Schwarmgeistern und Täufern, der Reformation in der Schweiz und der Erneuerung der katholischen Kirche seit der Mitte des 16. Jahrhunderts beschäftigen. An diese Kapitel schließt sich das dritte große Überblickkapitel über die politische Entwicklung im Reich in der zweiten Hälfte des 16. Jahrhunderts an. Wenn es nur bis zum Vorabend des Dreißigjährigen Krieges führt, statt diesen noch folgerichtig zu behandeln, so sind dafür allein formale Gründe maßgebend.
Wie in den bisherigen Bänden, so wurde auch in diesem die Darstellung von Kunst und Literatur weitergeführt, die man im engen Zusammenhang mit der geistesgeschichtlichen Entwicklung sehen muß. Anschließend an das Kapitel über »Städte und Städtebünde« in Band 5 informiert hier ein kürzerer Abschnitt über die Städte und Bürger in der Reformationszeit. Als Ergänzung und Gegenstück dieser Schilderung ist das Kapitel über das höfische Leben im 16. Jahrhundert gedacht. Damit ist die Lebenswelt der Bürger und des Adels erfaßt. Auf den bäuerlichen Alltag wird erst wieder in Band 7 eingegangen.
Da Wirtschaft und Handel im Zeitalter der Entdeckungen und des Frühkapitalismus einen beachtlichen Aufschwung erfahren, werden auch die damit verbundenen Probleme aufgezeigt und untersucht. Und wie bei den vorangegangenen Bänden ist das Schlußkapitel wieder einer kultur- bzw. geistesgeschichtlichen Einzelfrage gewidmet: Schon 1348 war durch König Karl IV. in Prag die erste deutsche Universität gegründet worden. Die in ihrer Nachfolge entstandenen Hochschulen und die Lateinschulen in den Städten erlebten im 15. wie vor allem im 16. Jahrhundert einen erheblichen Aufschwung.

Allen Kapiteln wurden Informationskästchen beigegeben, die für die jeweilige Zeit wichtige Begriffe und Vorgänge hervorheben und erläutern. Ebenso findet der Leser am Ende eines jeden Kapitels spezielle Literaturhinweise und am Ende des Buches eine Übersicht über allgemeine und weiterführende Literatur.

Herausgeber und Verlag

Sigel:

W.B. = Prof. Dr. Winfried Böhm
S.G. = Siegfried Grißhammer
G.v.H. = Gerhard von Hinten
G.M. = Dr. Günter Merwald
H.M. = Dr. Hanswernfried Muth
H.P. = Prof. Dr. Heinrich Pleticha
W.S. = Winfried Stadtmüller

K: verweist auf Informationskästchen mit Erläuterungen wichtiger und für die Zeit symptomatischer Begriffe und Vorgänge.

Hinter den Herrschernamen werden in der Regel die Regierungsdaten angegeben, hinter sonstigen Namen die Lebensdaten.

Evangelium und Vergebung der Sünden: *Friedrich III. und Johann I. von Sachsen empfangen durch Luther und Hus das Abendmahl. Allegorischer Holzschnitt der Cranach-Schule, 1551.*

SIEGFRIED GRISSHAMMER

DIE ENTFALTUNG DER REFORMATION IN DEUTSCHLAND

Luthers Jugend – Erlösung durch den Glauben und die Gnade Gottes allein – Die Ausuferung des Ablaßhandels in den deutschen Ländern – Spannungen zwischen den Landesherrschaften und der römischen Kurie – Der Thesenanschlag zu Wittenberg und seine Wirkungen – Verhöre und Disputationen – Wahrheit allein in der »Heiligen Schrift« und im Evangelium – Bruch mit dem Papsttum – Bannandrohung und Verbrennung der Bannbulle – Im Schutz des Landesherrn – Vor Kaiser und Reich (1521) – Luthers Theologie – Wormser und Augsburger Reichstag – Die Confessio Augustana – Die Landeskirchen – Gemeinden und Schulen – Ausbreitung der Reformation – Vorgezeichnete Konflikte.

Wie auch immer man die Rolle der Persönlichkeit in der Geschichte einschätzt, ob man mehr ihre schöpferisch prägende Bedeutung hervorhebt oder sie eher als lebendigen Ausdruck vorhandener Zeitströmungen und Umweltverhältnisse begreift, die deutsche Geschichte der ersten Hälfte des 16. Jahrhunderts kennzeichnen besonders Ereignisse und Entwicklungen, die mit der Person des Wittenberger Reformators Martin Luther zusammenhängen. Darüber hinaus haben die Gedanken und Ereignisse, die in einem schmerzlich und außerordentlich dramatisch verlaufenen Prozeß die mittelalterliche Glaubenseinheit zerstörten und von Rom losgelöste Kirchen entstehen ließen, in der Folgezeit das Geistesleben des Abendlandes und Nordamerikas in starkem Maße bestimmt. Eine geistige Bewegung wie die Aufklärung des 18. Jahrhunderts ist ohne die Reformation des 16. Jahrhunderts schlechthin undenkbar. Und noch unsere eigene Gegenwart, für uns gekennzeichnet durch einen früher für unmöglich gehaltenen technischen Fortschritt, kann ohne die in den religiösen Kämpfen der Reformationszeit freigesetzten Denkrichtungen und -möglichkeiten nicht verstanden werden. Wenn irgendwo, dann läßt sich am Beispiel der Reformation und der durch sie in Gang gesetzten Entwicklungen veranschaulichen, daß man die eigene Gegenwart ohne Kenntnis der Vergangenheit nicht erfassen und beurteilen kann.

Luthers Jugend: Herkunft und Ausbildung

Martin Luther gehört zu den Menschen, deren Leben und Taten uns sehr genau zugänglich sind. Das liegt nicht nur daran, daß er selbst zeitlebens mit Menschen verschiedener gesellschaftlicher Schichten einen umfangreichen Briefwechsel führte und unzählige Schriften verfaßte. Auch zahllose Zeitgenossen äußerten sich über ihn und bezeugten ihre Ablehnung oder ihre Zustimmung. Nimmt man Luthers Vorlesungsmanuskripte und Predigten hinzu, dann kann man dem folgenden Urteil des protestantischen Kirchenhistorikers Bernhard Lohse nur zustimmen: »Über keinen anderen Menschen des 16. Jahrhunderts und der gesamten Geschichte vorher sind so viele Einzelheiten aus seinem Leben wie aus seinem Tageslauf bekannt wie über Luther.«
Martin Luther wurde als zweiter Sohn eines Bergmanns am 10. November 1483 in Eisleben (östliches Harzvorland) geboren. Der aus einer bäuerlichen Familie, vom Westrand des Thüringer Waldes stammende Vater Hans Luther überließ den väterlichen Hof gemäß dem Erbrecht seinem jüngeren Bruder und ging selbst in den Kupferbergbau. 1484 siedelte er deshalb von Eisleben nach Mansfeld über, wo es

ihm gelang, durch Fleiß und Ausdauer einen bescheidenen Wohlstand aufzubauen.
Die Mutter, gebürtig aus Neustadt/Saale, hatte eine Schar von neun Kindern aufzuziehen. Im Rückblick sagte Luther 1533 über seine Eltern: »Mein Vater ist in seiner Jugend ein armer Häuer gewesen. Die Mutter hat all ihr Holz auf dem Rücken heimgetragen. So haben sie uns erzogen. Sie haben harte Mühsal ausgestanden, wie sie die Welt heute nicht mehr ertragen wollte.«
Das religiöse Leben der Familie bewegte sich in den gewohnten Bahnen einer normalen mittelalterlichen Frömmigkeit. – Nach dem Besuch der Mansfelder Stadtschule wechselte Luther 1497 auf die Magdeburger Domschule über, an der die Brüder vom gemeinsamen Leben, Mitglieder einer ordensähnlichen Gemeinschaft zur Pflege mönchischer Frömmigkeit, unterrichteten. Die drei Jahre von 1498 bis 1501 verbrachte Luther in Eisenach, wo die Familie mehrere Verwandte hatte. An der dortigen Pfarrschule zu St. Georgen vervollkommnete er seine Lateinkenntnisse so, daß er diese Sprache hinfort fließend sprechen und schreiben konnte. Er fand auch Zutritt zu den Patrizierfamilien Schalbe und Cotta, die für seine Unterkunft und Verpflegung sorgten.
Im Jahre 1501 zog Luther in das benachbarte Erfurt, um die dortige Universität zu besuchen. Er absolvierte zunächst ein Grundstudium, das ihm solide Kenntnisse in Grammatik und Rhetorik, aber auch in der Logik, Ethik und Metaphysik des griechischen Philosophen Aristoteles vermittelte. Diese Ausbildung beendete Luther mit der Promotion zum Magister Artium, einem von der Universität verliehenen akademischen Titel.

Das Gelübde im Gewitter

Im Jahre 1505 nahm Luther auf väterlichen Wunsch in der gleichen Stadt das juristische Studium auf. Doch riß ihn schon im ersten Semester ein unvorhergesehenes Ereignis aus seiner bis jetzt so normal verlaufenen Lebensbahn. Am 2. Juli 1505 befand er sich auf der Rückkehr von Mansfeld nach Erfurt. Seinem Ziel schon sehr nahe, geriet er bei Stotternheim in ein schweres Gewitter und gelobte, unter Anrufung der heiligen Anna, der Schutzpatronin der Bergleute: »Ich will ein Mönch werden!« Wir wissen, daß der Vater von dem Entschluß seines Sohnes, mit dessen weltlicher Karriere er sicher große Hoffnungen verband, gar nicht erfreut war. Er gab schließlich seine Zustimmung, als er erkannte, daß es seinem Sohn mit dem Gelöbnis wirklich ernst

Luthers Leben und Wirken in Daten

10. 11. 1483	*Geburt in Eisleben*
1505	*Durch einen Blitzschlag Bekehrungserlebnis, Abbruch des weiteren juristischen Studiums, Eintritt in den Augustinerorden, Theologiestudium*
1508	*Universität Wittenberg*
1510	*Romreise. Erschütterung über die Verweltlichung der Kirche*
1512	*Doktortitel. Professur für Bibelauslegung* *»Turmerlebnis«: Vergebung der Sünden nicht durch gute Werke, sondern durch Vertrauen in das Evangelium und den Glauben an die Gnade Gottes*
1517	*95-Thesen-Anschlag an der Schloßkirche zu Wittenberg als Aufforderung zur Diskussion über den Ablaß*
1518	*Verhör in Augsburg durch päpstlichen Legaten*
1519	*Disputation zwischen Johann Eck sowie Luther und Karlstadt* *Luther bestreitet den Vorrang des Papstes, die Bedeutung der Kirchentradition und die Unfehlbarkeit der Konzile und stellt das Wort der Heiligen Schrift und den Glauben an das Evangelium als allein verbindlich dar, riskiert also den Bruch mit dem Papst*
1520	*Aufruf zu einem Nationalkonzil in seiner Schrift »An den christlichen Adel deutscher Nation«* *Anerkennung nur zweier Sakramente entsprechend dem Evangelium (Abendmahl und Taufe) in der Schrift »Von der babylonischen Gefangenschaft der Kirche«* *Nur im Glauben finden wir zur Gnade Gottes: in der Schrift »Von der Freiheit eines Christenmenschen«* *Verbrennung der Bannandrohung in Wittenberg*
1521	*Ächtung auf dem Wormser Reichstag. »Wormser Edikt« verbietet Verbreitung und Lektüre seiner Schriften*
1521/22	*Als Junker Jörg auf der Wartburg* *Übersetzung des Neuen Testaments (ersch. 1522)*

war. Und so trat Luther bereits am 17. Juli in das Kloster der Augustinereremiten in Erfurt ein.
Wir dürfen sicher annehmen, daß Luthers durch das Gewitter ausgelöster Entschluß innerlich schon lange herangereift war. Die Zeit stellte ja die Frage nach dem Seelenheil und der Möglichkeit, einmal würdig vor den ewigen Richter zu treten, mit großer Intensität, und das mön-

1522	*Bilderstürmer in Wittenberg*
1522/1523	*Reichsritter-Aufstand*
1525	*Bauernkrieg* *Verurteilung in der Schrift »Wider die stürmenden Bauern«* *Heirat der ehemaligen Nonne Katharina von Bora*
1526	*1. Reichstag zu Speyer – Stillhalten zwischen den Konfessionen*
1529	*2. Reichstag zu Speyer. Evangelische Stände protestieren (daher Protestanten) gegen »Wormser Edikt«* *Marburger Religionsgespräch mit Zwingli* *Erscheinen des kleinen Katechismus*
1530	*Reichstag zu Augsburg. Bestätigung des »Wormser Edikts« und Bekenntnis der evangelischen Stände zum neuen Glauben in der »Confessio Augustana«* *Luther auf der Veste Coburg. Weiterarbeit an der Übersetzung der Bibel* *Schrift »Sendbrief vom Dolmetschen«*
1531	*Bildung des Schmalkaldischen Bundes der evangelischen Fürsten*
1532	*»Nürnberger Anstand«. Religionsfrieden wegen Türkengefahr*
1546/47	*Schmalkaldischer Krieg. Niederlage der Evangelischen in der Schlacht bei Mühlberg. Gefangennahme der Protestanten Philipp von Hessen und Friedrich von Sachsen*
18. 2. 1546	*Tod in Eisleben*
1547/48	*»Geharnischter Reichstag zu Augsburg«. Zugeständnis des Laienkelchs und der Priesterehe, aber ansonsten Beharren auf katholischem Standpunkt. Magdeburg wegen Weigerung in Reichsacht*
1551/52	*Fürstenrebellion unter Moritz von Sachsen, Vertrag mit Frankreich gegen Preisgabe von Metz, Toul, Verdun. Sieg über den Kaiser*
1552	*Vertrag von Passau bestätigt bestehende Verhältnisse*
1555	*Augsburger Religionsfriede: »Cuius regio, eius religio«*

chische Leben war nach allgemeiner Überzeugung ein Gott gefälliger Weg, diesem Ziele näherzukommen.

Luther fügte sich ohne Widerspruch in die Ordensgemeinschaft ein und befolgte die vielen den Tagesablauf regelnden Vorschriften gewissenhaft. Er übte in der Beichte eine eindringliche Selbstzerfleischung und war durch die Absolution (Vergebung der Sünden) nie lange zu

beruhigen. Am 27. Februar 1507 erfolgte die Priesterweihe. Gleichzeitig bekam er den Auftrag zum Studium der Theologie, das ihn vor allem mit der Lehre des englischen Scholastikers Wilhelm von Ockham (1285 oder 1295 bis 1349 oder 1350) in Berührung brachte, der die rationale Beweisbarkeit von Gottes Dasein geleugnet und philosophische und theologische Wahrheit streng getrennt hatte. Luther vertiefte sich ebenso in das Studium der Bibel, der Kirchenväter und theologischer Kommentare.
Der verständnisvolle und ihm in seinen Glaubensnöten hilfreiche Generalvikar der Augustinerkongregation, Johannes von Staupitz, holte Luther im Oktober 1508 in das Augustinerkloster in Wittenberg und betraute ihn mit der Abhaltung von biblischen Vorlesungen an der Universität. Doch schon bald wurde Luther wieder nach Erfurt zurückberufen, um dort Vorlesungen zu übernehmen.

Auf den Pfaden der Kirche – Eine Romreise

Eine Romreise, die Luther im November 1510 unternahm, blieb ohne größere Wirkung auf ihn. Erst aus der Rückschau hat er die Verweltlichung der Kirche, die ihm in Rom auf Schritt und Tritt begegnete, scharf kritisiert. Während seines Aufenthalts suchte er eifrig Sündenvergebung und Fegefeuererlaß für sich und seine Verwandten, indem er die von der Kirche dargebotenen Gnadenmittel dankbar in Anspruch nahm und die damit verbundenen Pflichten und Auflagen gewissenhaft erfüllte.
Nach der Rückkehr von der Romreise, im Sommer 1511, holte ihn der ihm wohlgesonnene Ordensobere der Augustiner Johann von Staupitz wieder nach Wittenberg. Luther übernahm das Amt des Klosterpredigers, erwarb die Würde eines Doktors der Theologie und erhielt schließlich die Lectura in Biblia, eine Professur, die ihn zu exegetischen (auslegenden) Vorlesungen verpflichtete.
Wer den bisher geschilderten Lebenslauf überblickt, kommt kaum auf den Gedanken, daß Luther die Laufbahn eines religiösen ›Revolutionärs‹ vorgezeichnet war. Und doch müssen wir die Frage stellen, ob sich in Luthers religiösem Denken und Verhalten bereits Ansatzpunkte finden, die seinen späteren Weg zumindest verstehbar machen. Natürlich hat die Wissenschaft viele Deutungen versucht bis hin zu tiefschürfenden Analysen aller uns bekannten Seelenregungen und Stimmungen des Reformators. Am einleuchtendsten ist es noch immer, daß Luther wahrscheinlich in diesen Jahren die Frage am stärksten bewegte: »Wie bekomme ich einen gnädigen Gott?« Diese Frage

Zwischen Spott und Bewunderung: *Luther als Herkules Germanicus, den ›Augiasstall der reformbedürftigen römischen Kirche‹, reinigend. Flugblatt der Zeit. Zürich, Zentralbibliothek.*

zog all die anderen Fragen, die im weiteren Verlauf der Reformation so wichtig wurden, nach sich: Kann ich überhaupt etwas für mein Seelenheil tun? Können mir die von der Kirche dargebotenen Gnadenmittel helfen? Welche Antworten gibt die Bibel, vor allem das Neue Testament?

Sola gratia – sola fide – Erlösung durch Gnade und Glauben

In den Jahren zwischen 1511 und 1517 erarbeitete sich Luther eine theologische Position, die sicherlich zum religiösen Leben seiner Um-

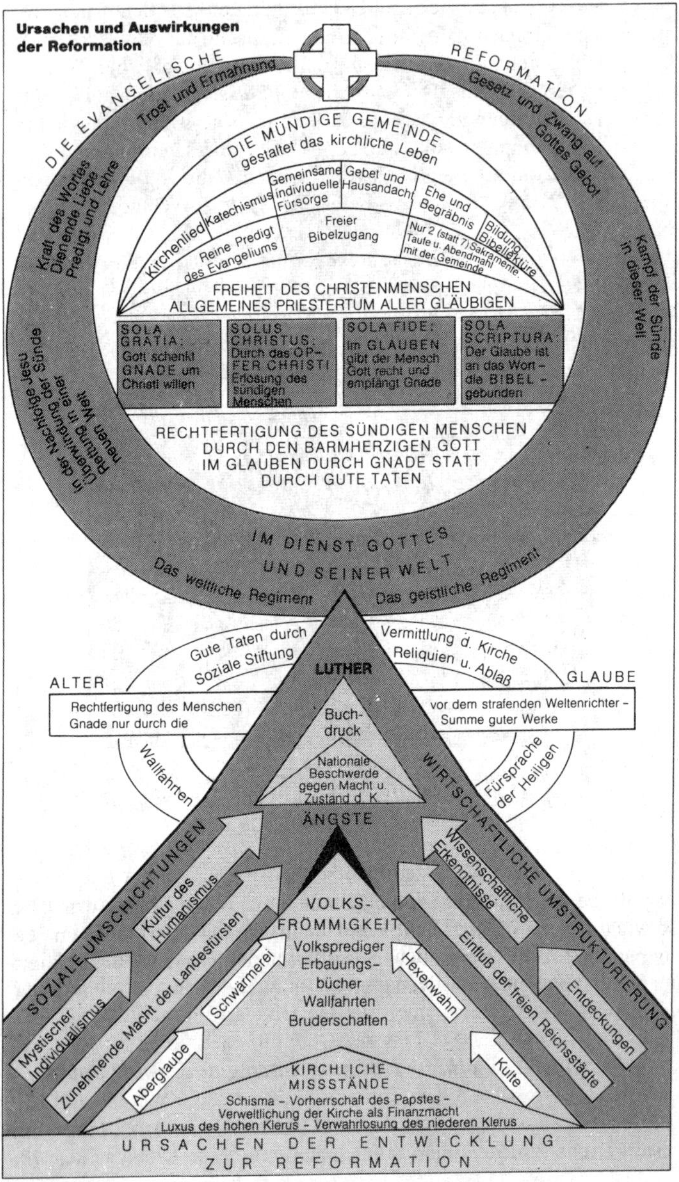

Ursachen und Auswirkungen der Reformation

welt bereits im Widerspruch stand, aber noch nicht aus dem Raum der katholischen Kirche hinausführte: Unter Berufung auf den Kirchenvater Augustinus behauptete er die Unfreiheit des menschlichen Willens in allen Fragen des Heils. Der göttlichen Gnade sei es allein anheimgegeben, den Menschen von Schuld zu befreien (lat. sola gratia); allein durch den Glauben (lat. sola fide) könne diese Gnade empfangen werden. Dieser Glaube aber verlangt vom Menschen die völlige Selbstaufgabe, das vertrauende Sich-Ausliefern an Gott auf Gnade und Ungnade.

Man wird freilich auch behaupten können, daß die rigorose Ausschließlichkeit, mit der Luther diese Aussage in den Mittelpunkt seiner Theologie stellte, eine Konfrontation mit der bestehenden Lehre der Kirche wahrscheinlich machte. Der Streit entzündete sich 1517 an der Ablaßpraxis der Kirche.

Ablaßhandel im Spannungsfeld Landesherrschaft/Rom

Im Jahre 1514 wurde der Kardinal Albrecht von Brandenburg zum Erzbischof von Mainz gewählt, wollte jedoch die Erzdiözese Magdeburg und die Administratur von Halberstadt, an deren Spitze er bisher gestanden hatte, behalten. Papst Leo X. stimmte dieser in der damaligen Zeit keineswegs aus dem Rahmen fallenden Ämterhäufung zu, forderte aber dafür von Albrecht die Bezahlung einer beträchtlichen Summe. Man wurde sich schließlich einig, ab 1515 einen Ablaß für den Neubau der Peterskirche auszuschreiben und die Gelder zwischen Rom und Albrecht zu teilen. Finanziellen Vorteil zog aus diesem Geschäft auch das Augsburger Bankhaus Fugger, das dem Kardinal die von Rom geforderte Summe vorstreckte.

Worin bestand nun dieser Ablaß? Der Gläubige konnte durch eine Geldspende an die Kirche zeitliche Sündenstrafen, eingeschlossen die des Fegefeuers, tilgen und dieses Gnadenmittel auch Verstorbenen zukommen lassen. In der Theorie war natürlich ehrliche Reue die Voraussetzung für die priesterliche Absolution. Die Praxis allerdings, wie der Ablaß angeboten wurde, hatte sich im Lauf der Zeit vergröbert und das Bußsakrament immer mehr in den Hintergrund gerückt.

Luther hatte schon einige Zeit dem Ablaßhandel mißtrauisch gegenübergestanden. Zwar durfte der neue von Rom initiierte Ablaß im Kurfürstentum Sachsen – wo Luthers Wirkungsstätte Wittenberg lag – nicht vertrieben werden, da Kurfürst Friedrich dies verboten hatte: weniger freilich aus theologischen Gründen als aus finanzieller Kon-

»Ein Frag an eynen Münzer«: Flugblatt auf die Finanzzerrüttung durch Ablaßhandel, minderwertige Münzen und falsche Gewichte. Kolorierter Holzschnitt, um 1530.

kurrenz, entging ihm doch als Landesherr durch Vergabe des Ablasses an Albrecht eine gute Geldquelle für sein eigenes Territorium.

Der Thesenanschlag zu Wittenberg

Das Verbot fruchtete wenig. Die Gläubigen aus Wittenberg und Umgebung wanderten in das nahe, jenseits der Grenze im Brandenburgischen gelegene Jüterbog, wo der Dominikanermönch Tetzel im Auftrag des Erzbischofs Albrecht den Ablaß so marktschreierisch unters Volk brachte, daß sich Luther herausgefordert fühlte: Er veröffentlichte am 31. Oktober 1517 fünfundneunzig lateinische Thesen (Leitsätze) über den Ablaß und das Wesen der wahren Buße und forderte mit diesem Schritt zu einem theologischen Gespräch (Disputation) heraus. Wohl kaum konnte er ahnen, welch außerordentliche Wirkung seine Thesen, die in kurzer Zeit in unzähligen Exemplaren im deutschen Sprachraum verbreitet und begeistert aufgenommen wurden,

nach sich ziehen würden. Sicherlich erfaßten viele den theologischen Gehalt der Thesen nur unvollkommen und freuten sich mehr darüber, daß Finanzpraktiken der Kirche angegriffen wurden.
Was Luther besonders bewegte und in seinem Gewissen beunruhigte, war die Zurückdrängung der Buße in der Ablaßpraxis Tetzels. So verwundert es auch nicht, daß schon die erste These sein Hauptanliegen zum Ausdruck bringt mit der Feststellung, »daß das ganze Leben der Gläubigen Buße sein soll«. Unmißverständlich heißt es in der These 52: »Eitel und nichtig ist das Vertrauen, durch Ablaßbriefe das Heil zu erlangen, auch wenn der Kommissar, ja der Papst selbst seine eigene Seele zum Pfand dafür gäbe.« Besonders scharf wendet sich Luther gegen das Versprechen, durch Ablaßzahlung könne die Fegefeuerstrafe erlassen werden. Ebenso geißelte er die Übertragung des Ablasses auf Verstorbene.

Mißbehagen in Rom – Verhör in Augsburg

Wenn der lutherische Protestantismus den 31. Oktober 1517 als Beginn der Reformation betrachtet, so hat das seine Berechtigung, angesichts der Folgen, die sich aus dem Streit ergaben. Luther selbst wollte zu diesem Zeitpunkt gewiß keine neue Kirche gründen und hat auch später seine Theologie immer als eine Erneuerung des Urchristentums verstanden. In welch gewaltige Auseinandersetzung er sich mit der Veröffentlichung der Thesen einließ, konnte er damals nicht ahnen. Schließlich hatte es auch vor ihm schon Ablaßkritik gegeben. So war etwa die Zuwendbarkeit des Ablasses an Verstorbene unter den Theologen der Zeit durchaus umstritten.
Die folgenden Jahre sind nun von einer Reihe dramatischer Ereignisse gekennzeichnet, bei denen sich die religiöse Bewegung mit der politischen Entwicklung aufs innigste verknüpfte. Die Geschichte des Deutschen Reiches wird in diesen Jahren ganz stark durch die von Luther ausgehende Entstehung einer neuen Kirche (Konfession) beeinflußt, und die religiöse Frage bleibt über Jahrzehnte hinweg das wichtigste Thema der von konfessionellem Streit geprägten Reichstage. Doch sollen im folgenden Eigenart und Entwicklung der lutherischen Reformation das zentrale Thema bilden, da das Schicksal des Reiches in dem Kapitel »Deutschland und Europa zur Zeit Kaiser Karls V.« (siehe Seite 47) eine gesonderte Darstellung erfährt.
Papst Leo X., dieser lebenslustige und elegante Mann aus der Familie der florentinischen Medici, hatte wenig Verständnis für das deutsche »Mönchsgezänk« und hat wohl die Seelennöte des leidenschaftlichen

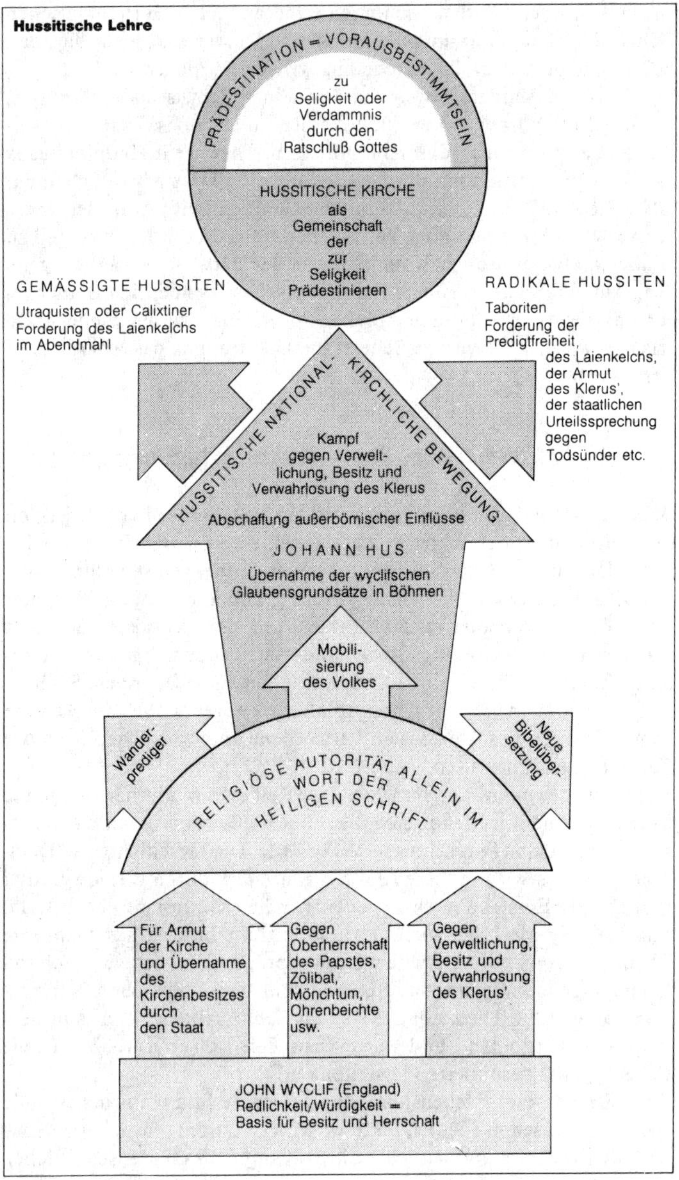
Hussitische Lehre
PRÄDESTINATION = VORAUSBESTIMMTSEIN
zu Seligkeit oder Verdammnis durch den Ratschluß Gottes
HUSSITISCHE KIRCHE als Gemeinschaft der zur Seligkeit Prädestinierten
GEMÄSSIGTE HUSSITEN
Utraquisten oder Calixtiner
Forderung des Laienkelchs im Abendmahl
RADIKALE HUSSITEN
Taboriten
Forderung der Predigtfreiheit, des Laienkelchs, der Armut des Klerus', der staatlichen Urteilssprechung gegen Todsünder etc.
HUSSITISCHE NATIONAL-KIRCHLICHE BEWEGUNG
Kampf gegen Verweltlichung, Besitz und Verwahrlosung des Klerus
Abschaffung außerbömischer Einflüsse
JOHANN HUS
Übernahme der wyclifschen Glaubensgrundsätze in Böhmen
Mobilisierung des Volkes
Wanderprediger
Neue Bibelübersetzung
RELIGIÖSE AUTORITÄT ALLEIN IM WORT DER HEILIGEN SCHRIFT
Für Armut der Kirche und Übernahme des Kirchenbesitzes durch den Staat
Gegen Oberherrschaft des Papstes, Zölibat, Mönchtum, Ohrenbeichte usw.
Gegen Verweltlichung, Besitz und Verwahrlosung des Klerus'
JOHN WYCLIF (England)
Redlichkeit/Würdigkeit = Basis für Besitz und Herrschaft

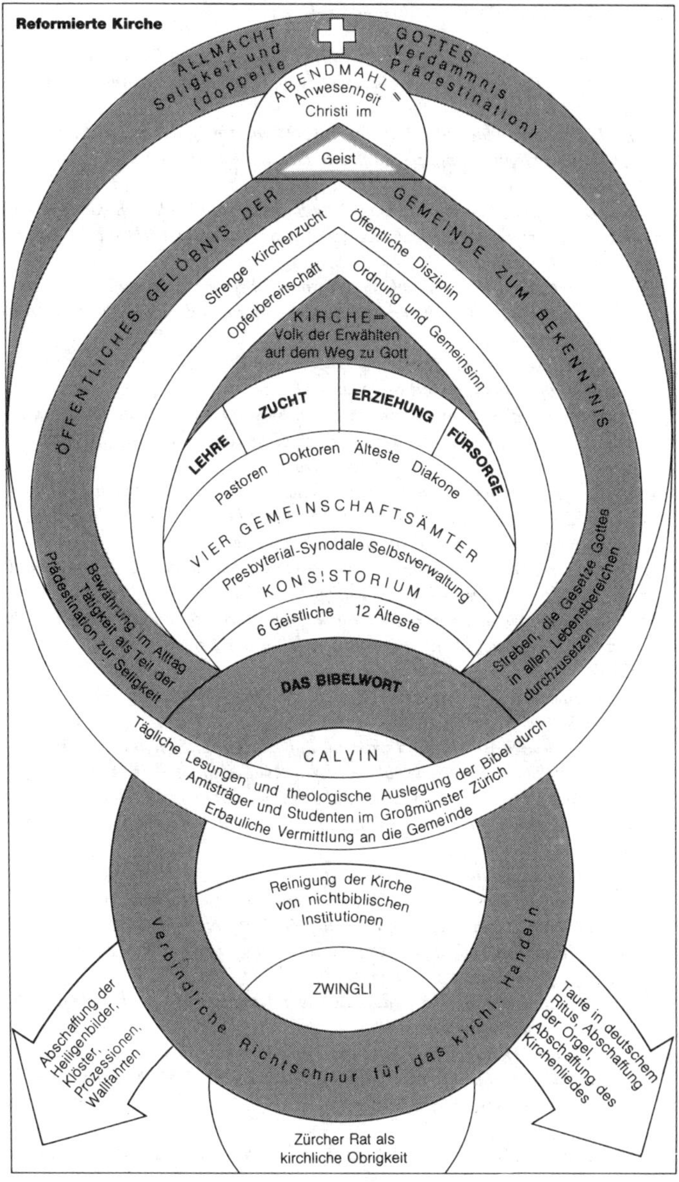
Reformierte Kirche
ALLMACHT GOTTES
Seligkeit und Verdammnis
(doppelte Prädestination)
ABENDMAHL = Anwesenheit Christi im Geist
ÖFFENTLICHES GELÖBNIS DER GEMEINDE ZUM BEKENNTNIS
Strenge Kirchenzucht
Öffentliche Disziplin
Opferbereitschaft
Ordnung und Gemeinsinn
KIRCHE = Volk der Erwählten auf dem Weg zu Gott
LEHRE
ZUCHT
ERZIEHUNG
FÜRSORGE
Pastoren
Doktoren
Älteste
Diakone
VIER GEMEINSCHAFTSÄMTER
Presbyterial-Synodale Selbstverwaltung
KONSISTORIUM
6 Geistliche
12 Älteste
Bewährung im Alltag
Tätigkeit als Teil der Prädestination zur Seligkeit
Streben, die Gesetze Gottes in allen Lebensbereichen durchzusetzen
DAS BIBELWORT
CALVIN
Tägliche Lesungen und theologische Auslegung der Bibel durch Amtsträger und Studenten im Großmünster Zürich
Erbauliche Vermittlung an die Gemeinde
Reinigung der Kirche von nichtbiblischen Institutionen
Verbindliche Richtschnur für das kirchl. Handeln
ZWINGLI
Abschaffung der Heiligenbilder, Klöster, Prozessionen, Wallfahrten
Taufe in deutschem Ritus, Abschaffung der Orgel, Abschaffung des Kirchenliedes
Zürcher Rat als kirchliche Obrigkeit

Text der Zeit

Aus den 95 Thesen Martin Luthers – 1517

1. *Da unser Meister und Herr Jesus Christus spricht: »Tut Buße!« usw. will er, daß das ganze Leben seiner Gläubigen auf Erden eine stete und unaufhörliche Buße sein soll.*
2. *Und kann noch mag solch Wort nicht vom Sakrament der Buße, d. i. von der Beicht und Genugtuung, so durch der Priester Amt geübet wird, verstanden werden.*
3. *Jedoch will er nicht allein die innerliche Buße verstanden haben; ja, die innerliche Buße ist nichtig und keine Buße, wo sie nicht äußerlich allerlei Tötung des Fleisches wirket.*
5. *Der Papst will noch kann nicht einige andere Pein erlassen, außerhalb derer, die er nach seinem Gefallen oder laut der canonum, d. i. päpstlicher Satzungen, aufgelegt hat.*
6. *Der Papst kann keine Schuld vergeben, denn allein so fern, daß er erkläre und bestätige, was von Gott vergeben sei [. . .]*
12. *Vorzeiten wurden canonicae poenae, d. h. Buße oder Genugttuung für begangene Sünde, nicht nach, sondern vor der Absolution auferlegt, dabei zu prüfen, ob Reue und Leid rechtschaffen wäre.*
20. *Deshalb meinet noch verstehet der Papst nicht durch diese Worte [Vollkommener Erlaß aller Strafen], daß insgemein alle Pein [Strafe] vergeben werde, sondern meinet die Pein allein, die er selbst aufgelegt hat.*
21. *Deshalb irren die Ablaßprediger, die da sagen, daß durch des Papstes Ablaß der Mensch von aller Pein los und selig werde.*
27. *Die predigen Menschentand, die da vorgeben, daß, sobald der Groschen, in den Kasten geworfen, klingt, von Stund an die Seele aus dem Fegefeuer fahre.*
32. *Die werden samt ihren Meistern zum Teufel fahren, die vermeinen, durch Ablaßbriefe ihrer Seligkeit gewiß zu sein.*
35. *Die lehren unchristlich, die vorgeben, daß die, so da Seelen aus dem Fegefeuer oder Beichtbrief lösen wollen, keiner Reue noch Leides bedürfen.*
36. *Ein jeder Christ, so wahre Reue und Leid hat über seinen Sünden, der hat völlige Vergebung von Pein und Schuld, die ihm auch ohne Ablaßbriefe gehöret.*
37. *Ein jeder wahrhaftige Christ, er sei lebendig oder tot, ist teilhaftig aller Güter Christi und der Kirche, aus Gottes Geschenk, auch ohne Ablaßbriefe.*
41. *Fürsichtiglich soll man von dem päpstlichen Ablaß predigen, daß der gemeine Mann nicht fälschlich dafür halte, daß er den anderen Werken der Liebe werde vorgezogen oder besser geachtet.*
43. *Man soll die Christen lehren, daß, der dem Armen gibt oder leihet dem Dürftigen, besser tut, denn daß er Ablaß lösete.*
49. *Man soll die Christen lehren, daß des Papstes Ablaß gut sei, so fern man sein Vertrauen nicht darauf setzet, dagegen aber nichts Schädlicheres, denn so man dadurch Gottes Furcht verlieret.*

62. *Der rechte wahre Schatz der Kirche ist das heilige Evangelium der Herrlichkeit und Gnade Gottes.*

71. *Wer wider die Wahrheit des päpstlichen Ablasses redet, der sei ein Fluch und vermaledeiet [der sei im Bann und im Fluch].*

72. *Wer aber wider des Ablaßpredigers mutwillige und freche Worte Sorge trägt oder sich bekümmert, der sei gebenedeiet.*

79. *Zu sagen, daß das Ablaßkreuz, das mit dem Wappen des Papstes herrlich aufgerichtet wird, gleichen Wert habe wie das Kreuz Christi, ist Gotteslästerung.*

81. *Solche freche und unverschämte Predigt vom Ablaß macht, daß es auch den Gelehrten schwer wird, des Papstes Ehre und Würde zu verteidigen vor derselben Verleumdung, ja vor den scharfen und listigen Fragen des gemeinen Mannes.*

94. *Man soll die Christen mahnen, daß sie ihrem Haupt, Christo, durch Kreuz, Tod und Hölle nachzufolgen sich befleißigen.*

95. *und also mehr durch viel Trübsal ins Himmelreich zu gehen, denn daß sie durch Vertröstung des Friedens sicher werden.*

Nach der deutschen Übersetzung von 1545

***»Inhalt zweierley Predigt«** – evangelisch und katholisch:*
Links der evangelische Priester – einer andächtigen Gemeinde von einer schlichten Kanzel aus der Bibel predigend.

und aufsässigen Wittenberger Theologen in ihrem vollen Ernst nie erfaßt. Gleichwohl ahnte die Kurie, daß man die hier aufflammende Revolution zertreten müsse. Gedrängt von seinen Beratern, zitierte Leo X. im August 1518 Luther nach Rom.

Doch Kurfürst Friedrich der Weise, als Landesherr Luthers direkt an dem Fall interessiert, schaltete sich ein und taktierte zugunsten Luthers mit kluger Zurückhaltung. Ohne sich offen zu Luther zu bekennen, hielt er seine schützende Hand über ihn. Er erreichte schließlich, daß Luther nicht in Rom, sondern auf dem Reichstag zu Augsburg, also auf deutschem Boden, einvernommen werden konnte.

Der Historiker Gerhard Ritter charakterisiert den päpstlichen Legaten so: »Cajetan selber, persönlich eine der ehrenwertesten Gestalten der Kurie Leos X. und der einzige Theologe dieses Renaissancehofes, der imstande war, über die dogmatische Seite des Ablaßstreites selbständig zu urteilen, erkannte recht wohl, daß die Ablaßlehre Luthers [. . .] nicht ohne weiteres ketzerisch im strengen Sinne zu nennen sei.«

Luther brach mit bösen Ahnungen nach Augsburg auf, obwohl man

Rechts ein wohlbeleibter Mönch auf einer reichgeschmückten Kanzel – ohne Bibel. Die Gläubigen beten ›mechanisch‹ Rosenkränze. Holzschnitt von Georg Pencz mit Text von Hans Sachs. Nürnberg 1529.

ihm freies Geleit ohne alle Gefahr der Verhaftung zugesichert hatte. Cajetan, dem man guten Willen nicht absprechen kann, hoffte Luther theologisch zu überzeugen und ließ sich in ein Gespräch über die wichtigsten seiner Lehrsätze ein. Der kluge Italiener verschwieg zunächst die harten Instruktionen, die man ihm in Rom mit auf den Weg gegeben hatte: Forderung öffentlicher Abschwörung durch Luther und Kirchenbuße auch im Falle des freiwilligen Widerrufs seiner Thesen. Auch vermied der Legat jedes Eingehen auf die Ablaßpraxis. »Aber dem deutschen Starrkopf fehlte jedes Empfinden dafür, wieviel dieses Entgegenkommen von allerhöchster Stelle bedeutete« (Gerhard Ritter). Der Ton des Gesprächs wurde immer gereizter, Luther, überzeugt von der Überlegenheit des eigenen schwererkämpften Glaubens, reagierte immer heftiger. Auf dem Höhepunkt der Auseinandersetzung rief er dem päpstlichen Legaten zu: »Euer Hochwürden glaube nur nicht, daß wir Deutschen nicht auch die Grammatik verstehen!«
Und Cajetan ließ sich zu der Drohung hinreißen: »Geh und komm mir nicht wieder vor die Augen, es sei denn zum Widerruf!«

Sola scriptura – Wahrheit allein in der »Heiligen Schrift«, im Evangelium

Der Versuch der päpstlichen Seite, Luther zur Umkehr zu bewegen oder gar zu zwingen, endete in krasser Dissonanz. Cajetan forderte schließlich von Friedrich dem Weisen die unverzügliche Auslieferung Luthers, doch vergebens. Der Reformator selbst hatte unterdessen Augsburg, wo er sich wohl zu Recht nicht mehr sicher fühlte, bei Nacht und Nebel mit kursächsischer Hilfe verlassen. Er, der in den entscheidenden Glaubensfragen nur das an die biblische Offenbarung (sola scriptura = allein durch die Schrift) gebundene Gewissen als Richter anerkennen wollte und alle päpstlichen Dekrete an dieser Überzeugung maß, dürfte nun schon geahnt haben, daß der Bruch mit Rom unvermeidlich geworden war und daß der päpstliche Bannstrahl ihn sicher schon bald treffen werde. »Daß er in die Wüste hinausgestoßen werde, konnte er sich keinen Augenblick länger verhehlen« (Gerhard Ritter).

Leipziger Disputation – Kritik an der Vorherrschaft des Papstes

Luther appellierte dennoch an den Papst und bat darum, sich noch einmal vor sachverständigen Theologen an einem sicheren Ort rechtfertigen zu dürfen. Diese Diskussion kam tatsächlich zustande. Hauptgesprächspartner im Namen der Kirche war der Ingolstädter Theologieprofessor Johannes Eck. Die Auseinandersetzung erreichte ihren ersten Höhepunkt in der berühmten Leipziger Disputation vom 4. bis 15. Juli 1519. Zunächst führte Luthers Wittenberger Kollege Andreas Karlstadt das Streitgespräch mit dem redegewandten Dr. Eck, bis schließlich Luther persönlich in die Arena trat. Aufsehen erregte, daß Luther besonders *seinen* Kirchenbegriff genauer umriß und so ein erstes Abweichen vom römisch-katholischen Kirchenverständnis sichtbar wurde. Johannes Eck, der die katholische Lehre geschickt und wirkungsvoll vertrat, versuchte Luther zu einem Anhänger der Hussiten zu stempeln, deren Lehre auf dem Konzil von Konstanz (1414–1418), das Johannes Hus, den Begründer der hussitischen Bewegung, zum Tod auf dem Scheiterhaufen verurteilt hatte, als ketzerisch verdammt worden war (siehe Band 5). Und tatsächlich behauptete Luther im weiteren Verlauf der Auseinandersetzung, daß manches, was Hus vertreten habe, »gut evangelisch« sei und daß auch allgemeine Konzilien irren könnten. Gleichzeitig rückte er vom Primat des Papsttums ab. Anschaulich berichtet er am 20. Juli 1519 dem gebildeten, ihm wohlgesinnten Berater und Kaplan seines Kurfürsten, Georg Spalatin: »Ich hielt Eck umgekehrt die Griechen mit ihrer tausendjährigen Geschichte und die alten Väter entgegen, die nicht unter der Gewalt des römischen Papstes gewesen seien, obwohl ich diesem einen Ehrenvorrang nicht abstritt. Schließlich wurde auch noch über die Autorität des Konzils disputiert. Ich sprach in aller Öffentlichkeit aus, es seien in Konstanz etliche Artikel gottloserweise verdammt worden, welche in offenen und klaren Worten von Paulus, Augustin, außerdem von Christus selbst gelehrt seien.«

Verbrennung der Bannandrohung

Nach der Leipziger Disputation ließ die Kirche Luther nicht lange auf ihre Antwort warten, um so mehr, als Papst Leo X. glaubte, nach der inzwischen erfolgten Wahl des Habsburgers Karl V. zum deutschen Kaiser keine Rücksicht auf Kurfürst Friedrich den Weisen mehr nehmen zu müssen. Leo X. nahm den unterbrochenen Prozeß gegen Luther wieder auf und verdammte in der Bannandrohungsbulle »Exsurge Domine« 41 Sätze Luthers ohne Begründung oder Widerlegung als ketzerisch. Der Reformator reagierte äußerst scharf und unversöhnlich. Er erklärte, er verdamme den römischen Stuhl im Namen der Wahrheit, wenn dieser selbst die Unwahrheit nicht verurteile. Die Frist von 60 Tagen, die ihm für einen Widerruf gesetzt wurde, ließ er verstreichen. Am 10. Dezember 1520 verbrannte Luther vor dem Elstertor in Wittenberg eine Reihe von Schriften seiner Gegner, das »Corpus iuris canonici« (Sammlung des kirchlichen Rechts) und warf zuletzt noch die Bannandrohungsbulle ins Feuer. Damit hatte er den endgültigen Bruch mit dem Papsttum herbeigeführt und verfiel dem Kirchenbann.

Die Tapferkeit und die Konsequenz, mit denen Luther seit 1517 seine Glaubensüberzeugung vertreten hatte, aber auch das neue Medium des Buchdrucks, das seine Schriften, Bücher, Flugblätter schnell in großer Zahl verbreitete, gewannen ihm innerhalb des Reiches beim selbstbewußten Bürgertum und unter den immer mehr verarmenden Bauern unzählige begeisterte Anhänger und Freunde. Kaum ein Territorium, kaum eine Stadt, in die lutherisches Gedankengut nicht eindrang! Freilich verbanden sich mit der neuen Lehre von Anfang an auch Erwartungen, die die »evangelische Sache« gefährdeten und sie im Dienste weltlichen Machtstrebens oder sozialer Revolutionen miß-

PHILIPP MELANCHTHON

Philipp Melanchthon wurde am 16. Februar 1497 als Sohn des angesehenen Waffenschmieds Georg Schwarzerd in dem Städtchen Bretten an der pfälzisch-schwäbischen Grenze geboren. Der frühe Tod des Vaters bewog die Mutter, den elfjährigen Jungen auf die ausgezeichnete Lateinschule in Pforzheim zu schicken, wo er bei seiner Großmutter, der Schwester des berühmten Humanisten Johannes Reuchlin wohnte. Dieser war es auch, der ihn zur Gräzisierung seines Namens (griech. Melanchthon = schwarze Erde) bewog. Bereits mit zwölf Jahren nahm der wissensdurstige und hochbegabte Melanchthon sein Studium an der Universität Heidelberg auf. Im Jahre 1512 wechselte er auf die Universität Tübingen über und wurde dort nach seiner Promotion zum Magister selbst ein gefeierter und beliebter Lehrer der alten Sprachen.

Die entscheidende Wende in Melanchthons Leben brachte seine Berufung als Professor des Griechischen an die junge und angesehene Universität Wittenberg. Von nun an verband sich Melanchthons Lebensweg aufs engste mit dem Martin Luthers, dessen treuer Mitarbeiter, Berater und Freund er wurde.

Melanchthon wirkte an fast allen wichtigen Entscheidungen der lutherischen Reformen mit, insbesondere an der »Confessio Augustana«. Besondere Verdienste erwarb er sich um die Organisation des reformatorischen Schulwesens.

Nach dem Tod Luthers, dem er am 22. Februar 1546 die Grabrede hielt, war sein Leben überschattet von den politischen Auseinandersetzungen und von Lehrstreitigkeiten, besonders in der Abendmahlsfrage. 1546 verließ Melanchthon zusammen mit der gesamten Universität Wittenberg vor dem heranrückenden Heer des Herzogs Moritz von Sachsen.

Melanchthon, der bereits 1521 mit seinem »Loci communes rerum theologicarum« (frei übersetzt: »Grundbegriffe der Theologie«) die erste protestantische Dogmatik (Glaubenslehre) verfaßt hatte, starb am 19. April 1560 nach kurzer Krankheit. Er fand an der Seite Luthers in der Schloßkirche zu Wittenberg seine letzte Ruhestätte.

(S. G.)

brauchten. Luther hat gegen den Mißbrauch seiner Lehre immer wieder angekämpft, ohne ihn freilich verhindern zu können.

Im Schutz starker Landesherren auf dem Reichstag zu Worms

Wie stark die Macht der geistlichen und weltlichen Reichsstände, der Territorialherren und Reichsstädte, die den Reichstag bildeten, gewachsen war, mußte der neugewählte Kaiser Karl V. gleich bei seinem ersten Erscheinen auf deutschem Boden erfahren. Obwohl die religiösen Streitigkeiten in Deutschland nicht in sein politisches Konzept paßten und er sich als Beschützer der Einheit von Glauben und Kirche verstand, konnte er die »lutherische Pest« nicht mit einem Machtwort beseitigen. Im Gegenteil, er mußte sich dazu bequemen, Luther unter Zusicherung freien Geleits zu dem für 1521 in Worms anberaumten Reichstag vorzuladen, und ihm Gelegenheit zur Rechtfertigung vor Kaiser und Reich geben, Zugeständnisse, die Friedrich der Weise in zähem Ringen von dem päpstlichen Nuntius Alexander erreichte. Der Historiker Erich Hassinger beschreibt die Situation treffend mit dem Satz: »Daß ein vom Papst gebannter Ketzer zu einem Verhör vor Kaiser und Reich erscheinen durfte, etwas Derartiges war bis jetzt noch nicht vorgekommen.«
Luthers Reise nach Worms glich einem Triumphzug. Bei seinem ersten Auftreten vor dem Reichstag bat Luther auf die Frage, ob er zum Widerruf bereit sei, um Bedenkzeit.
Anschaulich schildert der evangelische Kirchenhistoriker Heinrich Fausel den Vorgang: »Am Abend des 18. April steht Luther zum zweiten Male in dem heißen, überfüllten Saal vor dem Reichstag und gibt in einer langen Rede zuerst deutsch, dann auf Verlangen lateinisch, seine Antwort. Er ist bereit, seine Bücher, die er in drei Gruppen einteilt, zu widerrufen, sobald er durch die Schrift eines Besseren belehrt wird.« Und Heinrich Fausel fährt fort: »Nicht Luther, sondern der Reichstag ist nun vor die Entscheidung gestellt.[. . .] Darum beschließt er, Luther nochmals um eine aufrichtige, ehrliche und unzweideutige Antwort befragen zu lassen.« Luthers berühmte, lateinisch vorgetragene Antwort lautet in deutscher Übersetzung: »Weil Eure Majestät und Eure Gnaden eine schlichte Antwort begehren, so will ich eine solche ohne Hörner und Zähne geben: Werde ich nicht durch Zeugnisse der Schrift oder durch klare Vernunft überwunden – denn ich glaube weder dem Papst noch den Konzilien allein, da es am Tage ist, daß sie des öfteren geirrt und sich selbst widersprochen haben –, so bleibe ich überwunden durch die von mir angeführten Stellen der Schrift und

mein Gewissen gefangen durch Gottes Wort. Widerrufen kann und will ich nichts, denn es ist weder sicher noch heilsam, gegen das Gewissen zu handeln. Gott helfe mir, Amen.« Den letzten Satz, mit dem Luther seine Predigten zu schließen pflegte, sprach er deutsch.
Da der Reformator trotz des Drängens wohlmeinender Freunde kompromißlos an seiner Entscheidung festhielt, erließ der Kaiser schließlich das Wormser Edikt, das über Luther und seine Anhänger die Reichsacht verhängte, seine Schriften verbot und der Verbrennung auslieferte. Luther hatte schon vorher, am Morgen des 25. April ohne Aufsehen Worms verlassen. Friedrich der Weise, der um Luthers Leben bangt, läßt ihn unterwegs zum Schein überfallen und auf die Wartburg bei Eisenach in Thüringen bringen. Dort verbringt Luther als »Junker Jörg« fast ein Jahr und arbeitet in der Stille seines unfreiwilligen Aufenthaltes an der Übersetzung des Neuen Testaments ins Deutsche.

Förderer der Reformation – Die Schriften Luthers

Um die schnelle Zuspitzung des Streites zwischen Kirche und Luther zu verstehen, muß man die fruchtbare schriftstellerische Arbeit Luthers, der viele seiner Veröffentlichungen nicht in der Gelehrtensprache Latein, sondern auf deutsch veröffentlichte, kennen. Verwendung der Volkssprache und weite Verbreitung durch den Buchdruck erzeugten ein Echo, das der Amtskirche Sorgen und Schrecken einflößen mußte. Schon im Jahre 1520, also vor dem Wormser Reichstag, hatte Luther drei bedeutende Schriften verfaßt, in denen er die Grundzüge seiner Lehre entwickelte. Die erste von ihnen trägt den Titel: »An den christlichen Adel deutscher Nation von des christlichen Standes Besserung«. Diese Programmschrift machte großen Eindruck auf die Reichsritterschaft, so auf den Führer des niederen Adels Franz von Sickingen und auf den humanistisch gebildeten Ulrich von Hutten (siehe Porträt, Seite 211). Gut vierzehn Tage nach ihrem Erscheinen waren schon 4000 Exemplare verkauft. Luther »legt dem Adel der deutschen Nation einen wohlüberlegten, in seinen Forderungen durchaus mäßigen und ausführbaren, aber die ganze Breite des kirchlichen Lebens umfassenden Plan vor – einen Plan, welcher, wenn er ausgeführt worden wäre, nicht nur die Kirche, sondern das ganze Leben des deutschen Volkes von Grund auf neugestaltet hätte« (Heinrich Fausel).
Der Reformator spricht dem Papst das Recht ab, die Bibel bindend auszulegen, und das Privileg (Vorrecht), Konzilien einzuberufen. Er

Oben: Universität Wittenberg, *an der Luther lehrte und predigte. Zeichnung aus den Universitätsmatrikeln der Jahre 1644/45. (Heute: »Lutherhaus« und »Augusteum«) – Unten: Lutherstube in der sogenannten »Lutherhalle« zu Wittenberg.*

Allegorie auf die Reformation: *Taufe Christi im Beisein Luthers und der Familie des sächsischen Kurfürsten vor dem Panorama von Wittenberg. Zeitgenössischer Holzschnitt. Coburg, Kunstsammlungen der Veste.*

hebt den Unterschied zwischen Priestern und Laien auf und vertritt das allgemeine Priestertum: »Daraus folgt, daß Laien, Priester, Fürsten, Bischöfe und, wie sie sagen, Geistliche und Weltliche wahrlich im Grunde keinen andern Unterschied haben als denjenigen des Amts oder Werks und nicht den des Standes, denn sie sind alle geistlichen Standes, wahrhaftige Priester, Bischöfe und Päpste, aber nicht gleichen und einerlei Werkes. [. . .] Ein Schuster, ein Schmied, ein Bauer – ein jeder hat seines Handwerks Amt und Werk, und doch sind alle gleichermaßen geweihte Priester und Bischöfe.« Allen Christen steht es zu, die Schrift auszulegen: »Darum gebührt einem jeglichen Christen, daß er sich des Glaubens annehme, ihn zu verstehen und zu verfechten und alle Irrtümer zu verdammen.« Scharf wendet sich Luther gegen die Finanzwirtschaft des Papsttums und die aufgeblähte Bürokratie der Kurie: »Es sind schon allein mehr als 3000 päpstliche Schreiber; wer will die andern Amtleute zählen, wo doch der Ämter so viel sind, daß man sie kaum zählen kann.« Weiter verwirft Luther den Zölibat (Ehelosigkeit) der Priester, den Beichtzwang vor dem Ordensoberen,

ERASMUS VON ROTTERDAM

Erasmus, 1466 oder 1469 in Rotterdam geboren, studierte schon als junger Geistlicher 1495–1499 in Paris; längere Aufenthalte in England, Italien und den Niederlanden schlossen sich an. Vor allem englischer Einfluß, darunter der Kontakt mit Thomas Morus, erweiterte seinen Horizont. Ab 1521 lebte er mit einer Unterbrechung bis zu seinem Tod in Basel. Seine Reisen verschafften ihm große Weltkenntnis und förderten die Unabhängigkeit seines Denkens. Als leidenschaftlicher Briefeschreiber korrespondierte Erasmus zeitlebens mit vielen Humanisten in ganz Europa.

Seine Bibelübersetzung (1516) bezeichnet den einen Schwerpunkt seines weitgespannten Interesses, die Beschäftigung mit der Antike den anderen. Seine Forschungen und Ausgaben antiker Werke schufen die Grundlagen einer neuen klassischen Bibelausgabe. 1500 erschienen Erasmus' »Adagia«, Aphorismen aus den alten Sprachen, mit Erläuterungen für seine Zeit. 1502 versuchte er im (ebenfalls lateinischen) »Handbüchlein des christlichen Streiters« den groben Soldaten durch Vertiefung in Bibel und antike Literatur zu einem christlichen Lebenswandel zu führen. Daneben verfaßte er zahlreiche pädagogische Schriften.

Heute noch am bekanntesten ist seine Satire »Lob der Torheit« (»Laus Stultitiae«), 1509 für Thomas Morus geschrieben. Hier bot ihm die Gattung der Narrenliteratur die Möglichkeit zu Gesellschafts- und Zeitkritik. Er hält allen Ständen den Spiegel vor. Hinter ihrem närrischen Treiben steht das christliche Lebensideal der Güte und Geduld. Mit diesem Ideal geriet der große Humanist schon zu Lebzeiten zwischen die theologischen Fronten. Er distanzierte sich von dem revolutionär gesinnten Luther (»Über die Willensfreiheit«, 1524), stieß aber auch bei den Anhängern der alten Kirche wegen seiner Kritik an Mißständen auf Ablehnung. – Große Schwankungen zeigt auch das Urteil der Nachwelt über Erasmus. Heute erkennen wir in ihm den unabhängigen, in europäischen Dimensionen denkenden Geist und den ersten »freien« Schriftsteller humanistischer Prägung.

(G. M.)

und schlägt vor, das Fasten den Gläubigen freizustellen. Diese Schrift empfiehlt auch die Auflösung eines Teils der Orden und die Umwandlung von Stiften und Klöstern in freie Schulen. An den Universitäten solle statt des geistlichen Rechts das weltliche gelehrt werden, und an die Stelle des Studiums der Kirchenväter und der päpstlichen Gesetze habe die Beschäftigung mit der Bibel zu treten. Schließlich wendet sich Luther gegen übertriebenen Luxus und eine zu üppige Lebenshaltung und fordert die weltliche Obrigkeit auf, gegen unsittliche Häuser einzuschreiten. Luther mag wohl selbst geahnt haben, welch große Leistung er von den Gläubigen verlangte: »Ich bin auch wohl der Meinung, daß ich hoch gegriffen habe, daß ich vieles aufgestellt habe, was für unmöglich angesehen wird, daß ich viele Stücke zu scharf angegriffen.«
In der zweiten, lateinisch verfaßten Schrift »Von der babylonischen Gefangenschaft der Kirche« setzt sich Luther mit dem Anspruch der Priester auseinander, *über* dem Laien stehende *Mittler* zwischen Gott und den Menschen zu sein. Er verwirft die katholische Sakramentallehre: »Vor allem muß ich die Siebenzahl der Sakramente ablehnen und unter den gegenwärtigen Umständen nur eine Dreizahl an ihre Stelle setzen: die Taufe, die Buße, das Brotbrechen.« Zu den »Gefangenschaften« der Kirche zählt Luther die Verweigerung des Laienkelches, die Lehre von der Transsubstantiation (Wandlung) und den Glauben, »daß die Messe ein gutes Werk und Opfer sei«.
»Von der Freiheit eines Christenmenschen«, die dritte Schrift des Jahres 1520, betont, daß es keines *Werkes* bedarf, um von Gott angenommen zu werden. Sie arbeitet Luthers theologische Grundüberzeugung heraus, die »Rechtfertigung« allein durch den *Glauben* (sola fide): »So sehen wir, daß ein Christenmensch am Glauben genug hat; er bedarf keines Werks, um rechtschaffen zu sein. Bedarf er nun keines Werkes mehr, so ist er gewiß von allen Geboten und Gesetzen entbunden; ist er davon entbunden, so ist er gewiß frei. Das ist die christliche Freiheit: der Glaube allein. Er bewirkt nicht, daß wir müßiggehen oder übeltun könnten, sondern, daß wir keines Werks bedürfen, um Rechtschaffenheit und Seligkeit zu erlangen!« Wiederum betont diese Schrift das allgemeine Priestertum der Gläubigen und lehnt einen geistlichen Stand mit besonderen Vollmachten ab.

Theologie im Konflikt mit der Sozialrevolution

Es konnte nicht ausbleiben, daß Luthers Theologie, seine Lehre vom allgemeinen Priestertum und der Freiheit der Christen, in den religi-

ösen und politischen Stürmen der Zeit recht verschiedene Auslegungen fand. Von Anfang an begleitet die deutsche Reformation eine Reihe von radikalen Bewegungen (Täufer, Bilderstürmer usw., siehe Seite 152), die bestimmte Stellen der Bibel anders auslegten und von Luther als »Schwärmer, Rotten und Sakramentierer« abgetan wurden. Auch die sozialen Bewegungen der Zeit sind von Luther stark beeinflußt und aktiviert worden. Es kam zu Plünderungen von geistlichen Stiften, Bilderstürmer forderten gemäß dem alttestamentlichen Bilderverbot die Entfernung jeglichen Schmucks aus den Kirchen.
Im Dezember 1520 kam es zu Tumulten in Wittenberg, die Luther zum Verlassen der Wartburg zwangen. Nur mit Mühe stellte er durch eindrucksvolle Predigten die Ruhe wieder her. Von den Bauern wurde die reformatorische Lehre von der »Freiheit des Christenmenschen« als Aufruf zum Kampf für soziale Gerechtigkeit verstanden. Als sie zur Gewalt griffen, wandte sich Luther von ihnen ab, weil er seine Lehre nicht mißbrauchen lassen wollte. Er stellte sich auf die Seite der Fürsten, die die Aufstände grausam niederschlugen.

Der Abendmahlsstreit zwischen Luther und Zwingli

Daß Luther kein finessenreicher Taktiker war, der um politischer Ziele willen sein religiöses Anliegen verraten hätte, zeigte sich auch beim Abendmahlsstreit. Der Züricher Reformator Huldrych (Ulrich) Zwingli, das Haupt der schweizerischen reformatorischen Bewegung, die auch auf den Südwesten Deutschlands starken Einfluß ausübte, nahm in der Abendmahlslehre einen anderen Standpunkt ein als Luther. Während Luther an den Einsetzungsworten »Dies *ist* mein Leib« und »Dies *ist* mein Blut« festhielt (Realpräsenz), verstanden Zwingli und seine Anhänger das Abendmahl mehr als eine Feier des Gedenkens und der Erinnerung an Christi Opfer. Als dann der Reichstag von Speyer 1529 die Anhänger der neuen Lehre unter den Reichsständen in arge Bedrängnis brachte, so daß diese feierlichen Protest – daher der Name »Protestanten« – einlegten, wollte der aktive Landgraf Philipp von Hessen eine von den evangelischen Reichsständen getragene Front gegen den Kaiser und das Haus Habsburg aufbauen. Zu diesem Zweck versuchte er auch den Abendmahlsstreit aus der Welt zu schaffen und lud Luther und Zwingli zu Gesprächen nach Marburg ein. Doch konnten sich die beiden Reformatoren in Marburg nicht einigen, weil Luther an seinem Abendmahlsverständnis hartnäckig festhielt und keinerlei Kompromißbereitschaft zeigte.

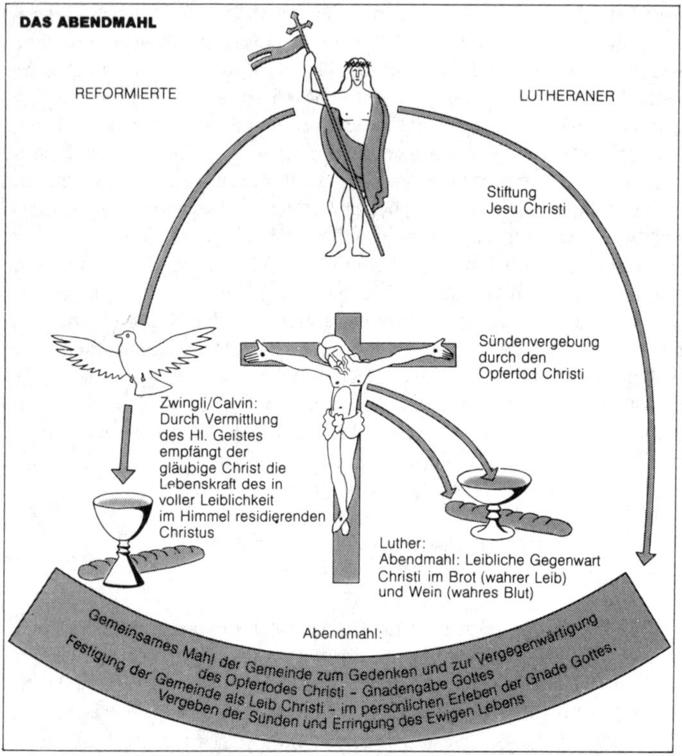

Die »Confessio Augustana« – Reichstag von Augsburg 1530

Als Karl V. nach neunjähriger Abwesenheit wieder deutschen Boden betrat, war er entschlossen, die leidige und so viel Unruhe stiftende religiöse Frage in seinem Sinn zu lösen, unterschätzte aber gleichermaßen die Stärke der ›evangelischen‹ Stände wie die Stärke der Reformbewegung überhaupt. Auf dem nach Augsburg einberufenen Reichstag legten die evangelischen Reichsstände ein gemeinsames lutherisches Bekenntnis, die »Confessio Augustana« (Augsburger Bekenntnis) vor, die Luthers Mitarbeiter Melanchthon im Auftrag des sächsischen Kurfürsten ausgearbeitet hatte. Die Confessio Augustana gehört zu den wichtigsten Bekenntnisschriften des Luthertums. Sie ist, gemäß der Gesinnung ihres Verfassers, eher maßvoll formuliert und betont mehr die gemeinsamen Überzeugungen, ohne die zwischen den Kon-

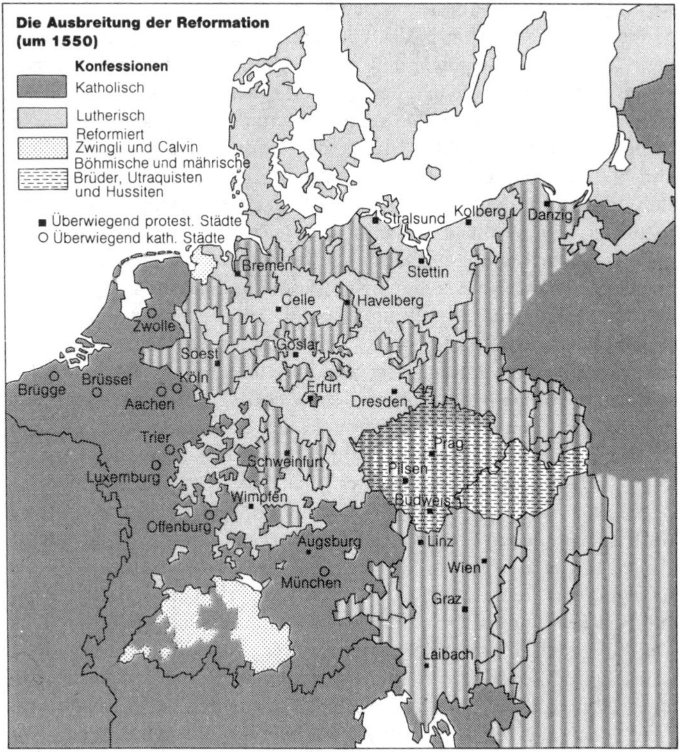

fessionen strittigen Punkte zu scharf hervortreten zu lassen. Die Altgläubigen antworteten mit einer Gegenschrift. Zu einer Einigung kam es nicht. Im Gegenteil, die Reichsstände, die an der neuen Lehre festhielten, liefen Gefahr, in Zukunft als Landfriedensbrecher verfolgt zu werden. Die späteren kriegerischen Auseinandersetzungen zeichneten sich bereits am Horizont ab. Doch stellten nun die Protestanten eine Macht dar, deren Unterwerfung kaum mehr möglich schien.

Landeskirchen, Gemeinden, Schulen – Weitere Ausbreitung der Reformation

Luther erkannte schon bald, daß es für das Überleben seiner Lehre nicht genügte, wenn sie von einzelnen Menschen angenommen wurde.

Er mußte einen organisatorischen Rahmen schaffen und die entstehende neue Konfession in das vorhandene staatliche Gefüge einordnen. Es war naheliegend, daß er auf die vorhandenen Ordnungsmächte zurückgriff. Gemäß der mittelalterlichen Auffassung, daß der Fürst auch für das Seelenheil seiner Untertanen Verantwortung trage, forderte er die bestehenden Obrigkeiten, also die Fürsten und Stadtregimenter, auf, Landeskirchen aufzubauen. Die einzelnen Landesfürsten standen als ›Notbischöfe‹ an der Spitze dieser Kirchen. Ein Konsistorium, dem weltliche und geistliche Beamte angehörten, übernahm die eigentliche Leitung der Kirche. Es ernannte die Pfarrer der einzelnen Gemeinden. Diese sollten im Gottesdienst die reine Lehre verkünden, die Sakramente (Taufe und Abendmahl) verwalten und für die rechte christliche Ordnung in der Gemeinde sorgen. Die meisten Pfarrer heirateten nach Luthers eigenem Beispiel und gründeten eine Familie. Das evangelische Pfarrhaus entwickelte sich immer mehr zum religiösen und kulturellen Mittelpunkt der Gemeinden.

Da die Kenntnis der Bibel und ein rechtes Verständnis des Evangeliums Voraussetzung für ein gutes Gemeindeleben war, kümmerten sich Luther und seine Helfer, vor allem Philipp Melanchthon, um den Aufbau eines neuen Schulwesens. Luther selbst verfaßte für die rechte Unterweisung der Jugend seinen »Kleinen Katechismus«, der die Evangelische Lehre (Gebote, Glaubensartikel, Lehre vom Abendmahl) in verständlicher Sprache wiedergab und auslegte. Schon 1524 wandte er sich in einer Schrift an die »Ratsherren aller Städte deutschen Landes, daß sie christliche Schulen aufrichten und halten sollen«. Darin gibt er praktische Ratschläge für den Schulaufbau und meint, daß ein geregelter Besuch der Schule für jedes Kind zu empfehlen ist: »Man lasse die Knaben täglich eine Stunde oder zwei in eine solche Schule gehen und dann nichtsdestoweniger im Hause schaffen«. – Die künftigen Pfarrer sollten auf evangelischen höheren Schulen ausgebildet werden, zu deren Finanzierung man den Ertrag der eingezogenen Kirchengüter verwendete.

Kein Zweifel, daß Luther und die von ihm ausgehende reformatorische Bewegung eine außerordentliche Veränderung der deutschen Verhältnisse bewirkte. Außer dem Kernland der lutherischen Reformation, dem Kurfürstentum Sachsen, schlossen sich die meisten nord- und mitteldeutschen Territorien der neuen Bewegung an: Schleswig-Holstein, Mecklenburg, Brandenburg, Pommern und Hessen, aber auch die geistlichen Territorien Magdeburg, Halberstadt und Naumburg. In Süddeutschland wurden Ansbach-Bayreuth, Württemberg, Baden-Durlach, aber auch viele Reichsstädte wie Nürnberg, Frankfurt, Ulm, Augsburg und Straßburg evangelisch. Katholisch, jedoch

nicht unberührt von der reformatorischen Bewegung, blieben die meisten Bistümer im Westen und Süden Deutschlands, Baiern und die habsburgischen Lande. Für viele Jahrzehnte blieben die Dinge noch im Fluß, so in Böhmen, Schlesien und Ungarn.
Die Reformation hat nicht nur zu einer »Kirchenspaltung« im negativen Sinne geführt. Gewiß ist es erschreckend, mit welcher Intoleranz sich die konfessionellen Parteien bekämpften, wie mitleidlos sie miteinander umgingen und wie grausam sie in einer Reihe von Religionskriegen übereinander herfielen. Unendlich viel Blut mußte fließen, bis die Konfessionen bereit waren, aufeinander zu hören und sich gegenseitig zu tolerieren. Man darf aber auch die segensreichen Wirkungen nicht übersehen. Die katholische Kirche, durch die Reformation in ihren Grundfesten erschüttert, machte einen Prozeß der Erneuerung durch, und viele Mißstände, die Luther so leidenschaftlich angegriffen hatte, wurden schon durch das Konzil von Trient (1545–1563) beseitigt. Und unsere Gegenwart scheint bereit zu sein, noch weitergehende Konsequenzen zu ziehen.

Literatur

Althaus, Paul: Luthers Haltung im Bauernkrieg, Darmstadt 1971
Althaus, Paul: Die Theologie Martin Luthers, Gütersloh 1980
Bainton, Roland H.: Martin Luther, Göttingen 1980
Bornkamm, Heinrich: Das Jahrhundert der Reformation. Gestalten und Kräfte, Göttingen 1966
Bornkamm, Heinrich: Martin Luther in der Mitte seines Lebens. Das Jahrzehnt zwischen dem Wormser Reichstag und dem Augsburger Reichstag, Göttingen 1979
Calwer Lutherausgabe, 12 Bde., Stuttgart 1964–1968 (auch als Taschenbuch, Gütersloh 1977–1979)
Fausel, Heinrich: Doktor Martin Luther. Leben und Werk. Band 11 und 12 der Calwer Lutherausgabe, Gütersloh 1979 (daraus die Luther-Zitate dieses Kapitels)
Friedenthal, Richard: Luther. Sein Leben und sein Werk, München 1979
Goertz, Hans-Jürgen (Hrsg.): Radikale Reformatoren. 21 biographische Skizzen von Thomas Müntzer bis Paracelsus, München 1978
Junghans, Helmar (Hrsg.): Die Reformation in Augenzeugenberichten, Düsseldorf 1967
Lohse, Bernhard: Martin Luther. Eine Einführung in sein Leben und Werk, München 1981
Ritter, Gerhard: Luther. Gestalt und Tat, München 1959

Karl V., *christlicher Kaiser und König. Herrscher über ein Weltreich und Gegner Luthers. Zeitgenössische Darstellung eines unbekannten Meisters.*

GERHARD VON HINTEN

DEUTSCHLAND UND EUROPA ZUR ZEIT KAISER KARLS V.

Wahl und Krönung Karls V. – Kurfürsten und Finanziers – Reichsregiment und Erbfolge – Luther vor dem Reichstag in Worms – »Wormser Edikt« – Kämpfe mit Frankreich um die Vorherrschaft in Europa – Zankapfel Italien – Türken im Rücken des Reichs – Unsicheres Mittelmeer – Sieg von Pavia und Frieden von Madrid – Landsknechtsmeuterei und »Sacco di Roma« – Letzte Kaiserkrönung durch den Papst – Ritteraufstand und »Großer Bauernkrieg« – Die »Protestanten« – Schmalkaldischer Bund – Entsetzung Wiens – Chairedin Barbarossa und Andrea Doria – Friede von Nizza – Aufstand in Gent – Für und wider die Protestanten – Sieg über den Schmalkaldischen Bund – Niederlage des Kaisers – Augsburger Religionsfrieden – Die Landsknechtsheere – Der Aufstand der Bauern – Schweizer Reformation – Schwärmer und Täufer – Städter – Handel und Gewerbe – Leben am Hof – Literatur und bildende Kunst der Reformationszeit – Die Erneuerung der Kirche.

In der ersten Hälfte des 15. Jahrhunderts erscheint das deutsche Reich dem rückblickenden Betrachter als ein Umschlagplatz zweier Zeiten, als ein Ort, an dem mittelalterliche Welt und eine neue Zeit unmittelbar aufeinanderprallen, sich überlagern. Endlich sollten Frieden und Gerechtigkeit, sollte das Glück der Untertanen durch einen gemeinsamen Glauben, durch die den Adel verpflichtenden Tugenden ritterlichen Lebens, durch die »gute Herrschaft« verwirklicht werden. Doch diese Vorstellung erwies sich rasch als brüchig, sobald die Herren der neuen Zeit, die Territorialfürsten, sich dieser Idee entzogen. Und ihr wichtigstes Mittel, sich die fürstliche Freiheit oder Libertät zu sichern, war ihr Recht, den Kaiser zu wählen.

Die Kaiserwahl Karls V. 1519 – Kurfürsten und Kapital

Als Kaiser Maximilian I. (1493–1519) am 12. Januar 1519 starb, mußten die sieben Kurfürsten im Reich über einen neuen Kaiser entscheiden. Sie hatten dieses Recht der Wahl des deutschen Königs und Kaisers endgültig mit der Goldenen Bulle 1356 (siehe Band 4) verbrieft bekommen. So versammelten sich in Frankfurt a. M. vier Monate nach dem Tod des Kaisers die Kurfürsten: die Erzbischöfe von Mainz, Köln und Trier, der Pfalzgraf bei Rhein, der Herzog von Sachsen, der Markgraf von Brandenburg und der König von Böhmen.
Zwei Bewerber hatten sich bei ihnen um die Nachfolge bemüht: Franz I., der König von Frankreich, und Karl, der neunzehnjährige Enkel Maximilians I. Für wen sollten sich die Kurfürsten entscheiden? Franz I. galt seit der Eroberung Mailands durch seine Truppen 1515 als der starke Mann Europas. Er wollte mit der Kaiserwürde das Reich Karls des Großen neu entstehen lassen. Aber er war kein Deutscher, und mancher der Fürsten fürchtete, daß die große Macht des französischen Königs ihre fürstliche Libertät gefährden könnte.
Karl, der zweite Bewerber, war dagegen auf der europäischen Bühne ein Neuling. Niemand glaubte, daß er bei dieser Wahl ernste Chancen habe, selbst Franz I. schrieb wohl augenzwinkernd an seinen Mitbewerber Karl: »Sire, wir werben um dieselbe Dame!« Aber Karl war Herr über die Niederlande und Flandern, Luxemburg und Burgund, seit kurzem König von Aragón und Kastilien, Neapel und Sizilien, mit Maximilians I. Tod auch Erbe des gesamten österreichischen Hausbesitzes der Habsburger, ja sogar Herr über die fernen Reiche jenseits des Atlantiks im Westen der Erde.
Die Kurfürsten sahen in der eindrucksvollen Liste ferner Länder jedoch weniger die mögliche Machtentfaltung, sondern eher die Schwie-

rigkeiten des jungen Herrschers, diese Länder zusammenzuhalten. So hofften sie, daß er sich wenig um das Reich kümmern und damit ihr fürstliches Regiment unangetastet lassen werde.
Auch Papst Leo X. (1513–1521) versuchte auf die Entscheidung Einfluß zu nehmen: Er fürchtete einmal die habsburgische Umklammerung des Kirchenstaates durch die österreichischen Lande im Norden und das Königreich Neapel und Sizilien im Süden, zum anderen den militärischen Druck Frankreichs im Norden Italiens. Als er jedoch Friedrich den Weisen von Sachsen vorschlug, lehnte dieser ab.
Ausschlaggebend für die Wahl waren schließlich Bestechungsgelder, mit denen beide Bewerber die Fürsten und deren Ratgeber für sich zu gewinnen suchten, damit aber wurde ein Herr aus Augsburg zum Zünglein an der Waage: Jakob Fugger, der aus nationalen Gründen Franz I. Kredite verweigerte und Karl über 500000 Gulden für die Wahl auslieh. So entschied letztlich die Begehrlichkeit der Fürsten über den neuen Kaiser. Am 28. Juni 1519 wurde Karl, der Enkel Maximilians I., einstimmig als Karl V. zum Kaiser des Heiligen Römischen Reiches gewählt.

Ein Vertrag bindet den Kaiser schon vor der Krönung

Der Neugewählte wurde erstmals in einer sogenannten Wahlkapitulation – einem Vertrag in Form eines Regierungsabkommens – verpflichtet, die Kirche und die Rechte der Kurfürsten zu schützen, ein Reichsregiment gemeinsam mit den Fürsten zu errichten, Bündnisse der adeligen Untertanen oder des gemeinen Volkes zu bekämpfen, Reichsangehörigen vor ihrer Verurteilung und Ächtung rechtliches Gehör zu schenken und keine fremden Truppen ins Reich zu bringen.
Karl, der zur Zeit der Wahl noch in Spanien weilte, reiste trotz der dort um sich greifenden Aufstände rasch ins Reich, um sich in Aachen krönen zu lassen. Bereits vor den Toren der Stadt ritten ihm die Kurfürsten entgegen, stiegen ab und küßten Karl, der zu Pferde blieb, die Hand. Sein Einzug in die Stadt war ein großartiges Schauspiel: Hunderte von Reitern in bunter Rüstung, Schwerbewaffnete und Pagen, voran Herolde, die Geld in die Menge warfen, dann spanische Granden, Ritter des Goldenen Vlieses, weltliche und geistliche Fürsten begleiteten den Triumphzug. Der junge König ritt neben den höchsten geistlichen Fürsten, dem Erzbischof von Köln und dem Erzbischof von Mainz, begrüßt von den freudigen Rufen des Volkes.
Noch am Abend leistete der König im Dom vor den Kurfürsten den Eid auf die Wahlkapitulation.

KARL V.

Am 24. Februar 1500 wird Karl in Gent geboren. Seine Verwandtschaft mit dem spanischen Königshaus verdankt er der Heiratspolitik seines habsburgischen Großvaters, Kaiser Maximilian I. Dessen Sohn Philipp I., der Schöne, von Kastilien, Karls Vater, heiratete Johanna, die Tochter der katholischen Majestäten Ferdinand von Aragón und Isabella von Kastilien. 1506 stirbt Philipp. Aufgrund der Geisteskrankheit seiner Mutter Johanna nimmt sich seine Tante Margarete von Österreich, Statthalterin der Niederlande, Karls an. Begeisterung für ritterliche Lebensweise und eine sorgfältige Erziehung bestimmen seine Jugend am Hof von Mecheln.
Adrian von Utrecht, (Papst Hadrian IV.), und Wilhelm von Croy vermitteln ihm Frömmigkeit und politische Einsichten. 1515 wird er für großjährig erklärt.
Seit 1506 ist Karl durch Erbschaft Herrscher über Flandern und die Niederlande, seit 1515 auch über Burgund, ab 1516 über die spanischen Königreiche und deren überseeische Besitzungen. Der Tod seines Großvaters Maximilian I. und die Wahl zum deutschen Kaiser 1519 bringen ihm die habsburgischen Erblande.
1526 heiratet Karl V. Isabella von Portugal und legt den Grundstein für die spätere Verbindung beider Länder. Als letzter deutscher Herrscher wird er 1530 in Bologna von Papst Clemens VII. zum Kaiser gekrönt. Seine politische Laufbahn, die er unter das selbstbewußte Motto »plus ultra«, d. h. noch mehr, stellt, scheitert an zwei Konflikten: Nach außen erschöpft sich seine Macht in fünf Kriegen mit Frankreich. Die Expansion der Türken vermag er nur zu stoppen, ohne deren Macht zu brechen. Im Innern verliert er den Konflikt mit den Protestanten. Erst eine Politik des Einlenkens, die zum Religionsfrieden in Augsburg 1555 führt, kann sich durchsetzen, dazu jedoch findet Karl V. sich innerlich nie bereit. Erfolglos in seinen Zielen, tritt er 1556 verbittert zurück. Ferdinand, sein Bruder, wird deutscher Kaiser, sein ältester Sohn Philipp II. Herrscher in Spanien und den Niederlanden. Im spanischen Kloster San Yuste stirbt Karl V. 1558 an Malaria.

(G. v. H.)

Stammtafel Karls V.
Spanische und Österreichische Habsburger

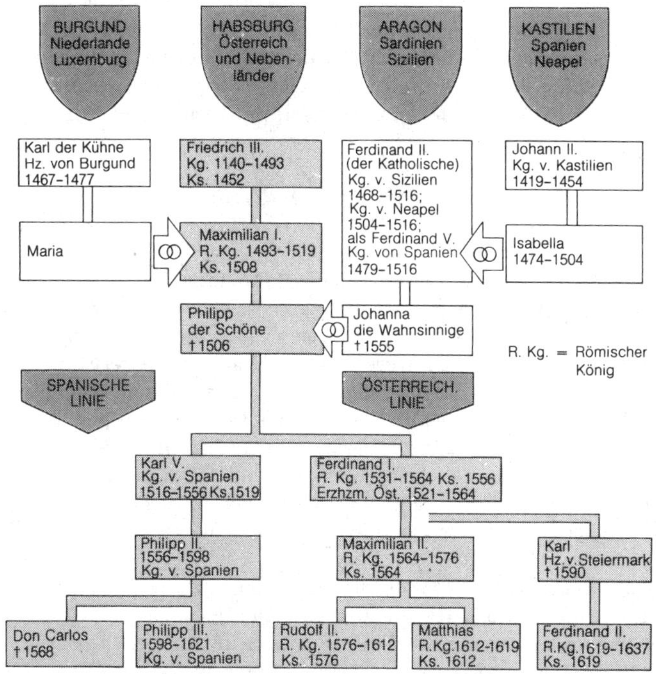

Am nächsten Tag, dem 23. Oktober 1519, wurde er in den alten überlieferten Formen im Münster Karls des Großen gekrönt: Zunächst mußte er die jahrhundertealten Fragen beantworten, die ihn, den künftigen Kaiser, zum Schutzherrn der Christenheit verpflichteten: »Willst Du den heiligen katholischen Glauben bewahren? Willst Du die Kirche und die Geistlichkeit schützen? Willst Du das Reich in Gerechtigkeit regieren? Willst Du die Rechte des Reiches wahren und das ihm entfremdete Gut wiedergewinnen? Willst Du ein gnädiger Richter und Helfer der Armen und Reichen, der Witwen und Waisen sein? Willst Du dem Papst und der römischen Kirche in Treue und Ehrfurcht den schuldigen Gehorsam bewahren?«

All diese Fragen – sie wurden in Latein, der Sprache der Kirche, gestellt – beantwortete Karl mit einem lauten »volo«, d. h. »ich will es!«. Daraufhin fragte der Erzbischof von Köln alle Anwesenden, die das

Volk vertraten, »ob sie diesem Fürsten und Herren gehorsam sein wollten nach den Worten des Apostels«, und alle riefen jubelnd ihre Zustimmung. Entsprechend dem Brauch wurde der König gesalbt, der kaiserliche Mantel ihm umgelegt, und er empfing Zepter, Reichsapfel und Krone. Als der König von den Erzbischöfen zum Thron geführt wurde, hallte die Kirche von dem lauten »Tedeum« wider, und die Glocken verkündeten, daß das Reich einen neuen Kaiser hatte.

Hoffnungen und Wünsche – Kaisertum und Glaube

Wer war nun dieser Karl V., auf den viele so überschwengliche Hoffnungen setzten? Sogar Luther hatte geschrieben: »Gott hat uns ein junges, edles Blut zum Haupt gegeben, er hat damit viele Herzen zu großer, guter Hoffnung erweckt.« War er gar der Priesterkönig, der Reich und Kirche in neuer Ordnung wiederherstellen und seine Herrschaft auf Wahrheit, göttlicher Gerechtigkeit und Freiheit bauen würde, wie es ein unbekannter Verfasser in der Reformatio Sigismundi vor wenigen Jahrzehnten gefordert hatte? Und: Wie würde Karl V. die Probleme des Reiches angehen, wie zu dem sich ausbreitenden Luthertum stehen? Könnte er die gespannten Beziehungen zu Frankreich bessern, auch gegenüber den Bauern, den Rittern und dem niederen Adel Gerechtigkeit zeigen? In der letzten Frage war für die aufbegehrenden Bauern und Ritter wohl wenig zu erhoffen, mit dem Eid auf die Wahlkapitulation hatte Karl V. sich auf die Seite der Fürsten gestellt.
Doch betrachten wir Karls eigene Vorstellung von seiner Herrschaft als Kaiser, die hier zunächst nur indirekt greifbar wird.
»Wir Carl der fünffte von Gottes Gnaden Römischer Kayser, zu allen Zeiten Mehrer des Reichs, König von Germanien, zu Castilien, Aragón, León, bayder Sicilien [. . .]«, so beginnt die Reihe der Länder, über die Karl herrschte oder über die er zu herrschen beanspruchte, und umfaßt über 70 Herrschaftstitel, die wahrhaft ein Reich zeigten, »in dem die Sonne nicht unterging«. Diese geographisch teilweise weit getrennten Gebiete mit verschiedenen Völkern, Traditionen und Rechten wurden jetzt nicht mehr allein durch die verwandtschaftlichen Bande des Hauses Habsburg zusammengehalten, sondern auch durch die neue kaiserliche Autorität. Es war der Italiener Mercurino de Gattinara († 1530), der als Kanzler und wichtigster Ratgeber Karls schrieb: »Das Kaisertum verheiße den gerechtesten Anspruch auf Herrschaft über die ganze Welt, da es von Gott selbst eingesetzt [. . .] sei. Wenn der Kaisertitel einem an sich schon mächtigen König, der schon über so

Luther vor Kaiser Karl V. *auf dem Reichstag zu Worms: »Hier stehe ich, ich kann nicht anders, Gott helfe mir, Amen.« Zeitgenössische Darstellung der berühmt gewordenen Szene.*

reiche und bedeutende Königreiche und Länder herrschte, gegeben werde, könne dieser dann im Namen des Kaisertums nicht nur seine ererbten Königreiche und Länder bewahren, sondern auch noch größere hinzugewinnen und wird so das Reich selber mehren, ja die Weltherrschaft erringen.«

Die gemeinsame Grundlage dieser Herrschaft war der einheitliche katholische Glaube, und Karl unterstützte ohne Bedenken alle Mittel, die diesem Ziele dienten, gleich ob diplomatische Überlegung, ob Inquisition oder militärische Gewalt.

Der Reichstag von Worms 1521 – Das Problem Luther

Für Karl V. und die deutschen Fürsten und Stände galt es, rasch die Weichen für die künftige Politik im deutschen Reich zu stellen. Wer sollte während der Abwesenheit des Kaisers, der ja Herr über viele Länder war, das Reichsregiment führen? Wie sollte das habsburgische

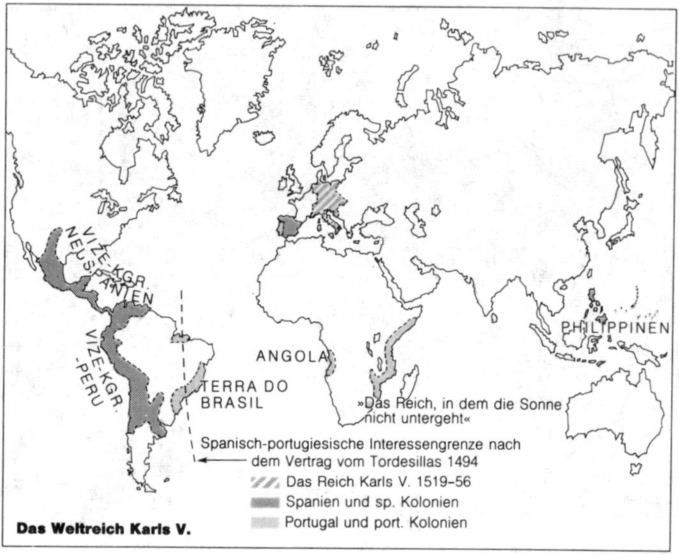

Das Weltreich Karls V.

Erbe zwischen Karl und seinem jüngeren Bruder Ferdinand geteilt werden? Wie sollten, und dies stellte sich bald als die zentrale Frage heraus, der von Rom gebannte Augustinermönch Martin Luther und seine Lehre behandelt werden? Um diese Fragen zu beantworten, versammelte sich Kaiser Karl V. mit seinen Ratgebern, den Fürsten und Ständen 1521 auf dem Reichstag in Worms. In der Frage des Reichsregiments hatte der Kaiser in der Wahlkapitulation den Fürsten im Prinzip nachgegeben. Jetzt lehnte er ihr Vorhaben ab, den Kaiser durch eine gemeinsame Zentralbehörde, gebildet aus fürstlichen und kaiserlichen Vertretern, die das Reich regieren sollten, in seiner Macht zu beschränken. Karl V. gestand ihnen nur in seiner Abwesenheit einen Statthalterrat zu, zudem noch unter der Führung seines Bruders Ferdinand, der im Auftrage Karls das Reich leiten sollte.
Großzügig löste er auch das schwierige Problem der Erbteilung. Er hatte erkannt, daß das riesige, aus vielen Teilreichen bestehende Habsburger Gebiet von ihm allein nicht wirkungsvoll genug regiert werden konnte. Die weiten Wege, die schlechten Nachrichtenverbindungen, eine wenig effiziente Verwaltung ließen ihn von einer solchen Lösung Abstand nehmen. So blieb seine Tante Margarete von Österreich Generalstatthalterin der Niederlande; seinem Bruder Ferdinand übergab er die landesherrlichen Rechte an den fünf österreichischen Herzogtü-

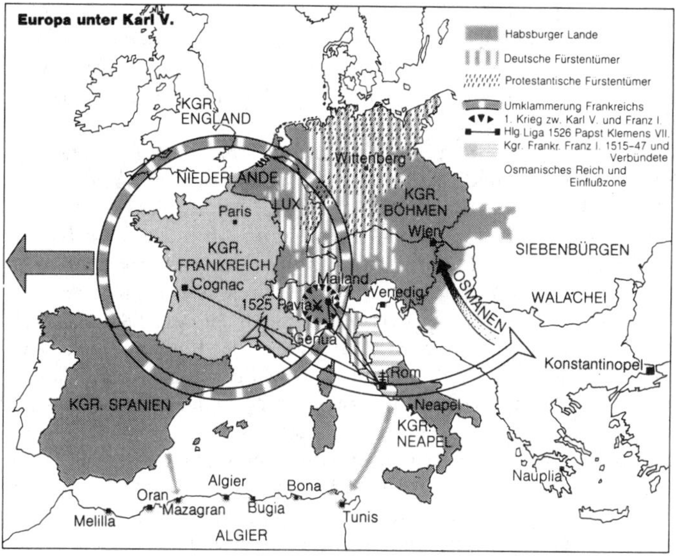

mern Ober- und Niederösterreich, Steiermark, Kärnten und Krain. Darüber hinaus verknüpfte er in einer Doppelhochzeit die österreichischen Erblande mit dem Königreich Ungarn und Böhmen: Ferdinand heiratete Anna von Böhmen und Ungarn und Karls Schwester Marie Annas Bruder König Ludwig II. von Ungarn und Böhmen. Hierdurch erhoffte sich vor allem Ungarn, das durch das Vordrängen der Türken im Balkan immer stärker unter militärischen Druck geriet, eine bessere Rückendeckung.

Die brennendste Frage dieses Reichstages war aber, wie sich das Reich zur Lehre Luthers stellen sollte. Luther war bereits 1520 vom Papst gebannt worden, und nach geltendem Recht sollte unverzüglich die Reichsacht folgen. Der Kaiser zögerte, zumal die Stände auf der Forderung der Wahlkapitulation beharrten, kein Deutscher dürfe ungehört gerichtet werden. Schließlich gab der Kaiser nach und bat den Ketzer mit folgenden Worten, nach Worms zu kommen: »Ehrsamer, Lieber und Andächtiger. Nachdem wir und die Stände des Heiligen Reiches sich hier versammelt und den Entschluß gefaßt haben, zu den Lehren und Büchern, die von Dir ausgegangen sind, von Dir selbst Erläuterungen zu erhalten [. . .] haben wir Dir sicheres Geleit gegeben, hierher zu kommen und wieder zurückzukehren [. . .]!«

Als Luther am 17. April 1521 auf dem Reichstag erschien und vor die

Versammlung von Kaiser und Ständen trat, lagen vor ihm aufgestapelt seine Bücher. Auf die Frage, ob er sich zu ihnen bekennen oder ob er widerrufen wolle, erklärte er nach Bedenkzeit am folgenden Tag in einer wohlbedachten Rede, daß er nichts widerrufen könne, und bekräftigte sein Bekenntnis unter Ablehnung der alleinigen Entscheidungsmacht des Papstes und unter Berufung auf »die Stellen der Heiligen Schrift, die ich angeführt habe« mit seinem berühmt gewordenen »Gott helfe mir. Amen.« (siehe vorangehendes Kapitel). Damit war eine Verständigung zwischen dem Kaiser und dem Reformator nicht mehr möglich. Auf der einen Seite stand der Mönch, der sich auf seine eigene Glaubenserfahrung berief, der die kirchliche Ordnung und Bevormundung ablehnte, auf der anderen Seite der strenggläubige Kaiser, der trotz aller kirchlichen Mißstände in der Einrichtung der Kirche das Heil für die Menschen und das wichtigste Band für die Einheit seiner Reiche und die Rechtfertigung seiner Herrschaft sah.
Karl hob die Sitzung auf und ließ am nächsten Tag eine von ihm selbst verfaßte Erklärung vorlesen, in der er die Lehre Luthers verwarf: »Ihr wißt, daß ich von den allerchristlichsten Kaisern der edlen deutschen Nation, den katholischen Königen von Spanien, den Erzherzögen von Österreich und den Herzögen von Burgund abstamme, die alle bis zu ihrem Tode treue Söhne der katholischen Kirche gewesen sind. [. . .] Deshalb bin ich entschlossen, alles zu halten, was meine Vorgänger und ich bis zum gegenwärtigen Augenblick gehalten haben. [. . .] Denn es ist sicher, daß ein einzelner Bruder in seiner Meinung irrt, wenn diese gegen die der ganzen Christenheit, wie sie seit mehr als tausend Jahren und heute gelehrt wird, steht, denn sonst hätte ja die ganze Christenheit heute und immer geirrt. [. . .] Nachdem ich die hartnäkkige Antwort vernommen habe, die Luther gestern in unser aller Anwesenheit gegeben hat, erkläre ich euch: Es reut mich, daß ich es solange aufgeschoben habe, gegen diesen Luther und seine falsche Lehre vorzugehen. Ich bin entschlossen, ihn nicht weiter anzuhören, sondern ich will, daß er unverzüglich gemäß dem Mandat nach Hause geschickt werde. Das freie Geleit soll ihm, wie zugesagt, gehalten werden [. . .].«
Die Fürsten, die Luthers Lehre nahestanden, so wird berichtet, sollen bei diesen Worten erbleicht sein, denn diese Entscheidung Karls bedeutete einen Riß mitten durch die Nation. Zugleich aber wurde sie zur Gelenkstelle in Karls V. Herrschaft, er hatte viel zu spät erkannt, daß ihm hier bereits die geschichtliche Entwicklung aus der Hand geglitten war, daß die persönliche Glaubensvorstellung eines mutigen Mönches die Grundlage seiner Herrschaft, die kirchliche Einheit der abendländischen Welt, gesprengt hatte.

Karl V. hatte sein Versprechen gehalten und Luther freies Geleit für den Rückweg gegeben. Erst drei Wochen später erließ er das »Wormser Edikt«, in dem er die Lehre Luthers verdammte und über ihn und seine Anhänger die Acht aussprach. Friedrich der Weise nahm jedoch Luther vor dem Kaiser in Schutz, er brachte ihn auf der Wartburg bei Eisenach in Sicherheit. Zudem mußte die Ausführung des Wormser Edikts verschoben werden, denn die Auseinandersetzung mit Frankreich zwang Karl, das Reich zu verlassen. So konnte sich in Deutschland Luthers Lehre ausbreiten.

Umklammertes Frankreich, Zankapfel Italien – Der Kampf um die Vorherrschaft in Europa

Mit der Wahl zum Kaiser hatte Karl V. unerwartet seinen Hauptrivalen Franz I. von Frankreich überrundet, und zugleich war Frankreich, die stärkste territorial geschlossene Macht in Europa, durch einen Ring habsburgischer Länder in die Enge getrieben. Diese Umklammerung zu sprengen, war für Frankreich eine Lebensfrage. In Franz I. (1515–1547) hatte das Land einen ehrgeizigen König, seine Zeitgenossen beschreiben ihn als tapfer und unermüdlich in der Ausführung seiner Ziele, andererseits aber auch leichtsinnig, verschwendungssüchtig und den sinnlichen Freuden zugetan: Er war mit seinen Widersprüchen ein Kind seiner Zeit, die den persönlichen Ruhm und die nationale Ehre ins Zentrum des Denkens stellte.
Seit der Eroberung des Herzogtums Mailand (siehe Band 5) hatte Frankreich das Einfallstor nach Italien im Besitz, und offen sprach Franz I. davon, von dort aus Neapel, das 1504 an Spanien verlorengegangen war, anzugreifen. Nur so glaubte er Frankreich aus der habsburgischen Umklammerung lösen zu können, zudem konnte sich die Einflußnahme auf Italien als sehr lukrativ erweisen: Italien galt durch seine reichen Handelsstädte als das wirtschaftlich bedeutendste Land Europas.
Französische Truppen waren auch auf der iberischen Halbinsel in Navarra eingefallen, als Spanien, durch innere Aufstände geschwächt, wehrlos erschien. Damit hatte der König von Frankreich Kaiser Karl V. den Fehdehandschuh hingeworfen und den Krieg zwischen den bedeutendsten Mächten Europas, dem Habsburger Weltreich und dem Königreich Frankreich an zwei Brennpunkten entfacht. Karl V. eilte nach Spanien, um sein Königreich zu befrieden und den Kampf gegen Frankreich aufzunehmen.
Der Kaiser war in seiner Haltung eher das genaue Gegenbild zu

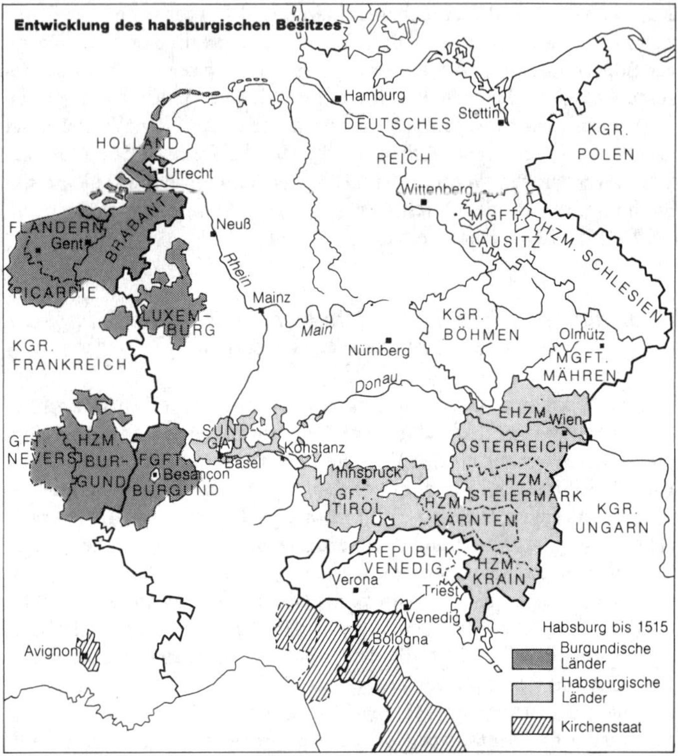

Entwicklung des habsburgischen Besitzes

Franz I. Er fühlte sich in seiner neuen kaiserlichen Würde als Schutzherr der ganzen Christenheit den übrigen christlichen Königen übergeordnet. So wollte er u.a. in einem Kreuzzug die geeinigte Christenheit gegen den Islam führen, und diesem Ziel sollten sich auch die Interessen Frankreichs beugen. Das war eine Vorstellung, die dem selbstbewußten und zumindest auf Mächtegleichgewicht bedachten Franz I. wenig gefallen konnte, waren doch die Türken das einzige ernste Gegengewicht im Rücken der habsburgischen Länder. Nur wenige haben wahrscheinlich schon damals die Zähigkeit und Ausdauer ahnen können, mit der Karl V. trotz aller Widerstände im In- und Ausland sein Ziel zu verfolgen wußte.

In einem der Bildnisse Tizians scheinen die Eigenschaften dieses Kaisers am deutlichsten getroffen zu sein. Der ruhende, gefaßte Blick, das ernste Gesicht mit einer Adlernase und dem vorspringenden Kinn der

Habsburger, der leicht geöffnete Mund, umrahmt von einem dunklen Bart, schließlich seine schwarze Kleidung zeigen eine kühle, abweisende Persönlichkeit. In ihr verbanden sich Strenge, Selbstbewußtsein, rationales Planen einerseits, aber – so berichten seine Biographen – auch Starrheit, Rechthaberei, Rachsucht, nachtragendes Nicht-Vergessen-Können.

In der Auseinandersetzung mit Frankreich wurde nicht Spanien, sondern Italien zum eigentlichen Zankapfel. Sein Großkanzler Mercurino Gattinara, der wichtigste Ratgeber Karls V., stellte Italien in den Mittelpunkt der kaiserlichen Überlegungen. Dort sollte er als Kaiser gekrönt werden, dort sollte er im Bündnis mit dem Papst die Schirmherrschaft über die Christen verwirklichen. Für diese Überlegungen spielte das Herzogtum Mailand, ein Reichslehen, das Franz I. seit 1515 in der Hand hatte, eine entscheidende Rolle, war es doch ein wichtiges Bin-

deglied zwischen den Zentren des Habsburger Reiches, zwischen den österreichischen Kernlanden und dem Königreich Neapel, den spanischen Königreichen und der Freigrafschaft Burgund. Zudem drohten durch das französische Ausgreifen in Italien die wichtigen Handelsrouten zwischen Italien und Spanien unter französische Kontrolle zu geraten.

Die Gelder für die langwierigen militärischen Auseinandersetzungen mit Frankreich lieferten insbesondere Spanien, die reichen Niederlande und, seit der Eroberung der transozeanischen Reiche, die spanischen Schiffe, die so manchen zusammengeraubten Gold- und Silberschatz nach Kastilien brachten. Trotzdem litt Karl in seiner Regierungszeit an chronischer Geldknappheit, und die jahrzehntelangen Kämpfe sollten die habsburgischen Länder materiell aufs äußerste erschöpfen.

Einer der größten Siege Karls V.: die Schlacht bei Pavia 1525. *In dieser als ›Landsknechtsschlacht‹ schlechthin in die Geschichte eingegangenen Auseinandersetzung zwischen den Heeren Karls V. und Franz' I. von Frankreich gelang es den spanischen Truppen Karls V. und den zugleich aus der Stadt Pavia ausfallenden Kaiserlichen den französischen König in die Zange zu nehmen und sein Heer vernichtend zu schlagen. Franz I. geriet in Gefangenschaft. Zeitgenössischer Holzschnitt. Wien, Österreichische Nationalbibliothek.*

Siege und maßlose Forderungen – Der »Frieden von Madrid«

Die ersten militärischen Erfolge erzielten die Spanier in Navarra, wo sie die eingedrungenen französischen Truppen rasch zurückwerfen konnten, sodann konzentrierten sich die Kämpfe auf Oberitalien. Auch hier gelangen Karls V. Truppen erste Erfolge, Mailand und Genua wurden erobert. Gefährlicher als diese Rückschläge wurden für Frankreich aber ein Bündnis Karls V. mit dem Papst und England sowie die Treulosigkeit des mächtigsten französischen Vasallen, des Konnetabel (Marschall) Herzog Karl III. von Bourbon, der sich auf Karls V. Seite schlug und Marseille, den wichtigsten Mittelmeerhafen Frankreichs, belagerte.
Es war ein wechselvoller Krieg: Die Engländer fielen sengend und brennend in der Picardie ein, die kaiserlichen Truppen drohten nach

Siegen in Oberitalien auch nach Frankreich vorzustoßen. Aber die Kämpfe zogen sich hin, und da die Angriffe der Verbündeten nicht gleichzeitig erfolgten, zeigten die Schläge keine andauernde Wirkung. Im Gegenzug drängte Franz I. Karl III. von Bourbon über die Alpen zurück und verfolgte die kaiserlichen Heere. Oberitalien ging für den Kaiser erneut verloren.
In dieser Situation kam dem Kaiser ein Glücksfall zu Hilfe. Franz I. hatte mit überlegenen Kräften bei der Verfolgung der kaiserlichen Truppen Pavia eingeschlossen. Als ein schwaches kaiserliches Entsatzheer mit deutschen Landsknechten unter dem erfahrenen Heerführer Georg von Frundsberg (siehe Porträt, Seite 101) und spanische Truppen unter Karl von Lannoy, dem Vizekönig von Neapel, herbeieilten, ließ sich Franz I. zu einem übereilten Angriff verleiten. Er geriet zwischen die ausfallenden Truppen der Verteidiger und das anrückende kaiserliche Heer: Die Reihen des französischen Heeres wankten und wollten fliehen. Tollkühn warf sich Franz I. mitten ins Kampfgewühl, um die seinigen aufzuhalten. Ein deutscher Landsknecht durchbohrte sein Pferd mit einer Lanze, Franz I. stürzte und gab sich dem Vizekönig Karl von Lannoy gefangen. Seine Truppen wurden zwischen Kaiserlichen aufgerieben, Tausende seiner Soldaten verloren das Leben.
Der Sieg von Pavia 1525 gab Karl V. die Möglichkeit Frieden zu schließen. Zwar wollte er einen ritterlichen Frieden, der die christlichen Staaten einen sollte, zugleich verlangte er das Herzogtum Burgund, das Stammland seiner Väter. Die Maßlosigkeit seiner letzten Forderung – Burgund war schon lange fest in den französischen Staatsverband eingegliedert – wurde Karl nicht bewußt. Zähneknirschend unterzeichnete Franz I., er war als Gefangener nach Spanien gebracht worden, 1526 den »Frieden zu Madrid«. Darin verpflichtete er sich, auf seine Ansprüche gegenüber Mailand und Neapel zu verzichten, seine Oberhoheit über Flandern und Artois aufzugeben, Burgund dem Kaiser zu überlassen, dem Herzog von Bourbon dessen Länder zurückzugeben, seine Kinder als Geiseln bis zur Erfüllung des Vertrags dem Kaiser zu übergeben und ein hohes Lösegeld zu zahlen. Karl V. hatte scheinbar den ersten Höhepunkt seiner Herrschaft errungen, und seine Heirat mit Isabella von Portugal unterstreicht, daß er selbst seine Lage so einschätzte.

Franz I. bringt Türken, Italiener und Engländer ins Spiel

Die folgenden politischen Ereignisse ließen jedoch den Friedensschluß wie ein Kartenhaus zusammenstürzen. Karl V. hatten den Bo-

Die Osmanen an den Grenzen des Reiches. *Die Vorstöße der Türken auf dem Balkan gewinnen durch das Zusammenwirken mit der Politik Franz I. von Frankreich eine für das Reich lebensgefährliche Brisanz: »Türkischer Reiter und die Sultane »Amurath III.« und »Solymannus XII.« aus der Weltchronik Sebastian Münsters, 1628.*

gen überspannt: Kaum war Franz I. freigelassen worden, erklärte er die Vereinbarungen mit Karl V. für null und nichtig, da sie unter Zwang entstanden seien. Bereits vier Monate später, am 22. Mai 1526, schloß er sich mit dem Papst, Venedig, Florenz und Mailand in der Liga von Cognac zusammen. Die italienischen Staaten sahen den Sieg des Kaisers mit Mißtrauen und wechselten aus Sorge vor der Übermacht Habsburgs die Bündnisseite. In Calais gelang Franz I. ein weiterer diplomatischer Erfolg: Er schloß mit Kardinal Wolsey, dem diplomatischen Vertreter Englands, einen Waffenstillstand. Das war um so leichter, als Heinrich VIII. von England die Trennung von seiner ersten Frau, Katharina von Aragón, einer Tante Karls V., plante. Sie war die erste der sechs Frauen, die Heinrich VIII. ehelichen sollte.
Schlimmere Nachrichten trafen aus Ungarn ein: Bei Mohács hatte 1526 ein türkisches Heer unter Suleiman II. die Ungarn besiegt, Karls V. Schwager Ludwig II., König von Ungarn, war gefallen, und den Türken stand der Weg in die habsburgischen Kernlande offen. Es blieb kein Geheimnis, daß Franz I., der »allerchristlichste« König, sich mit den Feinden der Christen, den Türken, verbunden hatte, um Frankreich aus der habsburgischen Schlinge zu ziehen. Nationale Erwägungen hatten religiöse Bedenken schnell zum Schweigen gebracht, zumal der Erfolg bald die Mittel heiligte. Frankreich blieb durch den türkischen Angriff von einer Niederlage verschont, letztlich verdankt auch die Reformationsbewegung in Deutschland beiden Feinden Karls V., daß sie sich in den Anfangsjahren relativ ungestört ausbreiten konnte.

Meuternde Landsknechte, »Sacco di Roma« und Übertritt der Genueser

Erneut wurde Italien zum Zentrum der militärischen Auseinandersetzungen. Karls V. Bruder Ferdinand sandte Georg von Frundsberg mit einem Landsknechtsheer über die Alpen; in Bologna schlossen sich die Truppen des Herzogs von Bourbon an. Die Soldaten, schon seit langem ohne Sold, drohten zu meutern. Als Frundsberg seine Landsknechte zur Ordnung rufen wollte und diese sich offen gegen ihn mit ihren Lanzen wandten, brach Frundsberg, vom Schlag getroffen, zusammen. Das führerlose Heer zog nun plündernd und marodierend über die Toscana nach Rom. Der Haß gegen den Papst, den Feind des Kaisers und Luthers, entlud sich in einer Woge von Greueln: 15000 Mann drangen in Rom ein, mordeten, folterten, raubten ohne Ansehen von Freund und Feind. Selbst der Papst, der sich in die Engelsburg ge-

***Die letzte Krönung eines deutschen Kaisers durch den Papst:** Festlichkeiten anläßlich Karls V. Krönung in Bologna. Radierung (Braun-Hogenberg). Berlin, Handschriftenabteilung der Staatsbibliothek.*

flüchtet hatte, mußte sich den Anführern der Soldaten ergeben. Diese Plünderung Roms im Mai 1527, genannt »Sacco di Roma«, die durch die großen materiellen Verluste indirekt auch die Zeit der Renaissance in Rom beendete, wurde von vielen Zeitgenossen, insbesondere von den deutschen Lutheranern als ein Strafgericht Gottes betrachtet, das über das römische Babel hereingebrochen sei.

Für Frankreich und England bot die Plünderung Roms einen in der Öffentlichkeit gut zu rechtfertigenden Anlaß, Karl V. den Krieg zu erklären. Die Lage wurde für Karl bedrohlich, als der Genueser Admiral Andrea Doria gemeinsam mit Frankreich Neapel angriff und die Stadt belagerte. Als jedoch Andrea Doria auf die Seite des Kaisers wechselte, wandte sich das Kriegsglück und Neapel konnte aufatmen. Genua erhielt jetzt für den Einsatz seiner Flotte auf der Seite des Kaisers seine alte Unabhängigkeit verbrieft, und Andrea Doria übernahm als kaiserlicher Großadmiral die Führung der künftigen Auseinandersetzungen im Mittelmeer gegen die Türken und gegen Frankreich. Durch die Tatkraft und das diplomatische Geschick von Karls Tante Margarete, der Regentin der Niederlande, die mit ihrer Jugendfreundin Louise von Savoyen, der Mutter Franz I., insgeheim Verhandlungen begann, wurde am 3. August 1529 ein Friede zwischen beiden wirtschaftlich erschöpften Mächten erreicht: Diese Vereinbarung, die zu Ehren der beiden Frauen auch »Damenfriede von Cambrai« genannt wird, zeigte sich realistischer in der Einschätzung des politisch Möglichen als seinerzeit der Friedensschluß von Madrid; sie wiederholte in den meisten Punkten die Bestimmungen des Madrider Friedens, wies jedoch eine wesentliche Ausnahme auf: Karl V. verzichtete auf die Herausgabe des Herzogtums Burgund. Darüber hinaus wurde Karls V. Schwester Eleonore, die Braut Franz' I., zur Königin von Frankreich erklärt, und zwei Millionen Taler Lösegeld für die als Geiseln gestellten Kinder des französischen Königs entlasteten Karls angespannte Finanzlage.

Kaiserkrönung in Bologna: die letzte in der Geschichte des Reiches

Jetzt schien der Weg frei, nicht nur die Kaiserkrone in Italien vom Papst zu empfangen, sondern auch in Deutschland die Ketzerei der Reformation zu beenden. Nachrichten aus Wien, das von den Türken eingeschlossen worden war, drängten zur Eile. Mit dem Papst hatte Karl V. bereits Frieden geschlossen, und Bologna war als Krönungsort vereinbart worden, zumal Rom noch die Spuren der Verwüstung durch die kaiserlichen Truppen, des »Sacco di Roma«, trug. Karl reiste von Spanien nach Bologna, die deutschen Kurfürsten konnten angeblich aus Zeitmangel ihrer verfassungsmäßigen Pflicht nicht nachkommen und den Kaiser bei der Krönung begleiten. Dagegen war der übrige Adel Italiens, Deutschlands, Spaniens und der Niederlande in Scharen erschienen, nicht nur um dem Kaiser zuzujubeln, sondern auch um sich im luxuriösen Lebensstil zu überbieten. In einer goldfunkelnden Rüstung kniete Karl V. vor Papst Clemens VII. und empfing aus dessen Hand als letzter deutscher Kaiser die Kaiserkrone und die Eiserne Krone der lombardischen Könige, die – so die Legende – aus einem Nagel des Kreuzes Christi gefertigt sein soll.
Der Kampf um die Vormachtstellung zwischen dem Haus Habsburg und der französischen Krone freilich war damit keineswegs beendet, sondern nur für eine Zeitspanne aufgeschoben. Der erste Akt dieses zweiteiligen Dramas nahm bereits den Höhepunkt vorweg, ohne das Problem zu lösen. Nach einer kurzen Atempause sollte der Konflikt zwischen Habsburg und Frankreich erneut aufflackern.

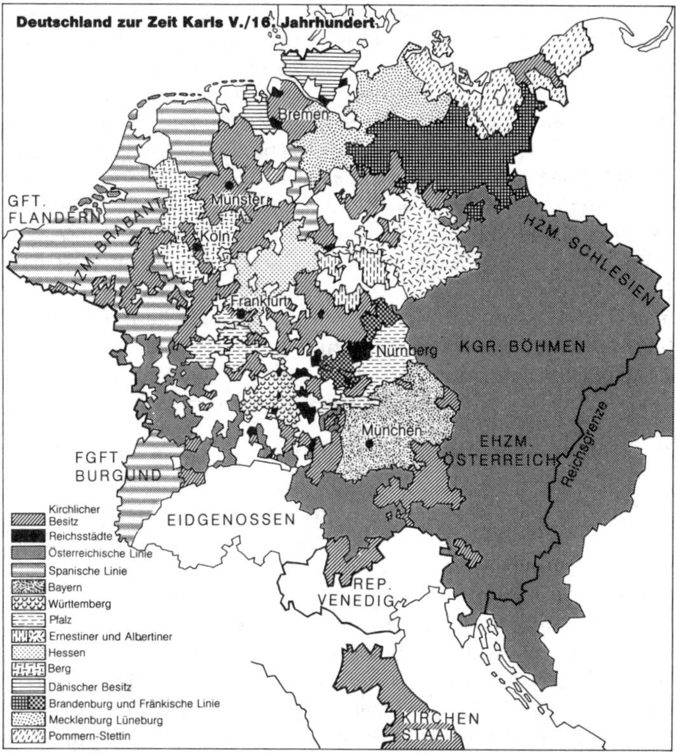

Soziale und religiöse Spannungen – Das Reich zwischen Reformation und Revolte

Knapp zehn Jahre war Karl V. nicht mehr im Deutschen Reich gewesen, jetzt kehrte er als vom Papst gekrönter Kaiser, Friedensstifter und mächtigster Fürst der Christenheit zurück. Was durfte das Volk, was durften die Stände und die Fürsten von ihm erwarten? Seine Aufgabe als gerechter Herrscher war es, die Armen und Schwachen zu unterstützen, den Unterdrückten beizustehen. Doch würde er sich dazu bereit finden?

Dem Betrachter der Bilder, die aus dieser Zeit überliefert sind, fällt es schwer, hinter den glänzenden Erscheinungen der Fürsten, der Bischöfe, der reichen Kaufleute, der waffenklirrenden Schlachten und kirchlichen Feste das alltägliche Leben der Menschen wahrzunehmen.

Rund vierzehn Millionen Menschen – so schätzt der Historiker Wilhelm Abel – lebten damals im Deutschen Reich. Die Lebensgrundlage dieser Menschen bildeten Landwirtschaft und Handwerk, trotz der stürmischen Entwicklung des Bürgertums mit seinen Handelshäusern in Städten wie Augsburg und Nürnberg, in denen Geschlechter wie die Fugger, Welser, Tucher ungeheure Reichtümer häuften. Über 90 Prozent der Menschen aber lebten in kleinen Städtchen und Dörfern, die beiden größten Städte waren Köln und Danzig mit etwa 30000 Einwohnern. Handwerkliche und bäuerliche, in all ihren Arbeitsgängen überschaubare Tätigkeiten bestimmten den Alltag, die Abgaben der Bauern ernährten die Grundherren: den Adel und die Kirche. Adelige und kirchliche Würdenträger und in den Städten die dünne, reiche Oberschicht des Bürgertums bildeten eine durch Standesschranken abgeschlossene Führungsgruppe, die, obgleich zahlenmäßig eine verschwindende Minderheit, vollkommen die rechtlichen und politischen Entscheidungen in der Hand hatte.

Unsicherheit des Lebens – Sehnsucht nach Rechtssicherheit

Wollen wir das Leben dieser Zeit verstehen, so müssen wir die heutigen Errungenschaften der Technik und Zivilisation ausblenden: Die Menschen lebten damals in unmittelbarer Abhängigkeit von guten und schlechten Ernten, bedroht von Seuchen und Kriegswirren. Die Versorgung einer Stadt mit dem Nötigsten zum Leben stellte die Menschen vor größte Probleme: Tagelang brauchten kleine Fuhrwerke, um auf schlechten Wegen von einer Stadt zur nächsten zu gelangen. Die Wege waren unsicher: Räuber oder Raubritter überfielen die Züge der Kaufleute, sofern sie nicht genügend bewaffnet erschienen. Die Maßnahmen der Obrigkeit gegen die landschädlichen Leute, wie die Räuber auch genannt wurden, waren grausam und willkürlich. Bauern und Bürger konnten von den Stadtknechten oder fürstlichen Landreitern ohne viel Federlesens gefangengesetzt oder der Folter unterworfen werden, ohne daß damit Schuld und Unschuld der Gequälten bewiesen wurden.
Hier sollte Karls V. »Peinliche Gerichtsordnung«, die berühmte »Carolina«, die für den Ablauf der Prozesse, die Anwendung der Folter, die Zurechnungsfähigkeit des Angeklagten usw. Regeln festsetzte, zumindest Besserung bringen, als sie 1532 auf dem Reichstag zu Regensburg beschlossen wurde und bis ins 18. Jahrhundert hinein Gültigkeit behielt. Leider blieb die Wirklichkeit – und dies belegen die Hexenprozesse – häufig von dieser Rechtsnorm weit entfernt.

Es fällt heute schwer, sich einen Alltag vorzustellen, der von einer übermächtigen Natur geprägt ist. Die Nacht senkte Stadt und Land in tiefste Dunkelheit und Stille, nur Mutige und Reiche, diese in starker Begleitung, wagten sich dann noch auf die Straßen der Städte, so groß war die Gefahr, in die Hände von Verbrechern zu fallen. Auch der Winter traf die Menschen mit aller Strenge, unterbrach die Verbindungswege, und oft folgten der Kälte und der schlechten Ernährung Seuchen und Tod. Hatten die großen Denker der Renaissance wie Kopernikus (siehe Porträt, Seite 302) oder Galileo Galilei versucht, mit dem Verstand die Gesetze der Natur zu ergründen, so suchten doch die meisten Gebildeten abergläubisch in der Stellung der Gestirne ihr Schicksal abzulesen. Hexen und Geister, so fürchteten die Menschen, trieben nachts ihr Unwesen, verhexten Mensch und Tier oder bestimmten Glück und Unglück im Leben. Auch vor den Türen der Kirche machten weltliche Vorstellungen und Herrschaftsverhältnisse nicht halt, was ein schwunghafter Reliquien- und Ablaßhandel und eine von den Machtinteressen des Adels bestimmte Kirche bestätigten. Angesichts dieser Wirrnisse gewann die Sehnsucht nach einer von Gott gegebenen rechtlichen und gesellschaftlichen Ordnung, wie man sie in den altüberlieferten Rechten und Gebräuchen zu greifen glaubte, größte Bedeutung. Genau dort, wo diese Überlieferung in Frage gestellt wurde, entzündeten sich gesellschaftliche Konflikte.

»Ritteraufstand« und »Bauernkrieg«

Zwei Gruppen der Gesellschaft sahen sich in ihrer Existenz und in ihren Rechten besonders gefährdet: Zum einen hatten die Ritter durch die Entwicklung der Feuerwaffen und den Einsatz von Landsknechtsheeren ihre alten Aufgaben weitgehend verloren und blieben durch die wachsende Macht der Territorialherren, der Fürsten, mehr und mehr von Entscheidungen im Reich ausgeschlossen. Zum anderen gärte es bei den Bauern, deren alte Rechte und Möglichkeiten durch die Ausweitung der Landesherrschaft immer stärker beschnitten und durch das Aufblühen der Städte beeinflußt worden waren.
Voll Neid auf die reichen Kaufleute, die »Pfeffersäcke«, und ermutigt durch die Lehren der Reformation, suchte Franz von Sickingen im »Ritteraufstand« (1522–1523) sich an kirchlichen Gütern zu entschädigen, suchten die Bauern, indem sie sich auf die Bibel und Worte der Reformation beriefen, im »Großen Bauernkrieg« (1524–1525) die alten Rechte wiederherzustellen. Der blutige Sieg der Fürsten über beide Revolten – mehr als 100000 Bauern wurden erschlagen, gehenkt, ver-

brannt – bestätigte ihre Machtstellung. Auch Thomas Müntzers Traum von einem Gottesreich auf Erden, das den Menschen Gleichheit an Gütern und Ansehen bringen sollte, zerschellte bei Frankenhausen am 15. Mai 1525 mit der Niederlage der mitteldeutschen Bauern, an deren Spitze er sich schließlich gestellt hatte.
In diesen Auseinandersetzungen waren die Fürsten Sieger geblieben, und Luthers Abwendung von den Bauern und die Errichtung des landesherrlichen Kirchenregiments hatten die fürstliche Stellung noch verstärkt. Die Frage war nun, wie sie sich dem zurückkehrenden Kaiser gegenüber, insbesondere in der Glaubensfrage behaupten würden.

Katholiken und »Protestanten« – Gespaltenes »Reichsregiment«

Als der Kaiser 1521 das Reich verlassen hatte, übernahm das in Worms beschlossene »Reichsregiment« an Stelle des Kaisers die Führung, konnte aber, kontrolliert von den ja teilweise Luther zuneigenden Fürsten, zu keiner Klärung der Glaubensprobleme gelangen und auch nicht die Bestimmungen des »Wormser Ediktes« strikt durchsetzen. Nur auf einen milden Kompromiß konnten sich die Stände während der Reichstage zu Nürnberg einigen: Die Stände sollten dem »Wormser Edikt« so weit wie möglich nachkommen. Ansonsten forderte man einstimmig die baldige Einberufung eines Konzils, das die Kirche an Haupt und Gliedern reformieren und die Glaubensfragen klären sollte. Ähnlich lautete auch der »Abschied« des Reichstages von Speyer 1526. Die Stände sollten sich gegenüber dem »Wormser Edikt« so verhalten, »wie ein jeder solches gegen Gott und die kaiserliche Majestät hofft und vertraut zu verantworten«.
Drei Jahre später auf dem Reichstag zu Speyer 1529 gelang es den kaiserlichen Vertretern und der Mehrheit des Reichstages, die noch den alten Glauben verteidigten, eine härtere Gangart durchzusetzen: Das »Wormser Edikt« sollte nun verwirklicht werden. Gegen diesen Mehrheitsbeschluß wandten sich die Proteste der evangelischen Fürsten. Der Kurfürst Johann von Sachsen, Markgraf Georg von Brandenburg, Herzog Ernst von Braunschweig, der Landgraf von Hessen, der Fürst von Anhalt und vierzehn Reichsstädte erklärten feierlich und öffentlich, daß sie einen Mehrheitsbeschluß in Glaubensfragen nicht anerkennen könnten: »In Sachen Gottes Ehre und der Seelen Seligkeit belangend muß ein jeglicher für sich selbst vor Gott stehen und Recht geben.« Dieser Protest wurde namensstiftend: Seither nannte man sie »Protestanten«. Sie hatten zugleich eine höchst politische Frage, die bis heute nachreicht, angeschnitten. Aber das Problem der Mehrheits-

***Fürsten im Zeichen des Evangeliums und als Anhänger Luthers:** Das protestantische sächsische (links) und pommersche Fürstenhaus unter dem predigenden Luther. »Croy-Teppich« von 1554, Greifswald, Universität.*

entscheidung fand damals nur aus einem sehr engen Blickwinkel Beachtung: Es ging nicht um die Frage, ob Untertanen sich Mehrheitsentscheidungen entziehen und für sich selbst in Glaubensfragen entscheiden könnten – das kam den Fürsten gar nicht in den Sinn –, sondern die Frage war, ob sie, die damaligen Machtträger, durch solche Entscheidungen in religiösen Fragen gebunden werden konnten.
Die Spaltung im Reich war unübersehbar verschärft, zudem hatten sich die Protestanten zum erstenmal öffentlich zur neuen Lehre bekannt. Würde der zurückkehrende Kaiser eine Lösung finden?
Als Karl V. 1530 nach Augsburg zum Reichstag lud, überraschte es die Zeitgenossen zunächst, daß er nicht an das »Wormser Edikt« anknüpfte, sondern in einer versöhnlichen Geste die Gegensätze zu überbrücken suchte. Die Protestanten überreichten dem Kaiser die »Confessio Augustana«, eine Schrift, die die Glaubenssätze der Lutheraner zusammenfaßte. Der Humanist Melanchthon (siehe Porträt, Seite 34) hatte sie in Abstimmung mit Luther, der auf der Veste Coburg die Ergebnisse des Reichstages abwartete, verfaßt. Trotz versöhnlicher Hal-

Deutsche und europäische Geschichte in Daten

	Deutschland	*Europa*
1492		Kolumbus entdeckt Amerika
1493–1519	Maximilian I.	
1509–1547		Heinrich VIII. von England
1513–1521		Papst Leo X. (Medici)
1515–1547		Franz I. von Frankreich
1517	Luthers Thesenanschlag	
1519–1555	Karl V.	
1520–1566		Sultan Suleiman II. der Große
1521	Bann gegen Luther	
1521–1526	1. Krieg gegen Frankreich	
1522	Bibelübersetzung Luthers	
1522/23	Sikingensche Fehde	
1523		Haus Wasa in Schweden (bis 1654)
1525/26	Bauernkrieg	
1526	1. Reichstag zu Speyer	Schlacht bei Mohács
1526–1529	2. Krieg gegen Frankreich	
1527		Sacco di Roma
1529	2. Reichstag zu Speyer Belagerung Wiens durch die Türken	
1530	Reichstag zu Augsburg	
1531	Schmalkaldischer Bund	
		Schlacht bei Kappel (Tod Zwinglis)
1532	»Nürnberger Anstand«	
1534		Gründung des Jesuitenordens
1533–1584		Zar Iwan IV., der Schreckliche
1534/35	Täuferreich in Münster	

tung beider Seiten scheiterte die Einigung. Enttäuscht und ohne Verständnis entschloß sich Karl V., zur harten Politik des »Wormser Edikts« zurückzukehren und gewaltsam gegen die Protestanten vorzugehen. Da es Karl V. gelang, die Wahl seines Bruders Ferdinand zum römischen König durchzusetzen, drohte den Fürsten eine neue Machtkonstellation: die habsburgische Erbmonarchie.

1541		Reformation in Genf
1544		Friede von Crépy
1545	Eröffnung des Konzils von Trient	
1546/47	Schmalkaldischer Krieg	
1547/48	»Geharnischter Reichstag« in Augsburg	
1548	Augsburger Interim	
1552	Fürstenkrieg Passauer Vertrag	
1555	»Augsburger Religionsfriede«	
1556–1564	Ferdinand I.	
1556–1598		Philipp II. von Spanien
1558	Tod Karls V.	
1558–1603		Elisabeth I. von England
1564–1576	Maximilian II.	
1568–1614		Freiheitskampf der Niederlande
1571		Seeschlacht von Lepanto (Sieg über die Türken)
1576–1612	Rudolf II.	
1580		Portugal mit Spanien vereinigt
1588		Vernichtung der spanischen Armada durch England
1603		Haus Stuart in England
1608	Gründung der protestantischen »Union«	
1609	Gründung der katholischen »Liga« »Majestätsbrief« für Böhmen	
1609–1614	Jülich-klevischer Erbfolgestreit	
1612–1619	Kaiser Matthias	

Der Schmalkaldische Bund

Diese Ereignisse nötigten die Protestanten unter den Fürsten, sich nun offiziell zu gemeinsamem Schutz in einem militärischen Bündnis zusammenzuschließen. Am 27. Februar 1531 trafen die Vertreter der protestantischen Fürsten und Städte in dem kleinen Ort Schmalkalden am

Fuß des Thüringer Waldes die Vereinbarung, ihre Religion auch mit Waffengewalt zu verteidigen. Damit hatten sich die Lutheraner angesichts der kaiserlichen Drohung für das Widerstandsrecht ausgesprochen. Zugleich war dieses Bündnis auch ein Versuch, die fürstliche Libertät vor der Zentralgewalt des Kaisers zu schützen. Ein Beweis dafür ist das katholische Baiern, das zwar in seinen Grenzen die Protestanten streng verfolgte, sich aber dennoch dem Schmalkaldischen Bund anschloß. Karl V. zögerte angesichts dieser Igelstellung der Fürsten und Stände, und als bedrohliche Nachrichten von einem erneuten Anrücken der Türken den Hof erreichten, gab er zunächst seinen Plan, die Protestanten gewaltsam niederzuwerfen, auf.
Im Sommer 1532 kam es in Nürnberg zu einem vorläufigen Frieden zwischen den Religionen, zum »Nürnberger Anstand«, wie die Vereinbarung zwischen Kaiser und Fürsten benannt wurde; der Kompromiß bedeutete für beide Seiten einen Aufschub: Der Kaiser bekam den Weg frei, sogar mit Hilfe der Lutheraner gegen die Türken zu ziehen. Die protestantische Lehre aber konnte sich nun in ganz Europa verbreiten: Norwegen, Dänemark, Schweden, Finnland und Teile Ostpreußens schlossen sich der neuen Lehre an. Die Glaubensbewegung in der Schweiz nahm, da eine Einigung mit den Lutheranern scheiterte, eine eigene Entwicklung, welche die Ablösung der Schweiz vom Reich weitgehend vervollständigte.
Nachzutragen bleibt, daß im November 1530 Karls Tante, die Statthalterin der Niederlande, Erzherzogin Margarete von Österreich, starb. Sie war ihm eine unermüdliche und kluge Beraterin gewesen, und ihr Tod muß ihn hart getroffen haben. Er bestimmte seine Schwester Maria, die Witwe des Königs von Ungarn, zu ihrer Nachfolgerin.

Gegen osmanische und französische Expansion Der Kaiser zwischen den Fronten

Der osmanische Sultan Suleiman II. oder der Prächtige hatte erneut mit großen Mitteln einen Kriegszug gegen Wien vorbereitet. Eine riesige türkische Armee von 250 000 Mann stand am 24. Juni 1532 in Belgrad, bereit, gegen die habsburgischen Kernlande und das Reich vorzustoßen. Suleiman selbst führte das Heer. In höchster Eile zog Karl V. Truppen zusammen, um dem Sultan entgegenzutreten. Selbst das Reich und die Lutheraner stellten eine Armee von 29 000 Mann und 5000 Mann Reiterei. Sein Bruder Ferdinand zog ein Heer von über 30 000 Mann zusammen, und die übrigen habsburgischen und befreundeten Länder, so auch Polen, eilten mit weiteren 30 000 Fußsoldaten und 20000 Berittenen zu Hilfe. Karl V. rückte mit diesem großen Heer gegen Wien vor, und die kaiserliche Flotte, geführt von Andrea Doria, griff die türkischen Gebiete im Mittelmeer an. Die Hauptmacht der Türken stand bereits bei Güns, einer kleinen Festung nur zwölf Meilen von Wien entfernt. Auf die Nachricht von dem kaiserlichen Vormarsch hin zog sich der Sultan, ohne die offene Schlacht zu wagen, mit seinem Heer zurück. König Ferdinand übernahm die Verfolgung der türkischen Truppen, während sich Karl V. erneut nach Spanien begab. In einem Kreuzzug wollte er gegen die gefürchteten Seeräuber vorgehen, die unter dem Korsaren Chairedin Barbarossa die Küstenstädte ausraubten, die Handelswege unsicher machten und zu Tausenden gefangene Christen als Sklaven verkauften. Angeblich galt die Jagd besonders den schönen Christenmädchen, die für schwere Münze in die Harems der Muselmanen wanderten. Mit Unterstützung des Sultans und mit Billigung Frankreichs hatte Chairedin Barbarossa eine schlagkräftige Flotte aufgebaut und schien in seinen Stützpunkten an der Küste Nordafrikas unangreifbar.

Sieg im Mittelmeer

Karl V., der sich durch die Gefährdung der Transportwege zwischen Italien und Spanien unmittelbar betroffen sah, rüstete eine große Flotte. Unter der Führung Andrea Dorias gelangen ihm bei La Goletta und Tunis große Erfolge: Er erbeutete fast die gesamte Flotte Barbarossas, mehr als 80 Schiffe, und befreite Tausende von Christensklaven. Chairedin Barbarossa entkam jedoch nach Algier.
Durch die Erfolge Karls V. über Suleiman II. und Chairedin Barbarossa sah Franz I. von Frankreich das labile Gleichgewicht zwischen Habsburg und Frankreich gefährdet, besonders da die türkische Macht durch die Schläge des Kaisers in die Defensive gedrängt worden war. Da bot der Tod des Herzogs von Mailand, Francesco Sforzas, einen willkommenen Anlaß, den Kaiser in Oberitalien herauszufordern. Karl V. hatte die sich entwickelnde Situation durch Eigensinn selbst mitverschuldet, als er seine kaum zwölfjährige Nichte mit dem alten Herzog zwei Jahre vorher verheiratet hatte. (Empört hatte seine Schwester Maria, die Statthalterin der Niederlande, geschrieben: »Es ist gegen Gott, die Natur und die Vernunft, ein Mädchen von elfeinhalb Jahren, die noch nichts von einer Frau hat, zu verheiraten und den Gefahren einer Schwangerschaft auszusetzen.«) Die Ehe war kinderlos geblieben, und Franz I., der Erbansprüche geltend machte, schuf vollendete Tatsachen: er fiel in Oberitalien ein.

Die Türken vor Wien 1529
Bericht des Hans Lewenklaw von Amelbeurn

[Am 26. September] da hat sich der türkische Kaiser eigener Person gewaltiglich rings um die Stadt auf dem Wasser und auf dem Land [...] gelagert, und sind der aufgeschlagenen Gezelte in die 25000 und darüber geachtet und geschätzt worden, denn sie auf St. Stefans Turm gegen Schwechat wärts niemand wohl übersehen mögen. Mittlerzeit sind alle Tore, ausgenommen den Salzturm, so allein zum Ausfallen freigehalten, verterrasset [verbarrikadiert] worden. Und daneben haben die Herren Verwalter [...] der Proviant und anderer Sachen halber Ordnung fürgenommen, wie es in Zeiten der Not gehalten und gehandelt werden sollte. [...]
Und dieweil [der türkische Kaiser] gemerkt, daß sich jedermann zur Wehr gestellt und die Stadt nicht aufgeben wollen, als er dann ernstlich nicht anders verhofft, denn jedermann würde fliehen und er die Stadt ohne Widerstand erobern mögen, deshalb er auch aus großem Hochmut, Verachtung und Eile sein schweres Geschütz alles etliche Meilen unterhalb Wien, ungefähr um Kosmorn, gelassen, und also aus Gnaden Gottes und ritterlicher Gegenwehr seine Anschläge und Fürnehmen keinen Fortgang gehabt: hat er sich [...] mit großem Vorteil, Fürsichtigkeit und Listen mit aufgeworfenen Gräben und verborgenen Schanzen [...] gelagert. [...] Wiewohl obengemeldete Janitscharen [Elitetruppen], als des Kaisers Gnade, und darauf er all sein Herz und Vertrauen gesetzt, allein auf seine Person zu warten verordnet, haben sie doch täglich abgewechselt und sind ohne Unterlaß an die fünf- oder sechstausend mit ihren Handröhren und Flitschbögen sonderlich vor dem Kärntner Tor in der Vorstadt, hinter den öden verbrannten Mauern, daraus sie ihre Schanzen und Schießlöcher gemacht, gelegen, und sich am meisten von St. Augustins Kloster an [...] bis hinab vor den Kärntner Turm [...] weder mit Graben, Sprengen noch Stürmen angenommen und das gewaltigste, unglaubliche Schießen mit Schlangen und Falkonetten [Geschützen] angestellt [...] und mit Handröhren und Flitschen oder Handbögen dergleichen stündlich ohne Aufhören dermaßen vollbracht, daß sich die in der Stadt auf der Mauer zwischen den Zinnen nirgendwo haben sehen noch blicken lassen [können]: den die Janitscharen haben hinter dem Gemäuer ganz sicher und gewiß geschossen und sehr viele Knechte beschädigt. Es ist auch keiner in der Kärntnerstraße sicher gegangen noch gestanden, so gar ohne Unterlaß sind die Handbogenpfeile, die eines Teils fast köstlich mit Perlen geschmückt gewest, und die Handrohrkugeln wie der Hagel nieder in die Gassen und auf die Rinnen und Dächer gefallen.
Unter und zwischen solchem unerhörten Schießen haben die Feinde [...] ein unmenschlich Graben allenthalben unter der Erden gegen den Kärntner Turm und der Stadtmauer verbracht, doch vor dem Dunst und Hall weder gesehen noch gehört werden mögen. [...]
Den achten Tag Octobris [...] haben die Feinde unterhalb des Kärntner Tores [...] die Stadtmauer 13½ Klafter lang und nit weit davon abermals einen Teil der Mauer bis über die Mitte unterhackt und am gemeldeten Tag Pulver untergefüttert, in der Meinung, dieweil sie die Mauer auswendig unterhackt, die selbe

hinein in die Stadt wärts zu sprengen. Als das in der Stadt vermerkt worden, hat man die Mauer allenthalben mit großen starken Bäumen unterspreizt, und da die Feinde das Pulver angezündet, ist dasselbe durch die Gnade Gottes, und nachmals öfter, ohne Schaden aufgefahren und ihnen das Sprengen mißraten. [...]
Am neunten Tag früh huben die Feinde an und unterstunden sich, unterhalb des Kärntnertores durch ein Schutzloch in die Stadt zu kommen, und haben sich den ganzen Tag gewaltiglich darum gerungen, sind aber zuletzt abgetrieben worden. Und nach Mittag zwischen zwei und drei Uhren haben sie heftiglich zu schießen angefangen und die Mauer neben dem Kärntnertor gegen St. Claren über an zwei Orten gesprengt, und von Stund an gewaltiglich den Sturm angelaufen, in welchem Anlauf viel Türken umgekommen. [...]
Vom 9. bis auf den 12. Oktobris haben die Feinde täglich und stündlich geschossen, in die Gräben und hinauf bis an die Mauern gelaufen und ein Lärmen nach dem andern angefangen. Dagegen habens in der Stadt im gleichen Fall auch nicht gefeiert, mit großem und kleinem Geschütz ohne Unterlaß gegen sie gearbeitet, und daneben die ganze Zeit der Belagerung auf St. Stefans Turm und St. Claren Platz mit Heerpauken, Trompeten, Posaunen und Schalmeien gehofieret, auch Trommel und Pfeifen stündlich nach Kriegsordnung gebraucht: das die Feinde doch verdrossen, und haben ohne Zweifel ein sonder Entsetzen ob solchem Trutz gehabt. [...]
Von dem 12. Tag bis auf den 14. Oktobris zum Abend sind die Feind still gewest [...] darnach zur Nacht fingen die Feinde heftiger an zu schießen denn vor je. Und ungefähr um 11 Uhr zu Mitternacht sind die Janitscharen aus den Vorstädten mit großem Geschrei [...] abgezogen, und alle ihre Läger, auch was aufrecht geblieben an den nächst umliegenden Dörfern und in der Vorstadt Häusern angezündet, und am Freitag, den 15. Tag Octobris ist der Türkische Kaiser vor Tage auch aufgebrochen und mit ihnen verrückt [abgerückt]. [...] Und in Summa solcher der Feinde Abzug hat bis auf den Donnerstag ganzer acht Tage lang gewährt. [...]
Als nun davor am 15. Octobris des türkischen Kaisers Abzug geschehen, haben hoch- und wohlgedacht Fürsten, Grafen und Herren ein Lobamt von der Heiligen Dreifaltigkeit zu singen verordnet, samt allen Obristen und Hauptleuten in die Kirche sich verfügt, dasselbe mit Andacht angehört und um ihres schweren Lasts Erledigung Gott dem Allmächtigen Lob und Dank gesagt. Danach zu Abend ist alles Geschütz abgegangen und auf den Türmen posaunet und trompetet worden. Also hat der allmächtige barmherzige Gott diese Stadt Wien, an welcher der Königlichen Majestät und dem Heiligen Reich dieser Zeit gar merklich viel gelegen, samt allen obberührten Fürsten, Grafen, Herren etc. von vielen bösen Freunden und grausamsten Feinden, den Türken, gnädiglich erledigt und errettet. Denselben sei allein Lob, Ehr und Preis immer und ewiglich. Amen.

Aus: Hans Lewenklaw von Amelbeurn, Neuwe Chronica Türkischer Nation, Frankfurt 1590, S. 442ff.

Aus: Fritz Dickmann »Renaissance, Glaubenskämpfe, Absolutismus«.

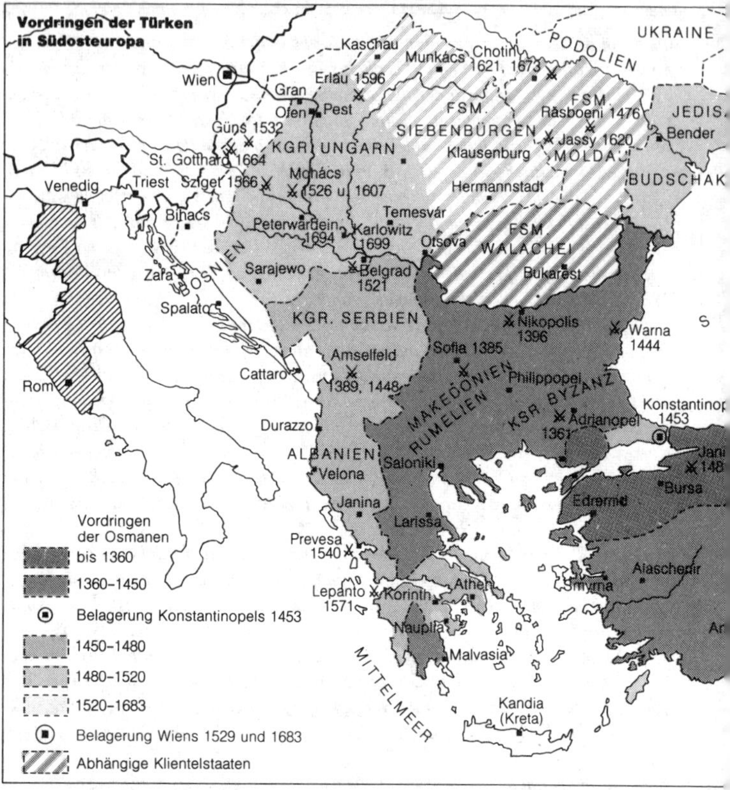

Zum dritten Mal Krieg mit Franz I.

Der dritte Krieg (1536–1538) zwischen Habsburg und Frankreich begann. Franz I. verbündete sich nun offen mit dem Sultan und Chairedin. Chairedin überfiel Neapel und verheerte die Küstenstriche der spanischen Länder. Der Sultan rückte erneut gegen Österreich vor, und Ferdinand erlitt bei Esseg an der Drau eine empfindliche Niederlage. Karl V., von der Expedition gegen Chairedin nach Italien zurückgekehrt, beklagte sich bitter vor dem Papst über die Untreue des französischen Königs. In bewegenden Worten suchte er Papst Paul III. von seiner neutralen Haltung gegenüber Frankreich abzubringen, und forderte Franz I. zu einem ritterlichen Duell heraus. Er hoffte, hier noch ganz dem mittelalterlichen Denken verhaftet, auf ein Gottesurteil, doch Franz I. wies diesen Vorschlag brüsk zurück.

Das Osmanische Reich der Türken dehnte sich seit dem 14. Jahrhundert vom Bosporus in schnell aufeinanderfolgenden Vorstößen u. a. nach Norden aus, dabei den Balkan und Ungarn und die Gebiete an der Nordküste des Schwarzen Meeres überlagernd. Erst vor Wien kam dieser Vorstoß nach Europa zum Stehen, als sich die Kräfte des Reichs und christliche Staaten wie Polen dem Vordringen gemeinsam entgegenstellte. Seit Ende des 17. Jahrhunderts gelingt es dann, den türkischen Einfluß Stück für Stück zurückzudrängen.

So brachen die Kaiserlichen von zwei Seiten in Frankreich ein und verwüsteten die Picardie und die Provence. Diese Ermattungsfeldzüge vermochten jedoch nicht Franz I. aus Savoyen und Turin in Oberitalien zu vertreiben. Durch die großen Kosten der ständigen Kriege drohten die reichsten Länder des Kaisers, insbesondere die Niederlande, auszubluten, noch schlimmer stand es mit Frankreich.

Friede in Nizza – Aufstand in Gent

In dieser Lage ergriffen erneut zwei Frauen die Initiative: Maria, Statthalterin der Niederlande, und Eleonore, Königin von Frankreich; sie waren beide Schwestern Karls. In geheimen Verhandlungen gelang es ihnen mit Hilfe des Papstes, die Gegner zu einem Waffenstillstand auf

zehn Jahre zu bewegen: In Nizza versprach Franz I. das Bündnis mit dem Sultan aufzugeben, Karl V. überließ ihm Teile Savoyens und Piemonts. In Aigues-Mortes trafen sich beide im friedlichen und brüderlichen Gespräch, das die Feindseligkeiten zwischen ihnen beseitigte, ja Franz I. lud den Kaiser dazu ein, den nächsten Weg in die Niederlande statt auf dem stürmischen Meer über den sicheren Boden Frankreichs zu nehmen. Den Streit um Mailand hatte man ausgeklammert.
Die Freude Karls V. über die Atempause wurde durch zwei Ereignisse zerstört: Am 1. Mai 1539 starb seine Frau, Kaiserin Isabella. Er hatte sie sehr geliebt, und die Nachricht über ihren Tod trieb ihn voll Bitterkeit in die Einsamkeit des Klosters Las Silas bei Toledo. Dort erreichte ihn die Kunde über einen Aufstand der Bürger von Gent in Flandern, die sich gegen neue Abgaben wehrten und durch die Kriege mit Frankreich in ihren Handelsbeziehungen zu diesem Land empfindlich gestört worden waren. Franz I., auf dessen Hilfe sie gebaut hatten, ließ jedoch den Kaiser mit seinen Truppen durch Frankreich nach Gent reisen. Grausam nahm dieser Rache: Die Anführer des Aufstandes ließ er hinrichten, ein ganzer Stadtteil wurde eingerissen und darauf eine Festung des Kaisers errichtet.

Erneutes Stillhalteabkommen mit den Protestanten

Von Gent reiste Karl V. nach Deutschland weiter, um erneut Hilfe des Reiches gegen die Türken zu gewinnen. Auch glaubte er noch immer, daß die Gegensätze zwischen den Konfessionen doch noch zu überbrücken seien. Bereits 1536 hatte er den Reichsvizekanzler Matthias Held nach Deutschland geschickt, um zwischen den Parteien zu vermitteln. Aber das Gegenteil war eingetreten: Für Held waren Türken, Franzosen und Lutheraner gleichermaßen Feinde, und es war ihm 1538 gelungen, König Ferdinand zur Gründung einer »Katholischen Liga« zu bewegen. Diese blieb, da ihr nur die Bischöfe von Salzburg und Magdeburg beitraten, ein Mißerfolg, der aber die Fronten unnötig verhärtete. Auf dem Reichstag zu Regensburg 1541 bemühten sich erneut beide Parteien um eine Annäherung, auch der päpstliche Legat zeigte sich ernstlich um eine Lösung bemüht, doch vergebens. Aber für eine Gewaltlösung war die Lage ungünstig.
Nach einer Niederlage Ferdinands bei Pest waren Ofen – aus den beiden Orten entstand später Budapest – und weite Teile Ungarns an die Türken verlorengegangen; noch gefährlicher waren die neuerlichen Angriffe Chairedins auf die Verbindungswege zwischen Neapel und Spanien.

Karl V. entschloß sich, das Stillhalteabkommen von Augsburg (1532) in Regensburg (1541) zu verlängern, um sich der gefährlichen Lage im Mittelmeerraum zuzuwenden. Er selbst leitete das Unternehmen gegen Algier, mit dem er Chairedin Barbarossa endgültig zu schlagen suchte. Aber widrige Stürme und gewaltige Regenfälle zwangen die Spanier, die Belagerung Algiers unter großen Verlusten abzubrechen, zumal ein Teil der Flotte gesunken war. So brachte der Herbst des Jahres 1541 bittere Enttäuschungen. Erst 1571 sollte es dem illegitimen Sohn Karls V., Don Juan de Austria, gelingen, die türkische Mittelmeerherrschaft in der Seeschlacht von Lepanto zu beenden.
Karls V. Mißerfolge riefen erneut Franz I. auf den Plan. Als Anlaß bot sich die Ermordung zweier französischer Gesandter bei Pavia. Im Bündnis mit den Türken, Dänen, Schweden, Schotten und dem Herzog von Kleve erklärte er Karl V. den Krieg. Die zwischen Frankreich und Habsburg schwankenden protestantischen Stände blieben angesichts der brutalen Verfolgung ihrer Glaubensbrüder in Frankreich und des offenen Bündnisses mit dem Sultan zunächst neutral.

Unterstützung durch die Protestanten

Als der Kaiser nach einem raschen Erfolg über das Herzogtum Kleve und der großmütigen Behandlung des Herzogs – er erhielt die Nichte des Kaisers zur Frau – auf dem Reichstag zu Speyer 1544 den Protestanten ein großzügiges Angebot unterbreitete, versprach der Reichstag seine Unterstützung. 24000 Mann Fußsoldaten und 4000 Reiter wollte er sechs Monate lang unterhalten, dafür verlängerte der Kaiser den Religionsfrieden: Kein Fürst solle seines Glaubens wegen verfolgt werden, die von den protestantischen Fürsten säkularisierten Kirchengüter erkenne er an, und das Reichskammergericht stellte alle Verfahren gegen die Protestanten ein. Jetzt hoffte der Kaiser, Franz I. rasch in die Knie zwingen zu können. Zudem versprach Heinrich VIII. von England, mit dem Karl V. seit 1540 insgeheim Kontakte geknüpft hatte, ebenfalls in Frankreich einzufallen. Zwar erzielte Franz I. in Oberitalien Erfolge, aber es drohten Nordfrankreich und die Hauptstadt Paris von den anrückenden deutschen und englischen Truppen eingenommen zu werden. Franz I. willigte deshalb rasch in Friedensverhandlungen ein, und am 18. September 1544 wurde zu Crépy-en-Laonnois, unweit von Laon, der Friede geschlossen, der den vierten Krieg zwischen Karl V. und Franz I. beendete. Wenige Jahre später, 1547, starb Franz I.: Kaiser Karl V. war auf dem Höhepunkt seiner Macht.

Triumph und Niederlage: Mit Gewalt gegen die Protestanten

Auf dem Reichstag zu Regensburg 1541 und Speyer 1544 hatte der Kaiser in außenpolitischer Not den Protestanten den religiösen Frieden und die Anerkennung der Landeskirchen und der verweltlichten Bistümer versprochen. Wie aber verhielt er sich jetzt, da er den Hauptgegner Franz I. überwunden hatte? Was galten nun seine Versprechungen? – Endlich war der Wunsch des Kaisers und vieler Christen in Erfüllung gegangen: der Papst hatte 1545 ein Konzil nach Trient einberufen. Trient am Fuße der Alpen im engen Tal der Etsch lag noch im Reich, und es bestand Aussicht, daß auch die Vertreter der Protestanten dorthin kommen könnten, um ihre Belange darzulegen.
Mit Spannung erwartete man die ersten Maßnahmen des Kaisers. Nach außen hin verlegte sich der Kaiser gegenüber den Protestanten auf eine Hinhaltetaktik: Auf den Reichstagen zu Worms und Regensburg 1545/46 verhandelten beide Seiten weiterhin, ohne einer Lösung näherzukommen. Insgeheim hatte er sich schon 1544 in Crépy für eine gewaltsame Lösung entschieden: In einem geheimen Zusatzvertrag hatte sich Franz I. verpflichten müssen, den Kaiser bei einer Reform der Kirche, bei der Herbeiführung eines Konzils und bei der Aufhebung der Kirchenspaltung zu unterstützen. Verhandlungen mit dem Papst sicherten dessen finanzielle Unterstützung. Geheime Briefe orderten spanische, italienische und niederländische Truppen ins Reich. Weiterhin gelang es Karl V., das Herzogtum Baiern auf seine Seite zu bringen: Anna, die älteste Tochter seines Bruders Ferdinand, heiratete den Erbprinzen Albrecht von Baiern.
Zu einem weiteren Erfolg verhalf ihm das Doppelspiel des Herzogs Moritz von Sachsen: Nach außen hin evangelisch, stellte er sich insgeheim auf die Seite des Kaisers, der ihm die sächsische Kurwürde und die finanziell ertragreiche Schutzherrschaft über die Bistümer Magdeburg und Halberstadt versprach. In der Glaubensfrage verpflichtete er ihn nur auf künftige Entscheidungen des Konzils.
Schließlich konnten die Schmalkaldner die militärischen Absichten des Kaisers nicht mehr übersehen. Aber trotz bitterer Worte über den »trügerischen« Reichstag von Speyer 1544 und die Versprechungen des Kaisers blieben sie passiv.

Überfall auf die Schmalkaldner

Luther war am 18. Februar 1546 in Eisleben gestorben. Jetzt fehlte sein mächtiges Wort, das die Protestanten hätte anstoßen und beflügeln

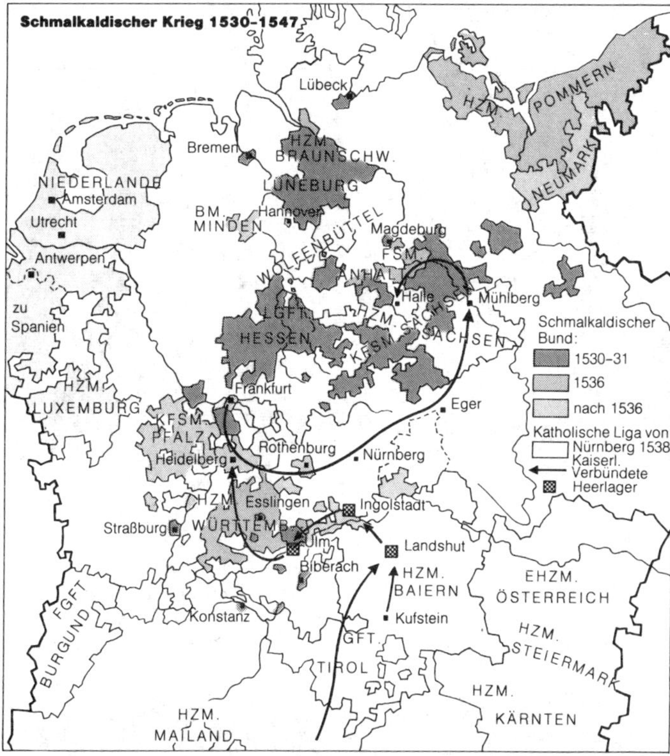

können. Auch rächte sich der Mangel an Organisation und Führung, als Karl V. im Sommer 1546 den Schmalkaldnern den Krieg erklärte. Man verzichtete darauf, die überlegenen 57000 Mann, eine gewaltige Macht verglichen mit den Heeren des Kaisers, sogleich gegen Regensburg zu führen, um den Kaiser in die Enge zu treiben. Zu riskant erschien ein solches Manöver den um ihre Soldaten und teuren Kanonen besorgten protestantischen Fürsten und Städten. Man entschied sich für einen langwierigen Abnützungskrieg, gab damit aber das Gesetz des Handelns aus der Hand. Der Kaiser konnte so seine Truppen aus den verschiedenen habsburgischen Ländern vereinigen und hatte ohne größere Mühe bald ganz Süddeutschland unterworfen.

Zum Zentrum des protestantischen Widerstandes wurde jetzt Sachsen. Unter dem Befehl des spanischen Generals Alba rückte Karl mit nur 25000 Mann gegen die Armee des Kurfürsten vor. Bei Mühlberg an

Oben: Die Protestanten wehren sich: *Kriegsrat im Schmalkaldischen Krieg. Kupferstich aus dem Kriegsbuch Reinhards d. Ä., Graf zu Solms, 1559. –* ***Unten: Ehrgeizig und unberechenbar:*** *Kurfürst Moritz von Sachsen (und seine Gemahlin Agnes), der erst für den Kaiser, dann für die Protestanten kämpfte. Gemälde von Lucas Cranach, 1559. Dresden, Gemäldegalerie.*

der Elbe gelang es Alba, das schmalkaldische Heer zu überraschen: Im Morgengrauen, von dichtem Nebel geschützt, hatten spanische Soldaten mit den Schwertern zwischen den Zähnen die Elbe durchschwommen und die Boote auf der anderen Seite entführt, so daß die Pioniere eine Brücke bauen konnten. Bald entstand ein Brückenkopf, der es erlaubte, das Hauptheer nachzuführen. Die schmalkaldischen Truppen, von dem Anschlag völlig überrascht und verwirrt, versuchten zu fliehen. Die Tapferen, die bei einem Wäldchen Widerstand zu leisten versuchten, bis das Heer sich sammeln könnte, wurden von der Reiterei und den spanischen Elitetruppen, den »tercios«, niedergemacht. Innerhalb weniger Stunden errangen die Truppen des Kaisers einen vollständigen Sieg. Johann Friedrich von Sachsen wurde gefangengenommen. Eine große Menge Kriegsmaterial fiel in die Hände der Kaiserlichen. Karl hatte sein Ziel erreicht: Der mächtige Bund der Schmalkaldner war geschlagen.
Auch Philipp von Hessen hatte sich dem Kaiser » auf Genad oder Ungenad« ergeben müssen, und nur wenige Städte wie Magdeburg trotzten des Kaisers Macht. Zugleich wurden jedoch auch seine Grenzen deutlich: Der Papst selbst, aus Angst vor einem allzu mächtigen Kaiser, brachte Karl V. um die Früchte des Sieges. Er verlegte im Frühjahr 1546 das Konzil von Trient nach Bologna. Damit war das wichtigste Glied aus Karls Plan herausgebrochen: Die militärisch unterworfenen Protestanten wären möglicherweise zu einem Konzil auf dem Boden des Reiches gekommen, nie aber nach Bologna, das unter der Macht des Papstes stand.

Der »geharnischte« Reichstag von Augsburg

Jetzt blieb nur noch ein Reichstag als Lösungsmöglichkeit offen: Am 1. September 1547 eröffnete Karl den Reichstag von Augsburg, bekannt als der »geharnischte«, denn der Kaiser konnte als Sieger harte Bedingungen stellen.
Karl V. erschien inmitten seiner fremdländischen Truppen, ein offener Bruch des Versprechens bei seiner Krönung, und diktierte den Protestanten eine Zwischenlösung, das sogenannte »Augsburger Interim«. Bis zur endgültigen Entscheidung durch das Konzil sollte den Protestanten Laienkelch und Priesterehe erlaubt sein, ansonsten sollten sie zur katholischen Lehre zurückkehren.
Dieser Notbehelf, geschaffen von den Beratern des Kaisers ohne Unterstützung des Papstes, wurde von beiden Seiten scharf angegriffen, weil er den Entscheidungen des Konzils vorgreife und die Protestan-

Auf dem Reichstag zu Augsburg 1548
Erinnerungen des Bartholomäus Sastrow

Potz Tausend, das war einmal ein geharnischter Reichstag! Außer den deutschen und spanischen Söldnern, die der Kaiser mit nach Augsburg brachte, lagen noch zehn Fähnlein Landsknechte als Besatzung in der Stadt, und draußen in der Umgegend gab es italienisches und spanisches Kriegsvolk in Menge. Auch 600 niederländische Reiter haben auf dem Lande Quartier bekommen, zwölf spanische Fähnlein waren eben aus dem Winterlager bei Biberach unterwegs nach der Gegend am Bodensee. In Weißenburg im Nordgau endlich lagen an die 700 neapolitanische Reiter im Quartier.
Es war auch ein höchst ansehnlicher, pompöser Reichstag. Denn außer der Kaiserlichen und Königlichen Majestät [Karl V. und Ferdinand] waren alle Kurfürsten in eigener Person erschienen. Jeder aber hatte ein großes Gefolge bei sich. Da sah man den Kurfürsten von Brandenburg mit seiner Gemahlin, den Kardinal von Trient, ferner Herzog Heinrich von Braunschweig mit seinen beiden Söhnen, Carl Victor und Philipp, und viele andere mehr. Außerdem waren eine Menge fürstliche Damen und Gesandte von fremden Potentaten zur Stelle. [. . .] Wer kann aber all die Äbte, Grafen, Freiherrn und Städte aufzählen, die herbeigekommen waren. [. . .]
Die Herren auf dem Reichstag hielten zahlreiche Gelage ab und hatten fast täglich Tanz auf deutsche und auf welsche Art, abends und am hellen Tage. Waren doch so viele Damen von königlichem und fürstlichem Geblüt zugegen mit einer stattlichen Zahl von fürstlichen und gräflichen Fräulein, die alle schön und wohlgeputzt waren. Besonders König Ferdinand sah fast täglich Gäste bei sich. Die wurden allzeit herrlich bewirtet, dazu gab's allerlei Kurzweil und prächtige Tanzereien. Er unterhielt eine überaus stattliche wohleingeübte Kapelle, nicht bloß Instrumental-, sondern auch Vokalmusik.
Ganz anders war sein Herr Bruder, der römische Kaiser. Denn wenn er auch seine Schwester und deren Tochter bei sich hatte und seinen Bruder mit seiner Tochter, der Frau Herzogin von Baiern, sowie alle Kurfürsten und so viele Fürstlichkeiten, so hielt er doch keinerlei Bankette ab, und kein Mensch war bei ihm zu Gaste. Wenn er aus der Kirche kam und in seine Gemächer ging, da begleiteten die Herren ihn wohl und machten ihre Aufwartung. Da gab er ihnen dann auch die Hand, dem einen nach dem andern, und damit waren sie wieder entlassen. Ganz allein setzte er sich zu Tische und redete kein Wort dabei. [. . .] Ich habe den Kaiser auf verschiedenen Reichstagen essen sehen. Dabei war sein Bruder, König Ferdinand, auch zugegen, aber zur Tafel wurde er nie hinzugezogen. Das Essen wurde von einigen jungen Fürsten und Grafen aufgetragen. Jedesmal wurden vier Gänge zu je sechs Gerichten vor ihm auf den Tisch gesetzt. Jetzt nahm man die Deckel nacheinander ab. Karl schüttelte den Kopf gegen die Gerichte, von denen er nichts begehrte. Aber wenn er von irgendeiner Speise zu essen wünschte, so nickte er mit dem Kopfe und zog die Schüssel zu sich herüber. Da kam es vor, daß er stattliche Pasteten und Wildpret oder schön zugerichtetes Spanferkel wieder abtragen ließ und ein gebratenes Schweinchen oder einen

Kalbskopf dabehielt. Er ließ sich nichts vorschneiden, bediente sich auch des Messers nicht sehr viel, sondern schnitt sich so viele Stückchen Brot ab, als er Bissen in den Mund stecken wollte. Dann löste er von dem Gericht, das er essen wollte, mit dem Messer ein Stückchen ab [...], manchmal brauchte er auch seine Finger dazu. Jetzt zog er die Schüssel unters Kinn, und nun begann er so ungeniert, aber auch so reinlich und sauber zu essen, daß es eine Lust zu sehen war. Wenn er einen Trunk tun wollte – und das geschah nur dreimal bei Tische – so winkte er seinen Ärzten, die vor dem Tische standen. Die traten an den Schenktisch. Da standen zwei silberne Flaschen und ein kristallnes Glas. Das gossen sie aus beiden Flaschen voll. Seine Majestät trank das Glas rein aus, daß auch kein Tropfen darin blieb. Oft holte er zwei- oder mehrmals Atem, ehe er es vom Munde wegzog. Übrigens sprach er kein Wort bei Tisch. Da standen wohl ein paar Schalksnarren hinter ihm, die allerlei Possen rissen, er aber kümmerte sich gar nicht darum, verzog höchstens einmal den Mund zu einem Lächeln, wenn sie etwas gar zu Komisches gesagt hatten. Es war ihm auch ganz egal, ob so viele Leute herumstanden, die dem Kaiser beim Essen zusehen wollten.

Aus: Lebenserinnerungen des Bartholomäus Sastrow (* 1520 in Greifswald, stand als Diplomat in pommerschen Diensten und war lange Jahre Bürgermeister von Stralsund, wo er 1603 starb.)
Nach der Übertragung von Max Goos in »Deutsches Bürgertum und deutscher Adel im 16. Jh.« S. 136 ff.

Karl V. und sein Gefolge beim Eintreffen auf dem Augsburger Reichstag 1530.
In seiner Begleitung König Ferdinand und Kardinal Campeggi. Holzschnitt von Jörg Breu d. Ä.

ten im Kern ihres Glaubens bedrohe. Erneut fühlte der Kaiser Grenzen, sobald er versuchte, den Beschluß auszuführen: Die protestantischen Prediger flohen in das unbezwungene und stark befestigte Magdeburg, die Bevölkerung in den protestantischen Gebieten weigerten sich, die Messe zu besuchen und die Sakramente zu empfangen, zum Teil fehlten die Geistlichen, die die katholische Lehre verbreiten sollten.

Ohne Erfolg blieb auch der Plan des Kaisers, mit einem Reichsbund die alte Reichsverfassung aus den Angeln zu heben und sich damit die Vormachtstellung des Hauses Habsburg verbriefen zu lassen. Einmütig lehnten die katholischen und protestantischen Fürsten dieses Vorhaben ab.

Der letzte Punkt des Reichstages, die Regelung der Nachfolge im Amt des römischen Königs, führte zu einem Riß im Hause der Habsburger: Nach Ferdinand, dem Bruder Karls V., sollte Philipp, Karls ältester Sohn, die Königswürde im Reich erhalten. Dann erst hätte der Sohn Ferdinands, Maximilian, Anspruch auf die Königswürde. Ferdinand fügte sich nur grollend diesem Plan Karls, er war von dieser Stunde an der Gegner des Kaisers.

Der Gegenschlag der protestantischen Fürsten

Dieser Plan, auch »spanische Sukzession« genannt, sollte durch die bald folgenden Ereignisse rasch gegenstandslos werden. Im Reich wuchs die Unzufriedenheit mit den Beschlüssen des Kaisers, und im Norden schlossen sich insgeheim die protestantischen Fürsten zu einem Bündnis zusammen. Zu ihnen zählten die Herzöge von Mecklenburg und Albrecht von Preußen und Wilhelm von Hessen, der Markgraf Alcibiades von Brandenburg und der Markgraf Hans von Küstrin, eine Liste klangvoller Namen. Sie wollten die »teutsche Libertät«, d.h. die Freiheit des Adels und den Glauben Luthers verteidigen, auch planten sie, den gefangenen Landgrafen von Hessen, der seit 1547 in den Kerkern des Kaisers schmachtete, zu befreien.
Vorsichtig knüpften sie erste Kontakte mit Heinrich II. von Frankreich (1547–1559), dem Sohn Franz' I. In einem Vertrag versprach Frankreich Hilfsgelder für die bedrohten Fürsten, dafür wollten diese dem französischen König die Festungen Metz, Toul und Verdun überlassen.
Ein Gewitter zog auf am deutschen Himmel, ohne daß Karl V. dies bemerkte. Die Mißerfolge in der Durchführung der Augsburger Beschlüsse, der Streit mit seinen Verwandten, erneute Gichtanfälle und Müdigkeit des Alters scheinen ihn blind gemacht zu haben gegenüber den Vorgängen im Reich. Und wiederum spielte Moritz von Sachsen eine Schlüsselrolle: Das widerspenstige Magdeburg, das sich dem »Augsburger Interim« nicht beugen wollte, sollte bestraft werden. Moritz führte im Auftrag des Kaisers Truppen gen Magdeburg, verbündete sich aber mit der Stadt und den Gegnern des Kaisers. Zu spät erkannte dieser die wahre Lage und das Doppelspiel von Moritz. Frankreich erklärte im Herbst 1551 den Krieg und stieß bis zum Rhein vor. Die Truppen der aufständischen Fürsten eroberten schnell die süddeutschen, noch kaisertreuen Städte und drangen im März 1552 nach Tirol vor. Der Kaiser floh von Innsbruck nach Villach, um dort neue Truppen zu sammeln. Währenddessen verhandelte sein Bruder Ferdinand mit Moritz von Sachsen und den protestantischen Fürsten. In Passau schlossen beide Parteien 1552 den »Passauer Vertrag«: Die aufständischen Fürsten gaben ihr Bündnis mit Frankreich auf, die Kaiserlichen ließen ihre Gefangenen frei. In der Glaubensfrage gelangte man zu einer Kompromißformel, die auch Grundlage für die Beratun-

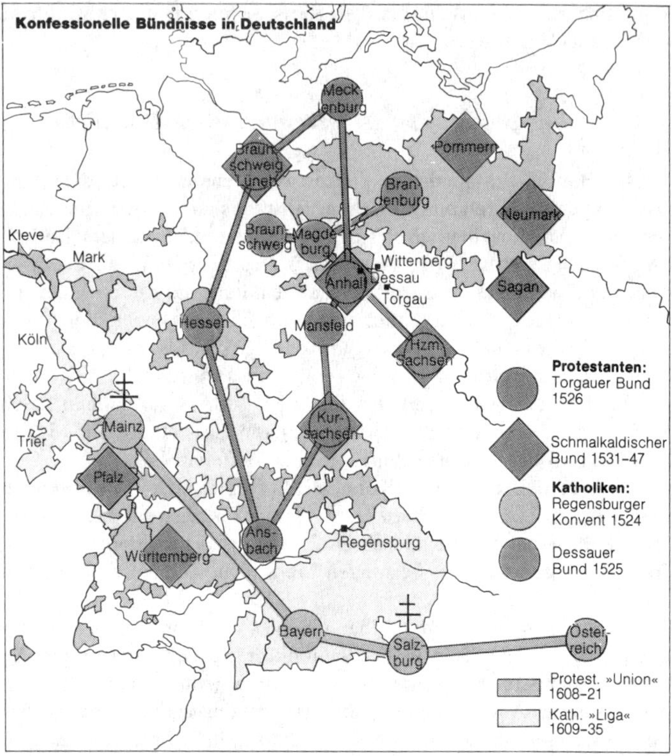

gen des Augsburger Reichstages werden sollte. Das »Augsburger Interim« wurde aufgehoben.

Der Augsburger Religionsfriede – Sieg der Territorialherren

Drei Jahre später kamen in Augsburg die Fürsten und Stände unter dem Vorsitz Ferdinands zusammen, um den in Passau vereinbarten Reichstag abzuhalten. Die Fürsten formulierten hier nicht mehr eine religiöse, sondern eine politische Kompromißformel, der beide Seiten zustimmen konnten: Wer das Land regiere, solle den Glauben bestimmen. Lateinisch heißt das: »cuius regio, eius religio«. Das bedeutete aber nicht religiöse Freiheit der Untertanen oder gar Toleranz, son-

dern Freiheit der Fürsten, ihre Religion zu wählen. Sie verwirklichten die Einheit der Religion, das große Ziel Karls V., nicht im großen, sondern im kleinen, im Rahmen ihres Territoriums. Dies war der Sieg der Territorialherren über das Reich, der Sieg der fürstlichen »Libertät« über die Zentralgewalt, der Sieg über die Idee des universalen christlichen Kaisertums.
Verbittert über seine Niederlage hatte sich Karl V. mit rasch zusammengerafften Truppen gegen Frankreich gewandt. Vergeblich versuchte er in diesem fünften Krieg mit Frankreich die lothringischen Festungen zurückzuerobern. Metz, das Tor zum Reich, blieb in französischer Hand. Karl V. war gescheitert – im Kampf mit Frankreich, im Kampf mit den Fürsten.

Die Abdankung

In Brüssel schien die Welt für kurze Zeit still zu stehen, als der Kaiser vor der Versammlung der Großen seiner Reiche seinen Sohn Philipp mit der Führung Spaniens betraute. Verbittert und erschöpft sagte er: »Ich habe immer meine Unfähigkeit erkannt; heute aber fühle ich mich ganz nutzlos, und dieses mein Leben, das Gott mir mit solcher Trübsal erfüllt, dient mehr zur Buße für meine Sünden als zum Leben.« Er ließ sein Siegel zerbrechen, schied aus den Niederlanden und begab sich nach Spanien. Im Kloster San Yuste verbrachte er die letzten Tage seines Lebens, bis er am 21. September 1558, vom Malariafieber niedergeworfen, starb.
Der Abdankung in Brüssel war noch 1558 der offizielle Verzicht auf

Die wichtigsten Beschlüsse des »Augsburger Religionsfriedens«

Die beiden Konfessionen, die lutherische und die katholische, sind gleichberechtigt. Andere Konfessionen sind von dieser Vereinbarung ausgeschlossen. Den Reichsstädten steht die Wahl des Bekenntnisses frei. Dort sollen beide Konfessionen einander dulden.
Die Landesherren bestimmen die Religion der Untertanen. Andersgläubige Untertanen dürfen aber auswandern (»Cuius regio, eius religio«).
Die säkularisierten Kirchengüter bleiben in der Hand der lutherischen Fürsten und Stände. Dagegen verlieren geistliche Fürsten, die zum Luthertum übertreten, ihr Amt und ihren Besitz. Letzteres wurde »Geistlicher Vorbehalt« genannt und von den Lutheranern nicht anerkannt.

Aus dem Augsburger Religionsfrieden vom 25. 9. 1555

§ 14 *[Landfriedensformel] Setzen demnach, ordnen, wollen und gebieten, daß fernerhin niemand, welcher Würde, Standes oder Wesens er auch sei [. . .], den andern befehden, bekriegen, fangen, überziehen, belagern [. . .], sondern ein jeder den andern mit rechter Freundschaft und christlicher Liebe entgegentreten soll [. . .] und durchaus die Kaiserliche Majestät und Wir [der römische König Ferdinand, der für seinen Bruder Karl V. die Verhandlungen führte] alle Stände, und wiederum die Stände Kaiserliche Majestät und Uns, auch ein Stand den andern, bei dieser nachfolgenden Religionskonstitution des aufgerichteten Landfriedens in allen Stücken lassen sollen.*

§ 15 *[Religionsformel] Und damit solcher Friede auch trotz der Religionsspaltung [. . .], wie es die Notwendigkeit des Heiligen Reiches Deutscher Nation erfordert, desto beständiger zwischen der Römischen Kaiserlichen Majestät, Uns, sowie den Kurfürsten, Fürsten und Ständen des Heiligen Reiches Deutscher Nation aufgerichtet und erhalten werden möge, so sollen die Kaiserliche Majestät, Wir, auch Kurfürsten, Fürsten und Stände keinen Stand des Reiches wegen der Augsburgischen Konfession, und deren Lehre, Religion und Glauben in gewaltsamer Weise überziehen, beschädigen, vergewaltigen oder auf anderem Wege wider Erkenntnis, Gewissen und Willen von dieser Augsburgischen Konfession [. . . in] Glauben, Kirchengebräuchen, Ordnungen und Zeremonien, die sie aufgerichtet haben oder aufrichten werden, in ihren Fürstentümern, Ländern und Herrschaften etwas erzwingen oder durch Mandat erschweren oder verachten, sondern diese Religion [. . .], ihr liegendes und fahrendes Hab und Gut, Land, Leute, Herrschaften, Obrigkeiten, Herrlichkeiten und Gerechtigkeiten ruhig und friedlich belassen, und es soll die strittige Religion nicht anders als durch christliche, freundliche und friedliche Mittel und Wege zu einhelligem christlichen Verständnis und Vergleich gebracht werden. [. . .]*

§ 17 *[Ausschluß Andersgläubiger] Doch sollen alle anderen, die den obengenannten beiden Religionen nicht angehören, mit diesem Frieden nicht gemeint, sondern gänzlich ausgeschlossen sein.*

§ 18 *[Geistlicher Vorbehalt] Nachdem beim Vergleich dieses Friedens Streit vorgefallen ist, wie es dort, wo einer oder mehrere Geistliche von der alten Religion abtreten würden, mit den von ihnen bis dahin besessenen und innegehabten Erzbistümern, Bistümern, Prälaturen und Benefizien gehalten werden solle und sich beide Religionsstände darüber nicht haben vergleichen können, so setzen wir kraft der Uns von Römisch Kaiserlicher Majestät gegebenen Vollmacht folgendes fest: Wo ein Erzbischof, Bischof, Prälat oder ein anderer Geistlicher von unserer alten Religion abtreten würde, so muß derselbe sein Erzbistum, Bistum, Prälatur und andere Benefizien, auch alle Früchte und Einkommen, so er davon gehabt hat, alsbald ohne Widerspruch und Verzug, jedoch unbeschadet seiner Ehre, verlassen. Den Kapiteln aber und denen es nach gemeinem Recht oder der Kirchen und Stifter Gewohnheiten zugehört, soll es gestattet sein, eine der alten Religion verwandte Person zu wählen und zu ordnen, welche auch samt den geistli-*

chen Kapiteln bei der Kirche Gerechtigkeiten und Gütern unbehindert und friedlich gelassen werden soll, jedoch einer künftigen, christlichen, freundlichen und endlichen Vergleichung der Religion unvorgreiflich.

§ 19 *[Beschlagnahmte geistliche Güter] Dieweil aber etliche Stände und deren Vorfahren etliche Stifter, Klöster und andere geistliche Güter eingezogen und diese für Kirchen, Schulen, milde Stiftungen und andere Sachen verwendet haben, so sollen auch solche eingezogenen Güter [. . .], deren Besitz die Geistlichen [bereits] zur Zeit des Passauer Vertrages und seither nicht gehabt, in diesen Frieden einbezogen sein. [. . .]*

§ 24 *[Recht auf Auswanderung] Wo aber Unsere oder der Kurfürsten, Fürsten und Stände Untertanen, die der alten Religion oder der Augsburgischen Konfession anhängen, von solcher ihrer Religion wegen [. . .] mit ihren Weib und Kindern an andere Orte ziehen und sich niederlassen wollen, dann soll jeder Ab- und Zuzug, auch Verkauf ihrer Habe und Güter gegen geziemende billige Ablösung der Leibeigenschaft und Nachsteuer, wie es jeden Ort von Alters her üblich und gehalten worden ist, unbehindert [. . .] zugelassen und bewilligt werden.*

Sprachlich modernisierte und leicht gekürzte Fassung nach dem Originaltext bei K. Zeumer, Quellensammlung zur Geschichte der deutschen Reichsverfassung. Tübingen 1913, Nr. 189

Stichworte zur Zeit Karls V.

Vom Christlichen Universalreich zur territorialen und konfessionellen Spaltung. Unter Karl V. erlebt die Idee des christlich-mittelalterlichen Universalreichs eine hohe Blüte und weite Verwirklichung, aber auch ihr dramatisches Ende. Innenpolitisch ist die Macht des Kaisers durch kurfürstliche Wahl, Zusagen in der »Wahlkapitulation«, Zugeständnisse an die Reichsfürsten und Adelsfreiheit (Libertät), Einsetzung eines Reichsregiments in Abwesenheit des Kaisers und durch Abhängigkeit von Finanziers eingeschränkt, außenpolitisch reibt sich seine Macht in einer Vielzahl von Kämpfen auf. Territoriale Eigeninteressen und Konfessionsspaltung höhlen die Zentralmacht zunehmend aus.
Reformation. Mißstände in der Kirche, Sehnsucht nach echter Frömmigkeit und Wiederherstellung alter Rechte, soziale Forderungen und landesherrliche politische Interessen führen zur Reformation nach Luthers Anschlag der 95 Thesen in Wittenberg: Ablehnung des Päpstlichen Primats, der Berufung auf kirchliche Tradition und der Unfehlbarkeit der Konzile. Heilige Schrift und Evangelium, Glaube und Gnade Gottes als Basis des neuen Bekenntnisses. – Politische Unterstützung durch Interessen des Adels und der Landesherren, Bekenntnis der lutherischen Fürsten und zum neuen Glauben in der Confessio Augustana (Augsburg 1530), Beilegung der konfessionellen Streitigkeiten im Augsburger Religionsfrieden 1555, der langfristig neue Konflikte heraufbeschwört und die Untertanen auf das Bekenntnis des Landesherren verpflichtet: neuer Impuls für landesherrliche Macht. In der Schweiz setzen Zwingli und Calvin ihre Form der Reformation durch. Täufer und Schwärmer als Nebenform der Reformation.
Buchdruck und Flugschriften verbreiten die neuen Ideen millionenfach und werden zum wesentlichen Träger der Reformgedanken.
Wissenschaft und Kunst, Erfindungen und Entdeckungen. Humanismus und Renaissance rücken den freien, autonomen Christen-Menschen nach antikem Vorbild in den Mittelpunkt von Lehre und Kunst. Lutheraner und Jesuiten begründen neue Schulsysteme, neue Universitäten entstehen. Die deutsche Malerei und Bildhauerei erlebt eine Hochblüte (Dürer, Riemenschneider u. a.). Die Entdeckung neuer Länder seit Kolumbus verändert das Weltbild und bringt eine neue Kartographie hervor. Neue Produkte (Taschenuhr, Brille, Mikroskop, Kompaß u. a.), Kopernikus belegt mathematisch das neue heliozentrische Weltbild mit der Sonne als Mittelpunkt, Paracelsus begründet eine reformierte Medizin und Natursicht.
Territorialisierung und Internationalisierung. Die konfessionellen Spannungen führen zu Militärbündnissen (Schmalkaldischer Bund), die konfessionellen Abgrenzungen zum weiteren Ausbau der Landeskirchen und durch Säkularisierung von Kirchengut und Land zur Stärkung der

Landesherrschaft, zum Einsatz ausländischer Truppen (Spanier unter Alba) und zu Bündnissen mit dem Ausland (Frankreich).

Ritteraufstand und Bauernkrieg. Sozialabstieg, Beschneidung von Rechten und Not führen 1522/23 und 1524/25 zur ersten Standes- und Sozialrevolution Deutschlands.

Wandel von Wirtschaft und Gewerbe. Rückgang mittelalterlicher Gewerbekultur, Aufbau eines neuen Unternehmertums mit Fernhandel, Kapital- und Verlagsgesellschaften, exportorientierter ›Massenproduktion‹, Monopolbildung. Privilegierung großer Unternehmer und Bankhäuser (Fugger, Welser u. a.) für ihre Kreditgewährung durch den Kaiser. Entstehen eines Lohnarbeiterstandes.

Söldnerheer. Landsknechte und Artillerie lösen endgültig das Ritterheer ab. Größter Sieg in der Schlacht von Pavia 1525 über Franzosen. Nach Meuterei wegen ausbleibender Soldzahlung 1527 Plünderung Roms (Sacco di Roma).

Erneuerung der katholischen Kirche und Gegenreformation. Das Trientiner Konzil 1545–63 führt zur Erneuerung der Kirche an »Haupt und Gliedern«. Die Begründung der »Gesellschaft Jesu« unter Ignatius von Loyola leitet die Gegenreformation in geistiger und politischer Hinsicht ein. Ihr gelingt es, weite Teile Deutschlands wieder dem katholischen Glauben zu unterstellen.

Vormachtkämpfe in Europa. Frankreich sieht sich durch das habsburgische Deutsche Reich und das habsburgische Spanien eingeklammert. Die Abwehr dieser Gefahr durch Franz I. und Heinrich II. von Frankreich zwingt Karl V. in fünf teure, aufreibende Kriege, die er im Endeffekt gewinnt, die ihn aber finanziell zermürben und seine Macht im Reich weiter schwächen. Frankreich seinerseits im Bündnis mit den im Mittelmeerraum und auf dem Balkan vordringenden Osmanen, die schließlich bis Wien vordringen und das Reich Habsburg im Rücken bedrohen. Die Auslieferung der Vikariate Metz, Toul und Verdun an Frankreich durch Moritz von Sachsen als Gegenleistung für französische Unterstützung gegen den Kaiser, reißt des Reiches Westflanke auf und ist Symbol des endgültigen Siegs der Fürstenmacht über die kaiserliche Zentralgewalt.

die kaiserliche Würde zugunsten Ferdinands gefolgt. Zwischen seinem Sohn Philipp und seinem Bruder Ferdinand wurde auch das Erbe geteilt. Philipp erhielt Spanien, Neapel und Sizilien, Sardinien, Mailand, die Niederlande, die Freigrafschaft Burgund und die Länder in Übersee. Ferdinand blieb Herrscher über die österreichischen Stammlande und Böhmen. Damit spaltete sich die Dynastie der Habsburger in zwei Linien: die deutsche und die spanische.

Angesichts des Mißerfolges der Hauptpläne Karls V. sollte man dessen historische Leistungen nicht übersehen. Ihm verdankt in dieser Zeit das christliche Europa die Abwehr der türkischen Angriffe; das brachte eine Atempause von rund hundert Jahren, bis erneut ein Bündnis zwischen Frankreich und den Türken Wien vor dem Ansturm der Muselmanen erzittern läßt. Seinem Drängen verdankt der Katholizismus das Trienter Konzil, welches erst eine Reform der kirchlichen Mißstände und eine Erneuerung des Katholizismus in Deutschland als bedeutende politische und moralische Kraft ermöglichte.

Literatur

Alvarez, Manuel Fernandez: Karl V. Herrscher eines Weltreichs, München 1980

Brandi, Karl: Kaiser Karl V. – Werden und Schicksal einer Persönlichkeit und eines Weltreiches, Bd. 1, Frankfurt/M. 1976, Bd. 2 München 1967

Lahnstein, Peter: Auf den Spuren Karls V., München 1979

Nette, Herbert: Karl V. in Selbstzeugnissen und Bilddokumenten, Reinbek 1979

HEINRICH PLETICHA

Die Landsknechte

Reisläufer – Geschäft mit dem Tod – Die frommen Knechte Kaiser Maximilians – Musterung und Ausrüstung – Die prächtigen Hosen – Gliederung des Fähnleins – Besoldung – Kampftaktik – Der Verlorene Haufe – Frauen im Lager – Trinkereien und Spiel – Der gefürchtete Profoß – Gericht bei besetzter Bank – Recht der langen Spieße.

Gott genad dem großmächtigen Keiser frumme [. . .]«, so heißt es in einem um 1500 entstandenen Landsknechtslied (siehe Text der Zeit, Seite 98), und die einfachen Worte von Kaiser Maximilian I. und seinen Landsknechten sagten damals schon, was heute Historiker in wissenschaftlichen Abhandlungen bestätigen, wenn sie die Anfänge jener Waffengattung erforschen, die an der Wende vom Mittelalter zur Neuzeit das Kriegswesen in Deutschland geradezu revolutionierend beeinflußten.

Das Ende der Ritterheere

Niedergang und Schwäche des alten Ritterheeres waren in den Schlachten von Morgarten und Sempach, in den Hussiten- wie auch in den Burgunderkriegen seit eineinhalb Jahrhunderten aller Welt deutlich geworden und forderten gebieterisch eine grundlegende Reform. Wenn sie König Maximilian I. noch zu Lebzeiten seines Vaters Kaiser Friedrich III. einleitete, so setzte er aber nur eine Entwicklung fort, die in der Schweiz schon etwa ein Jahrhundert zuvor begonnen hatte.

»Reisläufer«, Söldner, »Lands-Knechte«
Kriegsdienst gegen Lohn

In einer Zeit, in der Krieg und Kriegführung geradezu zum Alltag gehörten, benötigten Fürsten wie Städte gleichermaßen dringend Soldaten. Die Ritter konnten nur einen Teil des Bedarfs decken, sie mußten ergänzt werden durch Fußsoldaten, die aber nicht wie die Ritter um

»Landsknechtslied« (Auszug)
von Jörg Graf 1493

Gott gnad dem großmechtigen keiser frumme [frumme = tapfer]
Maximilian! bei dem ist auf kumme
ein orden, durchzeucht alle land
landsknecht sind sie genant.

Fasten und beten laßen sie wol bleiben
und meinen, pfaffen und münich sollens treiben [münich = Mönche]
die haben davon iren stift [stift = Pfründe]
des mancher landsknecht frumme
im gartsegel umb schifft [bettelnd umkreist]

In wammes und halbhosen muß er springe
schne, regen, wind alles achten geringe
und hart ligen für gute speis, [schlechtes Quartier f. gutes Geld]
mancher wolt gern schwitzen,
wenn im möcht werden heiß.

Also muß er sich in dem land umb keren
biß er hört von krieg und feindschaft der herren,
darnach ist im kein land zu weit,
darein lauft er mit eren
biß er auch findt bescheid. [bis er auf seine Rechnung kommt]

Erstlich muß er ein weib und flaschen haben,
dabei ein hund und einen knaben:
das weib und wein erfrewt den man, [erfrewt = erfreut]
der knab und hund soll spüren [soll beim Plündern aufspüren]
was in dem haus tut stan.

Das was der brauch, gewonheit bei den alten,
also sol es ein ieder landsknecht halten:
würfel und karten ist ir geschrei,
wo man hat guten weine
sollen sie sitzen bei.

Da sollen sie von stürmen, schlachten sage,
deß mußen sie warten nacht und tage [dem müssen sie obliegen]
darumb so tut in lernens not
wie man mit langen spießen
processiones hat. [die Kampfordnung ist hier mit einer Prozession verglichen]

Wenn sie dann ir capitel wöllen halte, [capitel = Versammlung]
mit spieß und helleparten sieht mans balde [mans = man sie]
zum fenlein in die Ordnung stan,
dann tut der hauptman sagen:
»die feind wöllen wir greifen an!«

Der Autor des hier auszugsweise wiedergegebenen Liedes war selbst Landsknecht.
Nach: L. Uhland, Alte hoch- und niederdeutsche Volkslieder, Bd. I.

Ehre, sondern um Sold dienten, die Leib und Leben für das blutige Geschäft verkauften oder vermieteten. Daß dies die meisten von ihnen nicht aus Abenteuerlust oder Geldgier taten, ist verständlich. Vielmehr trieb sie oft die Not, die bitterste Not sogar.
Die Bauernburschen aus den kargen Gebirgstälern der Schweiz machten den Anfang. Als sogenannte »Reisläufer« traten sie in die Dienste vor allem der oberitalienischen Städte, die auf diese Weise ihre eigenen Söhne schonen konnten. Wenn man bedenkt, daß bei einer Bevölkerungszahl von nicht einmal einer Million die Verluste durch Reislaufen auf etwa 50 bis 100000 Mann geschätzt werden, so kann man bei solcher traurigen Bilanz überhaupt erst ermessen, wie verbreitet das Geschäft mit Krieg und Tod war.
Was den Schweizern recht war, konnte den benachbarten Oberdeutschen nur billig sein. So verfügte schon das erste Heer des Schwäbischen Bundes von 1487/88 über 12000 Fußsoldaten, lauter angeworbene Leute, und damit schon so etwas ähnliches wie eine angeworbene Landsknechttruppe.
Für den Krieg in den Niederlanden hatte Maximilian I. 1487 nach Schweizer Vorbild Söldner angeworben. Wohl weil sie aus seinen eigenen Ländern kamen, mögen sie die Zeitgenossen schon »Lands-Knechte« genannt haben. Mit der Lanze, der wichtigsten Waffe dieser Krieger, hat das Wort jedenfalls nichts zu tun.
Unter den Neugeworbenen waren 4000 Schweizer und ebenso viele Deutsche, die meisten von ihnen aus den südlichen und südwestlichen Teilen des Reiches, aus denen auch in den folgenden Jahrzehnten der wesentliche Nachschub kam.
Bei der damaligen Bevölkerungsstruktur ist es nur verständlich, daß der größte Teil der Angeworbenen Bauernsöhne waren. Ob diese daheim gegen geringen Lohn auf irgendeinem Hof dienten oder gegen besseren in den Krieg zogen, machte wenig Unterschied. Aber auch aus den Kreisen der Bürger, vor allem der ärmeren Handwerker, kamen die Knechte. Und als die Truppe rasch Ansehen gewann, lockte sie auch Angehörige des Mittelstandes und vor allem Adelige, die sich um die Offiziersstellen bewarben. Ein Blick auf die Soldliste eines Regiments (siehe *K, Seite 109)* beweist nur die Verlockung, die von ihr ausging, von den Möglichkeiten reicher Beute ganz zu schweigen.

»Glücksritter« und Soldaten

Unter solchen Umständen verwundert es nicht, daß trotz der Gefahren dieses Berufsstandes die Zahl der Bewerber meist größer war als der

GEORG VON FRUNDSBERG

Georg von Frundsberg, der »Vater der Landsknechte«, wie ihn später seine Zeitgenossen nannten, wurde wahrscheinlich 1473 auf der Mindelburg bei Mindelheim in Schwaben geboren. Mit knapp zwanzig Jahren nahm er 1492 erstmals Kriegsdienste im Aufgebot des Schwäbischen Bundes (siehe Band 5). 1499 trat er in die Dienste Kaiser Maximilians I. und kämpfte gegen die Schweizer.
Maximilian I. schätzte die militärischen Fähigkeiten Frundsbergs hoch ein und ließ ihn während der Kämpfe gegen die Republik Venedig 1509 erstmals selbständig ein Regiment Landsknechte anwerben und in den Krieg führen. Der sechsunddreißigjährige Obrist verteidigte monatelang erfolgreich die Stadt Verona gegen die Venezianer, so daß ihm der Kaiser nach Ende des Feldzugs zur Belohnung die Burg Runkelstein bei Bozen übertrug. Aber schon 1513 mußte er erneut siebentausend Landsknechte nach Oberitalien führen.
Nach dem Tod Maximilians I., seines Freundes und Gönners, diente er auch dem jungen Karl V., doch sollten die folgenden Jahre die härtesten seines Lebens werden. Im ersten Krieg gegen Frankreich befehligte er das gesamte Fußvolk, zuerst bei den Kämpfen in den Niederlanden, dann in Oberitalien. Obwohl der inzwischen Fünfzigjährige gesundheitlich schwer angeschlagen war und die Sinnlosigkeit dieses Krieges längst erkannt hatte, führte er dem Kaiser noch mehrfach Landsknechte zu, die er sogar aus eigenen Mitteln anwerben mußte. Den Höhepunkt seiner militärischen Laufbahn erlebte er 1525 bei Pavia, wo seinen Landsknechten der Sieg über den französischen König zu danken war. Als er im Herbst 1526 seinen 12 000 Landsknechten den Sold nicht auszahlen konnte, da er vom Kaiser im Stich gelassen wurde, kam es zu einer Meuterei der Truppen. Frundsberg erregte sich so stark, daß er einen Schlaganfall erlitt. Der Schwerkranke starb, in die Heimat zurückgebracht, fünfundfünfzigjährig, am 20. August 1528.

(H. P.)

Bedarf. Und ebensowenig verwundert es, daß die Wirklichkeit so gar nicht mit dem Bild vom »frummen« (frommen) Knecht übereinstimmte, von dem das eingangs zitierte Lied sang. Vielmehr beobachtete die Bevölkerung die neue Truppe von Anfang an recht mißtrauisch. »Anno 1495, als Maximilian Kaiser war, kamen zwei schwere Plagen über Deutschland: die Franzosen und die Landsknecht«, schrieb ein zeitgenössischer Chronist und drückte damit nur das allgemeine Mißbehagen über diese Soldaten aus. Doch trafen solche harten Worte sicher nur einen Teil von ihnen, vor allem eben jene Glücksritter, die in Kampf und Krieg nur ein Hasardspiel sahen, für das sie ihr Leben als höchsten Einsatz boten, von dem sie sich aber Glück und Reichtum als raschen Gewinn erhofften. Für viele war es ein Beruf wie jeder andere, nur wenige allerdings mögen wie Georg von Frundsberg gedacht haben, der einmal erklärte: »Waffengewalt ist gerechte Sache, nicht des Angriffs oder des Raubes halber, sondern in ehrlicher Notwehr ist sie vor Gott statthaft.«

Immerhin suchte Maximilian I. selbst, suchten tüchtige Feldhauptleute und viele Offiziere durch strenge Ordnung und Manneszucht die Truppe zu einem jederzeit einsatzfähigen und schlagkräftigen Instrument zu machen. Siege wie bei Pavia (siehe Seite 62) auf der einen und gefährliche Meutereien auf der anderen Seite zeigen nur, wie eng Erfolg und Mißerfolg dabei nebeneinander lagen.

Die feste Ordnung begann schon bei der Musterung. Das Werbegeschäft übernahmen Obristen oder Feldhauptleute, die mit ihren Leuten von Ort zu Ort zogen, die Trommel rühren ließen und dann die herbeieilenden Bewerber möglichst genau überprüften. Bevorzugt genommen wurden solche Männer, die kräftig und gesund erschienen, ordentlich gekleidet waren, über festes Schuhzeug verfügten und einen festen Harnisch und Waffen besaßen; denn im Gegensatz zu späteren Zeiten mußten sich die Landsknechte selbst ausrüsten und verfügten über keinerlei einheitliche Uniformen. Ein dementsprechend buntes Bild boten sie dann auch.

Wilde Gesellen in farbenprächtiger Gewandung

Gerade über die Kleidung der Landsknechte ist von den Zeitgenossen nicht zu Unrecht viel gewettert und gespottet worden. Zeitgenössische Künstler haben die Männer in ihren seltsamen malerischen Aufzügen gern als Motive gewählt, so daß wir verhältnismäßig genau über ihr Äußeres informiert sind.

Wenn sich die Knechte in den Anfangszeiten noch mit der seit dem

***Landsknechtsleben** in zeitgenössischen Darstellungen: Oben links aus »Maniement d' armes«, von W. de Gheyn, 1608. Oben rechts: Fahnenschwenker von A. Dürer. Links: Anleitung aus dem »Feldbuch der Wundarznei« von J. Gerßdorff, 1528. Unten: Lagerleben, Schule des H. Beham (1500–1550).*

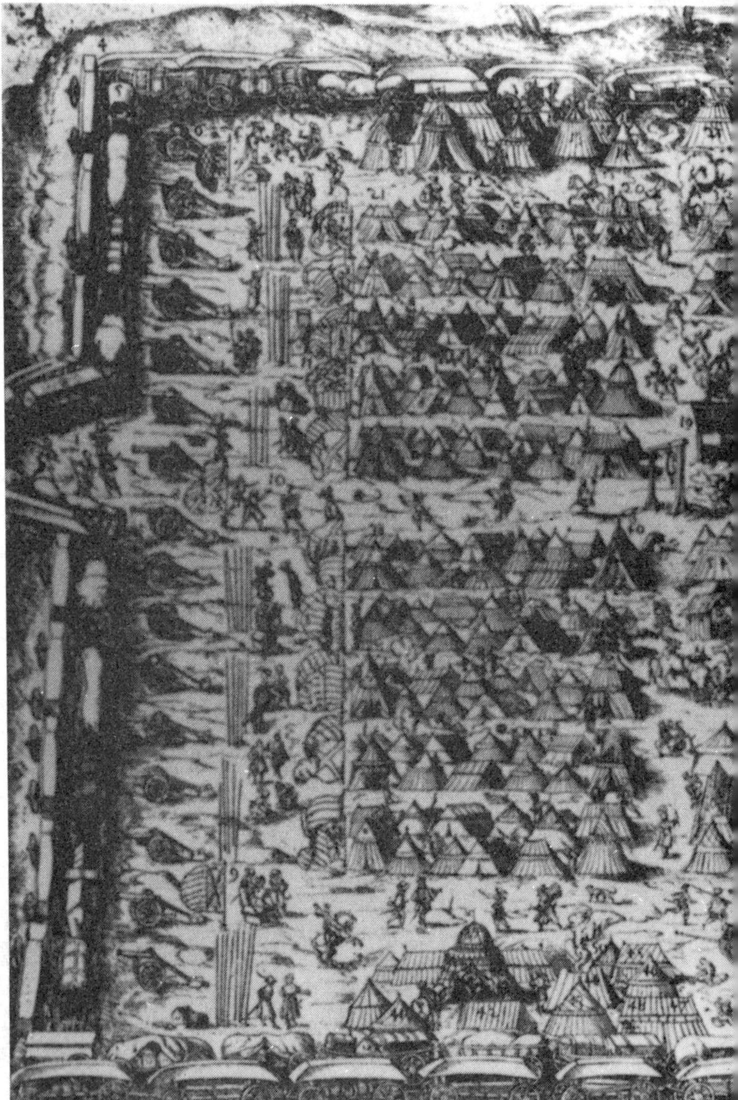

Straffe Organisation und militärische Ordnung: *Deutsches Heerlager des 16. Jahrhunderts. Die einzelnen Truppenteile und die militärische Funktion*

bestimmen das durch Geschützstellungen und die Wagenburg gesicherte Lager. Radierung von J. Amman.

Mittelalter bekannten »Mi-parti-Kleidung« begnügten, bei der Hose und Wams in verschiedenen Farben halbiert waren, so genügte ihnen das seit etwa 1530 nicht mehr. Die Farben wurden greller, die Schlitze, Bauschen und Puffen nahmen zu. Hans Sachs, der Nürnberger Poet, gibt in einem Vers ein köstliches Bild solcher Kleidung:

Wilder Leute hab ich nie gesehen.
Ihre Kleider aus den wildsten Sitten,
Zerflammt, zerhauen und zerschnitten.
Einsteils ihre Schenkel blecken [entblößen] täten,
Die andern groß weit Hosen hätten,
Die ihnen bis auf die Füße herabhingen,
Wie die gehosten Tauber gingen.
Ihr Angesicht schrammet und knebelbartet,
Auf das allerwildest geartet;
In Summa: wüst aller Gestalt,
Wie man vor Jahren die Teufel malt.

Wenn er davon spricht, daß sie ihre Schenkel entblößen, so meint er damit die Sitte der »halben Hosen«; denn eine Zeitlang schnitten die Landsknechte sich das linke Hosenbein oberhalb des Knies ab, um beim Ausfall mit dem Spieß nicht behindert zu sein.
Um die Mitte des 16. Jahrhunderts wurden die an sich schon auffallenden Hosen noch länger und weiter, richtige Pluderhosen. Für ein einziges solches Stück verwendete ein modebewußter Landsknecht bis zu 100 Ellen (60 Meter) Stoff, so wird jedenfalls behauptet. Auffallend bei solchen Hosen-Monstren war auch der oft geradezu obszöne Hosenlatz, auch Ochsenkopf oder Schneckenhäuslein genannt. So heißt es in einem Lied: »Ein Latz muß sein darneben, wohl einen Kalbskopf groß.« Merkwürdigerweise stolzierten sie in einer solchen Tracht nicht nur an friedlichen Tagen herum, sondern kämpften auch darin. Nur den breitrandigen, federgeschmückten Hut vertauschten sie dann mit einem einfachen Helm, einer Beckenhaube oder einem Eisenhut. Damit sich aber die Kämpfenden in dem bunten Durcheinander, das auf beiden Seiten herrschte, dann wenigstens einigermaßen unterschieden, trugen sie bunte Binden oder Stoffkreuze.

Die Waffen der Landsknechte

Einheitlicher als die Kleidung waren die Waffen, für die jeder Mann ebenfalls selbst zu sorgen hatte. Schon 1496 befahl ein kaiserliches

Text der Zeit

Klage über die Landsknechte 1531
Chronik des Sebastian Franck

Zu Maximilians Zeit sind auch die Landsknechte, dieses unnütze Volk aufgekommen, das unaufgefordert und ungesucht herumläuft, Krieg und Unglück sucht und ihm nachgeht. [. . .] Dieses unchristliche, verlorene Volk, dessen Handwerk ist Hauen, Stechen, Rauben, Brennen, Morden, Spielen, Saufen, Huren, Gotteslästern, freiwillig Witwen und Waisen machen, das sich über nichts denn anderer Leute Unglück freut, sich mit jedermanns Schaden nährt, im Krieg und Frieden auf den Bauern liegt mit Betteln, Schinden und Brandschatzen und niemanden, auch sich selbst nichts nütze ist: das kann ich mit keinem Schein entschuldigen, daß sie nicht aller Welt Plag und Pestilenz seien.
Denn es ist durch die Bank hindurch allerwegen ein bös unnützes Volk, nicht weniger als Mönche und Pfaffen. Im Krieg ist unter Tausenden kaum einer mit seinem Sold zufrieden, sondern Stechen, Hauen, Gotteslästern, Huren [. . .] ist ihr gemein Handwerk und höchste Kurzweil. Wer hierin kühn und keck ist, der ist der beste und ein freier Landsknecht, der muß vorndran und ist würdig, daß er ein Doppelsöldner sei. [. . .] Wer nicht zugreifen und martern kann, der taugt nicht.
Kommen sie nach dem Krieg mit dem Blutgeld und dem Schweiß der Armen heim, so verführen sie andere Leute mit sich zum Müßiggang und spazieren müßig in der Stadt kreuzweis herum zu jedermanns Ärgernis, und sind niemand nichts nütze denn den Wirten. Denen die Beute nicht geraten ist, die laufen draußen auf der Gart herum, was zu deutsch betteln heißt. [. . .] Es ist dieses Volk also verroht in der Gemeinde, daß es sich keiner Bosheit schämt, sondern noch gerühmt sein will; und wie wohl man bei ihnen durchaus das Gegenteil eines Christen findet, so will man jetzt noch gute Christen aus ihnen machen, und sie selbst haben sich den Namen gegeben, daß man sie fromme Landsknechte nennen muß. Die andern, denen die Beute geraten ist, sitzen in den Wirtshäusern, schlemmen und dämmen, bis sie keinen Pfennig mehr haben, laden Gäste ein, reden von großen Streichen und was sie unter den Bauern erlebt haben und bringen also die andern auch von ihrer Arbeit zum Müßiggang.

Aus: Chronica, Straßburg 1531 von Sebastian Franck (1499–1542, Geistlicher, Schriftsteller und Historiker)

Aufgebot, daß ein Drittel der Landsknechte mit Spießen und Hellebarden, ein Drittel mit Armbrüsten und ein Drittel mit Büchsen, d. h. kurzen Gewehren, bewaffnet sein sollte.
Den Spieß hatten die Landsknechte als wichtigste Waffe von den Schweizern übernommen. Der Stab aus Eschenholz war etwa vier Zentimeter dick und bis zu 5,6 Meter lang und hatte eine 25 Zentimeter lange Eisenspitze. Die Unteroffiziere und die sogenannten Doppelsöldner, die im besonders gefährdeten ersten Glied standen und dafür doppelten Sold bezogen, waren mit Hellebarden bewaffnet. Der Schaft dieser Hieb- und Stichwaffe war nur etwa zwei Meter lang, ihre eiserne Spitze konnte verschiedene Formen aufweisen, hatte aber gewöhnlich an der einen Seite noch ein Beil zum Schlagen, auf der anderen einen Haken zum Reißen.
Schwerter gab es in verschiedenen Formen. Die deutschen Landsknechte bevorzugten das römische Schwert, auch »Katzbalger« genannt, mit kurzem Griff und breitem, etwa 70 Zentimeter langem Doppelblatt. Gefürchtet waren die etwa 1,6 Meter langen »Zweihänder«, wie sie vor allem die Doppelsöldner führten.

Schlagkräftige Organisation – Teure Finanzierung

So buntscheckig also das äußere Bild eines Landsknechtsheeres war, so schlagkräftig war es andererseits organisiert. Die neugeworbenen Knechte wurden in Rotten zu zehn Mann aufgeteilt, 40, später 50 Rotten bildeten das Fähnlein, die wichtigste Einheit der Landsknechte. In jedem Fähnlein dienten 100 Doppelsöldner. Zehn Fähnlein bildeten ein Regiment, das von einem Feldobristen geführt wurde, der über einen eigenen Stab von 22 ausgewählten Leuten verfügte, darunter ein Kaplan, ein Feldarzt, ein Schreiber, ein Quartier- und ein Proviantmeister.
Es empfiehlt sich, einmal einen Blick auf die Besoldungsliste eines Regiments (siehe *K, Seite 109)* zu werfen. Rechnet man die dort angeführten Zahlen zusammen, so ergibt sich einschließlich der Doppelsöldner die horrende Besoldungssumme von 35 000 Gulden monatlich. Wenn man bedenkt, daß die Knechte gewöhnlich für ein halbes Jahr angeworben wurden, und sich dann diese Summe vor Augen hält, versteht man auch, warum es bei der Besoldung immer wieder zu Schwierigkeiten, Besoldungsengpässen und infolgedessen zu Meutereien unter der Truppe kam. Als beispielsweise Georg von Frundsberg 1526 für Kaiser Karl V. Landsknechte anwarb, mußte er seine Güter in Schwaben und Tirol und den Schmuck seiner Frau versetzen: für zwei Wochen Sold!

Besoldung der Landsknechte

Regiment		*Fähnlein*	
Dienstgrade	**Sold pro Monat**	**Dienstgrade**	**Sold pro Monat**
Feldobrist	*400 Gulden*	*1 Hauptmann*	*40 Gulden*
Locotenent	*100 Gulden*	*1 Leutnant*	*20 Gulden*
Kaplan	*12 Gulden*	*1 Fähnrich*	*20 Gulden*
Schreiber	*24 Gulden*	*1 Kaplan*	*8 Gulden*
Wachtmeister	*40 Gulden*	*1 Feldweibel*	*12 Gulden*
Quartiermeister	*40 Gulden*	*1 Kundschafter*	*4 Gulden*
Proviantmeister	*40 Gulden*	*1 Fourier*	*4 Gulden*
Feldscher	*40 Gulden*	*2 Weibel*	*je 4 Gulden*
Feldarzt	*40 Gulden*	*2 Trommler*	*je 4 Gulden*
Trommler	*8 Gulden*	*2 Pfeifer*	*je 4 Gulden*
Pfeifer	*8 Gulden*	*2 Trabanten (Leibwache)*	
Dolmetscher	*8 Gulden*		*je 4 Gulden*
Koch	*8 Gulden*	*1 Dolmetscher*	*4 Gulden*
8 Trabanten (Leibwache)		*1 Hauptmannsbursche*	*4 Gulden*
	je 4 Gulden	*1 Fähnrichsbursche*	*4 Gulden*
Hurenweibel	*12 Gulden*	*1 Hauptmannskoch*	*4 Gulden*
Fuhrknecht	*4 Gulden*	*1 Reisiger Knecht*	*4 Gulden*

Karrees, »Verlorener Haufe«, Spieße, Büchsen und Artillerie

Die erwähnte Bewaffnung mit den langen Spießen und Hellebarden erzwang eine bestimmte Kampftaktik: Ursprünglich waren die Truppen in der Breite wie in der Tiefe in Karrees gleichgestaffelt, sozusagen in quadratische Blöcke unterteilt. Die ersten Glieder wurden von den rückwärtigen vorwärtsgeschoben, und es konnte vereinzelt sogar vorkommen, daß sich die Männer dabei gegenseitig aufspießten. Im 16. Jahrhundert gingen die deutschen Landsknechtsführer dazu über, mehr in die Breite als in die Tiefe zu staffeln, um auf diese Weise den Gegner leichter umfassen zu können. Häufig kämpfte vor dem ersten Block noch ein »Verlorener Haufe« aus Freiwilligen, Gefangenen, die sich bewähren mußten, oder durch das Los bestimmten armen Teufeln. Ihre Überlebenschancen waren gering, um so wichtiger aber ihre Aufgabe, sollten sie doch die Kampfspitze des Gegners eindrücken oder zumindest in die erste schwer bezwingbare Reihe der langen Spieße Unordnung bringen.

Geschütze erzwingen neue Kriegstechniken und Festungsbauten. *Belagerungsgeschütze vom Beginn des 16. Jahrhunderts. Holzschnitt des Petrarca-Meisters, 1519/1520.*

Die Schützen waren mit ihren Büchsen entweder im ersten Glied oder zur Sicherung der Flanken eingesetzt.
Trotz aller Betonung des Fußvolks darf die Bedeutung der Artillerie nicht unterschätzt werden, auf deren Ausbau schon Maximilian I. besonderen Wert legte. Allerdings wurden die Geschütze wegen ihrer enormen Herstellungs- und Bedienungskosten in erster Linie für Belagerungsaufgaben eingesetzt.

Das Landsknechtsfähnlein – Gemeinschaft aus Not und Armut

Das Leben der Landsknechte wird heute vom Schimmer des Romantischen umgeben. Zahlreiche alte, erneuerte und neu gedichtete Lieder singen vom Lagerleben, von der Gemeinschaft, von Krieg, Kampf und Not, vielfach aber von Freiheit und Ungebundenheit. Meist lassen dabei nur die älteren Lieder etwas von der Härte des Krieges verspüren, in den neuen ist dann häufiger verharmlosend vom Glück der abenteuerlichen Freiheit die Rede. So abenteuerlich oder romantisch war das Alltagsleben der Landsknechte nicht, viel eher erscheint es eingebettet in eine seltsame Polarität von Zügellosigkeit und strengster Ordnung, es war ein Leben von Außenseitern, die sich eine eigene Gesellschaftsordnung gaben. Ihre Heimat war für die Zeit ihres Dienstes das Fähnlein. Hier lebten sie zusammen mit ihren Kameraden, einige nahmen sogar die Ehefrauen mit zu der Truppe, andere hielten Dirnen aus, die unaufgefordert das Fähnlein begleiteten. Das Los solcher Frauen war ebenso schwer wie das der Männer. Auch sie hatte vorwiegend die Not getrieben und nur selten die Lust an einem ungebundenen Leben. Sie kochten und wuschen für die Soldaten, mußten Kranke und Verwundete versorgen, den Schmutz im Lager wegräumen und sogar Schanzarbeiten verrichten. Untergebracht waren sie beim Troß, zu dem auch jene eltern- und heimatlosen Jungen gehörten, die als Troßbuben einfache Dienste versahen. Sie alle unterstanden einem »Feldweibel«, einem Offizier im Hauptmannsrang.

Selbstversorgung im Lager – Trunksucht und Spielleidenschaft

Lagerte das Fähnlein, trieben sich Troßangehörige unter den Knechten herum, kein Wunder, daß so ein Lager dann einen ebenso bunten Eindruck machte wie das Äußere der Soldaten. Auch hier geben uns die zeitgenössischen Holzschnitte gute Aufschlüsse über Einzelheiten des Lagerlebens. Über feste Zelte verfügten meistens nur die Offiziere, während die einfachen Leute sich mit Hilfe der Spieße Hütten aus Zweigen oder Stroh errichteten. Auf einigen Bildern sehen wir Landsknechte, die gerade Vieh abschlachten oder an offenen Feuerstellen das Essen sieden. Das hat nichts mit Gemeinschaftsverpflegung zu tun; denn die Knechte mußten sich von ihrem Sold selbst versorgen. Dementsprechend wurden Märkte im Lager abgehalten, und die sogenannten Marketender und Marketenderinnen (von ital. mercatante = Kaufmann) handelten mit Lebensmitteln und Gebrauchsartikeln und natürlich auch mit Getränken aller Art. So wurden im Troß die Küchengeräte mitgeschleppt und die Fässer mit Wein oder Bier. Sie gehören ebenso zum Bild des Lagers wie der Humpen oder Zinnkrug zum Bild des Landsknechts. Kein Wunder, daß die Trunksucht zu den gefährlichsten Lastern der Männer zählte, und ein zeitgenössisches Spottlied nennt als ein ungewöhnliches Ding u. a. auch »ein Fähnlein deutscher Knechte, die nüchtern sein«.
Das zweite gefährliche und immer wieder angeprangerte Laster war das Spiel. Oft hatten die Knechte ja durch die Plündereien leicht und

rasch erworbenes Gut, das sie ebenso rasch wieder »aufs Spiel setzten«. Von dieser Spielleidenschaft waren die einfachen Leute wie die Offiziere gleichermaßen erfaßt, und sogar von Fürsten hören wir, die sich mit den Soldaten um Spielgewinne stritten. Kein Wunder, daß es unter solchen Umständen immer wieder zu bösen Ausschreitungen und Zwischenfällen kam.

Ordnung und Rechtsprechung

Für die Einhaltung der Ordnung sorgte ein Profoß, der die oberste Polizeigewalt ausübte. Ihm zur Seite standen der Stockmeister oder Aufseher, ein Amtmann und der Henker. Kaum war ein neues Lager aufgeschlagen, ließ er an einem geeigneten Platz zur allgemeinen Warnung den Galgen errichten. Sein Polizeiamt war aber keineswegs ehrenrührig wie etwa das des städtischen Büttels (siehe Band 5 – Unehrliche Leute), vielmehr gehörte er zu den Offizieren des Regiments, an dessen Spitze ein Oberst stand, der seinerseits wieder die Hauptleute zur Führung der Fähnlein berief. Diese ernannten Leutnante, Fähnriche und Feldwebel, während die Rottmeister, welche die niederen Führungsstellen innehatten, von den Landsknechten selbst gewählt wurden. Hier zeichneten sich erstmals Ansätze zu einer Demokratisierung des Heerwesens ab, die sich auch gelegentlich in der Rechtspflege des Lagers bemerkbar machen.

Der Profoß hatte nur die ausführende Polizeigewalt, während die richterliche Gewalt bei einem vom Oberst ernannten Schultheißen lag. Bei wichtigen Gerichtsverhandlungen standen diesem zwölf Geschworene zur Seite, erfahrene Männer, die aus den Fähnlein gewählt wurden. Sie konnten gemeinsam Gerichtssitzungen abhalten.

Dieses »Gericht bei besetzter Bank«, wie es uns auch der Holzschneider Jost Amman in einem Bild dargestellt hat, fand stets im Freien auf dem Hauptplatz des Lagers statt. Die Sitze für den Schultheiß und die Geschworenen bildeten ein Geviert, in dessen Mitte Kläger, Angeklagter und Fürsprecher standen. Dem Angeklagten waren beachtliche Möglichkeiten zur Verteidigung geboten. Auf Antrag seines Fürsprechers konnte die Verhandlung bis zu dreimal vertagt werden, um Rechtshilfen und Zeugenaussagen zu beschaffen. Das Urteil war dann allerdings endgültig. Lautete es auf Tod, wurde der Verurteilte sogleich dem Profoß übergeben und zur Richtstätte geführt.

Neben dieser Art der Urteilsfindung gab es noch das »Recht der langen Spieße«, das die Landsknechte selbst fordern konnten. Dann führte der Profoß den Vorsitz. Das ganze Fähnlein versammelte sich im Ring, in dessen Mitte der Angeklagte und sein Fürsprecher standen und ihre Sache vortrugen. Vierzig Landsknechte, vom Fähnlein gewählt, fällten schließlich ein Urteil. Dieser Vorgang wiederholte sich noch zweimal mit jeweils neuen Leuten, und erst dann stimmte die ganze Gemeinde ab. Lautete der Spruch auf Tod, bildeten die Landsknechte mit ihren Spießen sogleich eine lange Gasse, an deren Ende der Fähnrich mit der Fahne stand. Der Angeklagte wurde dreimal hindurchgeführt, dann fielen seine Fesseln und die Landsknechte senkten ihre Spieße. Je schneller und entschlossener sich der Verurteilte nun in die eisenstarrende Gasse stürzte, um so rascher hatte er ausgelitten. War er unter den Spießen zusammengebrochen, knieten die Landsknechte nieder und beteten für seine arme Seele. Dann gaben sie ihm noch drei Ehrensalven. Der Oberst dankte den Leuten für ihre ehrliche Haltung.

Blütezeit und Niedergang

Schon innerhalb weniger Jahre nach 1487 wurden die Landsknechte zu einem schlagkräftigen Instrument der Kriegsführung. Die Kriege Maximilians I. und vor allem Karls V. wären ohne sie nicht denkbar. Der Niedergang der Landsknechtsheere setzte allerdings schon bald danach mit dem Tode Frundsbergs (siehe Seite 62 und Porträt, Seite 101) ein, der als ihr bedeutendster Führer angesehen werden darf. Endgültig besiegelt aber wurde ihr Schicksal in der zweiten Hälfte des 16. Jahrhunderts, als die Jahre trügerischer Ruhe nach dem Augsburger Religionsfrieden die Weiterentwicklung der Feuerwaffen und damit ihr Übergewicht über die vorwiegend mit den Speeren kämpfenden Fußsoldaten begünstigte. Die »kaiserlichen Fußknechte«, wie sie nun genannt wurden, gehörten zwar nach wie vor zum Kriegswesen, aber die alten glänzenden Zeiten waren vorbei.

Literatur

Hermann, Carl Hans: Deutsche Militärgeschichte, München 1979
Liebe, Georg: Soldat und Waffenhandwerk, Köln 1972 (Nachdruck der Ausgabe Leipzig 1899)
Miller, Douglas: Die Landsknechte, Bonn 1980
Pleticha, Heinrich: Landsknecht, Bundschuh, Söldner, Würzburg 1974
Richter, Erich: Frundsberg. Vater der Landsknechte, München 1968

HEINRICH PLETICHA

Die Erhebung der Bauern 1460–1524/1525

Im Zeichen des Bundschuh – Der Pfeifer von Niklashausen – Aufstand in Oberschwaben – Die »Zwölf Artikel« und ihre Wirkung – Kämpfe in Franken – Bluttat in Weinsberg – Das Bauernparlament von Heilbronn – Götz von Berlichingen und Florian Geyer – Gemetzel in Franken – Unruheherd Thüringen – Thomas Müntzer und der Gottesstaat auf Erden – Die Niederlage bei Frankenhausen.

Im Oktober 1460 schrieben einige Adelige aus dem Hegau an den Bischof von Augsburg, informierten ihn über Unruhen der Bauern in ihren Herrschaften und baten ihn zugleich um solidarische Unterstützung gegen die Aufständischen. Sie berichteten auch über die Ziele und Forderungen der Bauern, die erstaunlich bescheiden waren und so gar nicht nach großer Empörung aussahen: Weder sollten die Herren willkürlich Dienste von ihren Bauern fordern, noch sie nach Gutdünken strafen dürfen, und auch das freie Recht auf ihr Erbe sollte den Bauern zustehen.

Solche Forderungen klangen ausgesprochen maßvoll und wurden noch unterstützt durch die Versicherung, daß die Bauern gern alle Dienste und Zinsen leisten wollten, die sie schuldig wären. Vielleicht kam das alles den hegauischen Herren selbst zu bescheiden vor; denn in ihrem Brief orakelten sie noch, daß weitere, ihnen nicht bekannte Artikel gegen den Adel gerichtet seien. Und wenn sie das auch nicht beweisen konnten, so tischten sie dafür um so rascher eine Greuelmeldung auf. Die Bauern hätten aus einem Dorf das Sakrament aus der Kirche rauben wollen und dem Priester, »der solches wehren wollte, die Hände wohl halb abgehauen«. Solche Behauptung mußte auf den Bischof doch Eindruck machen! Auch hätten sie, so wurde zum Schluß berichtet, ein Banner, auf dem ein Pflug und ein Bundschuh gemalt seien.

Der Bundschuh

»Der Bundschuh«! Hier haben wir das Zeichen, das schon verschiedentlich bei Bauern als Symbol des Aufruhrs gegolten hatte und das

Bauern – Existenz in Not und Unterdrückung. *Oben: Dorfansicht aus »Landfrid durch Kayser Carol den funfften«, 1521. – Unten: Bauern bei der Arbeit. Holzschnitte von Hans Beham, um 1530.*

von nun an mehr als ein halbes Jahrhundert lang bis zum großen Bauernkrieg immer wieder Adel, Geistlichkeit und auch Bürger erschreckte. Es war der mit langen Riemen versehene Schnürschuh der Bauern, der als Gegensatz zum gespornten Stiefel der Ritter galt und von dem die Sage behauptete, daß er schon im ersten Kreuzzug bei der Eroberung Jerusalems als Feldzeichen der einfachen Leute mitgeführt worden sei.

Unruhen und Aufstände von Speyer bis nach Kärnten

Unter dem »Bundschuh« erhoben sich 1493 auch die Bauern von Schlettstadt und neun Jahre später die im Bistum Speyer; aber wie schon 1460 im Hegau, so wurde auch hier beide Male die Empörung niedergeworfen, noch ehe sie richtig begonnen hatte.
Der Anführer der Bauern von Speyer, ein gewisser Joß Fritz, war ge-

rade noch rechtzeitig dem Zugriff der Obrigkeit entkommen und nach Lehen, in der Nähe von Freiburg, gezogen. Dort verhielt er sich zehn Jahre ruhig, doch als sich 1513 die Bauern in der Schweiz empörten und es auch an verschiedenen deutschen Orten zu gären begann, sah Fritz seine Stunde erneut gekommen und organisierte auch in Lehen den »Bundschuh«. Man kann nur staunen, wie sorgfältig und ausführlich dieser einfache Mann inzwischen sein Reformprogramm vorbereitet hatte. Es nimmt bereits alle jene Forderungen vorweg, die uns ein Jahrzehnt später in den berühmten »Zwölf Artikeln« der Bauern wieder begegnen.

Daß der Aufstand in Lehen scheiterte, war nicht seine Schuld. Wieder wurde er verraten. Die Obrigkeit schlug rasch und hart zu und ließ dreizehn der Aufrührer hinrichten. Joß Fritz entkam erneut, zog unstet durch das Land und organisierte 1517 ein drittes Mal den »Bundschuh« am Oberrhein. Diesmal allerdings war es kein Aufstand der Bauern allein. Fritz sammelte die Unzufriedenen im Lande, fand sie vor allem auch unter dem Fahrenden Volk (siehe Band 5) und den Bettlern, denen er immerhin eine beachtliche Belohnung für ihre Teilnahme an der Empörung aussetzte. (Woher er das Geld dafür hatte, ist bis heute nicht geklärt.) Durch Zufall faßte man aber einen seiner Hauptwerber, der sogleich ein Geständnis ablegte, und damit konnten

Lebensfreude in der dörflichen Gemeinschaft *trotz existenzieller Probleme. Familiäre und dörfliche Feste zählen zu den wenigen Möglichkeiten, die Plagen und Ungerechtigkeiten des Alltags zu vergessen. Illustration von Daniel Hopfer: »Das ländliche Fest«, um 1500.*

die Behörden erneut den »Bundschuh« niederschlagen. Von Fritz wissen wir nur, daß er weiter ruhelos durch das Land zog und den Menschen hartnäckig seine Ideen einzuhämmern suchte.
Diese Erhebungen unter dem Zeichen des »Bundschuh« waren nicht die einzigen in Deutschland. Überall gärte es, kam es zu mehr oder minder begrenzten Ausbrüchen des berechtigten Volkszorns. Auch in der Schweiz, in Salzburg, in der Steiermark und in Kärnten hatten sich Unruheherde gebildet. In Württemberg schlossen sich 1514 die Bauern gegen den Steuerdruck Herzog Ulrichs im »Armen Konrad« zusammen, und in ihrem Aufstand verschmolzen typisch lokale Belange und Interessen mit den Ideen des »Bundschuh«.

Der Pfeifer von Niklashausen

Ebenfalls lokal begrenzt, aber wieder ganz anderer Art war 1476 die Bewegung des »Pfeifers von Niklashausen« im Fränkischen. Hans Böhm, ein Dorfmusikant, wie wir heute sagen würden, predigte in dem kleinen Dorf Niklashausen im Taubertal, die heilige Jungfrau selbst sei ihm erschienen und habe ihm verkündet, daß alle Menschen vor Gott gleich seien, es dürfe keine weltliche Obrigkeit mehr geben, Zins,

Flugblätter und programmatische Schriften aus der Zeit des Bauernkrieges.
Links: Titelblatt des 1514 erschienenen »Der Bundtschu«. Rechts: Titelblatt der »Memminger Bundesordnung« der Bauern, 1525.

Pacht und Steuern müßten abgeschafft werden, Wald, Wasser und Weide sollten allenthalben frei sein. Solche Sätze ergänzte er noch durch Ausfälle gegen das Regiment der Fürsten und gegen die unchristliche Geistlichkeit. Der Funke entfachte rasch einen großen Brand. Zehntausende liefen ihm zu und lauschten seinen Predigten. Solange er es bei seinen Verkündigungen beließ, hielt sich der Bischof von Würzburg, dessen Untertan Hans Böhm war, noch zurück. Doch als er dann seine Zuhörer aufforderte, zum nächsten Zusammentreffen die Waffen mitzubringen, ließ er ihn überraschend durch einige Reiter gefangennehmen und auf den Marienberg nach Würzburg bringen.
Am darauffolgenden Sonntag versammelten sich angeblich an die dreißigtausend Wallfahrer. Zwar gingen viele wieder heim, als sie von der Verhaftung des Pfeifers hörten, doch zogen mehrere Tausend nach Würzburg, um dort seine Freilassung zu fordern. Der Bischof ließ sie mit schönen Redensarten und ein paar Warnschüssen abspeisen. Den friedlich Abziehenden schickte er aber Reiter nach, angeblich, weil sich ein paar Aufrührer unter den Bittstellern verborgen hielten. We-

Abgaben an den Grundherrn. *Veränderte Wirtschaftsverhältnisse, neuer Einfluß der Städte und soziale Umschichtungen führen zu erhöhten Abgabeforderungen an die Bauern. Holzschnitt von 1479.*

nige Kilometer hinter Würzburg kam es zu einem Treffen, bei dem zwölf Bauern den Tod fanden und ein paar andere verhaftet wurden. Die meisten ließ der Bischof wieder laufen. Hans Böhm aber und zwei seiner engsten Gefährten wurden hingerichtet. Die beiden Bauern starben unter dem Schwert, der Pfeifer als angeblicher Ketzer auf dem Scheiterhaufen, auf dem er noch im Angesicht des Todes fromme Marienlieder gesungen haben soll.

Feudalordnung und einseitige Begünstigung von Adel und Geistlichkeit

Gespannt blieb die Lage vor allem im süd- und südwestdeutschen Raum. Die Schuld lag hier in dem völlig überholten Gesellschaftsgefüge der jahrhundertealten Feudalordnung, die sich im frühen und hohen Mittelalter einmal bewährt hatte, die nun aber Adel und Geistlichkeit einseitig begünstigte, dem Bürger nur wenige Rechte gab und die

mehr als achtzig Prozent der bäuerlichen Bevölkerung eindeutig benachteiligte. Dabei ging es, wie wir noch sehen werden, gar nicht so sehr um wirtschaftliche Vorteile – viele Bauern hatten ein erträgliches bis sogar gutes Einkommen – als vielmehr um entscheidende politische Rechte. Es ist die große Tragik des sogenannten Bauernkrieges, daß es den Bauern nicht gelang, ihre maßvollen politischen Forderungen durchzusetzen und daß sie weder aus ihren eigenen Reihen geeignete weitblickende Führerpersönlichkeiten fanden, noch von Adel und Bürgern die nötige Unterstützung erhielten, so daß schließlich immer wieder Fanatiker das Übergewicht gewannen und das hoffnungsvoll begonnene politische Ringen sehr rasch in eine große, blutige Auseinandersetzung einmündete, in der die Gewalt über die Vernunft triumphierte.
Eigentlich ist es nicht ganz richtig, von einem Bauernkrieg zu sprechen; denn in Wirklichkeit waren es mehrere, in den großen Zielen zwar weitgehend übereinstimmende, doch in sich unterschiedliche Erhebungen in einigen deutschen Landschaften. Unterschiedlich, mehr zögernd und abwartend, war auch die Haltung des Bürgertums, einheitlich nur die Reaktion der geistlichen und weltlichen Fürsten und der Adeligen, die fast keine der bäuerlichen Forderungen anerkennen wollten und die durch ihre starre Haltung die Bauern erst in die Rolle der »räuberischen und mörderischen« Empörer hineindrängten.

Stühlingen, Kempten, Ulm, Bodensee – Erhebungen überall

Nach den verhältnismäßig kurzen Gewittern der vorangegangenen Jahrzehnte begannen die schweren Unruhen des eigentlichen Bauernkrieges im August 1524 in der Landgrafschaft Stühlingen im Südschwarzwald, angeblich, weil die dortige Gräfin ihre Bauern an einem Sonntag in der Erntezeit gezwungen hatte, Schneckenhäuslein zu sammeln, damit sie Garn darauf wickeln konnte. »Wenn es wahr ist, was uns die zeitgenössischen Chronisten berichten, so hat wohl nie ein geringfügigerer Anlaß gewaltigere Geschehnisse hervorgerufen«, schrieb einmal der Historiker Günther Franz in einer Darstellung des Bauernkrieges sehr treffend. Aber auch in dieser Erhebung zeigten sich alle Anzeichen der vorangegangenen Unruhen, und dieses Mal konnte der Aufruhr nicht so rasch wie bisher niedergeworfen werden: Er fraß sich wie ein Schwelbrand langsam weiter und griff schon bald auch auf andere Gebiete im Südwesten des Reiches über. Ihre Führer fanden die Aufständischen in dem evangelischen Prediger Hubmaier und in dem ehemaligen Landsknecht Hans Müller aus Bulgenbach.

Das hond zwen sch-
weytzer bauren gemacht. Fürwar
sy hond es wol betracht.

Aufpeitschende Flugblätter. *Regionale Aufstände wirken als Folge der neuen drucktechnischen Vervielfältigungsmöglichkeiten auch andernorts als Zündfunken für Erhebungen. Flugblatt von 1521.*

Beide drängten von Anfang an auf Mäßigung und wollten nur die berechtigten Forderungen der Bauern gegen einige adelige Herren, allen voran den Stühlinger, durchsetzen.

Anfang 1525 erreichte die allgemeine Empörung das Allgäu. »Nirgends mögen wohl die Beschwerden der Untertanen begründeter gewesen sein als im Stift Kempten«, stellte schon der große Geschichtsschreiber Leopold von Ranke in seiner »Deutschen Geschichte im Zeitalter der Reformation« fest. Die Fürstäbte von Kempten hatten schon seit rund hundert Jahren mit brutaler Willkür die freien Bauern in die Leibeigenschaft zu zwingen gesucht. Sie warfen beispielsweise einzelne freie Männer ohne Begründung in ihre Gefängnisse und ließen sie so lange darin schmachten, bis sie die Leibeigenschaft anerkannten. Man kann sich bei der Lektüre der schweren, zeitgenössischen Anklagen gegen den Adel nur wundern, daß die Bauern nicht schon viel früher losgeschlagen hatten.

Nachdem der Aufruhr im Raum Kempten ausgebrochen war, folgten zu Beginn der Fastenzeit die Bauern Oberschwabens zwischen Ulm und dem Bodensee. Die Aufständischen schlossen sich nun, nicht zuletzt auf Anraten ehemaliger Landsknechte, in drei »Haufen« zusammen. Im Norden war es der Baltringer Haufen, benannt nach einem Ort südlich von Ulm, im Süden der Bodensee-Haufen, dem die streitbarsten Bauern angehörten, und schließlich im Osten der Allgäuer-Haufen mit dem Zentrum in Kempten. Jeder dieser Haufen umfaßte mehrere tausend kampfbereiter Bauern. Die Baltringer wählten Ulrich Schmid zu ihrem Hauptmann, einen besonnenen Mann aus guten wirtschaftlichen Verhältnissen. Gerade sein Beispiel zeigt, daß die meisten Aufständischen nicht aus wirtschaftlicher Not heraus handelten, sondern daß es ihnen in erster Linie um die Erhaltung ihrer alten Freiheiten und Festigung ihrer politischen Rechte ging. Gerade dem Einfluß Schmids und einiger anderer Männer war es zu danken, daß sich die Forderungen der Aufständischen in einem maßvollen Rahmen hielten, obgleich vor allem die Bodenseebauern ein hartes Vorgehen forderten.

Maßvolle Forderungen der Bauern – Die »Zwölf Artikel«

Zeugnis für die Mäßigung sind die sogenannten »Zwölf Artikel«, die wohl in den letzten Februartagen 1525 in Memmingen vorgelegt wurden. Wir wissen heute, daß ihr Verfasser ein Kürschnergeselle aus Memmingen war. Dieser Sebastian Lotzer muß ein für sein Herkommen ungemein gebildeter, vor allem sehr bibelkundiger Mann gewesen sein, der sich auch mit der Lehre Luthers und Zwinglis auseinandergesetzt hatte, deren Einfluß in diesen Artikeln deutlich spürbar wird. Zwar übernahm er grundsätzlich jene Forderungen, die schon mehr oder weniger deutlich bei früheren Aufständen erhoben worden waren, doch sind sein Verdienst die klare unmißverständliche Zusammenfassung und vor allem das Bekenntnis zu einem göttlichen Recht, auf das alle Forderungen zurückgeführt und dementsprechend mit Bibelzitaten untermauert wurden. Es hat etwas Bescheidenes, geradezu Rührendes, wie er und seine Freunde in ihrer Not immer wieder betonen, daß sie streng auf dem Boden des Glaubens stehen. Aber trotz aller Kompromißbereitschaft waren die »Zwölf Artikel« für die damalige Zeit ein radikales politisches Dokument, radikal aber im ursprünglichsten Sinn des Wortes, nämlich »bis an die Wurzel gehend«, von der aus die alte gesetzliche Ordnung neu gestaltet, aber nicht zerstört werden sollte.

So fordern sie im 1. Artikel das Recht, ihren Pfarrer frei wählen und notfalls absetzen zu dürfen. Auch müsse dieser das Evangelium »ohne allen menschlichen Zusatz«, d.h. ohne Verderbungen und Umdeutungen im Sinne der Grundherrschaft, predigen: Das war eine berechtigte Forderung, wenn man bedenkt, wie häufig sich die Geistlichkeit zum Instrument des Adels machen ließ. Zur Besoldung des Pfarrers sind die Bauern dann auch bereit, den sogenannten »großen« oder Getreidezehnten zu geben, dessen Überschüsse gleichzeitig der Versorgung der Armen zugute kommen sollen. Und so geht es weiter mit den verschiedenen Forderungen und Wünschen bis zum 11. Artikel, während der 12. und letzte noch einmal ausdrücklich betont, daß die Bauern von allen jenen Forderungen wieder abstehen wollten, »die dem Wort Gottes nicht gemäß wären«.

Der Aufstand im Südwesten: »Schwäbischer Bund« und »Christliche Vereinigung«

Kompromißbereiter kann man es gar nicht ausdrücken. Und doch wirkten die Artikel wie ein Sprengstoff. Sie wurden auf Flugblätter gedruckt und ebenso rasch über ganz Deutschland verbreitet wie fünf Jahre zuvor die Thesen Luthers. Der Adel dachte aber gar nicht daran, auf sie einzugehen, sondern rüstete sich zum Gegenschlag.

Der baierische Kanzler Leonhard von Eck, ein ungemein starrsinniger Politiker, mobilisierte sogleich den »Schwäbischen Bund«, jene schon 1488 von Fürsten und Städten im Süden des Reiches gegründete Vereinigung, und forderte stur die Niederwerfung der Bauern. Diese begannen nun ihrerseits, sich militärisch zu organisieren, und sie fanden in entlassenen Landsknechten kampferprobte Anführer. Die Zahl der Aufständischen im schwäbischen Raum wird auf rund hunderttausend geschätzt, das war bei den damaligen Bevölkerungsverhältnissen ein beachtliches Aufgebot, und es läßt vermuten, daß sich die meisten erwachsenen Bauern der Bewegung angeschlossen hatten.

Als die Bauern erkannten, daß der »Schwäbische Bund« zu ihrer Niederwerfung entschlossen war, setzten sich zunehmend die radikalen Wortführer durch. Die Ereignisse drängten jetzt ungemein rasch einer Entscheidung zu. Kurz vor dem 1. März hatte Lotzer die »Zwölf Artikel« verfaßt. Schon am 6. März trafen sich die Abgesandten der drei Haufen in Memmingen und schlossen sich am folgenden Tag zu der »Christlichen Vereinigung« zusammen. Am 30. März faßten sie dann den Beschluß, Klöster und Adelssitze auszutilgen. Wir hören in den folgenden Tagen von zahlreichen Angriffen, Überfällen, hören von Raub und Plünderung, doch nie von Mord oder Totschlag. Die gleichen Beobachtungen lassen sich in den nächsten Wochen auch in den anderen Aufstandsgebieten machen.

Text der Zeit

Aus den Zwölf Artikeln der Bauern 1525

1. Es ist unsere demütige Bitte und Begehr [. . .], daß eine ganze Gemeinde einen Pfarrer selbst erwählen [. . .] soll, auch Gewalt haben, denselben wieder zu entsetzen, wenn er sich ungebührlich hielte. Derselbe erwählte Pfarrer soll uns das heilige Evangelium lauter und klar predigen ohne allen menschlichen Zusatz [. . .].
2. Nachdem der Zehnte eingesetzt ist im Alten Testament [. . .] sind wir hinfort willens, diesen Zehnten durch unsere Kirchenpröbste, die von der ganzen Gemeinde eingesetzt wurden, einsammeln zu lassen und davon einem Pfarrer seinen geziemenden Unterhalt zu geben [. . .], und was übrig bleibt, soll man armen Bedürftigen austeilen, die im ganzen Dorf vorhanden sind. [. . .] Den kleinen Zehnten (Viehzehnt) wollen wir gar nicht geben, denn Gott der Herr hat das Vieh frei für den Menschen geschaffen.
3. Es ist bisher Brauch gewesen, daß man uns für Eigenleute gehalten hat, was zu erbarmen ist, angesichts daß uns Christus alle mit seinem kostbaren Blut erlöst und erkauft hat [. . .]. Nicht etwa, daß wir ganz frei sein und keine Obrigkeit haben wollen, das lehrt uns Gott nicht [. . .], vielmehr wollen wir gegen unsere gesetzte Obrigkeit in allen geziemenden und christlichen Sachen gehorsam sein.
4. Es ist bisher Brauch gewesen, daß kein armer Mann Gewalt gehabt hat, Wildbret, Geflügel oder Fische in fließendem Wasser zu fangen. Auch halten an etlichen Orten die Obrigkeiten das Wild uns zum Trotz und mächtigen Schaden. Das ist wider Gott und den Nächsten; denn als Gott der Herr den Menschen erschuf, hat er ihm Gewalt gegeben über alle Tiere, den Vogel in der Luft und den Fisch im Wasser.
5. Wir beschweren uns auch wegen der Holzung [Rodung]. Unsere Herrschaften haben sich die Wälder alle allein angeeignet, und wenn der arme Mann etwas bedarf, muß er es für doppeltes Geld kaufen. Es ist aber unsere Meinung, daß Wälder, die Geistliche und Weltliche innehaben und für die sie nichts bezahlt haben, daß sie der ganzen Gemeinde wieder anheimfallen sollen. Ihr soll es freistehen, daß jeglicher seinen Bedarf an Brennholz umsonst ins Haus nehme, desgleichen auch [. . .] zum Zimmern, doch mit Wissen derer, die von der Gemeinde dazu erwählt werden. Wenn aber keine Gehölze vorhanden wären als die redlich gekauften, so soll man sich mit den Besitzern brüderlich und christlich vergleichen. [. . .]
6. Es ist unsere harte Beschwerde wegen der Dienste, die von Tag zu Tag gemehrt werden und wir begehren [. . .], daß man gnädig berücksichtige, wie unsere Eltern gedient haben, allein nach dem Inhalt von Gottes Wort.
7. Wir wollen, daß die Herrschaft uns nicht weitere Lasten auferlegt [. . .], wenn aber dem Herrn [weitere] Dienste vonnöten wären, soll ihm der Bauer vor anderen willig und gehorsam sein, doch zu einer Stunde und Zeit, daß es ihm nicht zum Nachteil diene, und er soll den Dienst um angemessenen Lohn tun.
8. Sind wir beschwert, daß viele Güter den Pachtzins nicht aufbringen können und die Bauern das Ihre darauf einbüßen und verderben. Wir wollen, daß die Herrschaft diese Güter durch ehrbare Leute besichtigen läßt und nach der Billigkeit einen Pachtzins festsetze. [. . .]

9. Wir sind beschwert der großen Frevel [der mittelschweren Vergehen] wegen, daß man stets neue Strafsätze macht; denn man straft uns nicht nach Gestalt der Sache, sondern zuzeiten aus großem Neid, zuzeiten aus großer Gunst. Es ist unsere Meinung, uns nach alter festgesetzter Strafe zu strafen, je nachdem, wie die Sache beschaffen ist, und nicht nach Willkür.

10. Wir sind beschwert, daß etliche sich Wiesen zugeeignet haben, desgleichen Äcker, die einer Gemeinde gehören. Dieselben werden wir wieder zu unseren gemeinen Händen nehmen, es sei denn, daß man sie redlich gekauft habe. [...]

11. Wir wollen den Brauch, genannt der Todfall [eine Erbschaftsabgabe] ganz und gar abgetan haben und nimmer gestatten, daß man Witwen und Waisen das Ihre wider Gott und Ehre also schändlich nehmen und rauben soll, wie es an vielen Orten in mancherlei Gestalt geschehen ist.

12. Wenn einer oder mehrere der hier aufgestellten Artikel dem Wort Gottes nicht gemäß sind, wollen wir davon abstehen, wenn man es uns auf Grund der Schrift nachweist. Wenn man aber etliche Artikel schon jetzt zuließe und sich danach fände, daß sie unrecht wären, sollen sie von Stund an [...] nicht mehr gelten.

Die Bauern schließen sich zusammen:
Oben: In ihrem Rechtsempfinden durch die Reformation und die Idee vom freien Christenmenschen bestärkt, schließen sich überall im Reich Bauern zu Gemeinschaften zusammen, die im Namen Christi und unter Berufung auf die Bibel ihre Forderungen anmelden. Schwörende Bauern, Titelbild einer zeitgenössischen Flugschrift. Links: Bauern in der Aufmachung von Landsknechten, 1525. – Links unten: Thomas Müntzer, Holzschnitt von Christian Sichem.

Brutale Militärmaschinerie und Versprechungen

Für die Truppen des »Schwäbischen Bundes« gab es nun aber kein Zögern mehr, und schon am 4. April, dem Dienstag in der Woche vor Ostern, schlug Georg Truchseß von Waldburg, der Bundesfeldherr, der eine entscheidende Rolle in den dramatischen Ereignissen spielen sollte, den Baltringer Haufen bei Leipheim in der Nähe von Ulm. Ohne Verzug rückte er gegen den Allgäuer Haufen vor und schlug diesen am Karfreitag bei Wurzach. Schon am Karsamstag trat er bei Weingarten gegen den Bodenseehaufen an. Hier hatten die Bauern noch einmal zwölftausend Mann aufgestellt. Da sie doppelt so stark waren wie das Heer des Bundes, bot sich ihnen noch einmal eine reelle Siegeschance, trotzdem zögerten sie mit dem Angriff, und der Truchseß hielt sich diesmal selbst vorsichtig zurück. Er begann im Gegenteil sogar zu verhandeln und schloß schon am Ostersonntag mit den Bauern den sogenannten »Weingartner Vertrag«. Die Bauern durften ihre Waffen behalten, mußten aber ihren Haufen auflösen. Über ihre Beschwerden sollte ein Schiedsgericht von vier bis sechs Städten entscheiden. Damit war der Schwäbische Aufstand endgültig zusammengebrochen. Er hatte auf den Tag genau sechs Wochen gedauert, von denen sogar drei mit Verhandlungen vergangen waren. Gewonnen hatten die Bauern mit dem Vertrag gar nichts, der »Schwäbische Bund« aber bekam seine Truppen frei, um die anderen Aufstände im Schwarzwald, in Württemberg und in Franken niederzuwerfen.

Der Aufstand an Tauber, Main und Neckar

Dort war der Aufstand am 21. März ausgebrochen, als sich die Bauern im Gebiet der Reichsstadt Rothenburg erhoben. In der Stadt selbst schloß sich ihnen ein Großteil der Bürger an. Bürgern und Bauern ging es hier nicht um Befreiung von Leibeigenschaft wie im Allgäu oder um den Abbau drückender Lasten, vielmehr stand die Forderung nach größeren politischen Rechten und Freiheiten im Vordergrund. Das zeigte sich besonders deutlich in dem sogenannten »Schlösserartikel«, um den die Franken die »Zwölf Artikel« ergänzten: »Es sollen alle Geistlichen und Weltlichen, Edle und Unedle, hinfür des gemeinen Bürger- und Bauernrechts halten und nicht mehr sein als ein anderer gemeiner Mann«, und es sollten daher alle Schlösser abgebrochen oder verbrannt werden.

Mit solchen Forderungen nach politischer Gleichstellung aller waren die fränkischen Bauern immerhin dem berühmten Beschluß der Fran-

***Luthers Protestschrift gegen die aufständischen Bauern:** »Wider die sturmenden Bawren«, in der er Machtanmaßung und Gewalttätigkeit verurteilt. Titelseite, Wittenberg 1525.*

zösischen Nationalversammlung vom 4. August 1789 über Abschaffung der Adelsprivilegien um zweihundertsechzig Jahre voraus!

Am 26. März erhoben sich auch die Bauern im Odenwald und im Neckartal. Und auch hier brannten bald Burgen, Schlösser und Klöster. Nach einem zeitgenössischen Zeugnis wurden in diesem Gebiet insgesamt hundertzweiundsechzig Adelssitze und sechsundvierzig Klöster niedergebrannt, doch ebenso wie in Schwaben die Bewohner geschont. Nur einmal kam es am Ostersonntag, dem 16. April, zu einer furchtbaren Bluttat. In der württembergischen Stadt Weinsberg hatte der junge Graf Helfenstein die Verteidigung übernommen, der als kompromißloser Vertreter der Adelspartei galt und durch verschiedene Äußerungen, angeblich aber auch durch einen heimtückischen Überfall, die Bauern aufs äußerste gereizt hatte. Als ihnen nun am Ostersonntag die Überrumpelung der Stadt gelang, ließen sie zwar die Frau des Grafen mit dessen zweijährigem Söhnchen laufen, doch brachten sie ihn, dreizehn andere Ritter und einige Knechte um. Das war wohl die einzige brutale Mordtat in ganz Deutschland, trotzdem wurde dieser Einzelfall sogleich verallgemeinert und schadete der bäuerlichen Sache ungemein. Unter dem Eindruck von Weinsberg und den Ereignissen in Thüringen, von denen noch die Rede sein wird, verfaßte Martin Luther in höchster Erregung seine Schrift »Wider die räuberischen und mörderischen Rotten der Bauern«, in der er von der Obrigkeit rasches Einschreiten forderte.

Götz von Berlichingen und Florian Geyer

Anfang Mai spitzten sich die Ereignisse in Franken zu, und die ersten größeren Bauernscharen zogen nach Würzburg, wo sich die Bürger mit ihnen verbrüderten. Mit den Bürgern des Taubertales kam als einer ihrer Anführer der Ritter Gottfried von Berlichingen, der sich ihnen halb unter Druck angeschlossen hatte. Er und der Ritter Florian Geyer, einer der wenigen Adeligen, die sich kompromißlos auf die Seite der Bauern stellten, rieten zur Mäßigung und zu Verhandlungen, aber ein Teil der Bauern wagte am 15. Mai leichtsinnig den Sturm auf die von bischöflichen Truppen verteidigte Burg Marienberg. Während die Verteidiger dabei nur drei Mann verloren, kostete der ebenso unnötige wie erfolglose Angriff mehreren hundert Bauern das Leben.

»Bauernparlament« von Heilbronn – Zukunftweisende Überlegungen

In diesen Tagen, in denen überall die Gewalt triumphierte, fanden sich die wohl fähigsten Vertreter der verschiedenen Gruppen in Heilbronn zusammen und gründeten dort ein sogenanntes »Bauernparlament«. Über den dramatischen und spektakulären Ereignissen in Franken geriet die Arbeit dieser Männer etwas in Vergessenheit, und doch entstand hier die wohl politisch bedeutendste Leistung des ganzen Bauernkrieges, nämlich der Entwurf einer Reichsverfassung, in der auch die Forderungen der »Zwölf Artikel« verankert waren. Er ging vor allem auf den Mainzer Rentamtmann Friedrich Weigant und den »Kanzler« des Bauernheeres Wendel Hipler, einem ungemein fähigen Verwaltungsbeamten in kurpfälzischen Diensten, zurück. Ziel dieses politisch ebenso kühnen wie weit vorausblickenden Dokuments war die Rechts- und Wirtschaftseinheit des Reiches. Die Territorialgewalten sollten zugunsten eines starken, zentralen Kaisertums zurückgedrängt und jede kirchliche Einmischung in staatliche Verhältnisse möglichst unterbunden werden. Das Gerichtswesen sollte neu geordnet, den Armen sollte geholfen, der Zinssatz auf vier Prozent beschränkt, freier Handel im ganzen Reich gewährleistet, ein einheitliches Maß- und Gewichtssystem geschaffen werden. Mit diesem Entwurf waren die Bauern ihrer Zeit tatsächlich um Jahrhunderte voraus. Erst in die Reichsverfassung von 1848 und von 1871 wurden einige dieser Ideen und Forderungen wieder aufgenommen. Es ist die große Tragik des Bauernkriegs, daß dieser Versuch von vornherein zum Scheitern verurteilt war, nicht zuletzt auch deshalb, weil weder Bürger noch Adel auf die Ideen eingingen.

Das Ende des fränkischen Aufstandes: Blutbad und Massenhinrichtungen

Man darf allerdings auch sagen, daß die Ereignisse ihn einfach überrollten; denn während die Männer in Heilbronn noch berieten, schlug der Truchseß von Waldburg mit den Truppen des Bundes erneut zu und vernichtete am 12. Mai bei Böblingen ein Bauernheer, noch ehe dieses sich richtig zum Kampf formiert hatte. Dabei wurden an die achttausend Bauern getötet. Wie schon an Ostern in Oberschwaben,

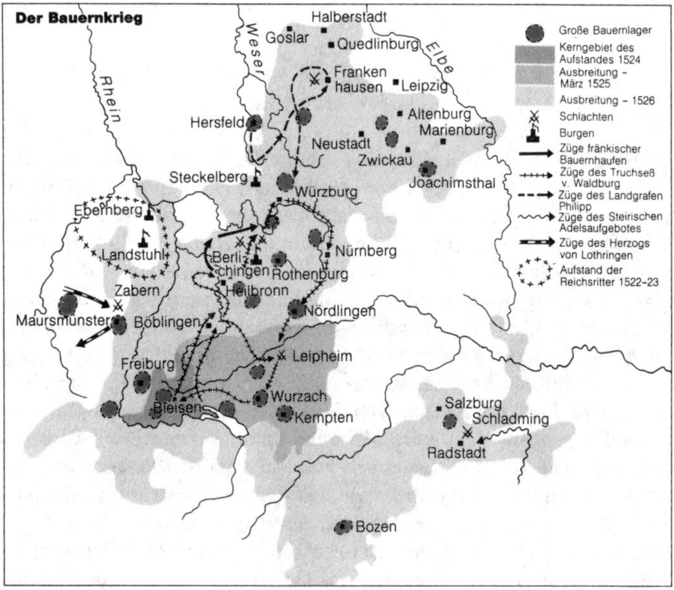

Grausamkeit auf beiden Seiten: *Überfallene Bauern im Kampf auf Leben und Tod mit Landsknechten.*
Holzschnitt von Hans Beham, um 1525 (Ausschnitt).

handelte der Truchseß, dem die Zeitgenossen den Beinamen »Bauernjörgel« (Jörg = Georg) gaben, ungemein rasch. Von Böblingen aus rückte er mit seinen Landsknechten, die ja meist auch nichts anderes waren als angeworbene Bauernsöhne (siehe Seite 97), nach Weinsberg vor und brannte die an sich unschuldige Stadt als Quittung für die blutigen Osterereignisse nieder. Sein Ziel war Würzburg, wo ja eine Entscheidung herbeigeführt werden mußte. Tatsächlich genügte schon die Kunde von seinem Herannahen, um die Belagerer der Burg zu spalten; denn die Neckartaler Bauern zogen sich nun zurück, um die eigene Heimat zu verteidigen.
Der Truchseß erkämpfte sich bei Königshofen den Übergang über die Tauber. Am Pfingstsonntag, dem 4. Juni, stellten sich ihm noch einmal fünftausend Bauern auf der Hochfläche bei Giebelstadt westlich von Würzburg, doch allein der Anblick des kampferprobten Heeres reichte schon aus, sie in kopflose Flucht zu schlagen und fast alle wurden sie niedergemetzelt. Nur etwa zweihundert verteidigten sich im Schloß zu Giebelstadt und kämpften dort verzweifelt bis zum letzten Mann.

Schon am Dienstag nach Pfingsten ergaben sich dann die Bauern im Würzburger Lager.
Wie in Schwaben, so hatte auch in Franken der Aufstand gerade sechs Wochen gedauert. Der Rest war nur noch Gemetzel. An die zehntausend Bauern sollen hingerichtet worden sein. Allein der Henker des Truchseß schlug zwölfhundert Männern die Köpfe ab. Der Würzburger Bischof hielt eine regelrechte Henkersreise durch sein Hochstift, strafte überall brutal und kassierte so nebenbei von der Stadt Würzburg wegen ihrer Unterstützung der Bauern noch die horrende Summe von 270000 Gulden als Entschädigung. Es spricht für den Bamberger Bischof, daß er im Gegensatz zu seinem Würzburger Amtskollegen in seinem Gebiet die Strafexpedition des Bauernjörg zu verhindern oder zumindest abzumindern suchte.

Unruheherd Thüringen

Den dritten großen Unruheherd des Krieges bildete Thüringen, wo die Beweggründe der Bauern wieder anders gelagert waren. »Wollten die Oberschwaben nur die Lasten erleichtern, die auf den Bauern lagen, wollten die Franken zugleich das Reich reformieren, dem Bauernstand eine politische Stellung erringen und sein Los mit dem des Kaisers verknüpfen, so wollten die Thüringer schlechthin die ›kommunistische‹ Revolution durchführen« (G. Franz). Diese Revolution stand und fiel allerdings mit einem Mann, dem lutherischen Prediger Thomas Müntzer (auch Münzer).
Zwiespältig war Müntzer in seinem ganzen Wesen, und zwiespältig bleibt auch seine Beurteilung durch die Nachwelt. Während die einen in ihm einen religiösen und politischen Schwärmer, bestenfalls einen seltsamen Idealisten sehen wollen, ist er für andere – vor allem auch in der Sicht marxistischer Geschichtsschreibung – einer der bedeutendsten sozialen Revolutionäre Deutschlands. Zentrum seines Wirkens war die thüringische Stadt Mühlhausen. Man hat untersucht, warum er gerade dort so viele Parteigänger fand, und glaubt die Ursache in der wirtschaftlichen Lage der Einwohner zu erkennen, von denen die meisten schlechter daran waren als viele süddeutsche Bauern. Schon 1523 hatte hier ein gewisser Heinrich Pfeiffer, ein ehemaliger Mönch und späterer lutherischer Geistlicher, revolutionäre Ideen verbreitet, doch trat er freiwillig hinter dem wortgewandten Müntzer zurück. Der aber forderte nicht weniger als den »Gottesstaat auf Erden«, in dem vom Fürsten bis zum Bettler alle Menschen gleich sein sollten. Seit dem Februar 1525 versuchte Müntzer in Mühlhausen seine Forderungen zu

verwirklichen und setzte sie im März auch teilweise in der Gemeinde durch. Von hier aus griffen die allgemeinen Unruhen in den folgenden Wochen auf die meisten Städte und Landgemeinden Thüringens über, aber Müntzers Einfluß blieb überwiegend auf Mühlhausen beschränkt. Er war zwar ein wortgewandter Redner, nicht aber der große Volksführer, als der er sich selbst fühlte. Vielmehr war er im Grunde seines Wesens eher ängstlich und zögernd und berauschte sich im sicheren Mühlhausen an seinen eigenen Worten.

Der Aufruhr in Thüringen war kein gewaltiges Feuer wie im Süden des Reiches, eher ein Glimmen und Aufflackern zahlreicher kleinerer Brände an verschiedenen Orten. Das hing nicht zuletzt damit zusammen, daß hier keine Leibeigenschaft bestand und auch die Abgaben an die Herrschaft eine untergeordnete Rolle spielten. So bildeten die Forderungen der »Zwölf Artikel« kein einheitliches Programm, auf das alle eingeschworen waren, vielmehr versuchten die verschiedenen Gruppen und die einzelnen Orte jeweils auch ihre lokal bedingten Sonderinteressen durchzusetzen und waren es oft schon zufrieden, wenn sie dabei Teilerfolge verzeichnen konnten. Ein Musterbeispiel für solche Haltung ist der Aufstand in Langensalza, wo die Bürger am 25. April gegen den Rat rebellierten und ihre Forderungen in zwölf sehr gemäßigten Punkten zusammenfaßten. Angetrieben durch den energischen Pfeiffer, zog ihnen daraufhin Müntzer mit etwa fünfhundert Mann aus Mühlhausen zu Hilfe. Aber als die Bürger von Langensalza vom Rat einen Teil ihrer Forderungen erfüllt bekamen, wollten sie plötzlich nichts mehr von ihren radikaleren Brüdern wissen, verschlossen die Tore und suchten sie mit ein paar Faß Bier abzuspeisen.

Das Gemetzel von Frankenhausen

In sich zerrissen und uneinig war hier aber auch der Adel. Während ein Teil sich den Aufständischen anschloß, suchte ein anderer den Unruhen Widerstand entgegenzusetzen. Schließlich verlagerte sich das Schwergewicht der Unruhen nach Frankenhausen am Kyffhäuser. Hier hatten sich Bauern und Bürger zusammengeschlossen und ihre Forderungen in nur vier gewichtigen Punkten niedergelegt. Zwei waren den »Zwölf Artikeln« entnommen: ungehinderte Predigt des göttlichen Wortes und freie Nutzung von Holz, Wasser, Weide und Jagd. Weiter sollten die Fürsten ihre Schlösser zerstören und ihre hohen Titel ablegen, dafür sollten ihnen als Entschädigung sogar die geistlichen Besitzungen in ihrem Herrschaftsbereich zufallen, was bestimmt nicht wenig gewesen wäre.

Die Zahl der Aufständischen wuchs rasch auf sechstausend. Zu ihnen gesellte sich am 6. Mai Müntzer, dem diesmal aber nur noch dreihundert Anhänger aus Mühlhausen gefolgt waren. Er übernahm sogleich die Führung, doch blieb ihm nicht mehr viel Zeit für Vorbereitungen; denn schon nahten im massiven Aufgebot seine Gegner mit ihren kampferprobten Landsknechten. Im Gegensatz zum Süden, wo sich im »Schwäbischen Bund« Städte und Fürsten vereint hatten, war hier die Niederwerfung allein Sache der Fürsten, des Landgrafen Philipp von Hessen und seines Schwiegervaters Herzog Georg von Sachsen. Auch Kurfürst Johann von Sachsen und der Herzog von Braunschweig rückten zur Unterstützung herbei.
Am 14. Mai erreichten die Truppen Frankenhausen, wo sich die Bauern einen Tag später nördlich der Stadt in einer Wagenburg verschanzten. In naivem und doch unerschütterlichen Glauben an die Gerechtigkeit ihrer Sache suchten sie noch einmal zu verhandeln, doch gingen die Gegner nicht darauf ein. Müntzer beging den schwerwiegenden Fehler, daß er ihnen versprach, sie würden im Kampf unverwundbar sein. Um so größer war die allgemeine Panik, als die ersten Kugeln in die Wagenburg einschlugen und ihre Opfer forderten. Bald flüchteten die Bauern nach allen Seiten, und auch hier endete der Kampf mit einem furchtbaren Gemetzel, in dem fünftausend Aufständische umkamen. Müntzer wurde gefangengenommen, gefoltert und dann zusammen mit Pfeiffer und zweiundfünfzig weiteren Gefährten hingerichtet. Drei Wochen nur, kürzer als in Süddeutschland, hatte der Aufstand gedauert, dem das gleiche brutale Strafgericht wie in Franken folgte.

Der Anfang des absolutistischen Territorialstaates

Neben den drei großen Zentren in Schwaben, Franken und Thüringen blieben die Unruhen in anderen Teilen des Reiches vergleichsweise unbedeutend. Ein Blick auf die Karte des Bauernkrieges zeigt, daß in der zweiten Aprilhälfte auch linksrheinische Gebiete erfaßt worden waren. Im Vogtland begannen die Unruhen nach dem 30. April und dauerten bis Anfang Juni. Um diese Zeit kam es auch in Tirol, Salzburg und einigen Gebieten der Steiermark zu Aufständen. Im Salzburgischen konnten sich die Bauern sogar bis zum Frühjahr 1526 halten, doch hatte dort ihre Empörung mehr lokalen Charakter. Es wird sich letztlich nie ganz klären lassen, warum die Bauern scheiterten. An ihrer Anzahl, an ihrer Ausrüstung und an der Kampfbereitschaft lag es gewiß nicht, eher schon an der mangelnden politischen und militärischen Führung. Wenn einige Historiker allein Müntzer herausstellen, so bleiben selbst für ihn erhebliche Zweifel, war er doch viel zu wenig realistischer Politiker und schon gar kein militärischer Führer. Auch fehlte das einheitliche politische Ziel. Die Wirkung der »Zwölf Artikel« kann nicht hoch genug angesetzt werden, aber sie verpuffte doch in der ideellen und räumlichen Zersplitterung der Gruppierungen.

Die Verfolgungen der Bauern zogen sich dann um so länger hin. Da fielen Köpfe, wurden Augen ausgestochen, Hände abgehackt. Dazu mußten die Überlebenden Strafgelder zahlen. Die Summe von durchschnittlich sechs bis acht Gulden je Herdstelle scheint nicht hoch, entsprach aber dem doppelten Monatslohn eines Handwerkers und traf die Armen hart. An die hunderttausend Bauern hatten vorwiegend in den Kämpfen den Tod gefunden. Dörfer waren zerstört, Felder lagen brach. Die wirtschaftliche Lage verschlechterte sich jedoch nicht wesentlich, da die Überlebenden mit zähem Aufbauwillen arbeiteten. Auch der Adel selbst war ja gar nicht an einer Vernichtung des Bauernstandes interessiert, weil er damit seine eigene Existenz gefährdet hätte. Aber nicht die kleinen Herren waren ja die Sieger dieser blutigen Monate, sondern die Landesfürsten. Sie hatten die Aufstände niedergeworfen, und weder vom niederen Adel noch vom Kaiser war Hilfe gekommen. So konnten sie die Bauern nun voll der landesfürstlichen Gewalt unterordnen. Und G. Franz zieht in seiner grundlegenden historischen Untersuchung des Bauernkrieges deshalb auch die Bilanz: »Erst der Bauernkrieg gab den Fürsten den Weg frei, um den alten Ständestaat zu überwinden und den modernen absolutistischen Territorialstaat aufzurichten.«

Literatur

Arnold, Klaus: Niklashausen 1476, Quellen und Untersuchungen zur sozialreligiösen Bewegung des Hans Beham und zur Agrarstruktur eines spätmittelalterlichen Dorfes, Baden-Baden 1980

Blickle, Peter: Die Revolution von 1525, München 1981

Franz, Günther: Der deutsche Bauernkrieg, Darmstadt 1977

Gräter, Carlheinz: Der Bauernkrieg in Franken, Würzburg 1975

Laube, Adolf/Steinmetz, Max/Vogler, Günther: Illustrierte Geschichte der deutschen frühbürgerlichen Revolution, Berlin 1974 (reichhaltig ausgestattete Darstellung aus marxistischer Sicht)

Waas, Adolf: Die Bauern im Kampf um Gerechtigkeit, München 1964

Wehler, Hans-Ulrich (Hrsg.): Der Deutsche Bauernkrieg. In: Geschichte und Gesellschaft, Sonderheft 1, Göttingen 1975

Wehr, Gerhard: Thomas Müntzer, Reinbek 1972

MAX LEMMENMEIER

Die Reformation in der Schweiz

Organisation und Selbstverwaltung der eidgenössischen Territorien – Soziale und wirtschaftliche Verhältnisse – Söldnerwesen und sein Einfluß auf die Reformation – Glaube und Sozialspannungen – Zwingli – Durchsetzung und Organisation der Reformation in Zürich – Widerstand der Altgläubigen – Reformation in Bern – Verständigung und Kämpfe bei Kappel – Die Westschweiz – Calvins Reformation in Genf.

Am Vorabend der Reformation war die Schweiz ein territorial geschlossener, auf der Verbindung von Städten und Landgemeinden beruhender Staatenbund. Rechtlich stand der Bund der Eidgenossen noch unter der Oberhoheit des Deutschen Kaisers, faktisch hatte er sich aber weitgehend aus dem Reich gelöst und handelte unabhängig.

Die Staatsorganisation der Eidgenossenschaft

Als staatliches Gebilde bestand die Eidgenossenschaft (siehe Band 4) zu Beginn des 16. Jahrhunderts aus drei Kategorien von Territorien: 1. aus den 13 »Orten« – praktisch gleichberechtigte Teilstaaten; 2. aus den »Zugewandten Orten« – an den politischen Entscheidungen nicht beteiligte Bundesglieder; 3. aus den »Gemeinen Herrschaften« – Untertanengebiete, die von den vollberechtigten Teilstaaten gemeinsam verwaltet wurden. Regierungsorgan des Bundes war die »Tagsatzung«, d.h. die regelmäßige Zusammenkunft der Gesandten aus den dreizehn regierungsberechtigten Bundesgliedern. Sie behandelte alle den Bund betreffenden Geschäfte, konnte aber keine für die einzelnen Orte (Teilstaaten) verbindlichen Beschlüsse fassen.
Zu den dreizehn Orten (spätere Kantone des schweizerischen Bundesstaates) gehörten die sechs »Landsgemeindedemokratien« Uri, Schwyz, Unterwalden, Zug, Glarus und Appenzell, in welchen die alljährlich einmal zusammentretende Versammlung der vollberechtigten Bürger (Landsgemeinde) die wichtigsten politischen Fragen entschied, sowie die sieben Städte Zürich, Bern, Luzern, Basel, Freiburg, Solothurn und Schaffhausen, wo der Kleine und Große Rat als Vertretung der Bürgerschaft die oberste Gewalt darstellten.

Wie die regierungsberechtigten Teilstaaten (Orte) waren auch die meisten Zugewandten Orte (Bundesglieder ohne politisches Mitbestimmungsrecht) meist Gemeindebünde oder Städte, so St. Gallen, Biel, Genf, Mühlhausen, das Wallis oder Graubünden, aber es befanden sich darunter auch weltliche und geistliche Reichsfürsten, wie der Fürstabt von St. Gallen, der Fürstbischof von Basel und der Graf von Neuenburg. Zu den Untertanengebieten (Herrschaften), über welche die Gesamtheit der regierungsberechtigten Bundesstaaten (Orte) die Landeshoheit ausübte, gehörten vor allem das Tessin, der Thurgau, das Rheintal und Teile des späteren Kantons Aargau.

Söldner, Soldunternehmen, »Pensionen« – Faktoren der Volkswirtschaft

Vom Beginn des 15. bis Mitte des 16. Jahrhunderts nahm die Bevölkerung der Schweiz von 600000 auf 800000 Einwohner zu. Die wirtschaftliche Existenz der wachsenden Bevölkerung beruhte im wesentlichen auf Landwirtschaft, Handwerk, Textilverlagsindustrie und Solddienst.

Von besonderer Bedeutung im gesamten wirtschaftlichen, sozialen und politischen Leben der Eidgenossenschaft war der Kriegsdienst in fremden Heeren (Reisläuferei). An der Wende zum 16. Jahrhundert verfügte die Schweiz über ein hervorragendes Söldnerpotential, dessen Gewicht auf dem Primat der Infanterietechnik in der damaligen Kriegsführung beruhte.

Der Solddienst, der sich bis zum Abschluß des ersten Soldbündnisses mit Frankreich 1474 auf privater Basis abspielte, wurde im letzten Viertel des 15. Jahrhunderts von der Regierung in die Hand genommen. Die Eidgenossenschaft stellte nun die einheimischen Qualitätssöldner gegen eine Reihe von Gegenleistungen (Geldzahlungen, Handelsprivilegien) den Großmächten zur Verfügung. Die Anwerbung von Söldnern auf eidgenössischem Territorium war also von einer speziellen Bewilligung der Obrigkeit abhängig, und es war den Untertanen auch verboten, in den Dienst einer anderen Macht zu treten. Durch diese Politik geriet die Schweiz einerseits in zunehmende Abhängigkeit von den Großmächten, andererseits konnte sie aber dank ihrer Monopolstellung als Söldnerlieferant auch ein Wort in der Politik der Großmächte mitreden und spielte in der Auseinandersetzung um Italien eine wichtige Rolle.

Die Anwerbung der Krieger erfolgte durch meist der regierungsberechtigten Oberschicht angehörende Soldunternehmer, die von der

DEr loblichen Statt Zürich ordnung vnd erkanntnuß wider das schädlich kriegen vnd reyßlouffen.

Versuche, das Reislaufen und Soldwesen einzudämmen: *Zürcher Mandat vom 25. November 1542 gegen das »schädlich Kriegen und reißlouffen«. Titelseite. Zürich, Staatsarchiv.*

Obrigkeit eine Lizenz erwarben, und dann selbständig den Kriegsdienst führten. Die Soldunternehmer erhielten von kriegführenden Mächten einerseits private Zuwendungen, andererseits für ihre Dienste einen festen Geldbetrag. Da sie für den festen Betrag verpflichtet waren, eine bestimmte Menge kriegstüchtiger Söldner zu stellen, hing es nun von ihrem unternehmerischen Können ab, wie hoch ihre Gewinne ausfielen.

Die gewöhnlichen Krieger, die in den Kompanien der rasch reich werdenden Soldunternehmer Dienst taten, stammten ausnahmslos aus dem städtischen und ländlichen Proletariat, wobei der Zustrom aus den armseligen und kargen Alpenregionen besonders groß war. Der Hauptgrund für den Eintritt in den Solddienst lag in der wirtschaftlichen Not der armen und besitzlosen Bevölkerung. Das obrigkeitlich kanalisierte und monopolisierte Soldunternehmertum und die daraus erwachsenden Zahlungen fremder Mächte (sogenannte »Pensionen«) nahmen eine zentrale Stellung in der schweizerischen Volkswirtschaft ein, denn nur durch sie war es möglich, den permanenten Bevölkerungsdruck abzubauen und die absolut notwendigen Importe von Salz und Getreide zu finanzieren.

Einfluß des Soldwesens auf die Reformation

Das Sold- und Pensionenwesen, welches das gesamte politische und soziale Leben der Schweiz zu Beginn des 16. Jahrhunderts beherrschte, spielte auch eine entscheidende Rolle für Entstehung und Verlauf der Reformation. Als weitere Voraussetzungen für die Reformbestrebungen kamen die Mißstände in der spätmittelalterlichen Kirchenorganisation (Verleihung von Pfründen gegen Geld, Mißbrauch des Ablasses, mangelhafte Bildung der Geistlichen etc.), die Wiederentdeckung der Bibel als Quelle des evangelischen Glaubens und die Kritik der Humanisten am äußerlichen Kirchenbetrieb (Werkfrömmigkeit) hinzu.

Huldrych Zwingli – Begründer der Schweizer Reformation

Zum Begründer der Reformation in der Eidgenossenschaft wurde der in Wildhaus (Kanton St. Gallen) als Sohn einer reichen Bauernfamilie geborene Huldrych (Ulrich) Zwingli (1484–1531). Nach Studien in Wien und Basel übernahm Zwingli 1506 eine Pfarrstelle in Glarus. Als Feldprediger der Glarner beteiligte er sich 1512–1515 an den Kriegszügen in Italien, wo er aus nächster Nähe die Kämpfe der mit Kaiser und Papst verbündeten Eidgenossen um das auch von Frankreich beanspruchte Mailand erlebte. Einen besonders tiefen Eindruck hinterließ bei ihm die vernichtende Niederlage, welche die zahlen- und rüstungsmäßig unterlegenen Schweizer 1515 bei Marignano gegen die Franzosen erlitten. Die Konfrontation mit dem Solddienst auf dem Schlachtfeld und die gleichzeitige Auseinandersetzung mit diesem Phänomen aus der Sicht des humanistischen Pazifismus (Erasmus von Rotterdam), leiteten als entscheidende Faktoren die allgemeinen reformatorischen Bestrebungen Zwinglis ein. Zwingli blieb zeitlebens ein engagierter Kämpfer gegen Solddienst und Pensionenwesen. In den Pensionenherren, die er als »Blutsauger« bezeichnete, sah er auch die schärfsten Gegner des Evangeliums.
Als Gegner der Sold-Allianz, die sich 1516 zwischen den Eidgenossen und Frankreich abzuzeichnen begann, verließ Zwingli seine Glarner Pfarrei. Er wurde Leutpriester in Einsiedeln, wo er sich in einem umfangreichen Studium der Humanisten, der Bibel und der Kirchenväter

ein eigenständiges Bibelverständnis erarbeitete. Überzeugt von der Notwendigkeit der inneren und äußeren Erneuerung der Eidgenossenschaft ließ sich Zwingli 1519 als Leutpriester nach Zürich wählen. Seine Berufung wurde wesentlich durch die breite Opposition gegen den Solddienst, die sich nach den verlorenen Kriegszügen vor allem in den Handwerkszünften und der Landschaft bemerkbar machte, gefördert.

Glaube und Gnade – Heilige Schrift und Gemeinschaft der Gläubigen

Mit der Wahl nach Zürich setzte Zwinglis reformatorisches Wirken ein, wobei er in den ersten drei Jahren der Predigtarbeit sein wichtigstes Gedankengut entwickelte. Im Mittelpunkt der religiösen Überzeugung Zwinglis stand, ähnlich wie bei Luther, die Rechtfertigung im Glauben an die sündenvergebende Gnade Gottes. Die Möglichkeit, sich durch gute Werke die Gnade Gottes zu erarbeiten, fiel damit weg. Quelle des Glaubens war allein die Bibel.

Die Kirche bestand nach Zwingli in der unsichtbaren Gemeinschaft aller Gläubigen, als deren Haupt Christus galt. Der besondere Priesterstand verlor seine Stellung. Da jeder Christ aufgrund der Heiligen Schrift urteilsfähig war, besaß die Gemeinde die volle Kirchengewalt, sie wählte den Pfarrer und beaufsichtigte die Verkündigung des Evangeliums.

Eng verknüpft mit den kirchlichen Reformen verlangte Zwingli die Erneuerung des sittlichen und politischen Lebens. Daß Zürich 1521 auf sein Betreiben als einziger Ort der Eidgenossenschaft das Soldbündnis mit Frankreich ausschlug, war ein erster Schritt in diese Richtung.

Zwinglis neue Ideen fanden vor allem bei den zünftischen Handwerkern, die unter den ökonomischen Folgen der Solddienste litten, großen Anhang. Zu den Gegnern gehörten die Pensionenherren, die eine Einschränkung des Solddienstes befürchten mußten, sowie Teile der Geistlichkeit. Unter den Einwirkungen von Zwinglis Predigt setzten die Handwerker, die im Rat großes Gewicht besaßen, 1523 durch, daß sich der Reformator vor versammeltem Rat und einer bischöflichen Gesandtschaft rechtfertigen durfte (»Erste Zürcher Disputation«). Nach der Disputation beschloß der Rat, daß Meister Huldrych Zwingli mit der Verkündigung des Evangeliums fortfahren solle. Dies bedeutete den Durchbruch der Reformation in Zürich: Die Obrigkeit hielt sich für befugt, in kirchlich-religiösen Dingen zu entscheiden, wozu sie nach geltendem Kirchenrecht nicht ermächtigt war.

Die herausragenden Reformatoren der Schweiz: *Huldrych Zwingli, der von Zürich aus der Reformation zum Durchbruch verhalf, und Johannes Calvin, der Genf reformierte.*

Die Reformation in Zürich

Schritt für Schritt setzte Zwingli in den folgenden zwei Jahren, unterstützt vom Rat, die kirchlichen und sozialen Reformen durch. Noch im selben Jahr gestattete die Obrigkeit den Austritt aus dem Kloster und erlaubte die Priesterehe. Die Grundlagen zu einer evangelisch-theologischen Fakultät wurden gelegt. 1524 folgte die Aufhebung von Fasten, Palmsonntagsprozession und unbiblischen Feiertagen. Die äußeren kultischen Dinge, wie Bilder, Altäre, Kirchengewänder etc., die Zwingli im Unterschied zu Luther ablehnte, weil sie vom wiederentdeckten Kern des Glaubens ablenkten, wurden aus den Kirchen entfernt. Im Dezember hob der Rat Klöster und Stifte auf. Die beiden letzten Bausteine in der neuen Ordnung bildeten die Abschaffung der Messe und ihre Ersetzung durch die evangelische Abendmahlsfeier (Ostern 1525), sowie die Einsetzung des Ehegerichtes.
Ehesachen lagen bis zur Reformation ausschließlich in der Kompetenz des bischöflichen Gerichts. Nun ging die Behandlung von Ehe-

streitigkeiten an die aus Ratsmitgliedern und Geistlichen gebildete Behörde über.
1526 wurde das Ehegericht zum Sittengericht erweitert, dem die Kontrolle des gesamten kirchlichen und sozialen Lebens in der Gemeinde oblag. Vertreter der Kirche und des Staates sollten gemeinsam darüber wachen, daß niemand im zürcherischen Herrschaftsgebiet seinen Aufwand an Speise und Trank, Kleidung, Festen, Bauten und Gefährt über »die unscheinbare, gleichförmige Wohlanständigkeit hinausschraubte«.
Verurteilte die strenge sittliche Ordnung jede Lustbarkeit, jeden Luxus und jeden Müßiggang, so erhielt demgegenüber die Arbeit einen um so größeren Stellenwert im Leben der Menschen. Die neue Kirche senkte ins Volk den Glauben an den Wert ernster wirtschaftlicher Arbeit für das ewige Heil. Die Bewährung im wirtschaftlichen Bereich gab fortan Recht vor Gott und Ansehen vor den Menschen. Das protestantische Arbeitsethos wurde zu einem bestimmenden Faktor für die weitere wirtschaftliche und soziale Entwicklung der Schweiz und Westeuropas.

Kampf gegen die »Täufer« – Kampf gegen Änderung der Sozialordnung

Bis zu diesem Zeitpunkt hatte sich die Reformation in Zürich mit der Unterstützung des Rates ohne größere Schwierigkeiten durchgesetzt. Die ebenfalls aus der Bibel abgeleiteten sozialrevolutionären Forderungen der sogenannten »Täufer« oder »Wiedertäufer« und Bauern führten nun zu schwerwiegenden Auseinandersetzungen. Die Täufer, die mit Bezug auf die Bergpredigt die Kindertaufe ablehnten, traten für eine freie religiöse Gemeinschaft ohne Hierarchie und ohne Standesunterschiede ein. Wie Thomas Müntzer in Deutschland verlangten sie nach 1524 die Beseitigung aller Abgaben (Zinsen, Zehnten) und verweigerten Staatstreue und Kriegsdienst. In konsequenter Weise verneinten die Täufer mit Berufung auf den urchristlichen Kommunismus die Rechtmäßigkeit jeder weltlichen Obrigkeit und forderten die Herstellung absoluter Gütergemeinschaft. Das Ziel der Wiedertäufer war somit nicht nur eine religiöse Reform, sondern die Schaffung einer neuen Eigentums- und Sozialordnung, die nach der Beseitigung der Besitz- und Standesunterschiede, sowie des obrigkeitlichen Herrschaftsapparates auf der Gleichheit aller beruhen sollte.
Mit ihren Postulaten nach Abschaffung der kirchlichen und weltlichen Abgaben und der Überführung des Eigentums in Kollektivbesitz fan-

den die Wiedertäufer vor allem Anhänger unter den von hohen Zinsen und Zehnten betroffenen Bauern und dem ländlichen, bzw. städtischen Proletariat. Umgekehrt stießen die Forderungen nach einer egalitären, herrschaftsfreien Gesellschaft auf den entschiedenen Widerstand der Stadtbürger und besonders der Besitzenden. Es bestand deshalb die Gefahr, daß jene sozialen Gruppen, welche bis jetzt die Reformation gestützt hatten, sich von ihr abwandten und damit sämtliche Reformen rückgängig gemacht würden.
Zwingli, der diese Gefahr erkannte und die Reformation durch die sozialen Postulate der Täufer gefährdet sah, stellte sich nach anfänglichem Entgegenkommen entschlossen auf die Seite der Herrschenden. In Anlehnung an den Römerbrief der Bibel bestätigte er die Rechtmäßigkeit der Zinsen und Zehnten und betonte die Notwendigkeit des Gehorsams gegen die Obrigkeit und ihre Verordnungen. Der zürcherische Rat, der durch die Täufer die gegebene Eigentums- und Sozialordnung gefährdet sah, begann daraufhin, die Täuferbewegung hart zu verfolgen. Der Bestand des Eigentums und der staatlichen Macht sollte unter allen Umständen gewahrt bleiben. Nachdem Bußen und Gefängnisstrafen nichts fruchteten, ließ man viele überzeugte Täufer ertränken.
Trotz obrigkeitlicher Repression breitete sich die Bewegung auch in anderen Gebieten der Schweiz, besonders in den ländlich-bäuerlichen Untertanengebieten der Städte aus und lebte in der Illegalität, zum Teil bis heute, weiter.

Die Bauern fordern Freiheit und Rechte

Die Frage nach der Rechtmäßigkeit obrigkeitlicher Abgaben stand auch in den Bauernunruhen des Jahres 1525 im Vordergrund. Die Reformation lieferte den Bauern, die sich über Jahrhunderte hinweg gegen das zunehmende Eingreifen der Obrigkeit in die gemeindliche Selbstverwaltung und damit gegen die Durchsetzung des modernen Territorialstaates zur Wehr setzten, eine neue, religiöse Begründung. Unter dem Einfluß der großen Bauernaufstände in Süddeutschland gärte es auch in den eidgenössischen Untertanengebieten. Mit Berufung auf das Evangelium verlangten die Bauern die Aufhebung der Leibeigenschaft, die Reduktion der Zehnten und Zinsen, freie Jagd und Fischfang, freie Pfarrwahl und das Recht, eigene Landsgemeinden einzuberufen.
Zwingli, der sich 1523 noch bereit erklärt hatte, über Zinsen und Zehnten zu sprechen, stellte sich nun unter dem Eindruck der bäuerlichen

Bewegung ebenso entschlossen wie Luther auf die Seite der herrschenden Schichten. In seinem Gutachten hob er hervor, daß Christus gebiete, der Obrigkeit gehorsam zu sein, und betonte die Rechtmäßigkeit von Zehnten und Zinsen. Allerdings sollte der Zürcher Rat die Leibeigenen aus ihren Verpflichtungen entlassen. Durch Hinhalten und partielles Nachgeben gelang es der Obrigkeit, Ruhe und Ordnung im Lande wiederherzustellen.

Die staatlichen Machtträger gingen gestärkt aus diesen religiös-sozialen Konflikten hervor. Die Obrigkeit ordnete von nun an – entgegen dem von Zwingli ursprünglich vertretenen Gemeindeprinzip – auch die kirchlichen Dinge bis in alle Einzelheiten. Der Besuch auswärtiger Messen wurde verboten und die Teilnahme am Gottesdienst zur Pflicht gemacht.

Widerstand der altgläubigen alten Orte

Die in Zürich zwischen 1519 und 1525 weitgehend unabhängig von Luther vollzogene Reform von Kirche und Staat bildete Ausgangspunkt und Vorbild für die Reformation in der übrigen Schweiz. Obwohl sich auch in anderen Orten Anfänge einer Glaubensreform abzeichneten, blieb Zürich zunächst der einzige reformierte Gliedstaat der Eidgenossenschaft.

Zu den Hauptgegnern der religiösen Neuerungen wurden 1522/23 die fünf Orte (Teilstaaten) Uri, Schwyz, Unterwalden, Zug und Luzern. In diesen fünf »alten« oder »Inneren« Orten spielte das von Zwingli bekämpfte Sold- und Pensionenwesen eine entscheidende wirtschaftliche Rolle. Außerdem waren die staatskirchlichen Ansprüche in den ländlichen Orten der Innerschweiz bereits weitgehend befriedigt und die Säkularisation des wenigen Klostergutes hätte kaum Gewinne für den Staatshaushalt erbracht.

1524 beschlossen die fünf Orte auf einer Sondertagsatzung (der Zusammenkunft ihrer Gesandten) am alten Glauben festzuhalten und jede Neuerung zu bekämpfen. Durch entsprechende Mehrheitsbeschlüsse der allgemeinen Tagsatzung der 13 eidgenössischen Teilstaaten versuchten sie daraufhin, den neuen Glauben wieder zu beseitigen bzw. auf Zürich einzugrenzen.

Nach der »Badener Disputation« von 1526 erreichten sie mit der Zustimmung von neun Orten (Teilstaaten) eine formelle Verurteilung Zürichs und des neuen Glaubens. Über Zwingli und seine Anhänger wurde der Bann ausgesprochen (»Badener Beschlüsse«).

Dennoch gewann die Reformbewegung schließlich vor allem in den

Stadtstaaten – gestützt auf die Handwerker, die sich einen verstärkten politisch-sozialen und wirtschaftlichen Einfluß erhofften – zunehmend an Gewicht.

Reformation in Bern – Zunehmende Militanz Zwinglis

Als wichtiger Schritt für die Reformationsbewegung in der Schweiz erwies sich der Umschwung im mächtigen Stadtstaat Bern. Nach langem Widerstand mußte die altgläubig gesinnte Oberschicht dem zunehmenden Druck der Handwerker nachgeben. Nach der im Januar 1528 mit der Beteiligung Zwinglis durchgeführten »Berner Disputation« entschied sich die Obrigkeit für die Reformation, die sie nun mit autoritativer Entschlossenheit im ganzen Herrschaftsgebiet durchsetzte. Der Übertritt Berns verlieh der reformierten Partei innerhalb der Eidgenossenschaft das Übergewicht. In rascher Folge setzte sich in den Jahren 1528/29 die Reformation in St. Gallen, Basel, Schaffhausen und Glarus durch. Ähnlich wie die Altgläubigen zuvor versucht hatten, die Reformation in Zürich zu beseitigen, versuchte Zürich nun den neuen Glauben in der ganzen Eidgenossenschaft zu verbreiten. Zu diesem Zwecke dehnte es das 1527 noch in isolierter Position mit Konstanz geschlossene »Christliche Burgrecht« (ein Schutzbündnis) auf Bern, Basel, Mühlhausen, St. Gallen und Schaffhausen aus. Die katholischen fünf Orte, die zuvor schon gemeinsam gehandelt hatten, schlossen daraufhin ein Hilfsbündnis mit Österreich. Beide Bündnisse besaßen in erster Linie defensiven Charakter.

Die Auseinandersetzung zwischen den beiden Parteien verschärfte sich nun zusehends. Zürich und Bern verlangten, daß in den Gemeinen Herrschaften (Untertanenland) der Entscheid über den Glauben jeder Gemeinde zu überlassen sei, während die katholischen Orte darauf beharrten, daß die Mehrheit der regierenden Orte über Glaubenssachen bestimme.

Um die Zulassung der freien Predigt und das Verbot des Pensionenwesens durchzusetzen, plante Zwingli schließlich einen Angriff auf die Inneren Orte. Im Juni 1529 ließ Zürich sein Heer bei Kappel (Grenze Zürich/Zug) aufmarschieren. Im letzten Augenblick kam aber ein für die Reformierten günstiger Verhandlungsfrieden zustande, da Bern, das vor allem Expansionspläne in der Westschweiz hegte, für eine zurückhaltende Politik eintrat. Anstatt sich zu schlagen, aßen die feindlichen Heere auf der Grenze eine gemeinsam angerichtete Milchsuppe (die »Kappeler Milchsuppe« ist deshalb bis heute ein Symbol für Kompromisse in der schweizerischen Politik geblieben).

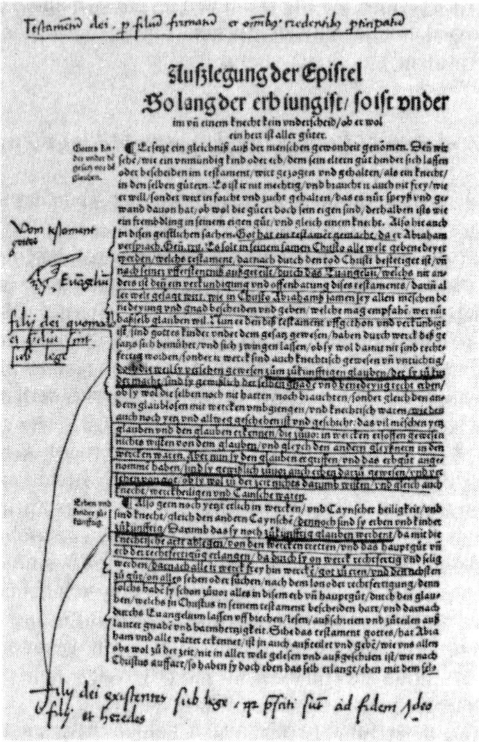

Außlegung der Epistel

So lang der erb iung ist/ so ist vnder im vñ einem knecht kein vnderscheid/ ob er wol ein herr ist aller güter.

Gottes kinder vnder dē gesatz vor dē glauben.

Er setzt ein gleichnis auß der menschen gewonheit genomen. Deñ wir sehe/ wie ein vnmündig kind oder erb/ dem sein eltern gůt hinder sich lassen oder bescheiden im testament/ wirt gezogen vnd gehalten/ als ein knecht/ in den selben gůtern. Es ist er nit mechtig/ vnd braucht er auch nit frey/ wie er will/ sonder wirt in forcht vnd zucht gehalten/ das es nür speyß vnd gewand dauon hat/ ob wol die güter doch sein eigen sind/ derhalben ists wie ein frembdling in seinem eigen gůt/ vnd gleich einem knecht. Also hie auch in disen geistlichen sachen. Got hat ein testamēt gemacht/ da er Abraham versprach/ Gen. xxii. Es solt in seinem samen Christo alle welt gebenedeyet werden/ welche testament/ darnach durch den tod Christi bestetiget ist/ vñ nach seiner vrstendnus außgeteilt/ durch das Euangelium/ welche nit anders ist deñ ein verkundigung vnd offenbarung dises testaments/ darīn aller welt gesagt wirt/ wie in Christo Abrahams samen sey allen meschen benedeyung vnd gnad bescheiden vnd geben/ welche mag empfahē/ wer nür daselb glauben wil. Nun ee den diß testament vffgethon vnd verkündigt ist/ sind gottes kinder vnder dem gesatz gewesen/ haben durch werck deß gesatzs sich bemühet/ vnd sich zwingen lassen/ ob sy wol damit nit sind rechtfertig worden/ sonder ir werck sind auch knechtisch gewesen vñ vntüchtig/ doch die weil sy versehen gewesen zům zůkunfftigen glauben/ der sy zů kinder macht/ sind sy gewißlich der selben gnade vnd benedeyung recht erben/ ob sy wol die selben noch nit hatten/ noch brauchten/ sonder gleich den andern glaublosen mit wercken vmbgiengen/ vnd knechtisch waren/ wie den auch noch yetz vnd allweg geschehen ist vnd geschicht/ das vil meschen yetz glauben vnd den glauben erkennen/ die zuuor in wercken erloffen gewesen nichts wissen von dem glauben/ vnd gleych den andern gleyßnern in den wercken waren. Aber nun sy den glauben ergriffen/ vnd das erbgůt angenommē haben/ sind sy gewißlich zuuor auch erben darzů gewesen/ vnd versehen von got/ ob sy wol zů der zeit nichts darumb wissten/ vnd gleich auch knecht/ werckheiligen vnd Caynsche waren.

Erben vnd kinder zůkünfftig.

Also gern noch yetz etlich in wercken/ vnd Caynscher heiligkeit/ vnd sind knecht/ gleich den andern Caynschē/ dennoch sind sy erben vnd kinder zůkünfftig/ Darumb das sy noch zůkünfftig glauben werdent/ da mit die knechtische art abziehen/ von den wercken tretten/ vnd das hauptgůt vñ erb der rechtfertigūg erlangen/ da durch sy on werck rechtfertig vnd selig werden/ darnach alle ir werck frey hin wercken/ got zů eren/ vnd dem nechsten zů gůt/ on allen sehen oder sůchen/ nach dem lon oder rechtfertigung/ denn solchs habē sy schon zuuor alles in disem erb vñ hauptgůt/ durch den glauben/ welchs in Christus in seinem testament bescheiden hatt/ vnd darnach durchs Euangelium lassen vff brechen/ lesen/ außschreien vnd zůteilen auß lauter gnadē vnd barmhertzigkeit. Sihe das testament gottes/ hat Abraham vnd alle vätter erkennet/ ist in auch außteilet vnd gebē/ wie vns allen obs wol zů der zeit/ nit in aller welt gelesen vnd außgeschrien ist/ wie nach Christus auffart/ so haben sy doch eben das selb erlangt/ eben mit dem selb

Luther und Zwingli: *Seite aus Luthers »Auslegung der Episteln und Evangelien«, erschienen 1522 bei Adam Petri in Basel, mit handschriftlichen Anmerkungen Zwinglis.*

Fortschritte im »Ersten Kappeler Landfrieden« – Niederlage im Zweiten ›Treffen‹ von Kappel

Der »Erste Kappeler Landfriede« überließ die Entscheidung in Glaubenssachen jedem einzelnen Gliedstaat und sah in den Untertanengebieten (Gemeine Herrschaften) den Mehrheitsbeschluß der einzelnen Kirchgemeinden vor. Das Bündnis der fünf Orte mit Österreich wurde aufgelöst. Für Zwingli und Zürich war der Konflikt damit aber nur aufgeschoben. Sie entfalteten in den folgenden zwei Jahren eine fieberhafte innen- und außenpolitische Aktivität, suchten Bündnisse mit

Hessen und anderen deutschen Fürsten, Kontakte zu Venedig und Frankreich und setzten die Reformation in allen ostschweizerischen Untertanengebieten durch. In diesem Zusammenhang traf sich Zwingli 1529 mit Luther zu den Marburger Religionsgesprächen, welche die Überwindung der Gegensätze mit den deutschen Protestanten einleiten sollten. Eine Einigung im wichtigsten Streitpunkt, der Abendmahlsfrage, konnte aber nicht erreicht werden: Zwingli lehnte Luthers Verständnis der unerklärlichen, realen leiblichen Gegenwart Christi im Abendmahl ab und hielt an seinem Verständnis des Abendmahls als eines Gedächtnismahles, das an den Tod Christi erinnerte, fest. Durch die bisherigen Erfolge ermutigt, drängte Zwingli, der 1531 das revolutionäre Konzept einer einheitlich evangelischen Schweiz unter der Führung von Bern und Zürich entwarf, auf einen neuen Waffengang gegen die Altgläubigen. Die mit Zürich verbündeten »Burgrechtsstädte« standen einer Intervention aber zögernd oder ablehnend gegenüber. In der gleichen Zeit wuchs auch der Widerstand im Stadtstaat Zürich gegen Zwinglis ›Theokratisches Regierungssystem‹. Trotz dieser internen Probleme beschlossen die »Burgrechtsstädte« eine Proviantsperre, welche die auf Getreide- und Salzimporte angewiesenen fünf Inneren Orte in die Knie zwingen sollte. Die Altgläubigen rüsteten daraufhin zum Waffengang und marschierten im Oktober 1531 gegen Zürich. In der Schlacht bei Kappel wurden die zahlenmäßig unterlegenen und schlecht geführten Zürcher völlig geschlagen. In vorderster Front mitkämpfend war auch Zwingli unter den Gefallenen.

»Zweiter Kappeler Landfrieden«

Im »Zweiten Kappeler Landfrieden« nutzten die katholischen Orte ihren Sieg nur überaus vorsichtig aus. Sie beließen Zürich und seinen Verbündeten den neuen Glauben, doch mußten sie auch den Glauben der anderen respektieren. In den Untertanengebieten durften die reformierten Gemeinden ihren Glauben behalten. Den katholischen Minderheiten wurde erlaubt, einen eigenen Gottesdienst zu verlangen, während dies den Reformierten verboten wurde. Damit konnte sich der alte Glaube wieder ausdehnen, nicht aber der neue. Das Sonderbündnis des christlichen Burgrechts mußten die Reformierten auflösen. Der »Kappeler Landfriede«, der bis ins 18. Jahrhundert die Grundlage für die Machtverteilung in der Schweiz darstellte, beendete die Ausdehnung der Reformation in der deutschen Schweiz. Jeder offizielle Einfluß der Gesamteidgenossenschaft oder der Mehrheit ihrer Glieder auf den Glauben der einzelnen Orte – wie er in der Phase der

Auseinandersetzung immer wieder versucht wurde – war damit beseitigt. Praktisch galt wie später im Deutschen Reich der Grundsatz: »Cuius regio, eius religio«.

Farels Reformation der Westschweiz – Expansion Berns

Die Reformation in der Westschweiz, die im wesentlichen erst nach dem Abschluß der Glaubenskämpfe in der deutschen Schweiz einsetzte, war eng mit dem politischen Streben Berns verflochten, seine Herrschaft in das von Savoyen beherrschte französischsprachige Waadtland auszudehnen. Die Anfänge der bernischen Eroberung im Westen reichten allerdings in die Zeit vor der Glaubensspaltung zurück. Sie beschränkten sich aber auf wenige Stützpunkte. Die Reformation gab Bern die Mittel in die Hand, seine Expansionspläne zu verwirklichen.
Seit 1529 verbreitete der aus Frankreich vertriebene Protestant Wilhelm Farel mit der entschlossenen Unterstützung Berns die neue Lehre in Neuenburg und den Juratälern. Bereits strebte der kühne Agitator nach der Bischofsstadt Genf, die eben im Begriffe stand, sich von dem seine Selbständigkeit bedrohenden Haus Savoyen loszureißen. 1526 hatte sich im wirtschaftlich aufstrebenden Genf die eidgenossenfreundliche Freiheitspartei gegen die Partei des Herzogs von Savoyen durchgesetzt und ein Burgrecht (Schutzbündnis) mit den eidgenössischen Stadtstaaten Bern und Freiburg geschlossen. Als der savoyische Herzog daraufhin eine Offensive gegen die Stadt eröffnete, unternahm Bern mit seinen Verbündeten einen Feldzug nach Genf. Im Frieden von St. Julien verpflichtete sich der Herzog, Genf in keiner Weise mehr zu belästigen. Wichtiges Ergebnis des Vertrages war vor allem: Bern und Freiburg durften beim geringsten Verstoß gegen diese Verpflichtung das Waadtland besetzen.
Damit waren die Kämpfe jedoch keineswegs abgeschlossen. Als Wilhelm Farel als Werkzeug Berns 1532 seine reformatorische Tätigkeit in Genf aufnahm, stieß er auf den entschiedensten Widerstand der Altgläubigen und mußte die Stadt wieder verlassen. Der Bernische Rat erklärte daraufhin, das Burgrecht nur anzuerkennen, wenn Genf die freie Predigt des Evangeliums gestatte. Damit entschied Bern den Übertritt Genfs zum neuen Glauben. Farel und seine Gefährten kehrten in die Stadt zurück, wo man 1535/36 Bilder und Messe aufhob und die bischöflichen Rechte abschaffte.
Zur gleichen Zeit besetzte Bern unter Berufung auf den Vertrag von St. Julien das Waadtland.

Johannes Calvin – Reformation in Genf

Im gleichen Jahr, da Bern die Waadt einverleibte, erschien im verbündeten Genf der Mann, dessen Lehre von grundlegender Bedeutung für die Organisation und Ausbreitung des Protestantismus werden sollte: Johannes Calvin (1509–1564). Calvin, Sohn eines bischöflichen Beamten aus der Picardie, trat 1533/34 nach umfangreichen theologischen, juristischen und humanistischen Studien zum evangelischen Glauben über. Als in Frankreich verfolgter Ketzer kam er 1534 nach Basel, wo er sein Hauptwerk, die »Institutio christianae religionis« (Lehrbuch der christlichen Religion) schrieb. Darin faßte er die von Luther und Zwingli erarbeitete Glaubenslehre logisch zusammen. Das Werk enthielt bereits alle wesentlichen Elemente des calvinistischen Bekenntnisses: die strenge Konsequenz und Systematik, die Lehre von der Prädestination (Vorbestimmung) und die Beugung auch des gesamten bürgerlichen Lebens unter die kirchliche Disziplin mit der Androhung des Bannes gegen Widerspenstige.

1536 kam Calvin auf der Durchreise zufällig nach Genf und wurde von Farel, dem Genfer Reformator, zum Bleiben bewogen. Der gemeinsame Versuch von Calvin und Farel, der Stadt eine neue Kirchenordnung aufzulegen, scheiterte aber zunächst, und 1538 wurden beide in die Verbannung geschickt. Nachdem in den innerstädtischen Parteikämpfen aber die Strenggläubigen siegten, kehrte Calvin 1541 nach Genf zurück. Noch im selben Jahr hieß die Bürgerversammlung die »ordonnances ecclésiastiques« gut. Diese neue Kirchenverfassung ergab sich aus Calvins Prädestinationslehre. Danach durfte auf Gnade hoffen, wer durch strengste Pflichterfüllung – der Allmacht Gottes dienend und seiner Bestimmung gerecht werdend – sein Leben zu heiligen vermochte. Grundlage der Kirche bildete demnach die Sittenzucht, welche durch das dem Zürcher Ehegericht verwandte Konsistorium, bestehend aus Geistlichen und Laienältesten, gehandhabt wurde. Predigtbesuch und Teilnahme am Abendmahl waren Pflicht, Unwürdige schloß man vom Abendmahl aus (Exkommunikation). Jeder Luxus und alle weltlichen Vergnügungen wurden verboten.

In den folgenden Jahren bis zu seinem Tode 1564 übte Calvin eine unumschränkte, beinahe theokratische Herrschaft über Genf aus. Innerhalb der Stadtgemeinde führte er einen rücksichtslosen Kampf gegen alle, die sich nicht seiner eisernen Sittenkontrolle unterwerfen wollten. So ließ er einen widerspenstigen Ratsherrn barhäuptig, in bloßem Hemd, mit einer Fackel durch die Stadt marschieren und kniend um Verzeihung bitten. 1553 wurde der spanische Arzt Michel Servet, der die Trinitätslehre leugnete, auf Betreiben Calvins in Genf gefangenge-

***Tagungsort der Gespräche zwischen Luther, Melanchthon, Zwingli** über das Abendmahl: Das Landgrafenschloß über Marburg. Das Religionsgespräch konnte die dogmatischen Unterschiede nicht überbrücken.*

nommen und verbrannt. Als zwei Jahre später ein Aufruhr gegen das Kirchenregiment scheiterte, verurteilte man die Anführer zum Tode. Mit eiserner Härte erzwang Calvin Prinzipien wie Bescheidenheit und Sparsamkeit, Arbeitsdisziplin und Erwerbsstreben, die zu prägenden Elementen des Alltags wurden. Durch seine neuen sozialen Wert- und Verhaltensmuster trug der Calvinismus wesentlich zur Entstehung einer zweckrational gewinnorientierten Wirtschaftsgesinnung bei – ein wichtiger Faktor in der weiteren ökonomischen Entwicklung.
Die Umgestaltung der Kirchenverfassung machte Calvin in vieler Hinsicht zum Erben Zwinglis, dem er auch in der Abendmahlsfrage wesentlich näher stand als Luther. Nachdem Bullinger, der Nachfolger Zwinglis, und Calvin 1549 einen Vergleich in dieser Frage geschlossen hatten, fiel die Scheidewand zwischen Zwinglianismus und Calvinismus weitgehend weg. In internationalen Dimensionen gesehen, gehörten die Schweizer Kirchen zum calvinistisch-reformierten Protestantismus, der sich neben dem Katholizismus vor allem auch gegenüber der lutherischen Kirche Deutschlands abgrenzte.

Als besonders bedeutsam erwies sich die von Calvin 1559 in Genf gegründete Akademie. Als Pflanzschule des kämpferischen Protestantismus gewann sie internationale Bedeutung. Von Genf ausgehend konnte der Calvinismus in Frankreich, Schottland, den Niederlanden, aber auch in Deutschland, Ungarn, Polen und später in Nordamerika Fuß fassen.

Literatur

Bickel, Wilhelm: Bevölkerungsgeschichte und Bevölkerungspolitik der Schweiz seit dem Ausgang des Mittelalters, Zürich 1949

Bohatec, Josef: Calvins Lehre von Staat und Kirche mit besonderer Berücksichtigung des Organismusgedankens, Breslau 1937

Bonjour, Edgar: Die Bauernbewegungen des Jahres 1525 im Staate Bern, Bern 1923

Farner, Oskar: Huldrych Zwingli, seine Entwicklung zum Reformator 1506–1520, Zürich 1946

Farner, Oskar: Huldrych Zwingli, reformatorische Erneuerung von Kirche und Volk in Zürich und in der Eidgenossenschaft 1525–1531, aus dem Nachlaß hrsg. v. Rudolf Pfister, Zürich 1960

Fueter, Eduard: Geschichte des europäischen Staatensystems von 1492–1559, München und Berlin 1919

Gerber, Ulrich: Die Reformation und ihr Originalgewächs: die Täufer, das Schweizer Täufertum. In: Archiv des Historischen Vereins des Kantons Bern, Bd. 64/65, S. 128–269, 1980/81

Gerig, Georg: Reisläufer und Pensionenherren in Zürich 1519–1532. In: Schweizer Studien zur Geschichtswissenschaft, N.F. 12, Zürich 1947

Grimm, Robert: Geschichte der Schweiz in ihren Klassenkämpfen, Bern 1920 (Neudruck Zürich 1976)

Haas, Martin: Huldrych Zwingli und seine Zeit. Leben und Werk des Zürcher Reformators, hrsg. v. Kirchenrat des Kantons Zürich zum Anlaß 450 Jahre Zürcher Reformation, Zürich 1969

Handbuch der Schweizer Geschichte, hrsg. v. H. Elbling u. a., Bd. I, Zürich 1972

Hüssy, Hans: Das Finanzwesen der Stadt Zürich im Zeitalter der Reformation, Teildruck Affoltern a. A. 1946

Nabholz, Hans: Zur Frage nach den Ursachen des Bauernkrieges. In: Ausgewählte Aufsätze zur Wirtschaftsgeschichte, Zürich 1954

Peyer, Hans Conrad: Verfassungsgeschichte der alten Schweiz, Zürich 1978

KARL KUNZE

Schwärmer und Täufer

Schwärmer, Schwarmgeister, Bilderstürmer, Wiedertäufer und Sektierer: der »linke Flügel« der Reformation oder die »radikale Reformation« – Die Wittenberger Unruhen und die »Zwickauer Propheten« – Die Täuferbewegung in Zürich und ihre Ausbreitung – Das Täuferreich zu Münster.

Die Kirche des Mittelalters kannte nur die eine, ›rechte‹ Lehre; jede Abweichung davon war Ketzerei und wurde mit dem Tode auf dem Scheiterhaufen bestraft. So geschah es dem tschechischen Reformator Johannes Hus (siehe Band 5) wie dem Florentiner Bußprediger Girolamo Savonarola. Luther hätte nun unter Berufung auf die Heilige Schrift und insbesondere das Evangelium diese Lehrautorität der Kirche und des Papstes bestritten und eine Reihe ihrer Dogmen als unbiblisch abgelehnt. Seine Lehre vom allgemeinen Priestertum und die Betonung der Freiheit eines Christenmenschen fand weithin begeisterte Zustimmung und ermutigte zugleich andere, ihre eigene religiöse Überzeugung öffentlich zu vertreten. So wurden aus manchen Anhängern Luthers Kritiker und sogar Gegner.

Das gleiche Bild bot sich auch in Zürich, wo Zwingli wirkte. Die Kritiker stimmten mit dem Reformator zwar in der Ablehnung der alten Kirche überein, waren aber mit dem Verlauf der reformatorischen Erneuerung unzufrieden. So interpretierten sie gewisse Bibelstellen anders und forderten eine Reformation nach dem Vorbild der urchristlichen Gemeinde. Ihre Kirche sollte eine Gemeinschaft der Heiligen, und die Erwachsenentaufe das äußere Zeichen der Zugehörigkeit sein. Andere Gruppen wieder achteten die Bibel und alle Theologie gering und beriefen sich auf eine unmittelbare Offenbarung in Visionen, Träumen oder Gesprächen mit Gott.

Der ›linke Flügel‹ der Reformation

Luther bezeichnete alle, die nicht mit seinem Verständnis der Bibel und seiner Lehre übereinstimmten, als »Schwärmer« oder »Schwarm-

geister«. Er sah in ihnen Kräfte, die das reine Evangelium verfälschten und lehnte sie und ihre Lehren leidenschaftlich in Predigt und Schriften ab. Aber auch die Obrigkeiten verfolgten sie, wo sie ihrer habhaft werden konnten. So ist der Weg der Schwärmer und Täufer durch Vertreibung, Folter, Kerker und Scheiterhaufen gekennzeichnet.
Die Darstellung dieser »nebenkirchlichen Strömungen« durch protestantische wie katholische Kirchenhistoriker war lange Zeit sehr negativ. Erst in der jüngsten Vergangenheit hat man diesen »Stiefkindern der Reformation« Gerechtigkeit zuteil werden lassen und ihre Anliegen kritisch gewürdigt. Schwärmer und Täufer hatten ebenso wie Luther und Zwingli für sich in Anspruch genommen, ihre religiöse Überzeugung in Wort und in Lebensführung so zu vertreten, wie sie die christliche Botschaft verstanden. Die vielfältigen Gruppen stellten an ihre Mitglieder meist sehr hohe ethische Anforderungen, und die Zeit der frühen Christenheit und der Märtyrer war für viele Vorbild. Aber: Sie wollten weder mit einer kirchlichen noch mit der staatlichen Obrigkeit Kompromisse in Fragen des Glaubens und der Lebensführung eingehen. Dieser ethische Radikalismus hat Historiker dazu bewogen, diese Gemeinschaften unter der Bezeichnung »linker Flügel der Reformation« oder »radikale Reformation« zusammenzufassen.

Die Wittenberger ohne Luther

Auf dem Reichstag zu Worms 1521 war über den gebannten Luther die Reichsacht verhängt worden. Sein Landesherr, Kurfürst Friedrich der Weise von Sachsen, ließ ihn heimlich auf die Wartburg bringen, um ihm Schutz und Sicherheit zu gewähren. Damit war aber der reformatorischen Bewegung gerade in dem Zeitpunkt der Führer genommen, zu dem sie ihn am dringendsten gebraucht hätte. Zwar hatte Luther in seinen reformatorischen Schriften die Grundzüge seiner Lehre von Rechtfertigung und Gnade und von den Sakramenten dargestellt, aber die praktische Durchführung von Reformen stand noch aus.
Der Reformator, eben noch im Blickpunkt der Nation, war nun als Junker Jörg in die Abgeschiedenheit einer Burgstube verbannt. Die Anhänger Luthers ließen sich allerdings weder durch das »Wormser Edikt« (siehe Seite 57), das auch ihnen die Acht androhte, noch durch das plötzliche Verschwinden des Reformators einschüchtern. Sie wollten aus Luthers Worten und Schriften über die Rechtfertigung des Sünders vor Gott, über den Mißbrauch von Messe und Ablaß, über Mönchsgelübde und Zölibat, praktische Konsequenzen ziehen. Der Wittenberger Konventsprediger der Augustiner Gabriel Zwilling, den

seine Zeitgenossen als »zweiten Martinus« bezeichneten, war ihr wortgewaltiger Sprecher. Er legte die Mönchskutte ab und predigte im Studentenrock gegen Mönchtum und Ehelosigkeit der Priester sowie gegen die Wirksamkeit aller sogenannten »guten Werke«, wie Messen, Beten, Fasten, Almosengeben usw. Viele Mönche und Nonnen folgten seinem Beispiel und verließen ihre Klöster. Sie ergriffen meist bürgerliche Berufe und heirateten. Geistliche, die am alten Kult festhielten, wurden verhöhnt, von den Altären vertrieben oder mit Kot und Steinen beworfen.
Auch die meist sehr prunkvolle Ausstattung der Kirchen erregte das Mißfallen Zwillings und seiner Anhänger. Sie drangen in die Kirchen ein und zerschlugen Altäre, Heiligenstatuen, Monstranzen und Marienbilder.
Während der fast einjährigen Abwesenheit Luthers rückte auch sein enger Mitstreiter Dr. Andreas Bodenstein (1480–1541), der nach seinem Geburtsort in Mainfranken Karlstadt genannt wurde, immer mehr in den Vordergrund. Er hatte mit Luther an der Leipziger Disputation gegen Eck teilgenommen und wollte nun Luthers Werk in Wittenberg weiterführen. Ihm ging es hauptsächlich um die Abschaffung der Messe und um die Neugestaltung des Gottesdienstes. Am Weihnachtsfest des Jahres 1521 feierte er mit etwa 2000 Gläubigen eine »deutsche Messe«, d.h. er trug weltliche Kleidung, sprach die Einsetzungsworte deutsch und spendete die Kommunion in beiderlei Gestalt, indem er die Hostie und den Kelch den Kommunikanten in die Hand gab. Dies war der erste öffentliche evangelische Abendmahlsgottesdienst in deutscher Sprache.

Die »Zwickauer Propheten« und der Wittenberger Kirchensturm

Gegen Ende des Jahres 1521 tauchten in Wittenberg die ersten »Zwikkauer Propheten« auf. Der Tuchmacher Nikolaus Storch und der Literat Marcus Stübner – beide Anhänger von Thomas Müntzer – waren die Sprecher. Sie behaupteten, unmittelbar von Gott erleuchtet zu sein und prophezeiten den nahen Weltuntergang und die Errichtung des Gottesreiches auf Erden. Sie behaupteten weiter, ein Christ brauche weder Bibel noch Unterweisung, denn der Buchstabe töte, nur der Geist mache lebendig. So lehnten sie den geistlichen Stand und alle kirchlichen Zeremonien ab. Sie verwarfen die Kindertaufe, weil Christus auch erst als Erwachsener getauft worden war.
Ihr Auftreten muß sehr beeindruckend gewesen sein, denn Karlstadt

Spottbilder auf die Reformation und die Kirchen- und Bilderstürmer. *Holzschnitt aus Thomas Murners satirischer Streitschrift »Von dem großen Lutherischen Narren«, Straßburg 1522.*

schloß sich ihnen an, und Melanchthon schrieb an Luther: »Wunderbares ist es, was sie von sich behaupten; nämlich daß sie durch den offenkundigen Ruf Gottes gesandt sind, um zu lehren; daß sie vertrauliche Gespräche mit Gott haben; daß sie das Zukünftige sehen, kurzum, daß sie prophetische und apostolische Männer sind.« Diese Bewegung hatte bald Folgen.

Die leidenschaftliche und schwärmerische Predigt dieser Propheten riß die aufgeputschte Menge zu neuen Gewalttaten hin. Heiligenfiguren und Kruzifixe wurden zerschlagen, Altäre wurden zerstört. Der Rat der Stadt wußte nicht, wie er dem Treiben Einhalt gebieten sollte und wandte sich an Luther. Der gebannte Reformator ritt eilends von der Wartburg nach Wittenberg – ohne Rücksicht auf seine persönliche Sicherheit. Er hielt an acht aufeinanderfolgenden Tagen seine berühmten »Invocavit-Predigten« und stellte damit die Ruhe in der Stadt wieder her. Karlstadt zog sich grollend zurück; die Propheten verließen die Stadt. Damit waren die Schwarmgeister in Wittenberg gebannt.

Die Täuferbewegung von Zürich

Das Zentrum der Täuferbewegung war Zürich. Dort hatte der Rat im Jahre 1523 die Reformation nach den Vorstellungen Zwinglis durchgeführt. Einige Freunde des Reformators, besonders der junge Patrizier Konrad Grebel und der Gelehrte Felix Manz wandten sich gegen die Mitbestimmung der weltlichen Obrigkeit in Glaubensfragen. Ihrer Auffassung nach sollte die Kirche eine freiwillige Gemeinschaft der Gläubigen sein. Daher erschien es ihnen auch sinnvoll, nur Erwachsene, die sich zu Christus bekannten, zu taufen. Von ihren Gegnern wurden sie »Wiedertäufer« genannt. Sie selbst lehnten diese Bezeichnung ab, denn die Kindertaufe war für sie keine Taufe im Sinne der Schrift. Sie bezeichneten sich schlicht als »Brüder und Schwestern«. Ihre Ideale waren die urchristliche Gemeinde, die Nachfolge Christi, praktische Nächstenliebe und Ablehnung jeglicher Waffengewalt. Mit Zwingli führten sie eine Reihe von Disputationen, ohne daß es zu einer Einigung kam.
Der Rat der Stadt wies daraufhin die Befürworter der »Glaubenstaufe« außer Landes. Dies bewirkte, daß die Täufer umherzogen und eine rege Missionstätigkeit entwickelten. In der Schweiz, in Süddeutschland, am Rhein, in Tirol und Österreich gründeten sie an zahlreichen Orten Brüdergemeinden. Fast überall aber wurden sie auch als Ketzer und Umstürzler von den Obrigkeiten verfolgt. Als man Felix Manz auf Züricher Gebiet aufgriff, wurde er Anfang des Jahres 1527 als erster Märtyrer der Täuferbewegung in der Limmat ertränkt. Wenige Monate später kam es in Franken zu einer Parallele: Der Rat der Reichsstadt Nürnberg ließ den Eltersdorfer Pfarrer verhaften und als ersten Täufer im Reich zum Tode verurteilen. In der Urteilsbegründung wurden ihm nicht nur die Verbreitung täuferischer Irrlehren, sondern auch »Verbündnisse wider alle Obrigkeit« zur Last gelegt.

Die »Brüderliche Vereinigung« der Täufer

Durch die Verfolgungen drängte man die Täuferbewegung immer mehr in den Untergrund. Im Februar 1527 trafen sich Vertreter der süddeutschen Täufer in Schleitheim bei Schaffhausen und grenzten ihre Lehre in der »Brüderlichen Vereinigung« gegen Schwärmer, Altgläubige und Reformierte ab. Fast alle Beteiligten dieser »Märtyrersynode der Täufer« wurden in den nächsten Jahren Opfer der Verfolgung. Der Verfasser der »Vereinigung«, der ehemalige Prior des Benediktinerklosters St. Peter im Schwarzwald, Michael Sattler, wurde in

Rottenburg am Neckar auf dem Scheiterhaufen verbrannt. In dem Prozeß, der der Exekution vorausging, lastete man ihm neben Irrlehren über Taufe und Abendmahl auch an, daß er jeden Kriegsdienst – selbst gegen die Türken – ablehnte und daß er sagte: »Es steht geschrieben, Du sollst nicht töten. Wir sollen uns des Türken und anderer Verfolger nicht erwehren, sondern in strengem Gebet zu Gott anhalten, daß Er wehre und Widerstand leiste.«
Hier wird deutlich, daß auch der zivile Ungehorsam gegenüber der weltlichen Obrigkeit ein Grund für die grausame Behandlung der Täufer war. Man sah in ihnen eben nicht nur Ketzer und Verbreiter von Irrlehren, sondern Aufrührer gegen die Staatsgewalt. Daher wurde auch auf mehreren Reichstagen die Todesstrafe für Wiedertäufer festgesetzt.

Die »Böhmischen Brüder« und die »Hutterer«

Nur in Mähren fanden die Täufer ein toleranteres Klima. Aus Süddeutschland und besonders aus Tirol zogen viele Täufer dorthin, um der Verfolgung zu entgehen und ein Leben in der Nachfolge Christi zu führen. Dort entwickelten sie unter der Führung Jakob Hutters nach dem Vorbild der frühen Christen und durch die gemeinsame Not und Verfolgung eine besondere Form des Zusammenlebens. Sie verzichteten auf jeden privaten Besitz und betrieben auf sogenannten »Bruderhöfen« Landwirtschaft. Die »Bruderhöfe« umfaßten jeweils eine Anzahl von Familien unter der Leitung eines Predigers. Jeder hatte seinen zugewiesenen Platz in der Gemeinschaft. Unter Verzicht auf alle weltliche Lust lebten sie einfach und streng nach dem Wort der Bibel.
Als Jakob Hutter 1536 den Märtyrertod starb, waren die »Mährischen Brüder« bereits ein gefestigter Bund von Gemeinden, der alle Verfolgungen und Vertreibungen der folgenden Jahrhunderte überdauerte. Noch heute leben in abgelegenen Gegenden der USA und Kanadas einige Tausend Hutterer in Brüdergemeinden in fast den gleichen Lebensformen wie vor 450 Jahren.

Das Täuferreich zu Münster

Der schwäbische Kürschnergeselle Melchior Hofmann, der in Straßburg Anhänger der Täufer geworden war, verbreitete diese Lehre als Wanderprediger in den Niederlanden mit großem Erfolg. Er verkündete die baldige Wiederkunft Christi, den Triumph der hundertvier-

Wiedertäufer in Münster. *›Herrscherporträt‹ des zum Bürgermeister ernannten Bernhard Knipperdolling. Porträt (1536) von Heinrich Aldegrever, von dem auch das Bildnis Bockelsons (rechts) stammt.*

undvierzigtausend Gläubigen (nach der Offenbarung des Johannes) und den Untergang aller Ungläubigen.
Während Hofmann bei einem Besuch in Straßburg eingekerkert wurde, setzte sich Jan Matthys, ein Bäcker aus Haarlem, an die Spitze der Bewegung. Er riß seine Anhänger – meist verarmte Handwerker und Händler – zu einem schwärmerischen Aktivismus hin. Nicht Leiden und Gewaltlosigkeit war sein Prinzip, sondern Kampf gegen die »Gottlosen« und die Vorbereitung des Reiches Christi.
Die Stadt Münster wurde als »Neues Jerusalem« ausersehen. Dort war es nicht nur zu sozialen Spannungen zwischen Bürgern und Kirche gekommen – die Frauenklöster unterboten mit ihren billiger produzierten Webwaren das Angebot der freien Handwerker –, dort hatten gerade auch die Bürger gegen den Widerstand des Bischofs die lutherische Reformation durchgeführt. Der Münsteraner Prediger Bernd Rothmann zeigte sich gegenüber täuferischen Ideen zugänglich, und immer mehr niederländische Täufer wanderten in die Stadt ein. Schließlich übernahmen die Täufer das Stadtregiment und stellten mit

***König der Wiedertäufer:** Johann Beuckels von Leyden, genannt Jan Bockelson, unter dessen Herrschaft Terror, Prunksucht, sozialistische Ideen und Polygamie eine kuriose Verbindung eingingen.*

dem Tuchhändler Bernd Knipperdolling den Bürgermeister. Jan Matthys zog selbst nach Münster und wurde zum eigentlichen Führer. Er schlug die Tötung aller »Ungläubigen« vor; allerdings kam es dann nur zu deren Vertreibung. Er führte die Gütergemeinschaft unter den Bürgern ein und prophezeite für Ostern 1534 das Weltende.

Inzwischen hatte der vertriebene Bischof von Münster die Stadt mit Truppen eingeschlossen, aber die Belagerten verteidigten sich erfolgreich. Als Jan Matthys im Kampf umgekommen war, wurde der Schneider Jan Bockelson von Leiden sein Nachfolger. Unter ihm erreichte die Täuferherrschaft ihren grausig-grotesken Höhepunkt. Er ernannte sich unter Berufung auf göttlichen Auftrag zum König aller Täufer und aller Christen und ließ verkünden: »Der König soll herrschen über alle Kaiser, Könige, Fürsten und Gewaltige in der Welt. Er wird den Thron seines Vaters David einnehmen, bis Gott das Reich von ihm zurücknehmen wird.« Er umgab sich mit einem Hofstaat von 135 Personen und schwelgte in Prunk. Jeder Privatbesitz wurde eingezogen; Privilegien, Urkunden und Schuldscheine wurden vernichtet.

Die Täufer in Münster 1534
Bericht des Heinrich Gresbeck

Nach dem Sturm [der bischöflichen Truppen auf die belagerte Stadt Münster] ist Johann von Leiden eine große Offenbarung gekommen, daß er solle König sein über Neu-Israel und die ganze Welt und solle der nächste nach Gott sein. [...]
Diese Offenbarung verkündete er dem gemeinen Volke. Die Leute in der ganzen Stadt schwiegen dazu. Der eine glaubte an die Offenbarung, der andere nicht. Die obersten Wiedertäufer, die Prädikanten mit Knipperdolling, Tilebeke, Bernd und Heinrich Knechting, machten Johann zum König, und er sprach: »Gott hat mich zum König erwählt über die ganze Welt, aber ich sage euch, liebe Brüder und Schwestern, ich wollte lieber ein Schweinehirte sein, als daß ich König wäre. Aber was ich tue, das muß ich tun, denn Gott hat mich dazu auserkoren. Liebe Brüder und Schwestern, das laßt uns Gott danken!« Da jubelten ihm alle zu und sangen den deutschen Psalm: Allein Gott in der Höh sei Ehr! Darnach ging ein jeder wieder in sein Haus.
Der König aber hat gleich die zwölf Ältesten abgesetzt, dafür ernannte er Knipperdollingk zu seinem Statthalter und Tilebeke zum Hofmeister. Darnach umgab er sich mit einem Hofstaat wie ein Landesherr. Er hatte auch Trabanten, Köche und Schließer. Alle Ämter hatte er besetzt außer dem Scharfrichter. Dieses Amt behielt er mit Knipperdollingk selbst.
Als nun der König merkte, daß die Lebensmittel zu Ende gingen, kam er in große Sorge. Den besten Wein und das beste Bier, das in der Stadt war, ließ er in sein Haus führen, dazu auch Fleisch und Korn genug, so daß er sich mit seinem Hofgesinde wohl ein halbes Jahr erhalten konnte. [...]
Der Hunger kam so stark, daß viele Leute bei Nacht aus der Stadt gingen und ließen sich lieber von den Feinden totschlagen, als daß sie Hungers starben. Der König mit seinem Anhang aber wollte die Stadt nicht aufgeben. Sie sagten, sie wollten eher zu Tode schmachten, ehe sie der Menschen Gnade begehrten.
Die aber in der Stadt geblieben waren, mußten sich jämmerlich behelfen. Sie aßen allerlei Tiere von Land und Wasser, alles das, was Leben hatte. Zuerst aßen sie Pferde, sogar das Haupt, die Füße, Leber und Lunge. Dann kamen Katzen, Hunde, Mäuse, Ratten, Muscheln, Frösche und Gras. Ihr Brot war Moos. Solange sie Salz hatten, war das ihr Fett. Zuletzt aßen sie auch Ochsenhäute. Alte Schuhe weichten sie ein und verzehrten sie. Ein Teil Leute sagten, sie hätten auch Kinder gegessen. Wieviel daran wahr ist, weiß ich nicht [...].
Die Kinder starben vor Hunger, es starben auch die Alten. Das gemeine Volk lief in Scharen aus der Stadt bei Tag und Nacht, ob der König Urlaub gab oder nicht. Wenn der König einen wahrnahm, der davonlaufen wollte, so hieb er ihm den Kopf ab oder ließ ihn an die Linde im Domhof hängen. [...]
Als nun die Stadt gefallen war, sind die Landsknechte in alle Häuser gelaufen und haben die Wiedertäufer gesucht in den Kellern und allerorten. Sie haben auch viele gefunden und an den Haaren aus den Häusern auf die Straße gezogen und totgeschlagen. So zornig waren die Landsknechte, daß sie keine Gnade gaben.

Als nun mein gnädiger Herr von Münster [Bischof Franz von Waldeck] in die Stadt kam und den König sah, fragte er ihn: »Bist du ein König?« Da soll der König gesagt haben: »Bist du ein Bischof?« Darnach ließ mein gnädiger Herr alle Wiedertäufer, die noch in der Stadt waren, auf den Domhof bringen. Die Weiber, die die obersten der Wiedertäuferischen waren, wurden aus dem Haufen genommen und gerichtet. Sie wollten aber nicht von der Wiedertaufe lassen und bei ihrem Glauben bleiben.
Den König, Knipperdollingk und noch etliche mehr ließ er aus der Stadt bringen und hielt sie in einem Schloß gefangen bis zu der Zeit, da sie gerichtet wurden. Der König und Knipperdollingk hatten ein Halsband mit einer eisernen Kette um den Hals. So liefen sie neben den Pferden her, als sie aus der Stadt gebracht wurden. Wo die Königin und ihre Mitfrauen geblieben sind, davon kann ich nichts schreiben.

Aus: Meister Heinrich Gresbecks Bericht von der Wiedertaufe in Münster. Abgedr. in Geschichtsquellen des Bistums Münster. Bd. II. (Der Verfasser war ein einfacher Bürger aus Münster, der sich nur gezwungen der Bewegung angeschlossen hatte und sehr farbig darüber berichtet.)

Schließlich führte er die Polygamie ein. Wegen des starken Frauenüberschusses – von den 11 000 Einwohnern sollen 7–8000 Frauen gewesen sein – sollte ein Mann zwei bis drei Frauen heiraten. Der König selbst nahm 16 Frauen, von denen er später zwei wegen Ungehorsams enthauptete.
Während die Verteidiger Münsters immer mehr Hunger litten, erhielt der Bischof von katholischen und protestantischen Fürsten im Reich Unterstützung. Nach einer fast eineinhalbjährigen Belagerung fiel die Stadt durch Verrat. Die Eroberer richteten unter den Täufern ein furchtbares Blutbad an. Jan von Leiden und Knipperdolling wurden mit glühenden Zangen zu Tode gemartert und ihre Leichen in eisernen Käfigen am Turm der Lambertikirche zur Schau gestellt.

Die Mennoniten

Die Schreckensherrschaft von Münster hatte dem Ruf der Täufer nachhaltig geschadet. Doch dem Prediger Menno Simons gelang es, die niederdeutschen Täufergemeinden neu zu organisieren und zu einem schlichten, praktischen Christentum zurückzuführen. Die nach ihrem Prediger benannten Mennoniten sind heute eine der bedeutenden Freikirchen. Sie lehnen Krieg, Eidesleistung und staatlichen Zwang ab und bekennen sich zur Wehrlosigkeit und bedingungslosen Feindesliebe. Jede Gemeinde ist autonom; gemeinsame Fragen werden auf Konferenzen behandelt. Die Prediger üben meist weltliche Berufe aus. Von den etwa 500 000 Mennoniten insgesamt lebt der größte Teil in den USA.

Literatur

Dülmen, Richard van: Das Täuferreich zu Münster 1534–1535. Bericht und Dokumente, München 1974 (auch dtv Wissenschaftliche Reihe 4150)

Fast, Heinold: Der linke Flügel der Reformation. Glaubenszeugnisse der Täufer, Spiritualisten, Schwärmer und Antirinitarier. In: Klassiker des Protestantismus, hrsg. v. Christel Matthias Schröder. Bd. IV, Bremen 1962 (Sammlung Dieterich, Band 269)

Goertz, Hans-Jürgen (Hrsg.): Umstrittenes Täufertum 1525–1975. Neue Forschungen, Göttingen 1975

GERHARD SCHATT

Städte und Bürgertum im Wandel - Wirtschafts- und Sozialprobleme

Die Stadt im 16. Jahrhundert – Frühkapitalismus und Humanismus – Das Aussehen der Städte – Das Heerwesen verändert die Städte – Die Entdeckung der Welt und ihre Folgen – Soziale Unruhe und Reformation – Städte und Territorien.

Im 15. Jahrhundert hatten die Städte eine stürmische Entwicklung genommen. Sowohl ihre wirtschaftliche wie ihre geistige Basis änderte sich grundlegend. Aus dem alten Patriziat und den dynamischen Unternehmerpersönlichkeiten in Fernhandel und Verlag entstand in jener Zeit das neue Bürgertum, das neue Wirtschaftszweige erschloß und große Handelsimperien errichtete. Fugger und Welser sind nur die bedeutendsten Beispiele aus einer großen Zahl. Unter diesen Bürgern herrschte der Geist des Frühkapitalismus. Er nahm keine Rücksicht auf überkommene oder neu entstehende starre Formen, sondern erschloß immer neue Tätigkeitsgebiete in immer weiteren geographischen Räumen.

Ein neues Bildungs- und Wirtschaftsbürgertum

Das neue Bürgertum wurde aber nicht nur zum Eigentümer großer Vermögen, sondern neben den Fürstenhöfen zum Träger des aus der Renaissance kommenden Humanismus mit seinem neuen Menschenbild, in dessen Mittelpunkt der Mensch nicht mehr allein als Werkzeug und Geschöpf Gottes, sondern als selbstbewußtes Individuum stand. Bildung und Kultur wurden dadurch immer mehr eine Sache der Städte, während das Land allmählich kulturell zurückblieb. Nur die Fürstenhöfe konnten sich auf diesen Gebieten neben den Städten behaupten.

Diese Entwicklung blieb nicht ohne Folgen für die soziale Struktur in den Städten wie für die politische Rolle des Bürgertums. Gegenüber dem neuen Bürgertum fielen die anderen Gesellschaftsschichten in ihrer Bedeutung immer mehr zurück. Das gilt für die Bauern und den

Landadel, die unter der Agrarkrise des 15. Jahrhunderts zu leiden hatten ebenso, wie für die Handwerker und die unteren Gesellschaftsschichten in den Städten, die mit der wirtschaftlichen Entwicklung der großen Bürgerhäuser nicht Schritt halten konnten; entweder, weil ihnen der Unternehmergeist fehlte oder weil sie nicht die materiellen Mittel hatten, um die neuen Möglichkeiten nützen zu können. So wurde der Abstand zwischen Armen und Reichen, Gebildeten und Ungebildeten immer größer. Das war die Basis für den weiteren Gang der Dinge in den Städten des 16. Jahrhunderts.

Das Bild der Städte wandelt sich

In Deutschland hat sich das Aussehen der Städte im 16. Jahrhundert nicht so radikal gewandelt wie unter der Wirkung der Renaissance z.B. in Italien. Das lag nicht an materiellem Mangel, sondern daran, daß die Reformation viele geistige Kräfte absorbierte, die in Italien in der Architektur ein breites Betätigungsfeld fanden. Wir sehen ja auch in anderen Bereichen der Kunst, daß in Deutschland nach 1530 kaum große Namen zu finden sind. Trotzdem änderte sich das Aussehen unserer Städte nachhaltig. Die Ursachen waren: Ausbau auf Grund steigenden Wohlstands, Wandel der Befestigungstechnik und Änderungen in der Sozialpflege.

Der Wohlstand der bürgerlichen Oberschicht stieg besonders stark. Mit ihm wuchs das Selbstbewußtsein. Beides äußerte sich in größer und prächtiger werdenden Bürgerhäusern. Die städtische Selbstverwaltung, meist in den Händen des neuen Bürgertums, schuf sich als politischen und gesellschaftlichen Mittelpunkt prunkvolle Rathäuser. Auch die sozial schwächeren Schichten bauten solider als bisher. Von landschaftlichen Besonderheiten abgesehen, verschwanden Schindel- und Strohdächer, Lehmhütten und Holzhäuser aus den Städten und machten Naturstein- und Ziegelbauten mit Ziegeldächern Platz. Damit wurden die Feuersbrünste seltener.

Die Straßen sind nun meist gepflastert und werden vielerorts regelmäßig gereinigt, allerdings nicht von der Stadtverwaltung, sondern von den Anwohnern. Wenn wir vor unseren Häusern den Gehsteig kehren oder Schnee räumen, dann ist das der Rest dieser bürgerlichen Ordnungsdienste, die im 16. Jahrhundert entstehen. Die größeren Straßen haben jetzt oft Beleuchtung, für die ebenfalls die Anwohner zuständig sind, und die allgemeinen hygienischen Bedingungen verbessern sich, da viele Städte die Viehhaltung innerhalb der Mauern verbieten. Auch beginnt man, die Friedhöfe vor die Mauern zu verlegen. Die Ausstat-

Blühende Handelsmetropole am Rhein: Köln. *Ausschnitt aus dem Holzschnitt von Anton von Worms, 1531. Hinter dem Hafen links der Turm von Groß-St. Martin, rechts der unvollendete Dom.*

tung der Wohnungen wird komfortabler, das Mobiliar reichhaltiger. In vielen Häusern gibt es jetzt Bücher und Uhren. Andererseits bleibt die Heizung oft unzureichend, doch ist Fensterglas jetzt billiges Allgemeingut geworden.

Rege Bautätigkeit und wachsende Bevölkerung führen zu Platzmangel. Daher werden die Häuser höher und die Gassen enger, Höfe und Gärten werden kleiner oder verschwinden unter Anbauten. Früher hätte man die Stadt erweitert, nun ist das nur noch unter großen Schwierigkeiten möglich, denn die kostspielig gewordenen Stadtbefestigungen können unter wirtschaftlichen und manchmal auch militäri-

Vielfalt repräsentativer Bürgerbauten für Handel und Verwaltung. *Die großen Reichs- und Handelsstädte geben vor allem in den Rathausbauten ihrer wachsenden Bedeutung und Macht Ausdruck. Formen der deutschen Gotik verbinden sich mit Proportionen und Bauelementen der von Italien kommenden Renaissance. Oben links: Altes Rathaus in Leipzig entstanden 1556–1557. – Oben rechts: Renaissancefassade des Alten Rathauses in Nürnberg, entstanden an der Grenze zum Barock kurz vor dem Dreißigjährigen Krieg 1616. Unten links: Das Braunschweiger Gewandhaus, Kaufhaus und Lagerhalle der Schneider und Tuchmacher, entstanden seit 1303, mit dem Renaissancegiebel – einem der schönsten Deutschlands – verblendet Ende des 16. Jahrhunderts.*

schen Erwägungen nicht einfach versetzt werden. So wird die Enge immer drangvoller, zumal auch die Geldentwertung zu raumsparendem Bauen zwingt, wie in unseren heutigen Städten! Die Mieten steigen, was die sozialen Spannungen erhöht. Die sanitären Verhältnisse verschlechtern sich, denn Wasserversorgung und Abfallprobleme setzen mancher Stadt Wachstumsgrenzen, und schon im 16. Jahrhundert werden viele Klagen über die Verschmutzung von Flüssen durch städtische Abwässer laut, die oft aus Gewerbebetrieben kommen.
Neben den Wohn- und Rathausbauten erscheinen im 16. Jahrhundert Sozialbauten, die oft umfangreich und sehr aufwendig sind. Die Reichen werden im 16. Jahrhundert noch reicher, doch die Stadtarmut wächst rapide. Früher hatten Handwerkszünfte und Kaufmannsgilden für die Sozialpflege ihrer Mitglieder gesorgt. Nun sind sie auf dem Abstieg, außerdem gibt es immer mehr Stadtbewohner, die keiner dieser genossenschaftlichen Selbsthilfeorganisationen angehören. In die Lücke stoßen die Stiftungen reicher Bürger. Neben den älteren Spitälern entstehen jetzt erste Altersheime (z. B. die Fuggerei in Augsburg) und, auf Anregung und nach dem Beispiel der Jesuiten, die ersten Findelhäuser, daneben bürgerliche Schulstiftungen und die umfangreichen Kloster- und Kollegienbauten des neuen Jesuitenordens. Alle diese Faktoren verändern im 16. Jahrhundert das Aussehen der Stadt.

Auch das Heerwesen und die Artillerie verändern die Städte

Im 15. Jahrhundert begann die Ablösung der ritterlichen Lehensheere durch die Söldnerhaufen der Landsknechte; im 16. Jahrhundert war die Entwicklung abgeschlossen. Diese Umstellung veränderte das Militärwesen vollkommen, denn gegen die disziplinierten und erfahrenen Berufssoldaten hatten Gelegenheitskämpfer keine Chance. Die Bürgermilizen, die die Mauern der Städte verteidigten, waren aber reine Amateure des Kriegshandwerks. Hatten einfache Gräben und Mauern mit Bürgerbesatzungen gegen Ritter, die ja auch nur Gelegenheitskämpfer waren, und meist über nur bescheidene technische Mittel verfügten, ausreichend Schutz geboten, so änderte sich das jetzt. Die Städte mußten Berufssoldaten einstellen. Kleine Städte waren finanziell überfordert und damit ohne ausreichenden Schutz. Große Städte konnten zwar mithalten, doch wurden die Militärlasten von Jahrzehnt zu Jahrzehnt drückender.
Eine andere Neuerung belastete die Städte noch mehr: Im 16. Jahrhundert wurde die Artillerie zur kriegsentscheidenden Waffe. Geschütze waren aber sehr kostspielig in der Anschaffung und erforder-

Alltagsleben in Deutschland 1517
Reisebericht von Antonio de Beatis

Überall findet man bequeme Unterkunft, und obwohl von Trient bis fast an den Rhein keine Weinberge mehr vorkommen, so hat man doch in den Gasthäusern zwei Sorten Wein, weißen und roten, gut und wohlschmeckend, manchmal mit Salbei, Flieder und Rosmarin gewürzt. Das Bier ist in Deutschland wie in Flandern im allgemeinen gut. Es gibt schmackhaftes Kalbfleisch sehr billig, so daß wir an einigen Orten zu viert für einen Golddukaten aßen. Kamine hat man nur in der Küche, sonst überall Öfen. Jeder Ofen ist mit einer Nische versehen, in welcher ein Zinngefäß steht, das als Waschbecken dient. Allgemein sind Federbetten und ebenfalls mit Federn gefüllte Oberdecken in Gebrauch; man spürt darin weder Flöhe noch Wanzen, sowohl wegen der Kälte des Landes, als auch weil sie die Betten mit einer gewissen Mischung bestreichen, die nach Aussage der Deutschen nicht nur gegen [. . .] Ungeziefer gut ist, sondern auch die Betten auf der Oberfläche so fest macht, daß man auf mit feiner Wolle gefüllten Matratzen zu schlafen glaubt. Wirkliche Matratzen gebrauchen sie aber nur im Sommer. Die erwähnten Betten sind sehr groß und haben große Kopfkissen; an Federn ist ja kein Mangel, da die Gänse so massenhaft gezogen werden, daß ich in Deutschland deren oft gegen 400 beisammen sah. [. . .]
Es gibt viel angebautes Land, Weizen und Gerste ist nicht sehr gebräuchlich, dagegen ernten sie Roggen und Korn in Menge, auch Hülsenfrüchte. [. . .] Kleine rote Kühe werden in großer Menge gehalten, auch Schafe und Schweine, aber nicht viele. [. . .] Die Käse sind nicht besonders gut, vor allem deshalb, weil die Deutschen nur faulen Käse lieben; auch einen grünen Käse schätzen sie, der künstlich mit Säften von Kräutern hergestellt wird, den aber, obwohl der pikant schmeckt und riecht, kein Italiener essen würde. An Obst fanden wir gute Weichselkirschen, zahlreiche große Apfel- und Birnenbäume fast überall. [. . .]
Die Frauen halten zwar ihr Geschirr sehr sauber, sie selbst aber sind in der Regel unsauber, alle nach einer Weise in ganz geringe Stoffe gekleidet, sie sind aber schön und anmutig [. . .], die meisten Frauen [niederen Standes] gehen barfuß, und wenn sie Schuhe haben, so haben sie keine Strümpfe. Sie tragen kurze und enge Röcke, welche die Beine nicht ganz bedecken. Sie tragen Halstücher und auf den in Flechten gewundenen und um den Kopf gebundenen Haaren gefaltete Mützen [. . .], die großen und reichen Damen tragen gewisse sehr breite Kopftücher und darüber einen weißen und dichten [. . .] Schleier, der festgemacht und in Falten gelegt ist, so daß sie sehr majestätisch aussehen. [. . .] Wenn sie Fremde und angesehene Männer, besonders von fremder Nation, vorübergehen sehen, so pflegen sie sich zu erheben und zu verneigen.
Die Männer sind in Deutschland in der Regel groß, wohlproportioniert, stark und von gesunder Gesichtsfarbe. Alle tragen von klein auf Waffen, und jede Stadt und jedes Dorf hat seinen Schießplatz, wo man sich an Festtagen im Armbrust- und Büchsenschießen übt, wie in der Handhabung der Piken und jeder anderen Art Waffen. [. . .] Überall fanden wir unzählige Räder und Galgen, die nicht nur in ihrem Aufbau mit Zierarten versehen waren [. . .], sondern auch mit gehenkten

Menschen, worunter zuweilen justifizierte Frauen waren, so daß man sieht, daß strenge Rechtspflege geübt wird, was ohne Zweifel in diesen Ländern auch sehr nötig ist. Da alle Edelleute außerhalb der Städte in ihren festen Burgen wohnen, wohin sich auch viel Raubgesindel zurückzieht, so könnte man gar nicht existieren, wenn die Rechtspflege nicht so streng wäre. [. . .]
Die Häuser sind zwar meist aus Holz, aber sehr schön und anmutig von außen und im Innern nicht unbequem. Sehr gebräuchlich sind reich verzierte Erker [. . .], um bequem die Straße beobachten zu können, manchmal ganz bemalt und mit Ziegeln gedeckt, auf denen Wappen und sehr schöne Heiligenfiguren gemalt sind. Die Haustüren [. . .] sind entweder ganz von Eisen oder aus Holz mit starken Eisenbeschlägen und bald rot, bald grün, blau oder gelb angestrichen. Die Dächer der Häuser wie der Kirchen sind in der Regel verziert und steil ansteigend, diejenigen der Häuser mit Ziegeln gedeckt, diejenigen der Kirchen mit verschiedenfarbigen glänzenden Plättchen aus Ton, so daß sie von weitem einen sehr schönen Anblick darbieten [. . .], es gibt kein noch so kleines Dorf, das nicht wenigstens eine schöne Kirche hätte mit so großen, schönen und kunstreichen Glasfenstern, als man sich nur denken kann.

Aus: Reise des Kardinals Luigi d'Aragona von Antonio de Beatis. (Beatis begleitete 1517/18 als Sekretär den Kardinal bei seiner Reise durch Deutschland und führte ein genaues Tagebuch).
Deutscher Text bei: L. v. Pastor, Erläuterungen und Ergänzungen zu Janssens Geschichte d. deutschen Volkes Bd. IV, H. 4, S. 48 ff.

ten teure Fachleute. Außerdem boten die alten Mauern gegen die neue Waffe keinen Schutz. Die Stadtbefestigungen mußten also erneuert werden, und zwar wesentlich aufwendiger als bisher gewohnt. Auch dies belastete die Stadtsäckel, und das zu einer Zeit, als die Stadtverwaltungen gezwungen waren, soziale Lasten für die wachsende Zahl der Armen zu übernehmen.

In ihrer Finanznot entwickelten die Städte ein modernes Steuersystem, das von den Territorialfürsten kopiert wurde. Je mehr sich die Territorien festigten und vergrößerten, um so leistungsfähiger wurden die fürstlichen Kassen, während die Wachstumschancen der Städte gering blieben. So entstand aus den Militärlasten allmählich ein Ungleichgewicht der Möglichkeiten, das es vielen Städten unmöglich machte, sich den wachsenden Ansprüchen der Fürsten zu widersetzen. Aus dem bewaffneten Stadtbürger wurde die Spottfigur des »Spießbürgers«.

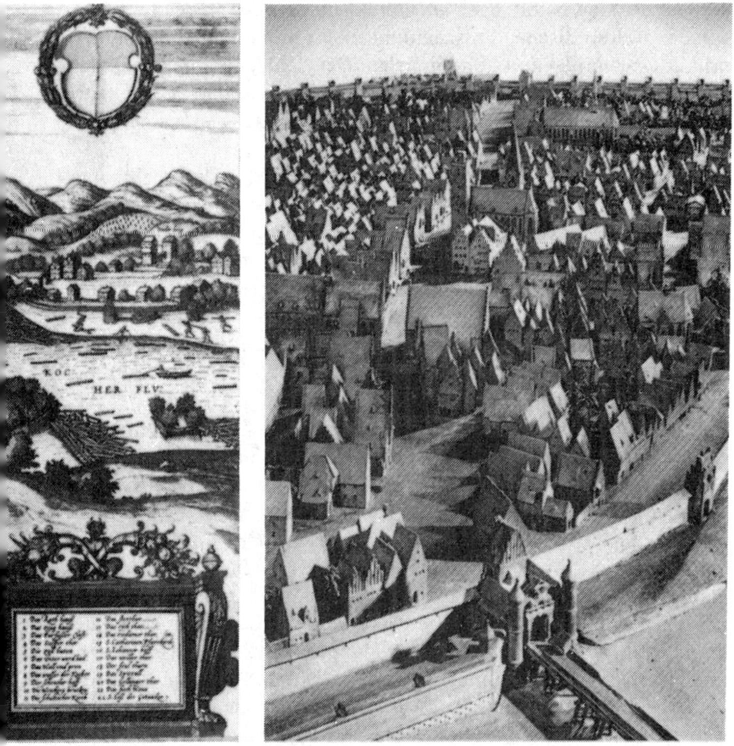

Städte zwischen Mittelalter und Neuzeit. *Links: Schwäbisch-Hall am Kocher. Aus: »Civitates Orbis Terrarum« von Braun und Hogenberg, um 1600. – Rechts: Dächer und Mauern von Ingolstadt (Modell).*

Wirtschaftliche Schwächung der deutschen Städte durch die Entdeckung der Neuen Welt

Bevor die Portugiesen am Ende des 15. Jahrhunderts den Seeweg um Afrika herum nach Indien fanden und die Spanier ihr amerikanisches Kolonialreich erschlossen, lag Deutschland im Mittelpunkt der europäischen Handelswege. Nun verschob sich das Zentrum der Aktivitäten von der Linie Venedig – Nürnberg – Lübeck in die Staaten am Atlantik. Deutschland geriet in eine Randlage. Die wirtschaftliche Zukunft lag auf den Weltmeeren und nicht mehr im Mittelmeer oder in der Ostsee. Und damit lagen auch die deutschen Städte jetzt weit weg von den weltpolitischen Entscheidungen, die nun in Lissabon und Madrid, in Antwerpen und London fielen. Deutschland, ohne starke Zentralgewalt, erschöpfte sich in religiösen und politischen Streitigkeiten der Fürsten mit dem Kaiser und der Territorien und Städte untereinander.

Den Bürgern der deutschen Städte fehlte nicht der Unternehmungsgeist. Die wirtschaftliche Bedeutung Amerikas wurde bei uns durchaus erkannt. Mancher Deutsche war an der Erschließung der Neuen Welt oder der Entwicklung des direkten Indienhandels beteiligt. Was fehlte, war die Rückendeckung durch eine starke nationale Politik. Das politische Interesse Karls V. lag aber nicht im Reich, sondern in Spanien und den Niederlanden. Und als er abdankte, wurde die Aufmerksamkeit Habsburgs durch andere Probleme als die der deutschen Städte in Anspruch genommen.

Politik wurde jetzt im Weltmaßstab gemacht. Welche Chancen hatten da noch die auf sich allein gestellten deutschen Städte, die sich auch noch der Ausdehnungsversuche der Territorialherren erwehren mußten? Die Nachteile wurden nicht gleich sichtbar. Erst der Dreißigjährige Krieg hat die Strukturschwäche der deutschen Städte schonungslos offengelegt. Vorhanden waren sie aber schon vorher. Manche Städte entwickelten sich zwar stürmisch, weil sie verkehrsmäßig günstig lagen, wie Hamburg und Bremen. Andere verlegten mit Erfolg den Schwerpunkt ihrer Wirtschaft vom Handel auf die gewerbliche Produktion. Der deutsche Binnenhandel wuchs noch bis zum Ausbruch des Dreißigjährigen Krieges. An den neuen wachstumsträchtigen, weltweiten Entwicklungen hatten die deutschen Städte aber nur wenig oder keinen dauernden Anteil. Ihr Wohlstand stieg noch, aber nicht mehr so schnell wie in anderen Ländern. Die Lage wurde von Jahrzehnt zu Jahrzehnt schwieriger.

Die Portugiesen drückten durch ihren Seehandel die Preise im Asiengeschäft. Wollte man nicht ganz aus dem Fernosthandel gedrängt werden, mußte man sich für die Güter, die noch auf dem Landweg über den Nahen Osten, Venedig und Genua kamen, mit mageren Gewinnen bei hohem Risiko begnügen. Erschwert wurde für Deutschland die Lage durch die großen Edelmetallmengen, die aus Amerika und den portugiesischen Faktoreien am Golf von Guinea nach Europa kamen: Das führte zu einer Geldentwertung von 60 bis 70 Prozent und zugleich zu einer Geldvermögens-Entwertung, ohne daß deutsche Bürger Anteil an den im Kolonialgeschäft neu erworbenen Vermögen gehabt hätten.

Die Metallvorkommen des mitteleuropäischen Bergbaus erschöpften sich im 16. Jahrhundert oder mußten wegen der scharfen amerikanischen Konkurrenz aufgegeben werden. In der Oberpfalz und anderen Regionen gibt es in vielen Orten die Reste der im 16. Jahrhundert aufgelassenen Bergwerke. So beginnt, bei allem äußeren Glanz, der Horizont der deutschen Städte allmählich sich zu verdunkeln. Die Zusammenbrüche großer Handelshäuser, die sich in der zweiten Hälfte des Jahrhunderts häufen, sind ein Indiz dafür.

Geldentwertung, Verlagswirtschaft, Lohnarbeit – Soziale Probleme – Soziale Unruhe und Reformation

Wir haben in den vorhergehenden Abschnitten gesehen, daß sich die Lage in den Städten aus verschiedenen Gründen zuspitzte. Zwar stiegen die versteuerten Vermögen in den meisten Städten noch bis zum Ausbruch des Dreißigjährigen Krieges. Es waren dies aber vor allem die großen und die mittleren Vermögen, während die Zahl der Armen fortlaufend stieg. Dieses Proletariat erhielt ständig Zuzug vom Land. Die neuen Arbeitskräfte kamen zum Teil in der nicht zunftgebundenen Verlagswirtschaft unter, manche als Gesellen im Handwerk. Viele aber verstärkten die unterste soziale Schicht der Tagelöhner, Hausierhändler usw. Dazu kamen Probleme aus Umstellungsprozessen innerhalb des Handwerks, die teils durch technische Neuerungen, teils durch die Ausweitung der Wirtschaft zur Weltwirtschaft oder durch die Konkurrenz des stärker werdenden Verlagssystems verursacht wurden (siehe Seite 196).
Neue Handwerke entstanden nun und alte gingen ein. In den niedergehenden oder bedrohten Gewerben versuchten viele Zünfte die Lage ihrer Mitglieder zu bessern, indem sie den Zugang zur Zunft sperrten. Lehr- und Gesellenzeiten wurden immer länger und die Anforderungen der Meisterprüfungen so hoch, daß es keine Aussicht mehr gab, sie zu bestehen.
Bisher war der Gesellenstand nur ein Durchgangsstadium zur Meisterschaft gewesen. Jetzt entstand ein lebenslanger Gesellenstand von handwerklichen Lohnarbeitern, die das Stadtproletariat vergrößerten und in den Bruderschaften, in denen sie sich organisierten, einen ständigen Unruheherd bildeten. Die im ganzen 16. Jahrhundert steigenden Mieten und Lebensmittelpreise lieferten dem Mißmut des Stadtproletariats genauso Nahrung wie ihr schlechter sozialer Status, der ihnen nicht nur Ansehen versagte, sondern sie auch von jedem Einfluß auf das Stadtregiment ausschloß, das immer mehr zur Sache einer hauchdünnen Oberschicht wurde.

Verlagssystem

Eine im Spätmittelalter aufkommende Produktions- und Vertriebsform zwischen dem niedergehenden, familiengebundenen Handwerkerbetrieb und den neuen Manufakturen mit Lohnarbeitern. Prinzip ist wie bei der noch heute bestehenden, problembehafteten Hausindustrie, daß ein Großunternehmer, ein Finanzier oder eine Vertriebsgesellschaft einem Kleinbetrieb (Handwerker, Heimarbeiter) Kapital, Rohstoffe oder Werkzeuge zur Verfügung stellt (vorschießt oder »vorlegt«), wofür dieser eine vom »Verleger« bestimmte Stückzahl innerhalb eines festgelegten Zeitraums zu produzieren hat. Verkauf und Festlegung des Preises liegen beim »Verleger«. Der produzierende Handwerker geriet in eine starke Abhängigkeit und konnte leicht unter existenzbedrohenden Druck gesetzt werden. Bis in die Neuzeit hinein kam es durch dieses System, vor allem bei Krisen, Überproduktionen, starker Konkurrenz zu Problemen der Verschuldung und der Existenzbedrohung. Die Weberaufstände des 19. Jahrhunderts in Schlesien und im Ravensberger Raum waren Ergebnis der Verschuldung von Heimbetrieben an ihre »Verleger« in einer Phase des industriellen Wandels.

Die Reformation als Träger sozialer Probleme und Anlaß wirtschaftlicher Schwierigkeiten

Diese sozialen Spannungen fanden z. T. in den reformatorischen Bewegungen ein Ventil. Es ist nicht zu übersehen, daß sozialrevolutionäre Züge Teile der Reformation prägten oder beeinflußten, z. B. bei den Täufern (siehe Seite 156). Ein anderes Beispiel: Im ersten Abschnitt der Bauernkriege waren auf der Seite der Aufständischen nicht nur Bauern, sondern auch Kleinbürger und Stadtproletarier als Führer wie als einfache Teilnehmer beteiligt. Nicht nur Abenteuerlust trieb damals Vertreter aller sozial benachteiligten Schichten an die Seite der Bauern, sondern auch die Hoffnung auf Besserung ihrer Lage.
Vor allem im Jahrzehnt zwischen 1520 und 1530 finden wir in den Städten verbreitet Unruhe, die ihre Wurzeln in einer Mischung aus religiösen und sozialen Problemen hatte. Manche Städte blieben ganz katholisch oder schlossen sich ganz der Reformation an. In anderen wieder lief die konfessionelle Trennungslinie quer durch die Stadtbevölkerung. Dabei ging die Glaubensspaltung manchmal durch alle sozialen Schichten, während in anderen Städten verschiedene soziale Schichten unterschiedliche religiöse Ansichten vertraten. Die Glaubensfrage wurde teilweise zum Mittel sozialer und politischer Positionskämpfe.

Selbstbewußtes Patriziertum. *Reich gewandetes und geschmücktes Ehepaar. Kupferstich von Heinrich Aldegrever, 1538. Dresden, Kupferstichkabinett.*

Die Reformation hat aber nicht nur auf die innere Verfassung der deutschen Städte eingewirkt, sondern auch deren äußere Lage nachhaltig beeinflußt. Jene Städte, die innere Religionsstreitigkeiten austragen mußten, verloren dadurch nach außen hin meist ihre politische wie wirtschaftliche Durchsetzungskraft.
Zusätzlich wurden aber auch die Wirtschaftsbeziehungen zwischen Städten und fürstlichen Territorien unterschiedlicher Konfession tendenziell erschwert. Viele Reformatoren haben den frühkapitalistischen Geist unbewußt dadurch gefördert, daß sie sich für eine Trennung von religiösen und geistlichen Dingen einsetzten. Andererseits entwickelte sich der Protestantismus in den ihm anhängenden fürstlichen Territorien bald zur Staatskirche und zum Mittel der Fürsten, die eigene Stellung gegenüber dem Reich und andersgläubigen Fürsten zu stärken. Entsprechende Tendenzen auf katholischer Seite ließen nicht lange auf sich warten.
Besonders jene Städte kamen in Schwierigkeiten, die wie Inseln in geschlossenen fürstlichen Territorien lagen, vor allem wenn sie einer anderen Konfession angehörten. Die lokalen Probleme innerstädtischer Streitigkeiten um Konfession, soziale Fragen und politischen Einfluß sowie der immer stärker werdende Druck der Fürsten auf die Städte, mit dem Ziel, sie ihren Territorien einzuverleiben, beanspruchten so viele Kräfte, daß für weltwirtschaftliche Ambitionen nicht mehr viel Energie übrigblieb.

Kritik und Gefährdung der Kredit- und Monopolwirtschaft

Ausgelöst durch reale Mißstände wie durch die geistige Unruhe der Reformation, wuchs auch die Kritik an der frühkapitalistischen Entwicklung der städtischen Wirtschaft. Wir kennen Ulrich von Huttens Ausbrüche gegen die Kredit- und Monopolwirtschaft der großen Handelshäuser, die »Fuggerei«, wie er es nennt. Wir kennen Luthers Ansicht, der Fernhandel, vor allem jener nach Übersee, solle verboten werden, da er Deutschland ruiniere. Dem ließen sich noch viele weitere Beispiele anfügen. Die wirklichen Ursachen der auftretenden Schwierigkeiten wurden dabei meist nicht erkannt. So führte man die Preissteigerungen des 16. Jahrhunderts auf die Habgier der Händler zurück und sah nicht, daß sie ihre Quelle in der starken Vermehrung der Edelmetalle und in Strukturänderungen der Wirtschaft hatten.
Es blieb nicht bei verbalen Angriffen. So verbot der Reichstag von 1522/23 alle Monopole. Er gebot, daß alle Gesellschaften mit mehr als 50000 Gulden Kapital aufgelöst werden sollten, und er verordnete au-

Stichworte zu Kreditwirtschaft

lat. creditum = das Anvertraute

Kreditwirtschaft ermöglicht einem Unternehmer, sich kurzfristig gegen Vergütung – im Frühmerkantilismus häufig Privilegien (Vorteile), heute meist Zinsen – Geld für Investitionen zu besorgen. Auf diese Weise können Produktionsstätten neu eingerichtet oder modernisiert, Handelsreisen, Expeditionen, Bauten, aber auch Kriege finanziert werden (siehe Zeit Karls V.). In einer freien Marktwirtschaft werden eine hohe Produktivität und hoher Gewinn hohe Zinsen verheißen, was andererseits dem Unternehmer wieder Kreditwürdigkeit mit leichtem Geldzufluß garantiert. Auf diese Weise reguliert sich der Markt selbst und lenkt Geld in gesunde Unternehmen.

Im Falle von Kreditaufnahmen für Staatsrepräsentation oder kriegerische Unternehmen ist der Kredit nicht produktiv abgedeckt, so daß der Staat aus seiner Substanz zurückzahlen muß oder mit Privilegien. So oder so verschuldet er sich dadurch.

Je stärker die Kreditwirtschaft in wenigen Händen oder in einer Hand (Bankunternehmen) gebündelt ist, um so mehr besteht die Gefahr eines Kreditmonopols (siehe Monopol), das dann Einfluß auf die Volkswirtschaft eines ganzen Staates nehmen und seine Politik entscheidend beeinflussen kann.

ßerdem Höchstpreise für Waren des Fernhandels. Diese Politik erlitt dasselbe Schicksal wie alle heutigen Versuche, Kartelle und Monopole zu bekämpfen und die Inflation durch Preisstoppverordnungen zu beseitigen. Das lag damals wie heute daran, daß man nicht die Ursachen, sondern die Symptome bekämpfte; auch reichten die Kontrollmöglichkeiten nicht aus, und schließlich kamen Kaiser wie Fürsten nicht ohne die Kreditkraft jener großen Gesellschaften aus, die bekämpft werden sollten. Die Entwicklung der wirtschaftlichen Kräfte war jedenfalls durch moralische Kritik, die oft am Kern der Dinge vorbeiging, nicht aufzuhalten.

Der Kreditbedarf von Kaisern und Fürsten stieg im 16. Jahrhundert so schnell, daß er die Wirtschaftskraft einzelner Handelshäuser und Städte überstieg. Aufwendiger werdende Hofhaltung, moderne Verwaltung, Flotten- und Heeresrüstung verschlangen Unsummen. Damit wuchsen die Risiken des Kreditgeschäftes. Als es 1557 in Spanien zu einer Finanzkrise kam, weil die Krone zahlungsunfähig wurde, brachen viele deutsche Bank- und Handelshäuser zusammen, 1575 wiederholte sich der Staatsbankrott in Spanien, und wieder führte er zum

Stichworte zu Frühmerkantilismus

lat./it./franz. merkantil ≙ kaufmännisch

Mit dem Aufkommen landesherrlicher und territorialer Macht wächst deren Bedürfnis, an den Möglichkeiten der Wirtschaft und ihrer Gewinne direkt im Sinne der Macht- und Staatsförderung teilzuhaben. Um die Staatskasse, die durch eigene Söldnerheere, eigene Hofhaltung, schließlich auch durch das aufkommende Beamtentum zunehmend belastet wurde, reichlich zu füllen, galt es alle Unternehmungen zu fördern, die möglichst viel Geld ins Land brachten – also für einen Außenhandelsüberschuß zu sorgen. Systematische Förderung großer im Land ansässiger Handelsherren, Unternehmer, Bankiers (siehe Fugger) durch Ausstattung mit Privilegien war die eine Möglichkeit, direkte Einschaltung über staats- und herrschereigene Unternehmen die andere. Monopole und Manufakturen sicherten eine möglichst große Exportintensität, Sparsamkeit und Armut der Bevölkerung im Inneren konnten helfen, geldabziehende Importe einzudämmen.

Im Hochmerkantilismus späterer absolutistischer Herrscher traten gewinnbringende Zölle und Abschöpfung durch gezielte direkte und indirekte Verbrauchssteuern hinzu, die Staatskasse zu füllen. Auch direkte Einflußnahme auf das Kreditwesen und herrschereigene Exportproduktion in Manufakturen und schließlich Kolonialhandel dienten diesem Zweck.

Ende vieler großer Häuser. Dies traf nicht nur die städtische Oberschicht, sondern auch die mittleren und unteren sozialen Schichten. Die Kredite wurden nämlich zum Teil durch Depositenbanken aufgebracht, bei denen die kleinen Leute ihr Kapital anlegten.

Übermacht der zukunftsorientierten Territorialstaaten

Im ganzen ausgehenden Mittelalter haben wir in Deutschland drei Bewerber um die politische Führung: Kaiser, Fürsten und Städte. Im 16. Jahrhundert sinkt die Macht des Kaisers, die der Territorialfürsten steigt, und die Städte versuchen, zwischen diesen Mächten ein Eigenleben zu führen. In diesem Kampf wird die Stellung der Städte vor allem durch zwei Faktoren erschwert: Erstens sind sie in der Reichspolitik unzureichend vertreten oder werden von den anderen Ständen überstimmt, deren Interessen anders gelagert sind. Solange das Kaisertum noch relativ stark ist, finden die Städte an ihm einen Rückhalt. Je mehr Zeit verstreicht, um so bedeutungsloser werden aber Schutz und Privilegien, die die Zentralgewalt gewähren kann.

Reichtum und Sozialverständnis: *Die vom Hollschen Rathaus überragte Fuggerei in Augsburg, dem bedeutenden Zentrum von Handel und Kunsthandwerk. Blick zurück in die Zeit anfangs des 17. Jahrhunderts.*

Zweitens: Die Fürsten des 16. Jahrhunderts beginnen, systematische Wirtschaftspolitik nach den Ideen des Frühmerkantilismus zu treiben. Sie erkennen, daß die politische Lebensfähigkeit ihrer Territorien von einer starken Wirtschaft und deren Erfassung durch eine straffe Staatsorganisation abhängt. Politische und wirtschaftliche Grenzen sollen sich deshalb decken.

Die Fürsten gründen eigene Städte und statten sie für ihre Territorien mit jenen Rechten aus, die sie den autonomen Städten wegnehmen. Territoriale Zollpolitik schirmt begrenzte Wirtschaftsgebiete gegen den städtischen Fernhandel ab. Schon 1618 gab es alleine am Rhein 60

Frauen und Kinder in den Städten der Reformationszeit: *Oben links: Mit Reifen spielende Kinder. – Oben rechts: Rodelnde und Schneeball werfende Kinder in einer winterlichen Straße. Beide Bilder stammen aus dem Trachtenbuch des Veit. C. Schwarz, 16. Jh. Braunschweig, Herzog Anton Ulrich-Museum. Unten rechts: Frauen in Nürnberger Tracht. Zeitgenössische. Darstellung.*

Zollstationen! Die Städte ihrerseits versuchten, sich durch Gründung eigener Territorien einen Lebensraum zu schaffen. Die meisten dieser Versuche scheiterten, und wo sie gelangen, waren die Stadtterritorien zu klein, um den Erfordernissen des Handels zu genügen.
Zum Teil haben sich die Städte durch Kurzsichtigkeit und Unfähigkeit ihrer Führungseliten auch selbst Schwierigkeiten gemacht, so durch die unzeitgemäßen Stadtzölle, die den Handel erschwerten. Als Kuriosum haben sie zum Teil Jahrhunderte überlebt. So mußten noch 1939 Reisende, die nach Paris oder Prag fuhren, sich beim Erreichen der Stadtgrenzen oder auf den Bahnhöfen Kontrollen unterziehen und Zoll für die mitgeführten Waren oder Lebensmittel zahlen!
Während die Fürsten immer mehr Spezialisten in ihren Dienst zogen und damit die Grundlagen moderner Staaten schufen, blieben Stadtpolitik und -verwaltung vor allem in den Klein- und Mittelständen meist Aufgabe ehrenamtlicher Dilettanten. Während die Städtebünde unter dem Druck der Fürsten zerfielen und jede Stadt im großen und ganzen alleine durchzukommen versuchte, entstanden außerhalb Deutschlands zentralistische Großmächte, die ihren Unternehmern die Rückendeckung nationaler Wirtschaftspolitik geben konnten. Auch in Deutschland erkannte man, daß sie nötig war. Die Zuständigkeit des Reiches wäre gegeben gewesen, nur fehlte ihm die Kraft, gegen die Einzelinteressen der Territorien jene Maßnahmen durchzusetzen, die als nötig erkannt wurden.
So gleichen denn die autonomen Städte immer mehr alten Bäumen, die auf winzigen Grundstücken stehen und deren über die Grundstücksgrenzen reichende Wurzeln und Äste von den Nachbarn immer mehr beschnitten werden, bis sie verkümmern und schließlich eingehen. Zwar bieten sie bis zum Dreißigjährigen Krieg immer noch einen imposanten Anblick, doch spielen sie in der Politik keine Rolle mehr. Die Zukunft gehört den Flächenstaaten der Fürsten.

Literatur

Mumford, Lewis: Die Stadt – Geschichte und Ausblick, Köln/Berlin 1961

CHRISTIAN ROEDIG

Handel und Gewerbe im 16. Jahrhundert

Am Beginn einer neuen Epoche: Entdeckungsfahrten nach Amerika und Indien – Wandel in Handel und Gewerbe – Neue Handels- und Kapitalgesellschaften – Fortschritte der Technik in Bergbau und Textilgewerbe – Neue Organisationsformen: Bergwerksgesellschaften und Verlagswesen – Bilanz am Vorabend des Dreißigjährigen Krieges: Soziale Umgruppierungen und neues privatwirtschaftliches Unternehmertum im Widerstreit der Entwicklungen.

Am 3. August 1492 segelten drei Karavellen aus dem spanischen Hafen Palos mit westlichem Kurs in den Atlantischen Ozean. Sie starteten zur Suche eines Seeweges in das Goldland Indien. Die Fahrt dauerte länger, als der Kapitän Kolumbus angenommen hatte. Am 12. Oktober landete er auf der Insel Guanahani und entdeckte Amerika. Am 8. Juli 1497 verließ Vasco da Gama Lissabon, umsegelte als erster das Südkap von Afrika und erreichte am 20. Mai 1498 den indischen Hafen Kalikut. Zwei einschneidende Ereignisse, die Einfluß auf die weitere soziale und wirtschaftliche Entwicklung Europas hatten.

Die Entdeckung Amerikas und des Seeweges nach Ostindien eröffnete langfristig dem Welthandel neue, ungeahnte Möglichkeiten. Aber die spanischen Konquistadoren kamen nicht als Händler, sondern als Eroberer. Hernando Cortés zerschlug das Reich der Azteken in Mexiko, Francisco Pizarro das der Inka in Peru.

Nachdem das geraubte Gold und Silber schnell verbraucht waren, begannen die Spanier mit der Ausbeutung der Bodenschätze. Um 1550 entdeckten sie in Bolivien die reichsten Silbervorkommen der Welt, die von indianischen Zwangsarbeitern und später Negersklaven abgebaut werden mußten.

Im Gegensatz zu den spanischen Eroberern traten die Portugiesen im Fernen Osten als Händler auf. Schon lange verfolgte das übrige Europa mit Neid die Geschäfte italienischer Kaufleute, die von Genua, Pisa und Venedig aus den Handel mit Konstantinopel beherrschten, dem Zentrum des Orienthandels. Nun orientierten sich die Kaufleute nach Lissabon. Drehscheibe des überseeischen Handels wurde Antwerpen, denn von hier steuerte ein Faktor des portugiesischen Königs die Warenmenge und Preise des Asiengeschäftes. Der Wirtschaftsschwerpunkt verlagerte sich allmählich zum atlantischen Raum.

Die Ausweitung des Seehandels kam vor allem Portugal und Spanien, später den Niederlanden, England und Frankreich zugute. Im Ostseeraum verdrängten Engländer, Niederländer und Schweden die deutsche Hanse. Der Anteil der Deutschen an den Entdeckungen und deren wirtschaftlichen Ausbeutung blieb gering.

Der Orient – wichtig für den Handel mit Luxusgütern

Aus dem Orient kamen vor allem Gewürze wie Pfeffer, Muskat und Safran. Man aß viel und würzte stark, wenn man es sich leisten konnte. Ein Pfund Safran hatte den Wert eines guten Reitpferdes, ein Pfund Muskatnuß kostete soviel wie 50 Meter Leinwand. Eine der Sensationen, die Kolumbus aus der Neuen Welt mitbrachte, war der Tabak. Als 1533 die Kartoffel zum ersten Mal aus Südamerika nach Europa kam, wurde sie als Zierpflanze viel bestaunt. Auf die Idee, ihre Knollen zu verspeisen, kam man erst ein Jahrhundert später, als auch Kaffee aus Ägypten und der Türkei, Tee aus China und Kakao aus Südamerika den europäischen Markt eroberten.

Damals wie heute ein Problem: die Inflation

Eine große Bedeutung erlangte rasch das amerikanische Silber, das über Spanien nach Europa strömte. Zwischen 1500 und 1600 verlor in Deutschland das Geld rund drei Viertel seines Wertes. In den letzten Jahren haben wir uns an Inflationsraten gewöhnen müssen, die nicht weit von den damaligen entfernt liegen. Seit 1948 sank die Kaufkraft der Deutschen Mark um die Hälfte. Und doch macht es einen Unterschied, wenn wir von Inflation damals und heute sprechen. Wir wissen heute, daß die Preise u.a. steigen, wenn der Geldvermehrung nicht eine entsprechende Vergrößerung der Produktion und des Güterangebotes entspricht; wir wissen, daß übermäßige Rüstung und Außenhandelsdefizite für die Gesamtwirtschaft und den einzelnen eine entscheidende Rolle spielen. Die Menschen damals kannten diese Zusammenhänge nicht. Sie waren verbittert, glaubten an »Teufelswerk« und wandten sich in ohnmächtiger Wut gegen diejenigen, die vordergründig betrachtet die Schuldigen an Preissteigerungen und Geldverfall waren: die reichen Grundherren und Großkaufleute.
Über die Ursachen des Preisverfalls läßt sich streiten. Eine Voraussetzung war sicher auch der Bevölkerungsanstieg. Von 1470 bis 1618 vermehrte sich z. B. die Bevölkerung in Deutschland von ca. 10 Millionen

***Die ›gute Stube Nürnbergs‹: Der Hauptmarkt.** Schon im 16. Jahrhundert ist der noch heute von Leben erfüllte Markt Treffpunkt der Bürger und Zentrum eines regen Geschäftslebens.*

auf ca. 17 Millionen. Die Nachfrage nach Gütern in Europa stieg, ohne daß die Produktion und Warenangebot mitwuchsen.
Die Nachfrage wurde zusätzlich durch die explosionsartige Vermehrung des umlaufenden Geldes angeheizt. Die spanischen Silberflotten brachten in Jahrzehnten mehr Gold und Silber nach Europa, als in Jahrhunderten zuvor auf der ganzen Welt gefördert wurden. Von 1550 bis 1600 stieg die Einfuhr von Silber aus Amerika um das Fünfzehnfache auf 270 Tonnen jährlich. Zwar floß ein Teil des Silbers für Gewürzkäufe in den Orient, ein anderer Teil wurde gehortet. Der weitaus größte Teil aber wurde zu Münzen geprägt.

***Bedeutende Bauten:** Rechts die von Karl IV. gestiftete Frauenkirche (1349). Mitte links der »Schöne Brunnen«, hinten links St. Sebaldus. Nach einem Gemälde von L. Strauch, 1599. Nürnberg Germ. Nat. Museum.*

Eine weitere, schwer abschätzbare Vermehrung des Geldumlaufs fand durch die Ausdehnung des bargeldlosen Zahlungsverkehrs statt. Aus Italien kam der Wechsel. Handelsreisen waren bei der ausufernden Straßenräuberei immer ein Abenteuer. Um nicht größere Geldbeträge mitführen zu müssen, aber auch zur Geldüberweisung an ferne Handelspartner und als Möglichkeit des Kredits verschaffte man sich beim Geldwechsler Schuldverschreibungen, die an einem bestimmten Ort und zu einem bestimmten Zeitpunkt fällig wurden. Auch das Indossament, die Übertragung von Wechseln an Geschäftspartner, bürgerte sich ein.

Der frühkapitalistische Unternehmer: ideenreich und mächtig durch erkaufte Privilegien

In Deutschland hatten nur die großen Handelshäuser wie die Fugger, Paumgärtner, Manlich, Imhof, Hochstetter oder Welser die Chance, das aufblühende Bankwesen wirklich an sich zu ziehen. Sie verfügten

Stichworte zu Frühkapitalismus

lat./it. capitalis = hauptsächlich, vorzüglich.
capitalis pars debiti = Hauptsächlicher Teil eines Schuldbetrages

Mit dem Aufkommen einer freien Erwerbswirtschaft, die an Stelle von Zunftzwang und Standeseinschränkungen die Gewerbefreiheit und den freien Arbeitsvertrag setzt und die eine individuelle, durch Geschick, Wagemut und Können bestimmte Persönlichkeit fordert, verbreitete sich auch die auf Konkurrenz und Erringung von Privilegien beruhende Geld- und Kreditwirtschaft, die den Beginn des Frühkapitalismus kennzeichnet.
Chancengleichheit war dennoch für die Menschen nicht gegeben, da die weit überwiegende Mehrheit der Bevölkerung mit einem Existenzminimum in die neue Zeit startete, aus jahrhundertelang vorgegebenen Normen und Lebensumständen kommend, ohne Möglichkeit der Einflußnahme im politischen Raum, abhängig und mit geringen oder sogar geschmälerten Rechten. Wagemut und Persönlichkeit einsetzen konnten nur die schon immer privilegierten Oberschichten und vereinzelt Handwerksmeister.
Während wenige in diesem ›Spiel der freien Kräfte‹, das oft an die politischen Interessen von Kaiser und Territorialherren gebunden war, dank Privilegien, → Monopolen, Gewinnen aus Fernhandel und → Verlagsgeschäften, durch Kreditgabe und Gesellschaftsgründungen zu Reichtum kamen, sanken Handwerker, Gesellen und viele ›landflüchtige‹ Bauern zu abhängigen Lohnarbeitern ab, die sich, da sich aus Städten und vom Land genügend Bewerber fanden, mit niedrigen Löhnen zufriedengeben mußten.
→ Kapitalgesellschaften schaffen in dieser frühkapitalistischen Zeit das notwendige Kapital für die exportorientierten Handelsunternehmen, für die metall- oder textilverarbeitenden Manufakturen und die Produktionen im → Verlagssystem. Auch das Geld für den Warentransport (Seeschiffahrt und Überlandtransport mit Begleitmannschaften) und ausländische Kontore (Faktoreien), die den Außenhandel kontrollieren, kommt von hier. Der vermehrte Geldumlauf mit seiner Geldentwertung trifft die Lohnarbeiter wieder am härtesten, ebenso aber die Arbeitskräfte auf dem Land, wo durch Zerbrechen patriarchalischer Führungsformen, Spezialisierung der Produktion und neue Gutsherrschaften mit Fronarbeit, ebenfalls Sozialprobleme entstehen. Handwerker-, Arbeiter- und Bauernaufstände in ganz Europa signalisieren für Jahrzehnte, ja Jahrhunderte diese Phase des wirtschaftlichen und sozialen Umbruchs.

***Naturalhandel im 16. Jahrhundert:** Butter- und Käsemarkt in einer holländischen Stadt. Federzeichnung von Barend Dircksz. Wien, Österreichische Nationalbibliothek.*

über ein Netz von Filialen, damals Faktoreien genannt, das ganz Europa verband. 1525 ließ sich Matthäus Schwarz, Hauptbuchhalter des Jakob Fugger, mit seinem Firmenchef am Arbeitsplatz porträtieren (siehe Foto, Band 5). Die Schilder am Schrank im Hintergrund nennen einige Orte, in denen die Fugger eigene Niederlassungen hatten: Rom, Venedig, Ofen (Budapest), Craca (Krakau), Mailand, Innsbruck, Nürnberg, Antorff (Antwerpen), Lissabon. Schwarz ist der Verfasser eines der ersten Lehrbücher über die doppelte Buchführung. Jeder Geschäftsvorgang wird auf zwei Konten, einmal im Soll als Belastung, einmal im Haben als Gutschrift verrechnet. Saldo heißt der Unterschiedsbetrag beider Konten, der jederzeit einen Überblick verschafft, ob die Firma Gewinn oder Verlust macht. Eine bahnbrechende Neuerung!

Zentrum der deutschen Handelshäuser war Augsburg. Von hier regierten die Handelsfamilien der Fugger und Welser ihre Wirtschaftsimperien, die vom Bergbau über den Handel mit Tuchen, Seide, Gewürzen und Metallen bis zum Bankgeschäft reichten. Oberdeutsche Kaufleute

waren an der Finanzierung der ersten Indienfahrten der Portugiesen beteiligt. 1528 erhielten die Welser von Kaiser Karl V. Venezuela, wo sie allerdings vergeblich nach dem sagenhaften Goldland Dorado suchten.
Das Bankgeschäft erfuhr durch die großen Anleihen der Fürsten einen gewaltigen Aufschwung, wobei die Gläubiger eigentlich davon ausgehen mußten, daß die Gelder nicht zurückgezahlt werden konnten. Aber man nahm dies in Kauf, um sich durch Privilegien, vor allem Vorrechte in Bergbau und Handel, entschädigen zu lassen. Die Fugger erlangten so das Recht, als einzige Firma das Tiroler Silber zu verkaufen. Der Aderlaß durch fürstliche Schuldner zehrte jedoch oft das Vermögen der Unternehmer wieder auf. König Philipp II. hatte so viel Schulden, daß sie drei Viertel des Fuggerschen Vermögen ausmachten. Als er 1575 den Staatsbankrott in Spanien erklärte, mußten die meisten großen Handelshäuser in Deutschland und Italien ihre Zahlungsunfähigkeit erklären. Nur die Fugger und einige Nürnberger Familien konnten ihre in der Renaissancezeit erworbenen Vermögen in die Neuzeit hinüberretten. Ihre Gewinne legten sie in Immobilien, vor allem Landgütern, an, die damals wie heute krisenfest waren. 1514 wurden die Fugger zu Grafen und 1803 zu Fürsten erhoben.

Ein neuer Wirtschaftsfaktor: Bücher

Eine neue Rolle übernahmen in dieser Zeit die altbewährten Messen, allen voran die von Frankfurt und Leipzig. Damals begründete Frankfurt seinen Ruf als liberale, geistig lebendige Handelsmetropole, indem es ähnlich wie Leipzig seine Messe auch Waren öffnete, die andernorts vielfach unter dem Warentisch verkauft werden mußten: Bücher, deren Siegeszug den Unwillen der Obrigkeit erregte. Die Bücherzensur ist so alt wie die Kunst des Buchdrucks.
Die Bedeutung des neuen Mediums für die frühe Neuzeit liegt auf der Hand: Die neuen Ideen des Humanismus und der Reformation fanden über den Druck eine schnelle und weite Verbreitung. Um 1500 existierten in Europa bereits 1120 Druckereien. Man schätzt, daß bis zu diesem Zeitpunkt 27000 Werke mit einer Gesamtauflage von rund 10 Millionen Exemplaren gedruckt wurden. Bis 1600 stieg die Buchproduktion auf 520000 verschiedene Titel an! Luthers Übersetzung des Neuen Testaments erschien 1522 in 5000 Exemplaren, nach 15 Jahren waren es 200000. Sie kam zum Preis von 1½ Gulden auf den Markt. Die von Gutenberg gedruckte Bibel (1455) kostete ca. 42 Gulden (Gegenwert: 14 Ochsen), eine handgeschriebene Bibel 300 Gulden (Ge-

genwert: ein Bauerngut). Neben Luthers Schriften waren vor allem die Werke der Humanisten (Erasmus von Rotterdam, Ulrich von Hutten) Bestseller. Große Auflagen erzielte auch die Schwankliteratur. Ihr bekanntester Vertreter ist das »Narrenschiff« (1494), auf dem der Straßburger Sebastian Brant die Torheiten und Narren dieser Welt versammelt. Der Erfolg dieser Werke erklärt sich nicht zuletzt aus der geschickten Verknüpfung von Texten mit Holzschnitten. Das Buch sprach so auch die breite Masse der Analphabeten an. Man schätzt, daß damals nur jeder 10. Deutsche lesen konnte.

Neue Erzeugnisse: Brillen, Mikroskope, Uhren

Berühmt geworden sind die Holzschnitte aus dem »Ständebuch« (1568) des Züricher Jost Amman, zu denen Hans Sachs Verse schrieb. Erstaunen ruft die bunte Vielfalt der Handwerkerberufe hervor. Seit 1535 traten in Nürnberg die »Parillenmacher«, nämlich die Brillenmacher, als Zunft auf. Das Wort Brille stammt vom Namen des Bergkristalls »Beryll«, aus dem die Linsen hergestellt wurden. Man kannte bereits Gläser für Weit- und Kurzsichtigkeit, die meist als »Nasenquetscher« oder als »Stirnfortsatzbrille«, also mit Nasenklemmer oder mit Lederriemen um den Kopf, getragen wurden; die »Ohrenbrille« kam erst viel später auf.
Durch die Erfindung von Mikroskop und Fernrohr nahmen die optischen Werkstätten einen starken Aufschwung.
1510 erfand der Nürnberger Peter Henlein die Uhr mit Unruh und Stahlfeder, so daß man auf Pendel als Regulativ und Gewichtsteine als Antrieb verzichten konnte. Das war die Geburt der Taschenuhr. Das Werk steckte in einer Metalldose von zylindrischer Form, dem man später die Form eines Eies verlieh. Die »Nürnberger Eier« wurden zum Verkaufsschlager der Hormacher, Orlemacher, also Uhrmacher.
Erfindergeist und Handwerkskunst machten vor allem Nürnberg zu einem Zentrum des aufblühenden Gewerbes. Die fränkische Reichsstadt war aber auch als »Waffenschmiede des Reiches« bekannt. Geschütze, eiserne Kanonenkugeln und Panzerhemden festigten Nürnbergs Stellung auf dem Weltmarkt.

Neue Techniken in Bergbau und Textilgewerbe

Karl V. nannte im Jahr 1525 die Bergwerke »die größte Gabe und Nutzbarkeit, die der Allmächtige dem deutschen Lande gegeben hat«.

Niederlassungen und Handelsverbindungen der Fugger und Welser
Niederlassungen der Fugger
Niederlassungen der Welser
Wangorod
Reval
Narwa
Riga
Helsingör
Malmö
Kopenhagen
Lübeck
Danzig
Stettin
Lüneburg
Posen
London
Frankfurt
Warschau
Antwerpen
Köln
Leipzig
Breslau
Lemberg
Rouen
Frankfurt
Krakau
Mainz
Teschen
Paris
Nürnberg
Prag
Neusohl
Straßburg
Regensburg
Augsburg
Wien
Klausenburg
Lindau
Salzburg
Ofen
Innsbr.
Villach
Genf
Lyon
Mailand
Marburg
Bordeaux
Bozen
Zeugg
Pettau
Hermannstadt
Avignon
Toulouse
Venedig
Genua
Agram
Narbonne
Medina
Zaragoza
Florenz
Perpignan
Livorno
Madrid
Aquila
Barcelona
Rom
Lissabon
Almargo
Neapel
Sevilla
Cadiz
London
Hamburg
Antwerp
Augsburg
Mars.
Venedig
Lissabon
Aleppo
Kanarische Inseln
Cadiz
Alexandrette
Ormuz
Mexico
Santo Domingo
Vera Cruz
Goa
Nombre de Dios
Portobello
Coro
Panama
Maracaibo
Santa Marta
Callao
Lima
Huancavelia
Chincha
Potosi
Rio de Janeiro
Buenos Aires
Handelsniederlassungen
Levantehandel
Fuggersche Amerikalinien
Fugger und Welser

Bis zur Entdeckung der Neuen Welt war Deutschland das metallreichste Land gewesen. Blei gewann man in der Eifel, Quecksilber in der Pfalz, Zink im Erzgebirge, das für die Messingindustrie wichtige Galmei vor allem am Alten Berg bei Aachen. Silber und Kupfer wurden meist zusammen gefördert und die Erze durch Zusammenschmelzen mit Blei verhüttet (gesaigert). Die Hauptfundstätten waren der Harz, Sachsen, Tirol und Oberungarn, wo ebenso wie in Böhmen deutsche Bergleute ansiedelten. Gold gab es vor allem in Tirol, Schlesien und Böhmen, aber die Gold- und Silbergewinnung erlahmte rasch, als die billige und reichlichere amerikanische Konkurrenz den europäischen Markt überschwemmte.

Die deutschen Mittelgebirge, vor allem das Rheinische Schiefergebirge und die Oberpfalz, waren reich an Eisenerzen. Da die leichter zugänglichen Vorkommen bereits erschöpft waren, mußte man, um die begehrten Erze ans Tageslicht zu heben, jetzt Stollen und Schächte in größere Tiefen treiben. Das bedeutete zunehmende Schwierigkeiten: Vor allem mit dem Problem, das Sicker- oder Quellwasser zu beseitigen, war man im Mittelalter nie recht fertiggeworden. Wenn beim Arbeiten eine Wasserader zugeschlagen wurde, blieb den Bergleuten oft keine Möglichkeit zur Flucht. Tausende müssen auf diese Weise ertrunken sein. Und! So lange die Erzblöcke nur mit Menschenkraft zu Tage gefördert wurden, blieb die Förderleistung gering.

Der »Bergsegen«, aber auch der Zwang sich gegen ausländische Konkurrenz zu behaupten, verlangte so nicht nur immer größere Abbautiefen, sondern forderte zu Ingenieurleistungen heraus, die deutsche Berg- und Hüttenleute schließlich auch im Ausland berühmt machten. Der Chemnitzer Stadtarzt und Bürgermeister Georg Bauer, der seinen Namen nach der Sitte der Zeit in Georgius Agricola latinisierte, schrieb 1556 das zu seiner Zeit gefragteste Werk über Bergbau und Hüttenwesen (»De re metallica«). Die 292 Holzschnitte, die nach Agricolas Angaben gefertigt wurden, illustrieren eine Vielzahl von Erfindungen, z. B. den Einsatz von Blasebälgen zur Bewetterung, also zur Zufuhr von Frischluft in Schachtanlagen. Den Transport der gewonnenen Erze übernehmen Grubenwagen, »Hunde« genannt, die auf hölzernen Schienen durch einen Stift geführt werden, so daß sie nicht entgleisen können. Besonders interessant ist das Kehrrad, eine Fördermaschine mit Wasserantrieb, die z. B. in Schwaz (Tirol) in Betrieb war. Durchmesser des Wasserrades 11 Meter! Es weist zwei Beschaufelungen für Links- und Rechtslauf auf. Durch Umstellung der Wasserschützen schlägt das Betriebswasser abwechselnd auf die eine oder andere Radhälfte auf, so daß man das Rad vorwärts- und rückwärtslaufen lassen und die Geschwindigkeit regulieren kann.

Neue Technologien auch im Bergbau. *Belüftungssystem für ein Bergwerk in einer zeitgenössischen Darstellung nach dem Werk »De re metallica«, 1556, des Arztes und Mineralogen Georgius Agricola.*

Die Arbeit der Bergleute war hart und gefährlich. Von einer Grube in St. Andreasberg (Harz) wissen wir, daß der Arbeitstag eines Bergmanns 14 Stunden betrug. Um in die bis zu 800 Meter tiefen Stollen einzufahren, mußte der Hauer 1 ½Stunden auf rutschigen Leitern absteigen. Mit Schlegel und Pickel konnte er den Stollen in einem Arbeitsjahr um 3 Meter vorwärtstreiben. Gesamtlänge der Stollen in St. Andreasberg: 300 Kilometer.
Auch im Textilgewerbe kam es zu Verbesserungen der Produktionstechnik. Hier stellte das Flügelspinnrad, um 1480 erfunden, einen ersten wichtigen Fortschritt dar. Die mit Flügel versehenen Spinnräder spulen den gesponnenen Faden während der Arbeit fortlaufend auf. Hinzu kam der Fußantrieb.
Auf wieviel Widerstand fortschrittliche Techniken stießen, die eine höhere Produktivität ermöglichen, demonstriert die Sage vom Danziger Anton Möller, der angeblich 1586 den Bandwebstuhl erfand. Seine Maschine soll von einer wütenden Volksmenge verbrannt, er selbst in der Weichsel ertränkt worden sein. Die Zünfte kämpften für die Hand-

arbeit und gegen die Mechanisierung der Produktion. Dennoch verminderte sich die Zahl der je Webstuhl erforderlichen Arbeitskräfte im 16. Jahrhundert von etwa 6 auf wenig mehr als 3 Personen. Die klassische Formulierung für die fortschrittsfeindliche Haltung der Zünfte findet sich in einer Thorner Zunftordnung von 1523: »Kein Handwerker soll etwas Neues erdenken oder erfinden oder gebrauchen!«

Neue Unternehmensformen: Kapitalgesellschaften, Monopole

Im Spätmittelalter war der Bergbau in »Gewerken«, Genossenschaften von freien Bergleuten und Hüttenarbeitern, erfolgt. Diese hatten eigenhändig und zu gemeinsamem Gewinn oder Verlust geschürft und geschmelzt. Jetzt mußten die Gewerkanteile in Teilen, dann oft ganz an bergbaufremde Geldgeber verkauft werden. Die Anlage neuer Schächte und Stollen verschlang Unsummen, die durch die Ausgabe von Anteilscheinen, sogenannte Kuxen, finanziert wurde. Anfangs

Stichworte zu Kapitalgesellschaft

Zusammenführung von Geldgebern unterschiedlichster Herkunft mit dem Ziel, einem Unternehmen oder einer Handelsgesellschaft eine größtmögliche Menge Kapital zu schaffen, ohne daß die Geldgeber (Gesellschafter) eine direkte Rolle in dem Unternehmen oder dessen Leitung spielen müßten oder könnten.

Stichworte zu Monopol

griech./lat. = Vorrecht, alleiniger Anspruch

Vereinigung einer gesamten Produktion, eines gesamten Warenangebots oder eines gesamten Rohstoffes in einer Hand, mit dem Ziel, jeglichen Wettbewerb auf dem Markt auszuschalten, so daß es für den Monopolinhaber möglich ist, Angebot und Nachfrage zu beeinflussen und so die Preise nach seinen Vorstellungen zu gestalten. Das Monopol ermöglicht höhere Gewinne als der vom Wettbewerb bestimmte Markt. Jedes Monopol entwickelt langfristig eine gewisse Militanz, da es bestrebt ist, anderen den Zugang zu seinem Markt oder Rohstoffquellen unmöglich zu machen.

konnten auch kleine Leute in das Geschäft mit dem »Bergsegen« einsteigen. Luthers Vater, von Herkunft Bauer, kaufte sich in ein Mansfelder Gewerke ein, arbeitete selbst als Hauer mit und schwang sich durch äußerste Sparsamkeit zum Mitbesitzer von sechs Schächten und zwei Hütten auf. Als die Gruben immer größer und kostspieliger wurden, traten Kapitalgesellschaften auf, die im allgemeinen nicht in der Region heimisch waren. Bis zur Mitte des 16. Jahrhunderts hatten die Augsburger Fugger die Kupfer- und Silberminen in Tirol und Ungarn fest in Händen, auch Thüringen, Sachsen, Böhmen und Schlesien hatten oberdeutsche Unternehmer, allen voran die Welser, eine führende Rolle. Diese bemühten sich zunächst nur um den Handel mit Erzen, wobei sie, um die Preise hochzuhalten, das Recht des Alleinverkaufs, das Monopol anstrebten. Schließlich erwarben sie die Gruben und Hüttenwerke selbst und kontrollierten so die Montanindustrie vom Abbau über die Verhüttung und Verarbeitung bis zum Handel.

Verschlechterung des Sozialstatus' – Streiks und Aufstände

Die berufsstolzen Bergleute sahen sich zu Arbeitnehmern, zu Lohnempfängern, herabgedrückt. Zu den »gelernten« Arbeitern, den Bergknappen, kamen die »ungelernten«, die z. B. das Wasser aus den Gruben schöpfen mußten. Oft lebten in einem Revier einige hundert, vereinzelt einige tausend Bergleute mit ihren Familien. Im Schwazer Bergbau (Tirol) waren 1550 rund 12000 Arbeitnehmer beschäftigt. Die Wohnungsnot war groß, hinzu trat die ständige Sorge um Arbeit und Brot, denn der Bergbau war krisenanfällig. Frauen- und Kinderarbeit kamen auf. Im großen Bauernkrieg 1525 erhoben sich in Tirol mit den Bauern auch die Bergknappen gegen ihre Herren und Geldgeber. Immer häufiger kam es zu Streiks und sozialen Unruhen. Wie stark das Zusammengehörigkeitsgefühl der Bergknappen war, zeigt die Einrichtung von Hilfs- und Unterstützungskassen, sogenannten Knappschaftskassen, die ein Vorläufer der modernen Kranken- und Rentenversicherung sind.

Textilien in Großproduktion und auf »Verlegerbasis«

Neben Landwirtschaft und Bergbau war das Textilgewerbe der dritte große deutsche Produktionszweig. Die wichtigste Region für die Wolltucherei fand sich am Niederrhein, vor allem mit den Zentren Aachen, Köln und Krefeld. In Franken war Nürnberg, in Baiern München ein

***Ambulanter Händler vor einer Burg.** Darstellung aus dem frühbarocken »Politischen Schatzkästlein« von Daniel Meisner und Eberhard Kieser mit Städteansichten und moralischen Sinnsprüchen. Frankfurt/M. 1625–1631.*

Zentrum, in Ulm saß die Lodenweberei, Seiden- und Brokatgewebe kamen vor allem aus Köln und Straßburg. Am Bodensee, in Westfalen und im östlichen Mitteldeutschland blühte die Leinenherstellung auf.
Wir dürfen vermuten, daß der Besitz von zwei Kitteln (also einen für den Werktag und einen für den Sonntag) bei breiten Bevölkerungsschichten bereits Luxus bedeutete. Tuche wurden verwendet, bis die letzte Faser zerfiel, denn ihr Preis war hoch. Und doch sorgte der Wohlstand der städtischen Oberschicht und deren Freude an Prunk und Aufwand für ein ausgeprägtes Bedürfnis nach Mode und Tracht. Dies zeigt sich u. a. in der Vielzahl von Trachtenbüchern und Kleiderverordnungen, die sich mit diesem Thema beschäftigten.
Produzenten und Händler erkannten auch die Chancen einer steigenden Nachfrage nach preiswerter Kleidung und versuchten, ihre Produktion umzustellen. Neben den alten, schweren Wolltuchen kamen leichtere, billigere Stoffe auf den Markt, die man »Zeuge« nannte. Man verzichtete auf den langen, kostenintensiven Prozeß des Käm-

mens und Walkens und beschränkte sich auf Streichgarn. Im Angebot waren auch Halbstoffe aus Wolle und Seide bzw. Baumwolle und Leinen.
Ähnlich wie im Bergbau drängten Fernkaufleute in das Textilgewerbe, die mit höheren Stückzahlen und geringeren Kosten durch Einsatz neuer Produktionsmethoden das Warenangebot steigerten. Das »Verlagswesen« breitete sich aus. Das Wort »Verlag« leitet sich von Vorlage ab. Den Kaufmann, der mit Rohstoffen mittellosen Handwerkern unter die Arme griff oder Darlehen zur Erweiterung der Betriebe gewährte, vorschoß, also in »Vorlage« trat, nannte und nennt man »Verleger«. Der Handwerker mußte sich verpflichten, dem »Verleger« seine Erzeugnisse ganz oder zum Teil zum Vertrieb zu überlassen. Die Preise konnte der »Verleger« bestimmen, denn er besaß ja das alleinige Verkaufsrecht.
»Verleger« legten Fertigungsverfahren und Qualitätsnormen fest, zwangen Betriebe zur Umstellung auf ein oder wenige Produkte und brachten so viele Meister, ja ganze Zünfte in ihre Abhängigkeit. Weil ihnen das traditionelle Handwerk zu unflexibel und kostenintensiv erschien, vergaben »Verleger« einzelne Aufträge in Heimarbeit an meist ländliche, billige Arbeitskräfte.
Vor- und Nachteile des Verlagswesens waren ungleich verteilt. Der Verbraucher konnte jetzt aus einem größeren, billigeren Warenangebot auswählen, mit dem Umsatz stiegen die Gewinne der Verleger, während sich das Handwerk seiner Selbständigkeit beraubt sah.

Bilanz der Epoche: Wettstreit individueller Leistung und organisierter Großproduktion

Es ist sinnvoll, sich rückblickend noch einmal zu vergegenwärtigen, welche Leistungen Handel und Gewerbe hervorbrachten, ehe die Katastrophe des Dreißigjährigen Krieges eintrat. Zwar dürfen die Auswirkungen der Entdeckungsfahrten, zumal auf den mitteleuropäischen Wirtschaftsraum, nicht überschätzt werden: Nicht nur, daß sich die Schiffahrt nach Afrika, Asien und Amerika jährlich auf einige Dutzend Schiffe beschränkte, während auf Nord- und Ostsee sowie im Mittelmeer Hunderte von Schiffen unterwegs waren – der transatlantische Handel zog sogar Aktivitäten aus Mitteleuropa ab und führte zu neuen Handelszentren an der Küste. Aber die Entdeckungen und Erfindungen sowie internationale Kontakte und Verflechtungen beflügelten die Phantasie der Menschen auch dort, wo jahrhundertelang die Tradition am stärksten war: in der Organisation der menschlichen Ar-

Charakteristische Berufe der Zeit: *Links ein Bader, der Schröpfköpfe ansetzt, rechts ein Schriftgießer bei der Arbeit. Aus: Hans Sachs: »Beschreibung aller Stendt auf Erden«, Illustrationen von Jost Amman.*

beit. Unter dem Einfluß der Renaissance, die ja das selbständig handelnde Individuum neu entdeckt hatte, trat das private Erfolgs- und Gewinnstreben, die Möglichkeit, auch Macht als Ergebnis wirtschaftlichen Erfolgs zu besitzen, als Beweggrund wirtschaftlichen Handelns stärker in den Vordergrund als das Familien-, Gemeinde- oder Zunftbezogene Denken in vorgegebenen gesellschaftlichen Normen. Jakob Fugger soll auf den Rat, sich zur Ruhe zu setzen und seinen Reichtum zu genießen, geantwortet haben: »Er hätte ganz anderes im Sinn, er wolle soviel gewinnen, wie möglich sei.«

Aber nicht Geld allein, auch das Abenteuer riskanter Geschäfte und der Aufbau weitverzweigter, straff organisierter Wirtschaftsimperien muß die Handelsherren dieser Epoche fasziniert haben.

Eigenart und Bedeutung des frühen Unternehmertums zeigen sich am augenfälligsten in den berühmten Kupferstichen des Nürnberger Geschlechterbuches von 1610. Bedenken wir, daß es nicht Staatsmänner, sondern Großkaufleute sind, die uns hier, reich geschmückt mit den Symbolen von Macht und vornehmer Herkunft, entgegentreten!

Auch im Handwerk wird jetzt die individuelle Leistung stärker betont. Während auf der einen Seite das Handwerk niedergeht, Zünfte ihr Gewicht verlieren, Gesellen zu Lohnarbeiten, Familienbetriebe zu Manufakturen mit Massenware werden, gewinnt auf der anderen Seite die Schöpfung des einzelnen Gewicht. Seit der Renaissance verbinden wir mit Kunstwerken Lebensschicksale und individuellen Gestaltungswillen, wo zuvor der Künstler meist anonym blieb. Im Mittelalter waren Kunstschmiede, Maler und Bildhauer Handwerker wie andere Handwerker, Schuster, Bäcker oder Maurer, gewesen. Jetzt verbinden wir mit den Namen der großen Künstlerpersönlichkeiten Tilman Riemenschneider, Adam Kraft, Peter Vischer der Ältere oder Albrecht Dürer Handwerkskunst und Kultur einer Epoche.

Literatur

Feldhaus, Franz Maria: Kulturgeschichte der Technik, Band I/II, Hildesheim 1976

Henning, Friedrich-Wilhelm: Das vorindustrielle Deutschland 800 bis 1800, Paderborn 1977

Lütge, Friedrich: Deutsche Sozial- und Wirtschaftsgeschichte, Berlin 1980

Mummenhoff, Ernst: Der Handwerker in der deutschen Vergangenheit, Leipzig 1901

Roth, Guenther D.: Messen und Märkte, München 1965

Steinhausen, Georg: Kaufleute und Handelsherren in alten Zeiten, Leipzig 1899, Fotomechanischer Nachdruck 1970, 1976

Vocke, Herrmann: Geschichte der Handwerksberufe, 1959

Wurm, Franz F.: Vom Hakenpflug zur Fabrik, Frankfurt 1966

LOTHAR HÄUSLER

Höfisches Leben im 16. Jahrhundert

Höfischer Alltag – Die Fürstentafel – Höhepunkte höfischen Lebens – Höfische Erziehung – Die Welt der Hofdamen – Ehekontrakte – Hofordnungen als Signale einer neuen Zeit.

Die deutschen Fürstenhöfe des 16. Jahrhunderts lassen sich kaum mit jenen der späteren Barockzeit vergleichen. Sie stellten nämlich noch keineswegs vom gewöhnlichen Untertanen streng getrennte kultisch-sakrale Bezirke dar, in denen ein auf Distanzierung bedachtes Zeremoniell zum vorrangigen Instrument der Herrschaftsdarstellung des Gottesgnadentums gehörte. Vielmehr wiesen die Höfe der Territorialfürsten noch Züge eines ursprünglichen, lebendigen Personenverbandes auf, innerhalb dessen sich die Beziehungen zwischen Fürst und Hofbediensteten, zwischen hoch und niedrig, persönlicher, privater, weil etikettefreier gestalteten.
Der patriarchalische Charakter höfischen Lebens wird am ehesten in den Hofordnungen deutlich, die sich in erster Linie mit elementaren Bedürfnissen der Bediensteten beschäftigen, die bekanntlich vom Hof verköstigt und eingekleidet wurden. Hofdienst war damals zugleich Staatsdienst; Hofverwaltung und Staatsverwaltung gingen miteinander einher. So registrierten die Hofordnungen grundsätzlich sämtliche Einrichtungen des Hofstaates gleichrangig, seien es Küche, Keller, Stallungen oder die Ratszimmer, Silberkammer oder die Rentei. Mindestens bis in die späten Jahrzehnte des 16. Jahrhunderts boten sich einem Beobachter höfischen Lebens ähnliche Bilder, ganz gleich, ob er sie am Hofe des Kurfürsten von Sachsen, des Herzogs von Preußen, des Markgrafen von Brandenburg-Ansbach erlebt hätte.

Der Tagesablauf am Hof

Betrachten wir einmal den gewöhnlichen Tagesablauf an einem solchen Fürstenhof näher! Je nach Jahreszeit begannen die Hofräte ihre

Arbeit um 6 oder 7 Uhr, das Gros der Bediensteten eine Stunde später. Während der Woche erwartete der Landesherr, daß seine Hofbeamten wenigstens einmal den Morgengottesdienst besuchten.
Nach dem Kirchgang gab es auf den Zimmern und Amtsstuben die Morgensuppe, dazu, je nach Dienstrang, ein Glas Wein oder Bier. Bereits um 10 Uhr läutete es zur Hauptmahlzeit, für die das Protokoll zwei Stunden veranschlagte.
Um 12 Uhr war für die höchsten Beamten das Tagewerk meist schon getan, es sei denn, der Fürst hätte am Nachmittag eine Ratssitzung einberaumt. In der Zeit zwischen 12 und 14 Uhr fanden die Herren Gelegenheit, den Hofdamen einen Besuch abzustatten, freilich unter der Aufsicht der Hofmeisterin, die auf gutes Benehmen und entsprechende Distanz zwischen den Geschlechtern achtete.
Um 14 Uhr legte man eine kurze Vesperpause ein, und eine Stunde später war es bereits Zeit, sich an der »Abendtafel« einzufinden, die sich gewöhnlich bis 21 Uhr hinzog. Da schlossen nämlich Keller und Küche ihre Pforten. Wegen der mangelhaften Beleuchtungsverhältnisse empfahl es sich, schon frühzeitig ins Bett zu gehen. Wer nicht im Schloß selbst wohnte, hatte den Hof bis 21 Uhr zu verlassen. Hofadel und höhere Beamte mußten nicht unbedingt im Schloß logieren; sie hatten ihre Wohnungen in der Residenzstadt, die sie ohne Wissen des Hofmarschalls nicht verlassen durften.

»Unziemlichkeit« und Maßlosigkeit . . .

Es ist kein Wunder, daß bei einem solchen Tagesablauf die Lautstärke an der Tafel von Stunde zu Stunde zunahm, jedenfalls rügen die zeitgenössischen Quellen den rauhen Stil immer wieder. Die Hofordnung Johanns von Küstrin vergleicht das Treiben der Hofstube mit jenem gewöhnlicher Schenken. Die Klagen reißen nicht ab über lautes Fluchen, gottloses Scherzen, das Werfen mit Knochen, weil man Hunde mitgebracht hatte; der Vorwurf der »Unziemlichkeit« betraf übrigens nicht nur das Gesinde, sondern auch »Grafen und Herren«. Es ist kein Zufall, daß das widerlichste Bild, das die deutsche Literatur zur Völlerei überliefert hat, aus der zeitgenössischen Feder eines Hans Sachs stammt. Auch das Memoirenwerk des Ritters Hans von Schweinichen bestätigt jene Auswüchse an Maßlosigkeit, die damals an den Höfen um sich griffen.
Nicht grundlos hat es manche Fürstenfamilie in dieser Zeit vorgezogen, erst an der Tafel zu erscheinen, wenn das Gros der Bediensteten bereits verköstigt war.

Hofhaltung der Nassauer Grafen: *Schloß Weilburg an der Lahn – geglückte Synthese aus Stilelementen der Renaissance und des Barocks, entstanden seit dem 16. Jahrhundert, vollendet 1703.*

Die Fürstentafel – Speisen und Getränke im Überfluß

An der Fürstentafel saßen oft bis zu 400 Personen. Kein Wunder, wenn ein sächsischer Kurfürst im Blick auf seinen Haushalt klagt, daß ihn die Abspeisung jährlich 100000 Gulden koste! An so einer Tafel, die sich natürlich auf mehrere Räume und Säle verteilte, saßen die unterschiedlichsten Gäste: Der Kanzler und Vizekanzler, die Kammer-, Geheim- und Renteiräte, Hof- und Jägermeister, Hofhandwerker, Pagen und Musikanten, Ritter, Kutscher und Stallknechte, dazu die täglich wechselnden fremden Tafelgäste. Von der Tafel lebten aber auch viele Ungeladene, die sich durch »Abschlepper« mitversorgen ließen. Die Auffassung war ja weit verbreitet: Auf einen Esser mehr oder weniger kommt es nicht an, im übrigen gibt der Landesvater gerne.

Richtig ist, daß die Fürsten stets auch Arme und Kranke mitversorgen ließen. Und ferner trifft es zu, daß niemand am Hofe zu hungern brauchte, denn die Tafel war täglich reich gedeckt, die Zahl der gereichten Gänge lag bei den Hauptmahlzeiten zwischen fünf und neun;

je nach Dienstrang standen entsprechend viele »Schüsseln« zu. Täglich gab es gekochtes, gepökeltes, gebratenes oder geräuchertes Fleisch, täglich Wildbret und Fischgerichte aller Art. Hirse, Hafergrütze oder Reis ersetzten die noch unbekannte Kartoffel. Der Hofkeller bot neben verschiedenen Hausbieren edle Rhein- und Neckarweine, dazu den »welschen Roten«. Wenn illustre Gäste bei Hofe weilten, ging es über 21 Uhr hinaus bis in die Nacht hinein an der Tafel hoch her.

Ehrenvoll aber fast immer undankbar: das Amt des Hofmarschalls

Daß nur einwandfreies Essen aufgetragen und ungepanschter Wein gereicht wurde, dafür sorgte der Marschall, der die Kontrolle über den Haushalt ausübte, für den Burgfrieden verantwortlich war, die Oberaufsicht im Ratskollegium innehatte und dem Hofgericht vorstand. In den einzelnen Territorien taucht dieses Amt auch unter den Bezeichnungen »Hofmeister«, »Schloßhauptmann« oder »Burggraf« auf. Zog der Fürst mit seinem Gefolge über Land, dann oblag dem Marschall die Zugordnung, übrigens eine undankbare Aufgabe, weil bei solchen Ausritten die Reiter gerne durch die Felder sprengten und dabei mit ihren Hunden unter dem Federvieh der Bauern großen Schaden anrichteten. Es sind daher manche Beschwerden über solche »Unzucht der Höflinge« bekannt geworden.

Fürstliche Familienfeste – farbige Schauspiele für Gäste und Bevölkerung

Höhepunkt höfischen Lebens waren natürlich die fürstlichen Familienfeste wie sie anläßlich der Geburt, Taufe oder Eheschließung eines Prinzen oder einer Prinzessin begangen wurden. In diese Feiern bezog man auch die Untertanen außerhalb des Schlosses ein. Da gab es Feiertage mit Dankgottesdiensten, Umzügen, Volksbelustigungen, Tanzvergnügen und – hie und da – kostenlosen Rot- und Weißwein aus einem öffentlich aufgestellten künstlichen Brunnen. Hochzeiten dauerten Tage; vom farbenprächtigen Aufzug des Brautpaares über die kirchliche Vermählung, die Übergabe der Geschenke bis zum sogenannten Beilager verlief alles in beinahe barockem Überschwang.
Aus erhaltenen Furier- und Quartierzetteln kann man Rückschlüsse auf die Zahl der Gäste ziehen. So mußten allein bei der Vermählung

Ein adliger Raufbold 1515
Selbstdarstellung des Götz von Berlichingen

Berlichingen berichtet von seiner Fehde mit dem Erzbischof von Mainz, unter deren Folgen weniger seine Standesgenossen als die einfachen Leute zu leiden hatten:
Nun war ich des Sinnes, diese Gegend ein wenig unsicher zu machen und wollte mein Heil weiter versuchen. Um mich ein wenig zu rächen, brannte ich in einer Nacht in Begleitung von nicht mehr als nur sieben Reitern drei Orte nieder, das waren Ballenberg und Oberndorf [bei Krautheim im Odenwald], sowie das Schafhaus zu Krautheim unter dem Schloßberg. [. . .] Gern habe ich gleichwohl nicht gebrannt, aber ich hoffte diesmal, daß der Amtmann herausrücken werde, und hielt deshalb auch eine Stunde oder zwei zwischen Krautheim und Neustadt; denn es war eine schneehelle Nacht und ich hoffte auf ein Treffen mit ihm. Aber während ich unten brannte, rief der Amtmann nur von der Mauer herab, ich aber schrie zu ihm hinauf, er solle mich hinten lecken.
Doch war hier kein langes Sattelhocken [Zaudern] und ich machte mich wieder davon. Drei Tage danach ergriff ich einen aus Miltenberg, der hieß Reulin, mit drei Geschirren, danach aber wandte ich mich weiter weg in ein fremdes Land. Da erfuhr ich zu meinem Glück, daß sechs Domherren und Räte auf einem Wagen nach Halle in Sachsen zum Bischof von Mainz gefahren waren [der Erzbischof von Mainz war damals gleichzeitig auch Erzbischof von Magdeburg]. Es waren reiche Leute, die vierzehn Pferde bei sich hatten. Ich zog genaue Kundschaft über sie ein und hörte, daß sie schon wieder auf der Heimreise seien. Aber die Sache zog sich noch einen Monat hin, so daß ich viel Zeit verlor. Ich hielt drei Wege besetzt: durch den Thüringer Wald, durch Franken und durch die Buchen [im Stift Fulda]. Und sie wären, welche Straße sie auch zogen, in meine Hände gefallen. Meine Knechte lagen in Hessen und ich befahl ihnen, die Straßen zu besetzen, aber nichts zu unternehmen [. . .], aber sie hielten sich nicht daran, sondern überfielen zwei Dörfer im Ammelburger Amtsbezirk [in Hessen] und plünderten und brandschatzten sie, wodurch sie meinen Plan vereitelten [. . .], denn als die Räte hörten, daß man die Orte geplündert hatte, brachen sie in der Nacht wieder auf, nahmen frische Pferde und eilten fort.

Aus: Lebensbeschreibung des Ritters Götz von Berlichingen (1480–1562).
Übertragen nach der Ausgabe von 1731, S. 169ff.

des Markgrafen Albrecht Achilles mit Anna, der Tochter des Kurfürsten von Sachsen, über 2600 Pferde versorgt werden. Die wohlhabendsten Bürger einer Residenzstadt beehrten sich dann, viele Gäste aus der Equipe der geladenen Fürsten, Bischöfe, Mark- und Landgrafen, Ritter und kaiserlichen Botschafter zu beherbergen. Illuminationen, Wasserspiele, Fackeltänze und Turniere gewährleisteten ein abwechslungsreiches Festprogramm.

Bei Fürstenhochzeiten bildete die Zeremonie des Beilagers einen gesellschaftlichen Höhepunkt. Man geleitete nämlich das jungvermählte Paar zum Ehebett und schlug über Braut und Bräutigam eine Decke zusammen, zum Zeichen, daß der Ehebund öffentlich geschlossen sei.

Die Schaulust des einfachen Volkes kam auf ihre Rechnung, wenn für die Besten im Rennen, Stechen und Reiten eine Siegerehrung vorgenommen wurde. Da gab es in farbenprächtiger Szenerie außergewöhnliche Trophäen zu bewundern: ein goldenes Schwert, ein kostbares Zaumzeug oder ein prachtvolles Edelsteingehänge.

Schon aber wurden bei solchen Festlichkeiten auch erste Anzeichen einer herrschaftlichen Distanzierung gegenüber den Landeskindern erkennbar, so wenn etwa im Jahre 1511 bei der Hochzeit Heinrichs I. von Württemberg mit der Tochter Herzog Albrechts IV. von Baiern der Weg zwischen dem Stuttgarter Schloß und der Kirche mit Schranken versehen wurde, die mit geharnischten Knechten besetzt waren, während noch 1475 bei der Landshuter Hochzeit die Zünfte Spalier gebildet hatten.

Mehr abenteuerlicher Exzeß als waidmännische Kunst: Die Jagd

Abwechslung in den höfischen Alltag brachten auch die aufwendigen Jagdveranstaltungen, an denen die Damen des Hofes sowie vom Landesherren eingeladene Gäste teilnahmen, die sich ihrerseits mit wertvollen Waffengeschenken revanchierten. Daß manche Treibjagd in blutige Exzesse ausgeartet ist, hängt zusammen mit der Jagdleidenschaft des Zeitalters, mit der langen Dauer solcher Veranstaltungen und nicht zuletzt mit dem Bedürfnis der Fürsten, sich bei waidmännischen Erfolgen wie ein Sieger gefeiert zu sehen. So hat Philipp der Großmütige von Hessen einmal voller Stolz auf eine Strecke von 1000 erlegten Wildschweinen und 150 Hirschen hinweisen können. Daß die außerordentlich aufwendigen Veranstaltungen auch schwere Flurschäden verursachen konnten und eine Sorge und Plage für die Bauern waren, sei nicht vergessen.

›Entspanntheit‹ gebildeten, höfischen Lebens: *krasser Gegensatz zur Not weiter Volkskreise. »Unterhaltung im Freien«, Holzschnitt von Jost Amman, um 1580.*

Die Welt der Prinzen, Prinzessinnen, Fürstinnen und Hofdamen

Manche Mitglieder fürstlicher Familien trieben obskure Dinge. Erinnert sei an die alchemistischen Experimente des Herzogs Albrecht von Preußen, der – wen wundert das im Zeitalter eines Dr. Faust? – mit seltsamen Tinkturen Zeitkrankheiten wie den Schlagfuß zu bekämpfen versuchte. Selbst die Anwendung teuersten Diamantpulvers blieb freilich erfolglos.
Zur gründlichen Vorbereitung der fürstlichen Prinzen auf ihre künftige Regierung berief man gerne berühmte Lehrer an die Höfe. Erinnert sei an Namen wie Spalatin, Carion oder Bülow, Persönlichkeiten, die am sächsischen bzw. brandenburgischen Kurfürstenhof erfolgreich wirkten. Den Prinzenerziehern oblag die Unterrichtung in Sprachen, Geschichte, Jurisprudenz und Theologie sowie die Organisation der Universitätsstudien der Prinzen.
Bei Hofe lebten selbstverständlich auch immer wieder Söhne und Töchter aus verwandten Fürstenhäusern, um sich in höfische Lebens-

formen einführen zu lassen und sich für ihre späteren vielfältigen Aufgaben vorzubereiten.
Im Vergleich zum Leben der Herren bei Hofe verlief jenes der Damen unauffälliger, abgeschiedener, insgesamt wohl freudloser. Von der Landesfürstin, die dem fürstlichen Privathaushalt vorstand, erwartete man hervorragende frauliche Tugenden. Zwar konnte sie an Ausflugsgesellschaften und Jagdveranstaltungen teilnehmen, die meiste Zeit verbrachte sie allerdings in den Gemächern der Hofdamen, damals »Frauenzimmer« genannt. Da die Frauen für sich kochten, oblag der Fürstin die Küchenaufsicht. Sie erledigte die Lieferantenpost, sorgte beispielsweise dafür, daß der Hofbedarf an Tuchen, Seifen, Gewürzen oder Jagdwaffen gedeckt wurde, und veranlaßte bei Abwesenheit des Gemahls wichtige Nachsendungen. Zum täglichen Pflichtpensum gehörte die Einweisung von Näherinnen in Arbeiten zur Erhaltung teurer Leibwäsche; oft führte die Fürstin selbst kunstvolle Stickereien und Perlenarbeiten aus, wobei ihr besonders die jungen Hofdamen Gesellschaft leisteten. Untereinander wetteiferten die Landesfürstinnen im Versand von Geschenken. Schmuckwaren, Stickereien, Schönheitswässerchen, selbst exotische Vögel, Jagdhunde und Pferde wurden über Kurierdienste an befreundete Höfe verschickt.
Die Erziehung und Unterrichtung der Töchter lag in den Händen einer reputierten Hofmeisterin. Diese war meist aus adeligem Hause, oft Witwe, jedenfalls gebildet und Meisterin höfischer Umgangsformen. Sie überwachte den Umgang der Hoffräulein mit den Herren, achtete darauf, daß nur Pagen bis zum zwölften Lebensjahr im »Frauenzimmer« Dienst versahen und daß außerhalb der Besuchszeiten nur der Leibarzt oder »Balbirer« hier Zutritt erhielt.
Die besondere Sorge der Fürstin galt natürlich der standesgemäßen Verheiratung der Töchter, oft ein Problem im Deutschland der Reformation und Gegenreformation. Besonders umständlich gestalteten sich die Verhandlungen über Ehekontrakte, die man hin und wieder vom Kaiser förmlich bestätigen ließ. Zu einer Fernverlobung kam es, sobald der Bräutigam über seine Delegation, bestehend aus Hofmeister und einigen Räten, die Bestätigung und das Jawort der Braut eingeholt und zum Zeichen der rechtsgültigen Verlobung Brautring und Geschenke an die Brauteltern überreicht hatte.

Wandel höfischen Lebens am Ende des 16. Jahrhunderts

Wenn bisher der Versuch unternommen wurde, die durchschnittliche höfische Lebenswirklichkeit umrißhaft zu skizzieren, so muß zum

Höfische Residenzen und territoriale Zentren überall: *Schloß Bernburg an der Saale, eine ausgedehnte imponierende Renaissanceanlage mit einzelnen gotischen und barocken Bauteilen.*

Schluß betont werden, daß sich vor allem gegen Ende des 16. Jahrhunderts ein gewisser Wandel an der höfischen Szenerie erkennen läßt. Die patriarchalisch geprägte, von derber Sinnenhaftigkeit und Renaissancegeist bestimmte Hofatmosphäre weicht rationalistischer Etikette. Im Sinne eines neuen Herrschaftsverständnisses werden Hof und Gesellschaft durchstrukturiert, wobei besonders das formelhaft unpersönliche Zeremoniell und das damit einhergehende Distanzierungsbestreben auffallen. Einflüsse auswärtiger Höfe, vor allem Burgunds, Frankreichs und Spaniens, gewinnen Raum, und das Protokoll verdrängt mehr und mehr die bisher noch bestehenden lebendigen Beziehungen zwischen Fürst und Untertanen. Platzansprüche und Rangordnungen werden zementiert, Hofbedienstete zur »Kultdienerschaft« umfunktioniert.

Die Vergrößerung des landesherrlichen Pflichtenkreises insbesondere im kulturell-religiösen Bereich, die stärkere Bindung des Adels an den Hof, aber auch die zunehmende Kompliziertheit des politischen Lebens haben Veränderungen erwirkt, die erst in der gegenwärtigen Forschung bewußt gemacht werden.

Neuesten Untersuchungen zufolge beweisen Hofstaatzeugnisse des ausgehenden 16. Jahrhunderts, daß die patriarchalische Geschlossenheit des Hofstaatsgefüges verlassen wurde; der Fürst wird darin nicht mehr zum Hofverband gezählt, andererseits bleiben die unteren Bedienstetengruppen von der Tafel ausgeschlossen. Die soziale Differenzierung der Hofgesellschaft wird an einer unüberschaubaren Reihe von neuen Titulaturen deutlich, Lohnunterschiede bis zum 33fachen des Eingangsgehalts treten auf. Die sozialen Folgen dieser Entwicklung bedürfen in ihrem Ausmaß noch der näheren Untersuchung. Fest steht, daß der Hof sich für einen kranken oder dienstuntauglich gewordenen Hofdiener nicht mehr verpflichtet fühlt und dies just zu dem Augenblick, als der Fürst zur Ehre des Gottesgnadentums emporgehoben wird.

Die Durchgliederung der höfischen Lebenswelt führte jedenfalls über das Zeremoniell zur Festschreibung eines Systems, das mit psychischem Druck eine dünne Gesellschaftsschicht von der Masse der Untertanen abzuheben verstand. In den Hofordnungen des ausgehenden 16. Jahrhunderts kündigt sich unübersehbar ein neues Zeitalter an.

Literatur

Heim, Hans: Fürstenerziehung im 16. Jahrhundert. Beiträge zur Geschichte ihrer Theorie, Würzburg 1919

Hofmann, Hanns Hubert: Der Adel in Franken. In: Deutscher Adel 1430–1555 (Schriften zur Problematik der deutschen Führungsschichten in der Neuzeit, Bd. I), Darmstadt 1965

Lutz, Heinrich: Reformation und Gegenreformation, München/Wien 1979

Naumann, Hans/Müller, Günther: Höfische Kultur, Halle/Saale 1929

Plodeck, Karin: Hofstruktur und Hofzeremoniell in Brandenburg-Ansbach vom 16. bis zum 18. Jahrhundert, Ansbach 1972

Voigt, Johannes: Deutsches Hofleben zur Zeit der Reformation, Dresden o. J.

GÜNTER MERWALD

Literatur im Reformationszeitalter (1517–1600)

Geistige Strömungen der Zeit – Der »Dunkelmännerstreit« – Literatur im Zeichen des Glaubenskampfes – Zug zur Lehrhaftigkeit – Luthers Platz in der Literaturgeschichte – Die Ideen der Reformation im Streit der Meinungen – Das Drama als Instrument der religiösen Belehrung – Allmähliche Befreiung des Dramas von aktueller religiöser Thematik – Volksbuch und erste ›rechte‹ Romane, Schwänke und grobianische Literatur – Fischarts »Gargantua« – Ritterroman und Meistergesang – Gegen Ende des Zeitalters erst neue Ansätze in der Lyrik.

Humanismus und Reformation, die stärksten geistigen Kräfte des Jahrhunderts, prägen auch weitgehend das Bild der literarischen Produktion dieser Zeit des Umbruchs. Der Humanismus rückt den Menschen in den Mittelpunkt und wird so bahnbrechend für die reformatorische Bewegung, die ja die Ablösung von der Autorität der römischen Kirche und die Stärkung der Stellung des einzelnen »Christenmenschen« auf ihre Fahnen schrieb. Auf der anderen Seite unterscheiden sich aber die Ziele der Reformation grundlegend von denen des Humanismus: Er erstrebt ein an der Antike ausgerichtetes ›freies‹ Menschentum, die Reformation will die verweltlichte Papstkirche in das christliche Weltbild einbetten.

Unter den humanistischen Gelehrten war besonders der gebildete und weitgereiste Erasmus von Rotterdam auf Ausgleich und Versöhnung der Gegensätze bedacht. Er versuchte eine Verbindung von christlichem und antik-heidnischem Menschenbild. Der Reformator Luther, der auf Unterstützung durch den berühmten Erasmus gerechnet hatte, mußte später enttäuscht zur Kenntnis nehmen, daß der angesehene Humanist der alten Kirche treu blieb. Andere Humanisten dagegen gingen einen Weg, der die Gegensätze erst richtig bloßlegte.

Die Reuchlin-Fehde: Literarischer Auftakt der Reformation

Wie ein Wetterleuchten, das kommende Erschütterungen ankündigt, erscheint der sogenannte »Dunkelmännerstreit«: Johannes Pfefferkorn, ein getaufter Jude, verlangte die Einziehung und Verbrennung der jüdischen Schriften, vor allem des Talmud. Seinen Forderungen im »Handspiegel« (1511) trat der Humanist Reuchlin kritisch in seinem Werk »Augenspiegel« entgegen. Reuchlin wurde daraufhin wegen ketzerischer Ansichten belangt, seine Schrift vom Erzbischof von Mainz verboten. Die Auseinandersetzung erfaßte schnell weitere Kreise. Reuchlin erhielt von seinen humanistischen Freunden zahlreiche zustimmende Zuschriften, die er 1514 in der Sammlung »Epistolae clarorum virorum« (Briefe berühmter Männer) veröffentlichte. 1515 erschienen dann anonym die »Epistolae obscurorum virorum« (»Dunkelmännerbriefe«), eine zweiteilige Sammlung von erfundenen Briefen der Anhänger Pfefferkorns. Sie sind eine Satire auf die Beschränktheit der ›obskuren‹ konservativen Universitätslehrer, die mit ihrem miserablen Latein und ihren rückständigen Auffassungen der Lächerlichkeit preisgegeben werden. Für den radikaleren zweiten Teil war Ulrich von Hutten der Hauptverfasser: mit bitterer Polemik gießt er seinen Spott über die Andersdenkenden aus.

Diese »Dunkelmännerbriefe« erregten sofort ungeheures Aufsehen: ein Beleg dafür, wie brennend die breite Öffentlichkeit an diesen Fragen interessiert war. Durch die »Dunkelmännerbriefe« wurde nicht nur der Boden für die Reformation mit vorbereitet, sondern auch Ulrich von Hutten, der Vertreter eines radikaleren Humanismus, weithin bekannt.

Auf den wortgewandten, selbstbewußten Ritter aus Franken, der schon in jungen Jahren, während seines studentischen Wanderlebens, Ideen der verschiedensten Art aufgenommen hatte, wirkte neben dem Humanismus erasmischer Prägung besonders der des nationaler gesinnten Konrad Celtis. Die nationale Haltung Huttens drückt sich auch darin aus, daß er ab 1520 die deutsche Sprache für seine scharfen, oft polemischen Gebrauchstexte benutzte:

»Latein ich vor geschriben hab,
das was eim jeden nit bekandt.
Jetzt schrey ich an das vatterlandt
Teütsch nation in irer sprach.«

Auch in diesem Punkt war er Luther ähnlich, für dessen Sache er jetzt arbeitete und stritt.

Luther – Wegbereiter deutscher Gemein- und Schriftsprache

1517 war Martin Luther in die Arena der Geschichte getreten: Sein Thesenanschlag vom 31. Oktober an der Schloßkirche zu Wittenberg

ULRICH VON HUTTEN

Dem fränkischen Reichsritter, 1517 zum »Poeta laureatus« (lat. = lorbeerbekränzter Dichter) gekrönten humanistischen Schriftsteller und Anhänger der Reformation gerecht zu werden, fällt nicht leicht; sein Leben wie sein Wesen kennzeichnen starke Spannungen und schrille Dissonanzen.
Schon der Siebzehnjährige – geboren ist er 1488 auf der Steckelburg südlich von Fulda – flieht aus der Klosterschule. Unstete Wanderjahre bringen ihn in Kontakt mit den Humanisten (z. B. in Erfurt und Italien). 1515 zeigt er in den »Dunkelmännerbriefen« sein satirisches Können.
Während eines 2. Italienaufenthalts lernt er in Rom das verweltlichte Treiben der Geistlichen kennen, ein Eindruck, der sein künftiges Handeln stark bestimmt. Jetzt, in den letzten fünf Lebensjahren, die seinen literarischen Ruhm begründen sollten, beginnt Hutten planmäßig und gezielt zu arbeiten. In einem Brief an den Nürnberger Humanisten Pirckheimer (1518) vermerkt er, daß er zwar viel gesehen, aber noch nichts geleistet habe. Im Lied »Ich hab's gewagt mit Sinnen« umreißt er sein Programm: Den Kampf gegen die römische Kirche, die Deutschland ausbeutet, und für die deutsche Nation. Jetzt trägt er seine zahlreichen scharfen Angriffe und Aufrufe zum Widerstand in der Volkssprache vor. Er scheut vor keiner Übertreibung zurück; Demagogie gehört zu seinem Handwerk. In vielem arbeitet er Luther zu, doch war dessen religiöses Anliegen letztlich nicht identisch mit dem mehr politischen Ziel Huttens. Seinem politischen Radikalismus folgte schließlich auch Luther nicht mehr. Zuletzt nahm ihn nur noch Zwingli auf. Auf der Insel Ufenau im Züricher See starb Hutten 1523.
Sein bleibender literarischer Rang liegt in der überzeugenden Subjektivität einiger seiner Lieder und in der Sensibilität, mit der er auf die Zeiterschütterungen reagierte und sie in seinen publizistischen Schriften voll Pathos und Rhetorik formulierte.
(G. M.)

Ulrich von Hutten:
Ain new lied 1521

Ich habs gewagt mit sinnen
und trag des noch kain rew [rew = Reue]
mag ich nit dran gewinnen,
noch muß man spüren trew; [trew = Treue]
dar mit ich main nit aim allein,
wenn man es wolt erkennen:
dem land zu gut, wie wol man tut
ain paffenfeind mich nennen.

Da laß ich jeden liegen
und reden was er wil;
hett warhait ich geschwigen, [geschwigen = verschwiegen]
mir wären hulder vil: [= mir wäre viel Gunst erwiesen worden]
nun hab ichs gsagt, bin drum verjagt,
das klag ich allen frummen,
wie wol noch ich nit weiter flieh,
villeicht werd wider kummen.

Wil nun ir selbst nit raten [= sich selbst]
dies frumme nation, [dis = diese]
irs schadens sich ergatten,
als ich vermanet han, [vermanet = ermahnt]
so ist mir laid; hie mit ich schaid,
wil mengen baß die karten, [baß = besser]
bin unverzagt, ich habs gewagt
und wil des ends erwarten.

Ob dann mir nach tut denken
der curtisanen list:
ain herz last sich nit krenken,
das rechter mainung ist;
ich waiß noch vil, wöln auch ins spil, [wöln = (die) wollen]
und soltens drüber sterben:
auf, landsknecht gut und reuters mut, [reuter = Reiter]
last Hutten nit verderben.

Aus: R. v. Liliencron, Die historischen Volkslieder der Deutschen. Bd. III. 1867. S. 361 (gekürzt)

Streitschriften, Kampfansagen an den Papst, Kampf den Fürsten, nationale Reichsreform *kennzeichnen das Werk Ulrichs von Hutten: Titelseite von »Herr Ulrichs von Hutten anzoig«.*

kennzeichnet den Beginn der Reformation in Deutschland. Auch für die Literaturgeschichte ist Luther und die von ihm entfachte Bewegung in mehrfacher Beziehung außerordentlich bedeutsam: Einerseits bestimmten die theologischen Auseinandersetzungen nun einige Jahrzehnte lang weitgehend die literarische Produktion, andererseits wurden die Diskussionen um die Reformationsgesichtspunkte zunehmend in deutscher Volkssprache und nicht mehr in Latein – wie bisher üblich – geführt, um sie allen, auch Rittern, Bürgern, Bauern, verständlich zu machen. So und vor allem durch Luthers Übersetzertalent erhielt die deutsche Schriftsprache einen nachhaltigen Entwicklungsschub: Luther trug entscheidend zur Herausbildung der frühneuhochdeutschen Gemeinsprache bei. Und schließlich gab er dem geistlichen Lied durch Sammlung und Neuschöpfung wichtige Impulse.
Die literarischen Veröffentlichungen der beiden ersten Jahrzehnte seit Beginn der Reformation bestanden in erster Linie aus lehrhaftem Tendenzschrifttum; eine Blüte der ›agitatorischen‹ Texte im weitesten Sinn des Worts (wie z. B. Streitschriften, Dialoge, Satiren, Schuldra-

men) war die Folge. Der Literaturhistoriker Hans Rupprich weist in seinem Beitrag: »Das Zeitalter der Reformation« (Die deutsche Literatur im späten Mittelalter bis zum Barock, München 1973) mit Recht darauf hin, daß die Literaturgeschichte dieses Zeitabschnitts gattungsmäßig nicht darzustellen ist und nur stoffmäßig geordnet werden kann.

Flugschriften und Traktate

Zentrale Form der Verbreitung dieser meist für den Tag gedachten Produkte war die oft illustrierte Flugschrift, der sich alle möglichen literarischen Gattungen bedienten. Diese an den Augenblick gebundenen Schriften sind in der Regel keine ›große‹ Literatur. Von Luthers Leistung einmal abgesehen, fehlt es der Zeit weitgehend an bleibenden Werken ursprünglicher Art. Die Lutherbibel allerdings, eigentlich ja ›nur‹ eine Übersetzung, erhielt durch die Kraft ihrer Sprache eine die Zeiten überdauernde auch literarische Bedeutung.
Luther hatte sich schon früh, in der Erkenntnis, so seine Glaubensreform am ehesten dem ganzen Volk verständlich zu machen, für die Verwendung seiner Muttersprache als Schriftsprache entschieden. In seinen drei großen Programmschriften »An den christlichen Adel deutscher Nation«, »Von der babylonischen Gefangenschaft der Kirche« und »Von der Freiheit eines Christenmenschen« entwickelt er bereits 1520 die Grundpositionen seiner neuen Haltung. Es sind Schriften von großer sprachlicher Kraft; die dritte enthält die Summe von Luthers Denken: Die Lehre von der Gnade, die allein den Menschen erlöst, und die Auffassung von der zentralen Stellung der Bibel für das christliche Leben.
Diese Schriften erregten weithin sehr großes Aufsehen und erzielten für die damaligen Verhältnisse ungeheure Auflagen. Luthers außerordentliche Fähigkeit, schwierige Zusammenhänge knapp und präzise formuliert darzustellen, kam seiner neuen Lehre sehr zugute.

Luthers Bibelübersetzung

Die sprachliche Meisterleistung Luthers ist allerdings unstreitig seine Bibelübersetzung (1522 des Neuen Testaments, 1534 der gesamten Bibel). Das Neue an dieser Übersetzung ist zum einen, daß Luther auf die hebräischen und griechischen Urtexte zurückgreift, hierin philologisch exakt im Sinne des Humanismus; zum anderen, daß er sich für

die freie Wiedergabe entscheidet, in einer von ihm gewählten Sprachform, die Allgemeinverständlichkeit mit lebendiger Gestaltung verbindet. Die Allgemeinverständlichkeit erreicht er, indem er seiner Übertragung das Ostmitteldeutsche zugrunde legt, so »daß mich beide, Ober- und Niederländer, verstehen mögen. Ich rede nach der sächsischen Kanzlei, welcher nachfolgen alle Fürsten und Könige in Deutschland«.
Zugleich bemüht sich Luther, in Wortwahl, Satzbau und Bildwelt »deutsch« zu reden, d. h. so, wie die Leute reden, also in einer gehobenen Umgangssprache. Denn, wie er im »Sendbrief vom Dolmetschen« (1530) sagt, »man soll Deutsch reden, [...] man muß die Mutter im Haus, die Kinder auf der Gassen, den gemeinen Mann auf dem Markt drumb fragen und denselbigen auf das Maul sehen, wie sie reden, und darnach dolmetschen«.
Die lebendige Kraft und Schönheit seiner Sprache ist freilich vor allem die Frucht seines überragenden Übersetzertalents und seiner Fähigkeit, den jeweiligen Sinn angemessen ins Deutsche umzusetzen. Kurt Rothmann stellt in »Kleine Geschichte der deutschen Literatur«, Stuttgart 1978, eine Textstelle der Nürnberger Bibelübersetzung von 1483 und eine der Lutherbibel gegenüber; der Vergleich zeigt die Leistung Luthers deutlicher als viele Worte:

Nürnberger Bibel von 1483:	Luther:
Ob ich red in der zungen der engel und der menschen, aber hab ich der lieb nit, ich bin gemacht als ein glockspeys lautend oder als ein schell klingend.	Wenn ich mit Menschen und mit engel zungen redet / und hette der Liebe nicht / So were ich ein donend Ertz oder eine klingende Schelle.

Auch wenn man Luthers Rolle als »Schöpfer des Neuhochdeutschen« bisweilen überschätzt hat, hat er doch mit seiner Bibelübertragung der neuhochdeutschen Gemeinsprache entscheidend zum Durchbruch verholfen. Die Lutherbibel wurde das Hausbuch der Protestanten und hat bis heute nichts von ihrer Wirkung und ihrem sprachlichen Reiz eingebüßt.
Ähnlich bedeutend war Luthers Stellung für das Kirchenlied; dem hohen Rang, den es jetzt in der Liturgie erhielt, entsprach die Pflege, die der Reformator ihm angedeihen ließ; er veröffentlichte bereits 1524 sein »Sangbüchlein« und dichtete selbst an die 40 geistliche Lieder, von denen einige zum festen Bestand des kirchlichen Liedguts bis heute gehören, etwa das bekannte »Ein feste Burg ist unser Gott« oder »Vom Himmel hoch da komm ich her«. Eindringlich und erschütternd

ist auch das Lied »Mitten wir im Leben sind / mit dem Tod umfangen«, in dem noch einmal das mittelalterliche Memento mori-Motiv, das »Gedenke des Todes!« großartig gestaltet wird.

Die Reformation im Pro und Contra

Der Aufbau des reformatorischen Lehrgebäudes durch Luther und seine Mitstreiter und die damit verbundenen theologischen, politischen und sozialen Auseinandersetzungen hinterließen bei Freund und Feind literarisch ihre Spuren: von der Flugschrift bis zum Fastnachtspiel, von der Satire bis zum Volkslied ordneten sich nahezu alle literarischen Gattungen in diesen turbulenten Jahrzehnten dem einen großen Thema unter. Ein Beispiel mag das veranschaulichen.
Als 1520 Luthers drei große Traktate erschienen waren, antwortete ihm in dem elsässischen Franziskaner Thomas Murner ein Mann, der zunächst die Berechtigung von Luthers Kritik an innerkirchlichen Mißständen (etwa bei der Ablaßpraxis) durchaus anerkannt hatte. Er richtete noch 1520 mehrere Flugschriften an Luther, u.a. eine »Brüderliche Ermahnung«. Murner und diese Verteidigungsschriften der alten Lehre werden nun im folgenden Jahr in dem anonym erscheinenden Dialog »Karsthans« – der Verfasser war wohl ein Schweizer Humanist – satirisch aufs Korn genommen. Karsthans ist der Vertreter des Bauernstands (Karst = Hacke). Nur mit seinem gesunden Menschenverstand begabt, stellt der Bauersmann in einem Disput mit seinem eigenen Sohn »Studens«, mit dem Gott Mercurius und Murner knifflige Fragen. Als Luther persönlich dazukommt, ergreift Murner die Flucht, und Karsthans hält den Thesen Murners die entsprechenden Bibelstellen entgegen: Auch der scholastisch gebildete Sohn muß sich von seinem einfachen Vater korrigieren lassen.
Für den »Karsthans«, der als Flugschrift in kürzester Zeit zehn Auflagen erlebte, ›revanchierte‹ sich Murner 1522 mit der Verssatire »Von dem großen Lutherischen Narren«; er scheut jetzt vor kräftigen Strichen nicht mehr zurück. Luther wird persönlich angegriffen: Bei dem Exorzismus, den Murner an ihm vornimmt, quellen aus Luthers unförmigem Leib alle möglichen Narrenfiguren hervor. Der gestorbene Luther, den Murner in den Abort kippen läßt, wird schließlich unter Katzenmusik ins Grab gesungen, und der Lutherische Narr wird von Murner dem Himmel empfohlen, »darin die größten Narren leben«. Zeitbedingter Grobianismus und tiefe Betroffenheit Murners über Luthers Abfall von der Kirche fließen hier zusammen. Zahlreiche Holzschnitte illustrieren den durch sprühenden Witz ausgezeichneten geistvollen

Literatur der Reformationszeit – Pro und Contra: *Oben links: Murners antilutherische Streitschrift »Von dem großen Lutherischen Narren«, 1522. Oben rechts: »Das Rollwagenbüchlein«, eine Schwanksammlung als Reiseunterhaltung von J. Wickram, 1555. Unten links: Hans Sachsens bedeutende Reformationspoesie »Die Wittenbergisch Nachtigall«, 1523. Unten rechts: Titel des »Faustbuchs«, 1588.*

Text und tragen zur Verschärfung des satirischen Charakters bei; das Werk fügt sich in die Kette der Narrenliteratur seit Brants »Narrenschiff« (1494) als ein weiterer Höhepunkt ein. Es versteht sich von selbst, daß es weitere Streitschriften von Anhängern Luthers nach sich zog, die aber seinen literarischen Rang nicht erreichten.
Murner war als Satiriker schon vorher produktiv gewesen: Die Narrheit der Welt insgesamt oder in einzelnen Erscheinungsformen (z. B. 1512 in »Der Schelmen Zunft«) sind Gegenstand seines Spotts.
Diese Satire mehr unterhaltender Art blühte übrigens auch nach der eigentlichen Reformationszeit als eigenständige Gattung weiter, und zwar bis hinein ins 17. Jahrhundert. Bekannt ist z.B. der »Grobianus« von Friedrich Dedekind (1549), der starke Wirkung zeigte; die Stilrichtung des Grobianismus erhielt von diesem Titel ihren Namen.

Das Schuldrama in reformiertem Gewand

Der Einfluß der kirchlichen Reformbewegung wirkte sich auch auf Gestalt und Stoffe der Dramenliteratur aus: Luther selbst sprach sich dafür aus, biblische Stoffe auf die Verhältnisse der Zeit übertragen darzustellen. Die an den Lateinschulen damals üblichen Aufführungen dramatischer Werke – sie sollten rechtes Verhalten zeigen und gutes Latein fördern – boten sich dafür an. Wie sich zeigte, sollte dieses Schuldrama in seiner erzieherischen Tendenz unüberschätzbare Dienste für die Ausbreitung der reformatorischen Ideen leisten: die zunächst lateinischen Stücke folgten formal den antiken Komödien mit ihrer Akteinteilung, aber die Inhalte wurden der Bibel entnommen. Das Schuldrama trat mehr und mehr an die Stelle des geistlichen Spiels, das die Reformation nicht weiterpflegte. Zu den bedeutendsten Stücken dieser Tendenzliteratur zählt das lateinische »Pammachius« (1538) des Niederbayern Thomas Naogeorg; Naogeorg bezog in diesem schon im Jahr darauf ins Deutsche übersetzten Drama eindeutig Stellung für Luther: der Reformator selbst wird als Theophilus (»Gottesfreund«) eingeführt; die Gegenpartei verkörpert Pammachius, das herrschende Papsttum im Bunde mit dem Bösen. Das Drama geißelt Verfall und Entartung der römischen Kirche. Der fünfte Akt fehlt: das »Spiel« wird erst von Christus beim Jüngsten Gericht zu Ende geführt werden.
Im protestantischen Schuldrama, das besonders in Zentren der Reformation wie z. B. Straßburg blühte, wird immer wieder das Motiv des verlorenen Sohnes thematisiert: Luthers Lehre von der Rechtfertigung nur durch die Gnade Gottes, nicht durch die Werkgerechtigkeit,

Hans Sachs – Schuhmacher und Poet, *bedeutender bürgerlicher Dichter der Reformationszeit, Vertreter des Meistersangs und der Fastnachtspiele. Holzschnitt von Hans Brosamer, 1545.*

konnte hier augenfällig vorgeführt werden. So wird die biblische Erzählung etwa in der lateinischen Schulkomödie des Holländers Wilhelm Gnaphaeus »Acolastus« schon 1529 dramatisiert. Mit seinem überlegten Aufbau in fünf Akten wird der »Acolastus« zu einem »Modell« des protestantischen Schuldramas, das zahlreiche Auflagen erlebte und bald ebenfalls ins Deutsche übertragen wurde.

Fastnachtspiele: moralisch, humorvoll, unterhaltend

Dieses lateinische und bald auch deutsche Schuldrama hatte u.a. die Aufgabe, die weniger gesitteten Fastnachtspiele zu verdrängen, die allerdings gerade in dieser Zeit in Hans Sachs (1494–1576) ihren bedeutendsten Vertreter fanden. Über 80 Stücke dieser Art von dem Nürnberger »Schuhmacher und Poet« haben sich erhalten. Sie sind alle einheitlich aufgebaut, umfassen etwa 350 Verse und spielen zwischen drei bis sechs Personen; ihre Absicht ist eine durchaus moralische, doch macht sie ihr Realismus, ihre humorvolle Gestaltung und die oft »hemdsärmelige« Sprache zu recht unterhaltsamen, gut spielbaren Stücken. Ihre Themen sind allgemein moralischer Art (z. B. zwischenmenschliche Beziehungen) und dem bürgerlichen und bäuerlichen Milieu entnommen. Einige Fastnachtspiele von Hans Sachs sind bis heute lebendig geblieben, so z. B.: »Der fahrend Schüler im Paradeis« von 1550 (die Geschichte von einem wandernden Studenten, der sich bei einer arglosen Bäuerin Mitbringsel für ihren verstorbenen Mann erschleicht, indem er glaubhaft macht, er sei unterwegs zum Paradies), »Das Kälberbrüten« von 1551 (hier steht ein dummer Bauer im Mittelpunkt, der als Strohwitwer das Haus »auf den Kopf stellt« und schließlich gar aus einem Käse Kälber ausbrüten will). Im »Roßdieb zu Fünßing« werden die neunmalklugen Bauern von einem Tagedieb zum besten gehalten.

Obwohl Hans Sachs Anhänger Luthers war, schlägt der konfessionelle Streit bei ihm kaum durch: sein bürgerlicher Optimismus und sein ständisches Selbstwertgefühl ließen ihn im humorvollen, aber nicht aggressiven Fastnachtspiel und in seinen ebenso zahlreichen Versschwänken die angemessene Form der Aussage finden.

Jesuitendrama und englische Schauspieltruppen
Neue Impulse für das Drama

Nach der Reformation wird die volkstümliche Form des Fastnachtspiels allmählich vom Schuldrama verdrängt. Nur Nikodemus Frischlin (1547–1590) versucht, orientiert an Aristophanes, in der zweiten Hälfte des Jahrhunderts noch, eine Verbindung zwischen dem Schuldrama und dem Volksschauspiel herzustellen. Gegen Ende des Jahrhunderts tritt dann die Gegenreformation, angeführt von den Jesuiten, literarisch stärker auf den Plan. Das Jesuitendrama zieht, um die Zuschauer zu Buße und Umkehr zu bewegen, neben dem gesprochenen Wort alle Register der theatralischen Darstellung. Das bekannteste Beispiel dieser andersartigen dramatischen Kunst, der »Cenodoxus« des Jakob Bidermann (1602), leitet dann bereits in das Barock über. Ähnlich wichtige Anstöße für die zukünftige Entwicklung des Dramas gingen von den englischen Berufsschauspielern aus, die gegen Ende des Jahrhunderts als wandernde Truppen auch in Deutschland antike und vor allem englische Stücke aufführten. Sie vermittelten – wenn auch vergröbert und auf äußere Spannung reduziert – in ihren Darbietungen von Stücken Christopher Marlowes (1564–1593) und William Shakespeares (1564–1616) wenigstens einen Abglanz der großen dramatischen Gestalten dieser Autoren. Der Einfluß dieser »englischen Komödianten« auf die deutschen Dramatiker der Jahrhundertwende, z. B. Herzog Heinrich Julius von Braunschweig (1564–1613) ist unverkennbar.

Die Prosa der Volksbücher und Schwänke

Die Faszination, die von den Heldengestalten des Dramas dieser Zeit, z. B. von den Figuren Shakespeares ausging, muß wohl auch die Menschen in Deutschland erfaßt haben. In einem Fall allerdings wirkte umgekehrt eine literarische Figur Deutschlands auf die englische Literatur ein: wurde doch das Volksbuch »Historia von D. Johann Fausten / dem weit beschreyten Zauberer und Schwartzkünstler« unmittelbar nach seinem Erscheinen (Frankfurt 1587) von Christopher Marlowe dramatisiert. Dem Johann Faust des Volksbuchs liegt die historische Gestalt eines Georg Faust zugrunde, der, wohl um 1480 in Knittlingen/Württemberg geboren, als gelehrter Scharlatan und weitgereister Zauberkünstler die Menschen stark beeindruckt haben muß. Kurz vor 1540 dürfte er gestorben sein. Das mit der »schwarzen Kunst« verknüpfte Teufelsmotiv war sicher eine weitere Ursache für die erregende Wirkung, die von dieser Figur ausging. Zählte doch in der religiös aufgewühlten Zeit das fleischgewordene Böse zu den beliebten Mitteln der Glaubenspolemik; in der Schwankliteratur spielte der Teufel ohnedies eine wichtige Rolle. All das machte aus der schillernden Gestalt des historischen Faust bald eine Sagenfigur: er wurde zum Träger der geheimen Wünsche seiner Zeit; so präsentiert ihn das Volksbuch, eines der Lieblingsbücher dieser Jahrzehnte, das immer wieder aufgelegt und erweitert wurde. Es läßt noch kaum künstlerische Gestaltung erkennen, sondern erzählt geradlinig die Lebensgeschichte Fausts vom Teufelspakt bis zum Tod, mit dem er dem Bösen anheimfällt. Faust, der – echt humanistisch – über alles aufgeklärt werden möchte, büßt am Ende für seinen Erkenntnistrieb. Die Moral ist eindeutig, der Konflikt bleibt ungelöst.

Im Volksbuch von Johann Faust erreicht die Gattung einen Höhepunkt. Viele andere Volksbücher stellen dagegen nur Reihungen von Schwänken und Anekdoten um einen zentralen Helden (z. B. im weiterhin lebendigen »Till Eulenspiegel«) oder einen zentralen Schauplatz dar. Die berühmteste Sammlung dieser Art ist das »Lalebuch« (1597), vor allem in seiner Bearbeitung unter dem Titel »Die Schildbürger«. Hier vereinigen sich die Vorliebe der Zeit für Spott und Satire mit dem Narrenmotiv zu einem locker verbundenen Bild der kleinbür-

gerlichen Welt und ihrer Beschränktheit. In das Gewand der mehr lehrhaften satirischen Tierfabel gekleidet ist dagegen Georg Rollenhagens »Froschmeuseler« (1595): Der Krieg zwischen Fröschen und Mäusen als bildhafte Darstellung des bürgerlichen Lebens – gleichfalls ein sehr beliebtes Werk, in vielem den Volksbüchern ähnlich, jedoch in seiner Gelehrsamkeit stark humanistisch beeinflußt.
Die Schwänke im engeren Sinn sind allerdings vorwiegend unterhaltende Kurzgeschichten. Sie scheuen auch vor Deftigkeiten nicht zurück – und es gibt sie selbst in der aufgeregten Zeit der Glaubenskämpfe: Schon vor 1530 erscheint von Johannes Pauli die Sammlung »Schimpf und Ernst«! Doch ab der Jahrhundertmitte werden sie deutlich zahlreicher: 1555 kommt Wickrams sehr beliebtes »Rollwagenbüchlein« auf den Markt, eine ziemlich derbe Reiselektüre; ähnlichen Zuschnitts ist der »Wegkürzer« des Martin Montanus, dessen Vorbild Boccaccio war, um nur diese beiden zu nennen. Einen Höhepunkt der Schwankliteratur bildet schließlich Hans Sachs mit seinen moralisch ausgerichteten schwankhaften Erzählungen. Alle diese Texte betrachten die Welt vom Standpunkt des kleinen Mannes und sind für uns – abseits aller literarischen Qualität – wichtige kultur- und sozialgeschichtliche Dokumente.

Zwischen Anspruch und Volkstümlichkeit – Die Romane und Fabeln Wickrams und Fischarts

Aus der Masse der zeitgebundenen und vorwiegend auf Unterhaltung und vordergründige Moral abgestellten volkstümlichen Literatur heben sich zwei Einzelgestalten heraus: Johann Fischart (1546–1590) aus Straßburg und Jörg Wickram (um 1505 – etwa 1562) aus Colmar. Dem vielseitig begabten Meistersänger, Verfasser biblischer Dramen und schwankhafter Texte Jörg Wickram gelingt in seinem »Goldfaden« (1557) ebenso wie in »Der jungen Knaben Spiegel« (1554) zum erstenmal ein eigenständiger, dichterisch durchgestalteter Roman; zwar liegt seine Stärke noch eher in der Einzelszene, aber das Ganze ist doch erkennbar geformt. Er behandelt Stoffe aus dem bürgerlichen Leben, im »Goldfaden« noch verknüpft mit Motiven des Ritterromans. Im »Knabenspiegel« stellt Wickram das Problem der Entwicklung und Erziehung dar – ein erster Versuch im Genre des Bildungs- und Erziehungsromans; Thema des »Goldfadens« ist eine glücklich endende Liebesgeschichte zwischen einem armen braven Hirtensohn und einer Grafentochter: der junge Leufried läßt sich den Goldfaden, den sie ihm geschenkt hat, unterhalb des Herzens ins Fleisch einwachsen, und

so gewinnt er endlich die Liebe der Angliana. Beide Romane haben unverkennbar pädagogische Tendenz; bei realistischer Detailtreue arbeitet Wickram bürgerliche Ideale heraus und zeigt die Möglichkeiten und Schwierigkeiten ihrer Verwirklichung. Seine idealistische Konzeption sollte jedoch vorläufig noch keine Nachfolge finden.
Von anderer Art ist die Prosa Johann Fischarts, eines humanistisch gebildeten Stadtbürgers. Er ist weniger eigenschöpferisch, vielmehr ein Meister in der Auslegung und Ausgestaltung gegebener Stoffe. Sein bürgerliches Selbstbewußtsein spiegelt sich in der souveränen Art, mit der er die Vorlagen verarbeitet: dabei überwiegt in seinen Schriften bald das belehrende, bald das unterhaltende Moment. Freilich setzt sich Fischart durchaus mit den bestimmenden Mächten seiner Zeit (z. B. mit der Gegenreformation) auseinander, doch die allgemein menschlichen Themen herrschen vor.
In einer langen Tradition stehen seine satirischen Verse »Flöh-Hatz« (1573): In dieser Tierdichtung verklagen die Flöhe die Frauen bei Jupiter; sie fühlen sich zu Unrecht verfolgt. Jupiter beraumt eine Gerichtsverhandlung an – und muß schließlich doch den Frauen rechtgeben.
Auch Fischarts Hauptwerk, der Roman »Gargantua« (1575), geht auf eine Vorlage (des Franzosen Rabelais) zurück. Hier gelingt ihm ein sprachliches Meisterwerk, in dem er derb-satirisch die Freß- und Trunksucht und sonstige Narrheiten der Menschen aufspießt. Am Modell der Geschichte einer ungefügen Riesenfamilie, die er ins Groteske ausweitet, wird das verrückte Treiben der Welt sichtbar gemacht. Der Originaltitel des Werks sei als anschauliches Beispiel für Fischarts Sprache wörtlich zitiert: »Affenteurliche und Ungeheurliche Geschichtsschrift vom Leben, Rhaten und Thaten der for langen Weilen Vollenwolbeschraiten Helden und Herrn Grandgusier, Gargantoa und Pantagruel, Königen inn Utopien und Ninenreich. Etwan von M. Francisco Rabelais Französisch entworfen: Nun aber uberschrecklich lustig auf den Teutschen Meridian visirt und ungefärlich obenhin, wie man den Grindigen laußt, vertirt durch Huldrich Elloposcleron Reznem.« – Die zweite erweiterte Auflage, mit dem bekannteren Titel »Geschichtklitterung«, führt diesen ausufernden Stil weiter; hier ertrinkt oft der Ablauf des Geschehens in sprachlicher Manieriertheit. Ist dadurch auch das Verständnis manchmal erschwert, amüsant bleibt die Geschichte doch.
Zu Fischarts ungebändigter sprachschöpferischer Kraft, seiner Vorliebe für Lautmalerei und Klangspiele und seinem Sprachwitz haben wir erst im Barock wieder Vergleichbares.
Die breite Masse des Publikums – soweit es überhaupt lesen konnte – griff allerdings mit noch größerer Vorliebe gerade im letzten Drittel

des Jahrhunderts wieder zu den phantastischen Ritterromanen alten Typs; sie boten neben Belehrung vor allem eine aufregende Lektüre und gaben die Möglichkeit, sich in eine Traumwelt zu versenken. In den letzten Jahrzehnten vor 1600 wurde nach und nach das gesamte »Amadis«-Romanwerk mit seinen ca. 25000 Seiten aus dem Französischen übertragen. Ritterliche Abenteuer, Liebesgeschichten, Kämpfe mit Riesen und Ungeheuern, Zauberwerk, all das bot der »Amadis«.

Die Lyrik im »Prokrustesbett« des Meistersangs

Etwas im Schatten steht, vom Kirchenlied einmal abgesehen, die lyrische Dichtung dieser Zeit. Lediglich das Volkslied erlebt eine gewisse Blüte, bleibt allerdings weiterhin den mittelalterlichen Traditionen verhaftet oder wird, von der theologischen und politischen Auseinandersetzung vereinnahmt, zum Kampflied. Der Meistersang, mit seinem Hauptvertreter Hans Sachs, ist die einzige Gattung, die mit einem Kunstanspruch auftrat. Er nahm sich allerdings selbst in seiner formalen Erstarrung zur »Schulkunst« alle Entwicklungsmöglichkeiten, da die rein äußerliche Nachahmung der von den mittelalterlichen Meistern einmal geschaffenen Form sein oberstes Gesetz war. Die Meistersingschulen, im 16. Jahrhundert weit verbreitet, sinken dann auch bald zu Bedeutungslosigkeit ab. Im letzten Viertel des Jahrhunderts machten sich zwar da und dort weiterführende ausländische Einflüsse (aus Frankreich und Italien) bemerkbar, etwa bei Paulus Melissus Schede und Jakob Regnart; aber es bedurfte erst einer gründlichen Besinnung auf das Wesen des deutschen Verses, wie sie in den zahlreichen Poetiken der Folgezeit unternommen wurde, um neuen Ausdrucksmöglichkeiten die der deutschen Sprache angemessenen Gestaltungsformen zu erschließen.

Literatur

Müller, Günther: Deutsches Dichten und Denken vom Mittelalter zur Neuzeit, Berlin 1949

Rupprich, Hans: Das Zeitalter der Reformation 1520–1570, München 1973 (= de Boor, Helmut/Newald, Richard: Geschichte der deutschen Literatur von den Anfängen bis zur Gegenwart, Band IV)

Wehrli, Max: Vom frühen Mittelalter bis zum Ende des 16. Jahrhunderts, Stuttgart 1980 (= Geschichte der deutschen Literatur von den Anfängen bis zur Gegenwart, Reclam Band 1)

HANSWERNFRIED MUTH

Bildhauer und Maler im Reformationszeitalter

Die Entwicklung der bildenden Künste – Malerei und Plastik im Zeitalter der Reformation – Vom Sinnbild zum Abbild – Übergang von der Spätgotik zur Renaissance in Deutschland – Die Krise der Altdeutschen Kunst – Der Wandel von der Spätgotik zur Renaissance in der deutschen Plastik – Die deutsche Malerei von der Spätgotik bis zur Dürer-Zeit – Hans Holbein d. J.

Um 1500, mitten in der Zeit ihrer höchsten Entfaltung, wird die deutsche Kunst von einer spürbaren Unruhe ergriffen. Es ist, als sei ein Ungenügen über die engen Formen der alten gotischen Welt, über die Menschen und mit ihnen über die Künstler gekommen. Eine Bewegung der Geister erfaßt die Maler und Bildhauer, die ihrem Temperament entsprechend mehr oder weniger vehement nach einer Sprengung aller Fesseln, nach einer neuen Gestaltung, nach einem unmittelbaren Ausdruck des eigenen Gefühls, des inneren und äußeren Erlebens ringen. Es sind die Auswirkungen eines neuen Weltgefühls, das sich hier ankündigt, eines Zeitalters, das der Historiker Jacob Burckhardt als die »Entdeckung der Welt und des Menschen« bezeichnet hat. Diese Entdeckung der Welt äußert sich nicht nur in der Erweiterung des geographischen Weltbildes und in den Ansätzen einer systematischen Naturwissenschaft. Auch die bildende Kunst erhält – zumindest in der Theorie – den Rang einer Wissenschaft, mit der sie, wie es der Architekt L. B. Alberti (1404–1472) formulierte, eine gemeinsame Basis in der Mathematik habe. In der genauen Naturbeobachtung, in den mathematisch erarbeiteten Gesetzen der Zentralperspektive und der Proportionslehre dokumentiert sich der entscheidende Wandel der bildenden Künste vom *Sinnbild* zum *Abbild*.

Suche nach neuen Formen und Inhalten

Dieses neue Weltgefühl beruft sich auf die Antike und hat vor allem in Italien seinen Ursprung. Die Reaktion der deutschen Kunst ist nicht Unsicherheit, sondern bei gesteigerter Empfindlichkeit Sehnsucht nach innerer und äußerer Befreiung, Ungenügen an den überlieferten

Darstellungsformen des Mittelalters, Erneuerungsbestreben hinsichtlich der überlieferten Themen und Inhalte. Es ist eine schöpferische Unruhe, die große Leistungen und Entdeckungen in allen Bereichen der Kunst, insbesondere in den bildenden Künsten provoziert. Nicht vorbehaltlos schließt sich der Norden Europas den neuen Bestrebungen an, die am nachhaltigsten von den italienischen Künstlern erhoben werden. Es scheint, daß hier im Norden die Bindung des einzelnen an die Mächte und Institutionen des Mittelalters stärker sind als im Süden. Erneuerung bedeutet, hier mehr als im Süden, innere Spannung, geistiger Sturm und Drang. Die Zeitereignisse, Reformation und Bauernkrieg, wirken hier tiefer auf das künstlerische Geschehen ein; Buch und Bild werden zu geistigen Waffen in diesen Auseinandersetzungen.

Überragender Höhepunkt der Kunst in den ersten Jahrzehnten des 16. Jahrhunderts

Bereits im Laufe des fruchtbaren 15. Jahrhunderts waren in kühnen Vorstößen und Experimenten so viele künstlerische Anläufe erprobt, Lösungen erarbeitet, Ausdrucks- und Darstellungsmöglichkeiten abgeklärt worden, daß bereits das Ende dieser Entwicklungsphase abzusehen war.

In diesem Stadium traten einige deutsche Künstler auf, die aus den vielfältigen Bemühungen die Summe zogen. Eine kurze Zeit nur, wenig mehr als zwei Jahrzehnte hat diese Epoche gedauert, in der die altdeutsche Kunst ihre letzte Höhe und Blüte erreichte. Bald nach 1500 tritt eine neue Generation von Künstlern auf – die nach 1470 Geborenen –, die durch ihre überragenden Leistungen leicht die Arbeiten der Vorangehenden haben zurücktreten lassen, die den Boden für diese Entwicklung vorbereitet hatten. Die um 1450/60 geborenen Künstler, eine stattliche Reihe bekannter Namen, lösen die Härte und Starre des voraufgehenden Realismus in eine neue Bewegtheit auf und gewinnen zugleich eine neue plastische Kraft. Gleichzeitig mit ihnen arbeiten schon die um 1470 geborenen Künstler, allen voran Albrecht Dürer und Mathis Gothart Neithart, den wir fälschlich »Grünewald« nennen. Der Vielfalt der Namen entspricht der mannigfaltige Reichtum der Talente und der überkommenen Werke.

Mit diesem fruchtbaren Schaffen, das die deutsche Kunst in den ersten Jahrzehnten des 16. Jahrhunderts kennzeichnet, in diesem an Talenten überreichen »Wurf der Natur« verströmte sich das künstlerische Geschehen der Reformationszeit in Deutschland. In den Jahren um 1530

Italienischer Renaissanceeinfluß unter ›gotischem Dach‹: St. Michael, München (1583–97). *Erstmals setzen sich Raumgliederung, Grundrißmuster und Gewölbehandhabung wie in Italien durch.*

sind die großen Meister der Dürer-Zeit, die Klassiker der altdeutschen Kunst, kurz nacheinander innerhalb weniger Jahre verstorben. Eine Epoche von großartiger Einheit, bewundernswerter Sicherheit, großem handwerklichem Können, Vitalität und Weltgläubigkeit war damit abgeschlossen.

Die Kunst selbst – bisher unlösbar mit der Kirche verbunden – geriet in Zweifel. Man stritt ihr die Berechtigung im kirchlichen Raum weitgehend ab. Luther hatte gesagt: »Wir mögen die Bilder haben oder nicht haben, wie wohl es besser wäre, wir hätten sie gar nicht.« Calvin schließlich lehnte alle Bildwerke ab. Die deutsche Kunst war aber noch so eng an die Religion gebunden, daß sie ihres Bodens nicht entraten konnte. Dazu kam eine innere Ziellosigkeit, ein Aussetzen nach der Erfülltheit im ersten Viertel des 16. Jahrhunderts – nicht nur in Deutschland, in ganz Europa.

Die deutsche bildende Kunst erlag dieser Krise; die Kunst des späteren 16. Jahrhunderts in Deutschland ist vorwiegend dokumentiert in den Werken eines hochstehenden Kunsthandwerks.

Kunst der Renaissance

Begriff: *Der aus dem Französischen abgeleitete Begriff meint ebenso wie das italienische »Rinascimento«: Wiedergeburt aus dem Geist der Antike, Wiedergeburt antiker Tradition. Der italienische Originalbegriff »rinascita«, wie ihn Vasari verwendete, bedeutete aber wohl noch mehr: Wiedergeburt der Kunst schlechthin.*

Epoche: *Die Renaissance entfaltete sich in Italien seit dem frühen 15. Jahrhundert (Hochrenaissance 1. Hälfte des 16. Jahrhunderts etwa bis 1530, danach Spätrenaissance bzw. Manierismus). Wahrscheinlich haben Flüchtlinge aus Griechenland (1453 eroberten die Türken Konstantinopel) zusätzlich Impulse aus der griechischen Antike vermittelt (wie ja auch für den Humanismus). Deutschland erreichte die Renaissance in der 1. Hälfte des 16. Jahrhunderts.*

Idee und Formensprache: Architektur *In der Architektur knüpfte Italien an die ungebrochene, noch in spätromanischen Bauten sich spiegelnde Tradition römischer Baukunst an. Horizontalbetonung der Baukörper, Bogen und Arkaden, Säulen und Pilaster, strenge, klare Grundrisse, Weite der gewölbeüberspannten Räume und übersichtliche Flächengliederung charakterisieren die ausgewogenen Bauten. Weiterentwicklung sind die beeindruckenden Zentralbauten der Kirchen, die überwältigenden Kuppelkonstruktionen.*

In Deutschland behauptet sich die Gotik selbst unter Renaissanceattributen weiterhin. Die Horizontallinie kämpft mit der Vertikalen der Giebel, die Weite des Raumes mit der Enge der Bürgerhäuser und Burgen. Erst allmählich wird die wuchernde Einzelform durch große Entwürfe verdrängt, vorwiegend bei Schloßbauten, z. B. beim Heidelberger Schloß, beim Aschaffenburger Schloß, in Arkadenhöfen wie in der Kulmbacher Feste. Auch Rathäuser (Paderborn, Bremen u. a.) ziehen sich ein Renaissance-Gewand an, stehen aber doch in mittelalterlicher Tradition, »giebelig« – schön, aber eng. Erst der so ausgewogene, klar gegliederte, schon frühbarocke Augsburger Rathausbau von Elias Holl zeigt ›italienisches‹ Format, ebenso wie die Jesuitenkirche St. Michael in München mit ihren mächtigen Tonnengewölben über weitem Grundriß.

Plastik *Seit Donatello löst sich die Plastik in Italien aus Bindung an Architektur und Altar. Der Mensch in seiner eigenen lebendigen Körperlichkeit, der Mensch als selbständiges, ei-*

genständig handelndes Wesen – dies ist einer der großen, die Renaissance kennzeichnenden Programmpunkte. Bis hin zu Michelangelo entstehen nun die so eindringlichen Statuen des nackten Menschen, die dramatischen Reiterbildnisse, die Bildnisbüsten, die Herrscherdarstellungen voller Autorität, die Propheten und allegorischen Figuren großartiger Grabmäler.
In Deutschland entwickelt sich die Plastik eigenständig aus der spätgotischen Kunst zu klassischer Blüte, nicht weniger beeindruckend in ihrer ›menschlichen‹ Substanz, aber doch meist noch zugeordnet der christlichen und bürgerlichen Weltsicht, entrückt oder derb einem alltäglichen Leben verbunden, wahrhaftig im Detail und großartig in der Idee, wie im einzelnen nebenstehend geschildert.

Malerei

Giotto, Vasari, Leonardo da Vinci, Raffael, Tizian, Michelangelo – ihre Namen begleiten neben so vielen anderen den Weg der italienischen Renaissance – Namen, denen die von Dürer und Holbein gleichrangig in Deutschland gegenüberstehen. Auch in der Malerei tritt der Mensch in den Mittelpunkt, aber mehr noch: Die Perspektive wird neu entdeckt, immer und immer wieder durchprobiert, durchexperimentiert bis hin zu verblüffenden Verkürzungen, Überschneidungen. Die frei gestaltete, selbständig gesehene Landschaft hält ihren Einzug in die Malerei, das Porträt feiert in Italien und Deutschland gleichermaßen Triumphe. Daneben finden Themen antiker Mythologie, Themen neuer Bildung, ihre Liebhaber. Neue Farbtechniken in der Ölmalerei und in der Gestaltung der so großartigen Fresken, auch sie schenkt uns die Renaissance. Von den erfindungsreichen Zeichnungen eines Leonardo da Vinci, den Graphiken Dürers, von architektonischen, anatomischen, kriegstechnischen, konstruktiven, symbolträchtigen Gedankenskizzen in ihrer Vielfalt ganz zu schweigen.
In dieser Epoche beginnt man auch, sich verstärkt für die sogenannten toten Dinge – Werkstücke, Pflanzen, Früchte etc. – zu interessieren und sie eigenständig darzustellen: Der Weg zum Stilleben ist beschritten.

Kunst-Handwerk

Neben der Vervollkommnung des Holz- und Kupferstichs beeindruckt die bunte Vielfalt liebenswürdiger kunsthandwerklicher Erzeugnisse, seien es Ornamente, Schmuckformen, Glas- und Fayencearbeiten, Möbel, Brunnengestaltungen, schmiedeeiserne Gitter. Die Zeit quillt über von Ideen, Produktivität und schöpferischer Kraft.

Die deutsche Plastik der Spätgotik und Dürer-Zeit

Der Wandel von der späten Gotik zur Renaissance beansprucht in der deutschen Plastik ein langes, konfliktreiches Jahrhundert. Die alte Kunst hatte keineswegs ihre Daseinsberechtigung verloren, im Gegenteil: Mit dem spätgotischen Schnitzaltar wuchs ihr eine neue Aufgabe zu, die alle Kräfte forderte. Er war Ausdruck einer tiefen Frömmigkeit, die auch neuem, individuellem Erfassen der alten Bildinhalte Raum bot. So bildet die Spätzeit des 15. Jahrhunderts und das frühe 16. Jahrhundert trotz des Kontrastes der Kräfte eine einheitliche Epoche in der Geschichte der deutschen Plastik. Späteste Gotik und Renaissance sind in der deutschen Bildhauerkunst so stark ineinander verflochten, daß eine geschichtliche Darstellung das Gleichzeitige nicht auflösen darf in ein Nacheinander, zumal Spannung und divergierender Reichtum der Kräfte wesentliche Merkmale dieser Epoche sind.

Die oberdeutschen Bildhauer

Die überragende Bildhauerpersönlichkeit am Anfang dieser Zeit ist Nikolaus Gerhaert von Leyden (um 1425–1473), der nach seiner Tätigkeit in Trier seit 1463 in Straßburg bezeugt ist. Dort entstanden um 1465 die Büsten für das Kanzleigebäude, das Wandgrab des Canonikus Conrad von Busang im Münster, 1467 der Kruzifixus auf dem alten Friedhof in Baden-Baden. Noch im gleichen Jahr folgt Gerhaert einem Ruf des Kaisers Friedrich III. nach Wiener Neustadt; dort ist Gerhaert während der Arbeit an der Tumba des Kaisers, die erst 1513 im Stephansdom in Wien aufgestellt wurde, 1473 verstorben. Gerhaerts Werke zeigen einen Realismus der Beobachtung und doch zugleich eine so intensive Vergeistigung der naturalistischen Ausdruckswerte, eine so feine Abstimmung der seelischen Ausstrahlung, wie sie die oberdeutsche Bildhauerkunst vordem nicht gekannt hat.
Eine nicht zu unterschätzende Wirkung ist von Gerhaerts Kunst auf die gleichzeitigen oberdeutschen Bildhauer ausgegangen; mehr noch hat sie auf die kommende Generation eingewirkt, wobei gegen das Jahrhundertende eine zunehmende Beruhigung des Impulsiven und eine organische Klärung der Gestalten zu beobachten ist.
Dies bezeugt vor allem das Werk des Niclas Hagnauer, des Bildschnitzers des Isenheimer Altares (tätig 1475– um 1510), der es versteht, Verismus – also realistische Wahrhaftigkeit – und sakrale Hoheit zu verbinden.
1469–1474 schuf Jörg Syrlin der Ältere das große Chorgestühl des Ul-

Bürgerliche Kunst – bürgerliche Vorbilder. *Links der »Gänsemännchen-Brunnen« in Nürnberg, rechts einer der charaktervollen, lebendigen Köpfe vom Chorgestühl im Ulmer Münster von Jörg Syrlin d. Ä.*

mer Münsters. Dieses Werk atmet eine neue Strenge und Würde, eine Klassizität gotischer Formgebung, die nicht mehr nur Erbe der Steinmetzhüttenkunst und noch nicht in goldschmiedehaftem Flitter verspielt ist, sondern eine harmonische Ausgewogenheit der künstlerischen Elemente zeigt. In dieser Kunst wurzeln die bedeutendsten Meister der oberschwäbischen Plastik des späten 15. und beginnenden 16. Jahrhunderts.

Von besonderem Gewicht ist vor allem Michel Erhart (nachweisbar seit 1469), der zusammen mit seinem Sohn Gregor 1493/94 den in seiner festlich strahlenden Fassung erhaltenen Hochaltar von Blaubeuren geschaffen hat. 1494 ist Gregor Erhart nach Augsburg übergesiedelt, wo er bis zu seinem Tod 1540 arbeitete. In seinen späten Werken, etwa der Holzfigur einer heiligen Magdalena (Paris, Louvre), wird deutlich, wie sich Spätgotisches in eine neue organische und harmonische Form wandelt.

Wie sich die spätgotische Form zu einem höchst eigenwilligen, »barokken« Bewegungsstil entwickeln kann, zeigt das Schaffen des um 1470 vermutlich in Füssen geborenen Jörg Lederer, der bis 1550 in Kaufbeuren tätig ist. Zahlreiche Altäre hat er über die Alpenpässe nach Tirol geliefert. Als ein liebenswürdiger Gestalter erweist er sich am Hindelanger Altar, geschaffen 1519. Jörg Lederer vereinigt in seinem Schaffen die stillere Art der schwäbischen Plastik mit einer neuen Bewegtheit, die allgemein in der Spätzeit der letzten Gotik zu verspüren ist.

In der Bildhauerkunst Altbaierns fällt eine starke Zuneigung zum Expressiven auf. Das zeigt vor allem ein Blick auf das Werk des Münchner Meisters der Spätgotik, Erasmus Grasser († 1518), der mit den schlanken, biegsamen, von unbändigem Temperament erfüllten Moriskentänzern, die er gegen 1480 für den Rathaussaal in München geschaffen hat, seinen Ruhm begründet hat. Eine monumentale Figur des heiligen Petrus im Hochaltar von St. Peter in München, um 1510–1518 entstanden, lehrt, daß auch er monumentaler Wirkungen auf eine beruhigte, repräsentative Art fähig war.

In Landshut schuf Hans Leinberger ein umfangreiches Werk, das viele andere Kräfte seiner Zeit in seinen Bann gezogen hat. Seine Figuren sind erfüllt von einer neu empfundenen räumlichen, körperhaft gedachten Kraft. Unerhört wuchtig in der Realität ihrer Körperlichkeit ist seine Maria mit Kind in St. Martin zu Landshut, die ursprünglich unter dem Gewölbe in einem Rosenkranz schwebte. Der Umriß schließt sich bei ihr zu einer Einheit; um so jäher ist die Aufwallung der Binnenform, die wiederum an eine »barocke« Grundhaltung der Plastik dieser Zeit erinnert.

In Franken: Adam Krafft, Veit Stoß, Tilman Riemenschneider

In diesem Zeitraum treten in Franken drei scharf umrissene Bildhauerpersönlichkeiten hervor: Adam Krafft und Veit Stoß in Nürnberg, Tilman Riemenschneider in Würzburg.

Adam Krafft (1455–1507) vertritt das traditionelle, aus dem Handwerk gewachsene Künstlertum. Er hat als Spätgotiker mit aller Freude am Ornamentalen und Dekorativen begonnen: Sein berühmtestes Werk, das überreiche Sakramentshaus in St. Lorenz in Nürnberg, zeigt es. Dagegen hat er in den sieben Kreuzwegstationen, die 1505/06 im Auftrag des Patriziers Martin Ketzel entstanden sind (Nürnberg, Germanisches Nationalmuseum), auf alles überflüssige Beiwerk verzichtet; die Figuren sind hier als Organismus verstanden, die Menschen von einem neuen Daseinsgefühl erfüllt.

Veit Stoß (1455–1533) kam aus Horb im Schwäbischen. Entscheidend

Vollendete Kunst im Dienst des christlichen Glaubens. *In wohl einmaliger Synthese verbinden die Künstler der Zeit Glaubensinhalte, das Bild des Menschen und das Leid des Gekreuzigten durch vollkommene Beherrschung ihres ›Kunsthandwerks‹ zu einem klassischen Ganzen. Oben links: Weihnachtsaltar von Veit Stoß (1520–1525) im Bamberger Dom. – Oben rechts: »Engel-Pieta« mit Maria und Johannes von Hans Daucher in der Fuggerkapelle St. Anna zu Augsburg. – Unten: Die zwischen 1505 und 1508 entstandene Kreuzwegstation von Adam Krafft. Nürnberg, Germanisches Nationalmuseum.*

TILMAN RIEMENSCHNEIDER

Auf der Wanderschaft kam Riemenschneider, der 1460 in Heiligenstadt auf dem Eichsfeld geboren wurde und seine Kindheit in Osterode am Harz verbrachte, 1478 nach Würzburg. 1483 kehrte er wieder nach Würzburg zurück, wo er Aufnahme in die Zunft der Maler und Bildhauer findet.
Die Ehe mit der Witwe eines Goldschmiedes gibt Riemenschneider 1485 in Würzburg Bürgerrecht und Meisterwürde, Voraussetzung zur Gründung einer Werkstatt. Rasch findet seine Kunst voller inniger Menschlichkeit Beifall. Jahr um Jahr wandern seine Arbeiten hinaus in Städte und Dörfer, z. B. nach Münnerstadt, Rothenburg, Creglingen, Windsheim.
Seit 1493 zieren die Gestalten von Adam und Eva die Marienkapelle in Würzburg, heute sind die Originale Mittelpunkt der Riemenschneider-Sammlung des Mainfränkischen Museums Würzburg. Zwar war der auftraggebende Rat teilweise befremdet von den jugendlichen, nackten Stammeltern der Menschheit, aber doch erhöhte er, wie das Sitzungsprotokoll belegt, in Bewunderung der vorzüglichen handwerklichen Kunst freiwillig das Honorar für den Meister.
Dem Gedächtnis des Fürstbischofs Scherenberg gilt das Grabdenkmal im Würzburger Dom. Für den Dom in Bamberg schafft Riemenschneider 1499–1513 das Kaisergrab. In der Kirche in Maidbronn bei Würzburg findet sich Riemenschneiders letztes Werk, die Steintafel mit der Beweinung Christi.
Seit 1504 ist Riemenschneider Mitglied im Rat der Stadt Würzburg, Krönung seines Lebens aber bedeutet die Wahl zum Bürgermeister für das Jahr 1520/21.
Als Ratsherr wird Riemenschneider in den Strudel des Bauernkrieges gerissen. Seine Stellungnahme beeinflußte die ablehnende Haltung der Ratsherren gegenüber der fürstlichen Forderung auf Einsatz der Bürgerschaft gegen die anrückenden Bauern. Vor allem aber hatte er sich durch ein aufwiegelndes Gerücht, das er leichtgläubig weitererzählte, die Ungnade des siegreichen Landesherrn zugezogen. So war auch Riemenschneider unter den Ratsherren der Bischofsstadt, die Gefängnis, Schrecken und Folter erdulden mußten. Am 7. Juli 1531 starb er. (H. M.)

Tiefe Frömmigkeit, bürgerliche Welt und Sicherheit des Könnens *im Werk Tilman Riemenschneiders: »Heilig-Blutaltar« in der St. Jakob Kirche in Rothenburg o. d. Tauber (Mittelteil).*

auch für seinen Weg ist die frühe Begegnung mit Nikolaus Gerhaert von Leyden gewesen. Sein selbständiges Schaffen beginnt um 1477 mit dem Hochaltar der Krakauer Marienkirche (vollendet 1489), der seinen Ruhm begründet hat. Dramatisches Leben erfüllt seine Gestalten. Der 1523 signierte, für das Karmelitenkloster in Nürnberg geschaffene Weihnachtsaltar, der sich heute im Bamberger Dom befindet, gehört der letzten Schaffensphase des Meisters an. Alles Leidenschaftliche und Überschwengliche ist gewichen, die Komposition übersichtlich geworden, die plastischen Akzente geschickt verteilt. Der Altar ist, da Nürnberg sich der Reformation zuwandte, unvollendet geblieben – ein sprechendes Zeugnis für den Wandel der Zeit.
Mit einer seltenen Ausschließlichkeit beherrscht Tilman Riemenschneiders Stil, obgleich der Künstler aus Osterode nach Würzburg zugewandert war, nahezu fünf Jahrzehnte lang das mainfränkische Land um Main und Tauber. Der Realismus einer bürgerlichen Kunst wird von ihm aufgegriffen und im Rahmen der überkommenen Aufgaben zum Ausdruck einer intimen, ganz persönlichen Frömmigkeit vertieft.

Er war kein radikaler Reformer und Neuerer. Dem widerspricht die Zartheit seines persönlichen Stils, der in vielem an den »weichen Stil« vom Anfang des Jahrhunderts anzuknüpfen scheint und der sich von dem überspitzten und überhitzten Erregtsein spätgotischer Kunst deutlich unterscheidet. Nur zögernd hat Riemenschneider im Grabmal für Fürstbischof Lorenz von Bibra, das er 1516–1522 für den Dom in Würzburg schuf, die neuen Schmuckformen der Renaissance übernommen, und nur verhalten zeigt sich die Fortentwicklung von einem kleinteiligen Bildgefüge hin zu einem lapidaren Spätstil, wie ihn das Beweinungsrelief in Maidbronn, um 1523 entstanden, aufweist. Das Hinhören auf das »Wort« veranlaßt Riemenschneider zu völlig neuen Darstellungen der traditionellen Themen, z. B. in der Darstellung des Abendmahls im Heilig-Blutaltar in Rothenburg ob der Tauber. Der Altar nimmt Bezug auf den betrachtenden Menschen; in diesem Schritt dokumentiert sich ein geistesgeschichtlicher Vorgang. Die auf den Betrachter bezogene Schauwand dieses großen Schnitzaltars ist Symptom jener Emanzipation des Menschen, die wir als »Renaissance« bezeichnen.

Bildhauer an Mittel- und Niederrhein

Am Mittelrhein bringt die Jahrhundertwende einen deutlichen Umschwung. Die hervorragendste Bildhauerpersönlichkeit dieses Raumes ist Hans Backoffen. Einst Schüler Riemenschneiders in Würzburg, wird er in Mainz ansässig; dort ist er 1519 gestorben. Von ihm stammen im Mainzer Dom die Grabmäler der Kurfürsten Berthold von Henneberg, Jacob von Liebenstein und Uriel von Gemmingen. Als weitere wichtige Arbeiten zählen einige monumentale Kreuzigungsgruppen zum Gesamtwerk des Meisters. Von Werk zu Werk kann man bei ihm die Abwendung von der Linearität des 15. Jahrhunderts beobachten und das Erstarken einer neuen Empfindung für das Stoffliche und dessen räumliche Erscheinung.
Eine ähnliche Entwicklung wie in Süddeutschland läßt sich am Niederrhein erkennen. Freilich scheint hier in einer Landschaft, die stark unter dem Einfluß der Niederlande steht, die Freude am spätgotischen Linienspiel länger als andernorts lebendig. Hier gewinnt allein das Schaffen Heinrich Douvermanns von Kalkar deutlichere Konturen. Auch bei Hans Brüggemann, der aus dem Lüneburgischen stammt und 1521/24 den großen Bordesholmer-Altar im Dom zu Schleswig geschaffen hat, besteht eine offenkundige Anlehnung an Niederländisches.

Begegnung mit Tod und Vergänglichkeit *– Ängste und Unsicherheit der Spätgotik am Vorabend des Umbruchs zur Neuzeit: »Totentanz« von Bernt Notke in der Marienkirche zu Lübeck (1463).*

Lübecker Schule

Ein Bildhauer von genialem Rang war Bernt Notke, seit etwa 1460–1509 in Lübeck ansässig. 1498 vollendete er sein bedeutendstes Werk, den drachentötenden heiligen Georg in der Nikolaikirche in Stockholm. Den Auftrag hatte der schwedische Reichsverweser Sten Sture erteilt, der die riesige Gruppe als Votivgabe für seinen Sieg errichten ließ, den er 1471 vor den Toren Stockholms über die Dänen errungen hatte. Der Realismus konnte kaum weiter getrieben werden, und doch ist ein Werk entstanden, das alles andere als realistisch ist. Es ist ein Bildwerk von zauberhafter Wirkung, so suggestiv wie nur noch der Barock die nämliche Szene darzustellen vermochte.

Den malerischen Stil einer barockanmutenden Bewegtheit des frühen 16. Jahrhunderts repräsentiert in Lübeck vor allem Claus Berg, der seit 1504 im Dienst der Königin Christine von Dänemark stand, erst 1532 nach Deutschland zurückkehrte und hier die Apostel für den Dom zu Güstrow schuf. Sie sind in ihrer bizarren Linearität eine Parallele zu

Rathäuser der Renaissance-Zeit

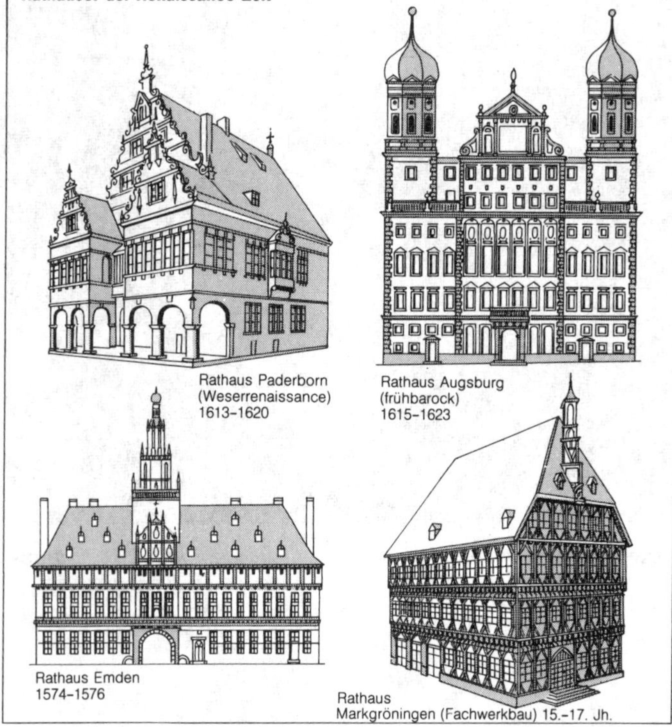

jenen Zeugnissen eines ›barocken‹ Stils, den wir bereits am Ende des 15. Jahrhunderts im Südwesten Deutschlands am Hochaltar des Breisacher Münsters antreffen.

Italienische Renaissance – Einflüsse in Augsburg und Kaufbeuren

Am deutlichsten steht in Augsburg die Plastik des frühen 16. Jahrhunderts unter dem Einfluß der Renaissance italienischer Prägung. Hier fand mit dem Bau der Fugger-Kapelle bei St. Anna, errichtet 1509–1518, die neue Funktion der Plastik erstmals in Deutschland ihre konsequente Verwirklichung. Albrecht Dürer, Peter Vischer aus Nürnberg, Peter Flötner, der später in Nürnberg berühmt wurde, und Adolf

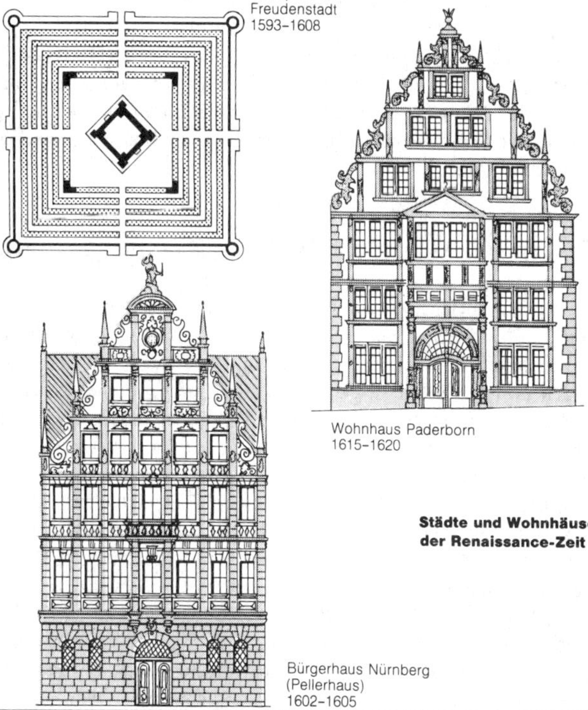

Städte und Wohnhäuser der Renaissance-Zeit

Daucher waren an der Ausstattung der Kapelle mit Reliefs, Sarkophagen und Gittern beteiligt. Adolf Dauchers Hauptwerk ist die freistehende marmorne Erbärmdegruppe auf dem Altar, ein gotisches Thema im neuen Gewand. In der klaren Erfassung des Körperlichen, in der stillen Repräsentation ist die Harmonie der Renaissance erreicht. Dies Neue spricht sich aber vor allem in der Kleinplastik aus, insbesondere in der Medaillenkunst.

Als einer der Hauptmeister der schwäbischen Renaissanceplastik darf Loy Hering (1485–1554) aus Kaufbeuren gelten, der später vorwiegend in Eichstätt tätig wurde. Sein bestes Werk in seinem umfangreichen Œuvre gelang ihm mit dem Denkmal des heiligen Willibald im Eichstätter Dom. Monumentalität und ausgeglichene Menschlichkeit, innere Ruhe und Würde der Erscheinung prägen die ganze Figur.

Die deutsche Bildhauerkunst an der Wende von Spätgotik zur Renaissance bietet ein so reiches Bild wie kaum eine andere Epoche. Hier äußert sich zum letzten Mal jener makrokosmische Charakter – jene Gesamtschau und -planung, die im ganzen Mittelalter alle Plastik als Teil eines übergeordneten Ganzen, des Portals, des Schnitzaltars, hatte erscheinen lassen. Mit dem Zerbrechen dieser übergeordneten Ganzheit war auch das Schicksal der spätgotischen Bildhauerkunst besiegelt. Ursache dieser Veränderung war zutiefst ein Nachlassen der schöpferischen Spannung.

Die deutsche Malerei von der Spätgotik bis zur Dürer-Zeit

Waren die Maler der zweiten Hälfte des 15. Jahrhunderts stolz auf die Fülle der getreu beobachteten Details gewesen, so sind um die Jahrhundertwende die neuen Ziele Größe und Würde. Nach dem Realismus wird nun die Schönheit das höchste Ziel. An dieser klassischen Kunst hatten – trotz der offenkundigen Unterschiede zwischen dem Süden und dem Norden – die meisten Länder Europas Anteil. Daß sie eigenwüchsig war und auch ohne die Wiederentdeckung der Antike aufgekommen wäre, wird dadurch augenfällig, daß mit Memling (nachweisbar seit 1466, † 1498) und Gerard David (um 1460–1523) die Niederlande, und mit einer Fülle großer Begabungen auch Deutschland an ihr beteiligt sind. Das erste Werk in stiller, großer Form war hier die Madonna im Rosenhag, die Martin Schongauer 1473 für das Martins-Münster in Colmar gemalt hat. Schongauer hat nicht zuletzt durch seine Grafik und durch sein letztes, großes Werk, das Fresko des Jüngsten Gerichts im Münster zu Breisach, das bei seinem Tod 1491 unvollendet war, nachhaltig auf die Kunst der jüngeren Zeitgenossen, Maler wie Bildhauer, eingewirkt. Auch Rueland Frueauf, seit 1470 in Salzburg tätig, 1507 dort gestorben, muß auf seiner Wanderschaft am Oberrhein gewesen sein, wie seine späteren Werke erweisen. Strenge Knappheit der Raumdarstellung, vereinfachte Naturbildung, Streben nach monumentalem Bildaufbau kennzeichnen seine reifen Werke wie etwa die Passionstafeln im Kunsthistorischen Museum in Wien. Deren raumfüllende, monumentalen Figuren, der klare, großzügige Wurf der Falten weist schon auf den späteren Dürer hin.
In ihrer Grundstimmung neigt die Malerei der letzten Jahrzehnte des 15. Jahrhunderts mehr dem Empfindsamen und Zarten zu als dem Ausdruck männlicher Kraft und Handlung. In Augsburg hat Hans Holbein der Ältere (1460–1524) vermutlich unter dem Einfluß der Niederländer mit dem Stil des 15. Jahrhunderts gebrochen und eine noble Malerei entwickelt. In seinen Spätwerken, wie etwa dem Sebastian-Al-

tar von 1516 in der alten Pinakothek in München, hat er sich mit großer Einfühlungsgabe den Vortragsstil der italienischen Renaissance zu eigen gemacht.
Stärker noch ist Michael Pacher, der von 1467 bis zu seinem Tod 1498 als Maler und Bildschnitzer in Brunneck in Tirol wirkte, von dem strengen Willen zur Größe erfüllt gewesen, wie vor allem der Hochaltar von St. Wolfgang, geschaffen 1479–1481, zeigt. Michael Pacher hatte die oberitalienische Kunst, möglicherweise die Werke Mantegnas, kennengelernt. Er selbst wiederum hat auf die kommende Generation eingewirkt. Albrecht Altdorfer und Wolf Huber sind nach St. Wolfgang gepilgert, um den Altar Pachers zu sehen, und auch Dürer scheint seine Werke gekannt und aufgesucht zu haben. An der Entfaltung der kommenden höchsten Blüte deutscher Malerei hat der ältere Tiroler Meister so einen sichtbaren Anteil gehabt.
Im frühen 16. Jahrhundert vollzieht sich auf breiter Basis die Rezeption, die Übernahme der italienischen Renaissance. Die Begegnung mit der Kunst Italiens bewirkt eine Klärung und Beruhigung der Form, die Erfassung der Figur als eines dreidimensionalen Körpers, Logik der Raumdarstellung und den Einsatz neuer malerischer Mittel. Wie die italienischen Künstler überwindet Albrecht Dürer das erzählende Vielerlei zugunsten weniger, mächtiger Figuren. Andererseits erreicht die deutsche Malerei durch die Ausdruckskraft der Farbe und durch die Schilderung von Lichtvisionen einen Gipfel ihrer gesamten Entwicklung. Die Palette der Möglichkeiten zeigt sich am Gegensatz der Donauschule und ihrer romantisierenden Naturschwärmerei, deren Hauptvertreter Albrecht Altdorfer und der junge Lucas Cranach sind, andererseits in der »antiklassischen« Kunst des Mathis Gothart-Neithart, der mit neuen malerischen Mitteln eine zuvor in dieser Spannweite unbekannte Empfindungsskala zwischen inniger Versenkung und leidenschaftlicher dramatischer Steigerung erschließt. Daneben bestimmt die kühle Objektivität Hans Holbein des Jüngeren das Bild der deutschen Malerei der Reformationszeit. Diese war die Leistung der um 1470 geborenen Generation.

Albrecht Dürer

Der Älteste dieser Generation ist Albrecht Dürer. Er hat als erster das Ringen der Zeit ausgesprochen und die große Form einer Kunst geprägt, die auf alle Zeitgenossen als Anstoß und Vorbild eingewirkt hat. Er ist auch der erste deutsche Künstler, dessen menschliches Wesen und Schicksal wie die Geschichte seines Schaffens faßbar ist.

Kirchenbauten der Renaissance-Zeit

St. Michael München
1593–1597
(Endgültige Gestalt der Fassade spätes 17. Jh.)

Ev. Stadtkirche
Bückeburg
1611–1615

Freiburger Münster
Renaissance-Vorhalle vor dem romanischen Querschiff
1620

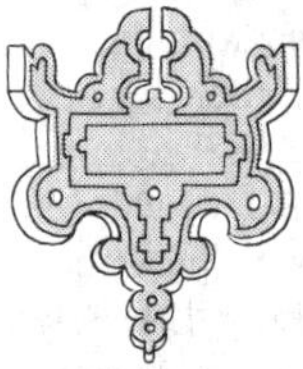

Renaissance-»Rollwerk« und »Kartusche«

Dürer ist bereits 1495 in Venedig gewesen, aber drei Jahre später schuf er mit der »Apokalypse« das der Antike Italiens fernste Werk. Diese Holzschnittfolge ist Ausdruck einer tiefen religiösen Unruhe und Erregung. Auf dem Blatt »Die vier apokalyptischen Reiter« bricht das Unheil mit Gewalt über die Menschen herein. Dies Schicksal gilt nicht einzelnen, sondern der ganzen Menschheit. Auch nicht ein einziges Kriterium italienischer Ordnungsprinzipien ist in diesem Blatt angewendet. Nach der wirren Überladenheit dieser Holzschnitte fand Dürer die klassische, organisch gestaltete und leicht schaubare menschliche Figur wesentlich aus sich selbst.
Durch eine fortwährende Läuterung seiner Mittel und Begriffe erreicht Dürer in den »Vier Aposteln«, gemalt 1526 für den Rat der Stadt Nürnberg, heute in der Alten Pinakothek München, eine monumentale Schlichtheit: Der Mensch ist Mittelpunkt der Kunst.

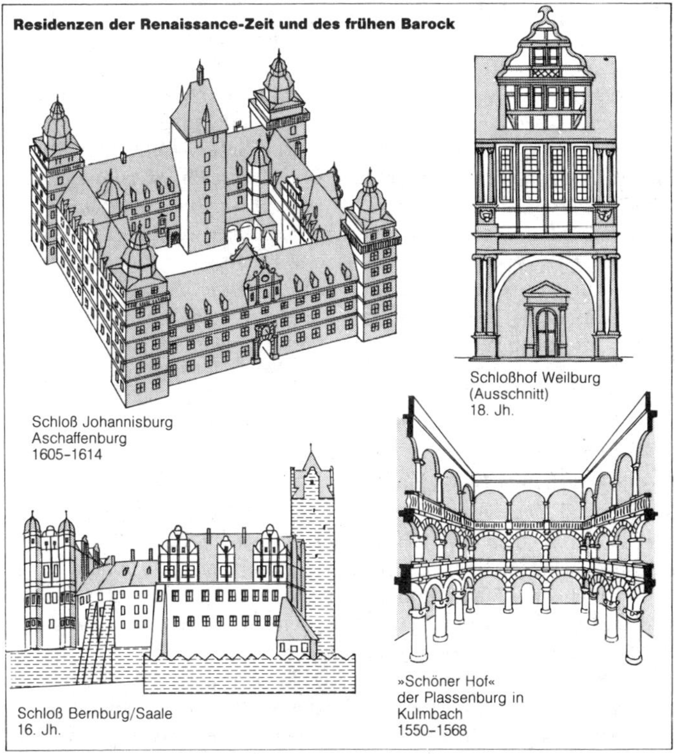

Dürers Werk reicht vom Porträt bis zu den Aquarellen mit Landschaften (die als erste um ihrer selbst willen abgebildet sind), von der Vision apokalyptischer und himmlischer Gehalte bis zu den wissenschaftlichen Beobachtungen, die den Entdeckungsfeldzug zur Gewinnung der sichtbaren Wirklichkeit auch im Kleinsten – das »Wiesenstück«, das »Veilchen« – fortsetzen.

Mathis Gothart-Neithart, genannt Grünewald

Während Dürers »Apostel« zum Symbol der Reformation wurden, wurzeln die Werke des Mathis Gothart-Neithart, den Joachim von Sandrart zuerst »Grünewald« genannt hat, tiefer in der Mystik des Mittelalters. In keinem anderen Werk dieser Zeit haben Grausamkeit und Leid, Verzweiflung und Hingabe, das Geheimnis der Erlösung und die Herrlichkeit der Auferstehung einen tieferen Ausdruck gefunden, als in den Tafeln des Isenheimer Altars, der zwischen 1512 und 1516 geschaffen wurde. Hier ist Tragisches und Erschütterndes, episch Erzählendes und Lyrisches, Dämonisches und Inniges zu einer symphonischen Gestaltung zusammengefaßt. Diesem Mittel der Steigerung folgt Grünewalds Farbgebung. Er hat mit dem Spürsinn des echten Malers erkannt, daß Farben starke gefühlsmäßige Wirkungen hervorrufen, daß sie bedrängen, befreien, beglücken können. Der leidenschaftliche Verismus, der Drang nach wahrhaftiger, naturrealistischer Darstellung, der Grünewalds frühen Werken die künstlerische Stoßkraft gegeben hat, weicht in seinen späten Schöpfungen einer abgeklärten und doch sehr ergreifenden künstlerischen Schau.

Albrecht Altdorfer

Ein Jahr nach dem Tode Dürers und Grünewalds erreicht die deutsche Malerei mit der »Alexanderschlacht« von Albrecht Altdorfer (um 1480 bis 1538) einen letzten Höhepunkt. Er betrifft nun freilich kein religiöses Thema mehr. Die Zeit tiefster gläubiger Aufgewühltheit ist vorbei, nicht aber die Erregung infolge einer neuen Welterfahrung, die sich hier im Wirbel der beiden kämpfenden Heere äußert, in deren Ringen der gesamte Kosmos einbezogen ist.
Altdorfers Werk ist überaus vielseitig. Er malt um 1520/25 das erste reine Landschaftsbild der europäischen Kunst, die Donaulandschaft mit dem Schloß Wörth und dem Scheuchenberg (Alte Pinakothek München); er gibt Holzschnittwerke heraus und liefert – wie Dürer – Vorlagen für Goldschmiedearbeiten, er malt die ausgelassenen Badeszenen in der Kaiserbadstube in Regensburg (Museum Regensburg).

Lucas Cranach

Eine Entwicklung vom Dramatischen zum Gepflegten hat Lucas Cranach (1472–1553) aus Kronach in Oberfranken genommen. Während seiner Wanderjahre in Österreich steht er der Donauschule mit ihrer Freude an der Natur nahe. 1505 als Hofmaler nach Wittenberg berufen und in ein anderes Milieu verpflanzt, dient er mit flüssig gemalten Bildnissen treu seinem Herrn, wird – befreundet mit Martin Luther – zum Maler der Reformation. Wie seine Altarbilder sind die protestantischen Dogmenbilder von sichtlicher Nüchternheit geprägt.

ALBRECHT DÜRER

Albrecht Dürer wurde am 21. Mai 1471 als Sohn eines Goldschmiedes in Nürnberg geboren. Zunächst ebenfalls zum Goldschmied bestimmt, kam er 1486 in die Lehre zu dem Maler Michael Wolgemut. Nach Abschluß der Lehre begab sich der junge Maler 1490 auf die Wanderschaft, die ihn an den Oberrhein, nach Colmar, Basel und Straßburg führte.
Nach Nürnberg heimgekehrt, heiratet Dürer Agnes Frey, die Tochter eines Goldschmiedes. Bereits im Herbst 1494 verläßt er wieder Nürnberg, um nach Italien, nach Venedig zu gehen.
Im Frühjahr 1495 nach Nürnberg zurückgekehrt, eröffnet Dürer eine Werkstatt, die sich in vielem von den herkömmlichen Handwerkerbetrieben unterscheidet. Die Verbindung zur italienischen Kunst wurde durch eine zweite Reise nach Venedig 1505 erneuert und vertieft. Geschult durch diese Reisen, verbindet Dürer fortan die Ausdrucksfülle der deutschen Spätgotik mit niederländischem Realismus und Gedanken der italienischen Renaissance.
Eine letzte Reise führte Dürer 1520/21 für ein Jahr in die Niederlande. Diese Fahrt wurde für ihn zum Bildungserlebnis und zu einem Triumph der Anerkennung durch die Künstler eines fremden Landes.
Am 6. April 1528 ist Dürer in Nürnberg gestorben. Seine Wirkung auf die Zeitgenossen und auf die Nachwelt hat ihren Grund nicht allein in der fortschrittlichen formalen Gestaltung seiner Werke, sondern in der schöpferischen Vielfalt seiner ganzen Persönlichkeit, in seinem Erfindungsreichtum, seinem allseitigen Engagement als Bürger und Mensch der Renaissance! *(H. M.)*

Hans Holbein d. J.

Der jüngste in der Reihe der großen deutschen Maler der Reformationszeit war Hans Holbein der Jüngere (1497–1543). In Augsburg geboren, kannte er später in Basel und London fast nur mehr das Bildnis als Aufgabe. Er ist distanzierter als die anderen deutschen Maler und reifer. Sein Tafelbild »Der tote Christus« (Kunstmuseum Basel) ist einzigartig in dieser Zeit. Es sucht nicht sein Pathos im Thema, sondern im Bilde selbst: Holbein zeigt uns den gewaschenen Leichnam, bevor er in ein Leinentuch gehüllt und ins Grab gelegt wurde. Ein Bild, das in seiner Nüchternheit zum Nachdenken über den Tod des Menschen einlädt. Von diesem Bild und seinem Maler schreibt in seinem Buch »Holbein der Jüngere und das Ende der altdeutschen Kunst« der Kunsthistoriker Wilhelm Pinder: »Holbein blickt dem Leben mit einer so neuen Klarheit entgegen, daß er auch den Tod auf neue klare Weise sieht. Es geschieht hier durchaus noch im Dienste der Verehrung. Wie er deutet, das ist kaum noch altdeutsch; aber daß er deutet, ist es immer noch.«
Und an anderer Stelle: »Auch äußerlich führt Holbeins Weg aus Altdeutschland heraus in die europäische Weite hinein. Auch das gehört mit Notwendigkeit zu seiner geschichtlichen Rolle: Der letzte große Altdeutsche war der erste große Moderne.«

Literatur

Feulner, Adolf/Müller, Theodor: Geschichte der deutschen Plastik, München 1953
Pinder, Wilhelm: Die Kunst der Dürerzeit, Köln 1953
Pinder, Wilhelm: Holbein d.J. und das Ende der Altdeutschen Kunst, Köln 1951
Schädler, Alfred: Deutsche Plastik der Spätgotik, Königstein 1962
Stange, Alfred: Deutsche Malerei der Gotik, München 1934–1961
Stange, Alfred: Malerei der Donauschule, München 1964
Strieder, Peter: Deutsche Malerei der Dürerzeit, Königstein i.T. 1966
Weigert, Hans: Europäische Plastik der Spätgotik und Renaissance, Frankfurt 1956
Wölfflin, Heinrich: Kunst Albrecht Dürers, München 1963

WINFRIED STADTMÜLLER

Die Erneuerung der katholischen Kirche

Die alte Kirche zwischen Hilflosigkeit und Resignation – Durchbruch der Reformbewegung in Italien – »Kampf um das Konzil«: das Tridentinum – Die innere Erneuerung der Kirche – »Jahrhundert der Heiligen« – Die »Kampftruppe« der katholischen Reform: Ignatius von Loyola und sein Jesuitenorden – Gegenreformation in Süddeutschland – Der ›Triumph‹ der katholischen Kirche.

Die Reformation war die vielleicht schwerste Herausforderung der katholischen Kirche im Verlaufe ihrer zweitausendjährigen Geschichte – erstaunlicherweise hatte die Kirche den tödlichen Ernst dieser Bedrohung lange Zeit nicht erkannt. Dabei waren die Alarmzeichen, die auf die kommende Bewegung hinwiesen, seit Jahrzehnten nicht zu übersehen – schon gar nicht, als sie einen ersten eklatanten Höhepunkt erreichten; in Wittenberg hatte Luther die römische Bulle, die ihm den Bann androhte, öffentlich verbrannt – wann war der Papst je so provoziert worden? Aus Leipzig und Erfurt wurden Studentenkrawalle gemeldet. Auf einem Exemplar der päpstlichen Verurteilungsschrift, das an der Tür einer Schweinfurter Kirche angeschlagen war, finden wir den resignierenden Vermerk des Pfarrers: »Niemand hat davon Notiz genommen.« Rom hatte gesprochen – aber diesmal war die Sache keineswegs entschieden!

Alarmmeldungen und Sorglosigkeit

Die Waffe des Ketzer-Prozesses, mit der die Kirche durch das ganze Mittelalter hindurch so erfolgreich gegen religiöse ›Abweichler‹ operiert hatte, war offenkundig stumpf geworden: Der Heilige Stuhl hatte Luther und seine Anhänger unterschätzt – an der Kurie ließ man sich durch die Bewegungen in Deutschland nicht beunruhigen. Dabei wurden die Depeschen, die der päpstliche Gesandte Alexander vom Schauplatz der Ereignisse nach Rom übermittelte, immer alarmierender: »Fast der ganze Klerus außer den Pfarrern ist von der Ketzerei über die Maßen angesteckt [. . .], man zügle die unersättlichen Inhaber zahlloser Pfründen, denn das deutsche Volk wirft diese Dinge in einen

Topf mit der Sache Luthers [. . .], nun ist der ganze Norden in Aufruhr [. . .], das ist nicht mehr das katholische Deutschland von ehemals.« – Der Papst aber wies seinen Nuntius an, »sich nicht einer jeden Kleinigkeit« anzunehmen!

Inmitten solch fataler Arglosigkeit fanden sich in Rom auch Hellsichtige: Hadrian VI., mit dem 1522 zum letzten Mal ein Deutscher zum Papst gewählt worden war, erfaßte scharf die tieferen Ursachen der kirchlichen Krisen. Die eigenhändig niedergeschriebenen Instruktionen für seinen Legaten zum Nürnberger Reichstag signalisieren Schuldbekenntnis und zugleich entschlossenen Reformwillen: »Wir wissen wohl, daß auch bei diesem Heiligen Stuhle schon seit manchem Jahr viel Verabscheuungswürdiges vorgekommen: Mißbräuche in geistlichen Sachen, Übertretungen der Gebote, ja, daß sich alles zum Ärgern verkehrt hat. So ist es nicht zu verwundern, daß die Krankheit sich vom Haupt auf die Glieder, von den Päpsten auf die Prälaten verpflanzt hat. [. . .] Deshalb sollst du in unsrem Namen versprechen, daß wir allen Fleiß anwenden wollen, damit zuerst der römische Hof, von welchem vielleicht all diese Übel ihren Anfang genommen, gebessert werde; dann wird, wie von hier die Krankheit ausgegangen ist, auch von hier die Gesundung beginnen.«

Erfolg indes blieb der guten Absicht versagt: Am römischen Hof wurde Hadrian als »germanischer Barbar« diskriminiert; als der Papst schon 20 Monate nach seiner Wahl starb, schien eine letzte Chance für die alte Kirche vertan.

Rechthaberei und Verzagtheit statt Reformen

Die »hautnahe« Auseinandersetzung mit der Reformation blieb nun einigen wenigen katholischen Theologen in Deutschland überlassen. In oft spitzfindigen lateinischen Traktaten zogen die Eck, Cochläus, Emser die Grenzlinien zu Luthers Lehre; ihre Rechthaberei, gelegentlich ihre geistliche Arroganz waren der Sache der römischen Kirche jedoch zumeist kaum förderlich. Die deutschen Bischöfe haben sich an der Abwehr gegen die Protestanten nur zögernd beteiligt: vereinzelte Reformen kamen erst auf massiven Druck ihrer katholischen Landesherren zustande. Auf dem Augsburger Reichstag von 1555 vertrat nunmehr ein einziger Bischof – Kardinal Truchseß von Augsburg – entschieden den katholischen Standpunkt!

In der römischen Kirche breiteten sich angesichts des offenkundig unaufhaltsamen Vorrückens der Lutheraner allmählich Verzagtheit und schließlich ohnmächtige Lähmung aus. Um die Mitte des Jahrhunderts hatten einzelne Kardinäle Deutschland bereits abgeschrieben; sie konzentrierten sich darauf, wenigstens die katholische Stellung in den romanischen Ländern zu halten.

Waffengewalt, die nicht weiterhilft

Nichts entlarvt mehr die Hilflosigkeit der Kurie als ihr Versuch, der protestantischen Bewegung mit Gewalt Herr zu werden. Als der Kaiser 1545 gegen den Schmalkaldischen Bund der Evangelischen (siehe Seite 73) rüstete, steuerte der Papst 200000 Dukaten und ein militärisches Kontingent von 12000 Fußsoldaten sowie 500 Reiter bei; die spanische Kirche, die dem Kaiser bereits 1521 empfohlen hatte, das »kriegerische und christliche Deutschland« zu den Waffen zu rufen, zahlte gar 1 Million in die Kriegskasse! Mit Waffengewalt indes war der bedrängten Kirche nicht zu helfen – sie selbst war ja der »Stein des Anstoßes«: sie selbst bedurfte dringend der inneren Erneuerung.

Frühe Mahner und erste Reformbestrebungen

Ernsthafte Bestrebungen, die verweltlichte Kirche zu reformieren, hatte es lange schon vor Luther gegeben. In Florenz mußte Savonarola seine Bußpredigt noch mit dem Feuertod bezahlen. Nikolaus von Kues bemühte sich, die verrotteten kirchlichen Verhältnisse in Deutschland in Ordnung zu bringen – und er fand Gehör und Nachahmer. Noch am Vorabend der Reformation ist der Augsburger Bischof Christoph von Stadion scharf gegen die Mißstände in seiner Diözese zu Felde gezogen: »Das Herz bricht mir, und ich kann mich der Tränen nicht enthalten, wenn ich so viele sehen muß, die ganz leer und sinnlich dahinleben, denen die Einsamkeit zum Ekel, Frömmigkeit aber, Gehorsam und Demut hassenswert geworden sind, wie sie denn auch den Umgang mit Weibspersonen, den Wucher, den Handel, den Gewinst lieben: wahrhaftig Menschen, welche Petrus nicht Diener Gottes, sondern Hunde nennt.« – Die Selbstreinigungskraft der alten Kirche in Deutschland hatte sich freilich erschöpft – in Italien dagegen und in Spanien ist sie lebendig geblieben. Noch während der berüchtigte und verweltlichte Alexander VI. Borgia als Papst sein Unwesen trieb, entstanden hier in vielen Städten fromme karitative Bruderschaften. Im »Oratorium der göttlichen Liebe« etwa kamen aktive Christen zum Gebet zusammen, sie sorgten sich um die verwahrloste Jugend und betreuten die Unheilbaren.

1524 wurde von Mitgliedern dieser Bewegung der strenge Theatinerorden gegründet. Franziskanermönche kehrten zum Ideal der radikalen Armut des Franz von Assisi zurück; als Bußprediger erregten sie mit ihren wallenden Bärten und spitzen Kapuzen weithin Aufsehen: die »Kapuziner« wurden die sprichwörtlichen Volksseelsorger der Neuzeit.

In Brescia nahm sich ein Kreis um Angela Merici der christlichen Mädchenerziehung an: der Schulorden der Ursulinen hat hier seinen Ursprung.

In diesen Gemeinschaften wirkten Laien und Geistliche zusammen, persönliche Frömmigkeit bewies sich in tätiger Nächstenliebe, offen wurde Kritik geübt an der weltlichen Macht des Papstes: Die Bewegung in Italien und Luthers Bewegung in Deutschland hatten vieles gemeinsam – tatsächlich bestanden auch »unterirdische« Verbindungen! Gleichwohl waren tiefgreifende Unterschiede nicht zu übersehen: stand bei den Italienern die christliche Caritas im Mittelpunkt, so war für Luther die Verkündigung von Gottes Wort das Wesentliche – Fürsorge sollte Sache des Staates sein; ging es den katholischen Reformern vor allem um die Beseitigung kirchlicher Mißstände, so rührte der deutsche Protestant letztlich auch an die Autorität des Papstes und traditionelle Lehre der Kirche. Dieses sein Verständnis von »Reformation« hat Luther schließlich aus der alten Kirche hinausgeführt.

Die »Reform des Hauptes«

Innerhalb dieser Kirche blieben allerdings die Reformgruppen lange Zeit nur eine aktive Minderheit. Unter dem Druck der öffentlichen Meinung in Rom, aber wohl auch aus eigener unabweisbarer Einsicht berief schließlich 1536 Paul III. – in seiner persönlichen Lebensführung noch ein vollendeter Renaissancepapst! – die führenden Köpfe der Bewegung zu Kardinälen: glaubenseifrige Bischöfe, auch einen Laien, den hochgebildeten venezianischen Staatsmann Contarini. Es entstand so »der würdigste Senat der Kirche seit Jahrhunderten«, das Programm der Reformer wurde jetzt offizielle Politik des Heiligen Stuhles! Sogleich machte sich eine Kommission an die »Reinigung der Kirche«: gegen erbitterten Widerstand der päpstlichen Bürokratie und der Hofschranzen wurden die ärgsten Übel an der Kurie beseitigt. Die längst überfällige »Reform des Hauptes« hatte begonnen – die »Reform der Glieder« mußte Sache eines Konzils sein: Die neuen Kardinäle wußten schließlich Papst Paul III. von seiner Notwendigkeit zu überzeugen.

Der Ruf nach dem Konzil

Auf ein Konzil setzten viele ihre letzte Hoffnung! 1518 schon hatte Luther an ein Allgemeines Konzil appelliert; Nuntius Alexander berichtete 1521 vom Wormser Reichstag: »Alles schreit: Konzil, Konzil«; unablässig drängte der Kaiser. Ein »gemein, frei, christlich Konzil in deutschen Landen« war zur stehenden Forderung der deutschen Reichsstände geworden: es sollte Schiedsgericht sein zwischen den Parteien – die Protestanten als Ankläger, der Papst auf der Anklagebank. Solches Risiko mußten die auf ihre Macht bedachten Renaissancepäpste freilich scheuen: mit diplomatischem Geschick verstanden sie es, alle Appellationen abzubiegen.
Als das Konzil endlich am 13. Dezember 1545 zustande kam, bot sich der abendländischen Christenheit bei der Eröffnung ein klägliches Bild: Nur 29 Bischöfe hatten sich eingefunden, aus Deutschland war lediglich der Weihbischof von Mainz gekommen, ganze Länder waren überhaupt nicht vertreten. Klar formulierte der päpstliche Gesandte den Auftrag des Konzils: »[...] um die Ketzerei auszurotten, um die Kirchendisziplin wiederherzustellen und um den Frieden zu erlangen.« Wenn ein anderer Bischof betete, daß »das Konzil die Wiedervereinigung Deutschlands mit der römischen Kirche ins Werk setzen« möge, so wird aus solcher Akzentverschiebung die geistige Spannweite der Kirchenversammlung deutlich!

Das Tridentinum – Konzil mit Schwierigkeiten und Erfolgen

Niemand konnte bei dieser Eröffnungsfeier ahnen, daß das Tridentinum (lat. Name von Trient), wie das Konzil auch genannt wird, erst 16 Jahre später beendet würde. Im Trienter Konzil mit seinen vielfältigen Krisen spiegelten sich die Krisen der Kirche, die mannigfachen Verwicklungen wurden zum Abbild einer politisch und religiös verworrenen Zeit.
Schon von Anfang an lagen Papst und Kaiser in Fehde: man stritt über Tagungsort und Vorrang, man stritt über Reform und Dogma; zweimal wurden die Konzilsväter auseinandergetrieben, aus Angst vor dem Fleckfieber oder vor dem Heer der Protestanten; vier Päpste sind darüber gestorben; einer von ihnen war des »Abenteuers« überdrüssig geworden – so blieb das Konzil für zehn Jahre unterbrochen. Die deutschen Protestanten haben am Tridentinum nicht teilgenommen: sie weigerten sich, eine Kirchenversammlung zu beschicken, die von den

***Erneuerung der katholischen Kirche an Haupt und Gliedern.** Sitzung des Tridentinischen Konzils (1545–1563), dessen Reformarbeit bis in die Gegenwart nachwirkt. Kupferstich aus M. Burgklehners »Tiroler Adler«.*

Vertretern des Papstes geleitet wurde. Als der Kaiser sie schließlich zwang, nach Trient zu kommen, blieben sie den Sitzungen fern – sie mußten sich von den kaiserlichen Zusagen getäuscht fühlen; eine weitere Einladung lehnten sie brüsk ab.

In Trient hat die alte Kirche so ihre Antwort auf die Reformation alleine formuliert. In leidenschaftlichen Diskussionen grenzten die berühmten Theologen der Zeit die katholischen Glaubensvorstellungen scharf gegen Luthers Lehre ab: Nicht allein die Heilige Schrift, wie die Evangelischen betonten, auch die kirchliche Überlieferung sollte Glaubensquelle sein; nicht allein der Glaube, wie Luther verkündete, auch die guten Werke rechtfertigten den Menschen; dem »allgemeinen« Priestertum Luthers wurde das besondere Weihe-Priestertum entgegengestellt; verteidigt wurden die alten Sakramente und der Glaube an die reale Gegenwart Christi in der Messe. Offen hingegen blieb die Frage nach dem Verhältnis von Papst und Konzil: erst auf der nächsten Kirchenversammlung – 300 Jahre später! – sollte darauf eine Antwort gefunden werden.

»Reform an den Gliedern«

Für die Verkündigung dieses Glaubens mußte die Kirche jedoch auch ihre innere Glaubwürdigkeit zurückgewinnen: Reform mußte die theologische Klärung notwendig ergänzen. Nur durch radikale Eingriffe in die Praxis des kirchlichen Lebens konnte man der Ärgernisse Herr werden: Strikt wurde die weitverbreitete Häufung kirchlicher Stellen in einer Hand und der Kauf geistlicher Ämter untersagt – der verhängnisvollen Pfründenjägerei war damit der Boden entzogen. Die Bischöfe wurden bei Strafe verpflichtet, ständig in ihren Diözesen zu residieren; durch regelmäßige »Visitationen« sollten sie für geordnete Verhältnisse in ihren Sprengeln sorgen. Um die erschreckende theologische Unbildung der gemeinen Geistlichen abzustellen, mußten in allen Bistümern Priesterseminare eingerichtet werden. Die Geistlichen wurden angehalten, ihre Gläubigen in der rechten christlichen Lehre zu unterweisen und sich eines ehrbaren Lebenswandels zu befleißigen.

Neue Geschlossenheit und ein zukunftweisendes Programm

Als am 4. Dezember 1563 das Konzil von Trient feierlich geschlossen wurde, zeigte die Heerschar der geistlichen Würdenträger, daß die Kirche ihr Selbstbewußtsein wiedergefunden hatte: In der Tat wurde das Tridentinum zum entscheidenden Wendepunkt für die katholische Kirche! Das große Ziel, die Wiederherstellung der Glaubenseinheit, war zwar nicht erreicht worden, die scharfe theologische Abgrenzung mag die Glaubensspaltung eher noch vertieft haben – in Trient wurden aber die Fundamente gelegt, die die Kirche in den folgenden Jahrhunderten trugen; hier hat sie zu ihrer geistlichen Geschlossenheit zurückgefunden, die durch die Reformation so schwer erschüttert worden war; der Papst hat seine Autorität wiedererlangt, die er im späten Mittelalter leichtfertig verspielt hatte. Die meisten Beschlüsse dieses Konzils sind noch immer in Kraft, erst in unseren Tagen ist das II. Vatikanische Konzil über das Tridentinum hinausgegangen!
Die Beschlüsse von Trient waren indes nur ein Programm, die eigentliche Erneuerung der Kirche mußte erst noch in Gang gesetzt werden.
Nicht bei allen Betroffenen freilich hat die Reform Zustimmung gefunden. Geistliche der Diözese Konstanz beklagten sich 1579 in einer Beschwerdeschrift an die weltliche Obrigkeit, daß man sie zu des »Konzils Satzungen drängen« wolle; ihre Probleme sind menschlich nur zu verständlich: »[. . .] wenn wir keine Weiber in unseren Häusern haben können, die uns kochen, wo sollen wir dann essen?«

Auf den reformeifrigen Mailänder Erzbischof verübten Angehörige eines heruntergekommenen Ordens ein Attentat.
Der päpstliche Abgesandte, der die Konzilsdokumente nach Deutschland bringen sollte, wurde von »interessierten Kreisen« abgefangen und beraubt! Bei der Verwirklichung der Beschlüsse konnte der Heilige Stuhl jetzt seine neugewonnene Autorität bewähren und mußte zugleich mit gutem Beispiel vorangehen. Durch drastische Maßnahmen wurde der römische Hofstaat von seinen Mißständen gereinigt: mit einem Schlag wurden 400 Höflinge entlassen! Um die Einhaltung der tridentinischen Bestimmungen nachdrücklicher überwachen zu lassen, auch um in die kirchlichen Verhältnisse direkt eingreifen zu können, richtete der Papst in den christlichen Ländern Gesandtschaften, sogenannte Nuntiaturen, ein; aus ihnen haben sich die heutigen diplomatischen Vertretungen des Vatikans entwickelt. Zur Unterrichtung der Geistlichen wurde die katholische Glaubenslehre im »Römischen Katechismus« zusammengefaßt; die kultischen Handlungen in den Gottesdiensten erhielten im »Meßbuch« ihre festen liturgischen Formen. Der »Index«, ein Verzeichnis verbotener Bücher, sollte die einfachen Christen vor glaubensfeindlichen Schriften bewahren; diese bis in die Gegenwart umstrittene Einrichtung wird eher verständlich, wenn man bedenkt, welch große Bedeutung der eben aufkommende Buchdruck für die Ausbreitung der Reformation gewonnen hat.

Herausragende Päpste und vorbildliche Bischöfe

Es war glückliche Fügung, sicher auch Auswirkung des neuen Geistes, daß die Kirche in dieser entscheidenden Phase Päpste erhielt, die die Reformen zu ihren ureigensten Anliegen machten. Pius V. – das Volk nannte ihn wegen seiner einfachen Lebensführung »Bruder Holzschuh« – ordnete die religiösen Verhältnisse im Kirchenstaat. »Pius hat Rom in ein Kloster verwandelt«, spöttelte ein venezianischer Gesandter – tatsächlich wurden jetzt auch Vergehen gegen die kirchlichen Gesetze, Fluchen etwa oder Ehebruch, drakonisch bestraft. Eifer verstieg sich dabei zu religiösem Rigorismus: 1567 ließ man in Rom einen hohen Geistlichen wegen Irrglaubens hinrichten!
Papst Gregor XIII. war mehr auf eine geistige Erneuerung der Kirche bedacht. Um den dringend benötigten Priesternachwuchs zu fördern, gründete er – besonders in kirchlich bedrohten Ländern wie Deutschland – eigene Bildungsstätten, Kollegien, von denen er sich »einen mächtigen Aufschwung der Religion« erhoffte. Die päpstliche Universität, die »Gregoriana«, trägt seinen Namen. Nicht weniger bedeutsam

wurde Gregor durch seine heute noch maßgebende Kalenderreform: er ließ Sonnenzeit und Kalenderzeit wieder in Übereinstimmung bringen. 200 Jahre haben sich übrigens die protestantischen Länder gegen den Gregorianischen Kalender gesträubt – sie fürchteten, der Papst wolle damit »den Fuß in ihre Kirche setzen«.
Als der reformerische Schwung der Kurie dann allmählich nachließ, waren die neuen Impulse schon wirksam geworden: vorbildliche Bischöfe und Priester führten die innere Erneuerung der Kirche weiter, die Reform trug erste Früchte. Der Bischof von Mailand, Carl Borromäus, überzeugte durch Seeleneifer und Bescheidenheit. Unter großen Strapazen besuchte er immer wieder auch die entlegensten Bergdörfer seiner Diözese, in der Bischofsstadt pflegte er die Pestkranken; seine persönlichen Ansprüche – immerhin war er Sproß des Hochadels und protegierter Neffe eines Papstes! – waren nicht größer als die »eines Haushundes: Brot, Wasser und eine Strohschütte«. In ähnlicher Weise wirkte der hochgebildete Franz von Sales als Bischof von Genf inmitten einer calvinistischen Umgebung für die Anliegen der Reform. Philipp Neri führte die römische Bevölkerung wieder zum Glauben zurück – nicht zuletzt dank seiner kindlich-gläubigen Fröhlichkeit; die Römer verehren ihn heute als ihren »Apostel«. Der »Vater der Armen«, Vinzenz von Paul, verwirklichte die Ziele der Reform in Paris; seine »Barmherzigen Schwestern«, die Vinzentinerinnen, wurden zum größten Orden der Welt im Dienste der Krankenpflege.
Die Reihe ließe sich weiterführen – bemerkenswerterweise sind im deutschen Raum kaum solche Gestalten zu finden! Man hat die Zeit treffend »Jahrhundert der Heiligen« genannt: wirksamer als gelehrte Unterweisung oder gar geistlicher Zwang hat die »Predigt des Beispiels« die religiös abständig gewordenen Volksmassen wieder für die Kirche zurückgewonnen.

Ignatius von Loyola

Zu den eigentlichen »Vollstreckern« des Geistes von Trient wurden Ignatius von Loyola und sein Jesuitenorden. Wenn sich die deutsche Reformation in der Person Martin Luthers kristallisiert, so verkörpert sich die Erneuerung der katholischen Kirche in der faszinierenden Persönlichkeit des Ignatius.
Inigo Lopez de Loyola, 1491 geboren, stammte aus altem baskischen Adelsgeschlecht. Der junge Edelmann strebte nach Kriegsruhm und stürzte sich in Liebesabenteuer: »Bis zu seinem 26. Jahr«, gesteht er in seinen Selbstbekenntnissen, »war Ignatius den Eitelkeiten dieser Welt

ergeben; namentlich hatte er Freude am Waffenhandwerk.« Bei der Belagerung der Festung Pamplona in Nordspanien wurde dem Hauptmann Loyola von einer Kanonenkugel das Bein zerschmettert. Auf dem langen und schmerzhaften Krankenlager vollzog sich in Ignatius ein grundlegender Sinneswandel: Angeregt durch die Lektüre des »Lebens Jesu« und frommer Legenden – andere Bücher fanden sich nicht in der väterlichen Burg –, beschloß er, fortan wie die Heiligen »höheren« Ruhm zu suchen. Im spanischen Nationalheiligtum auf dem Montserrat bei Barcelona weihte er sich als »Knappe« dem Dienst der »wunderbaren Madonna«. Nach einem Jahr quälender Selbstzweifel und Gewissenskämpfe – er lebte unter strengsten Bußübungen in einer Höhle bei Manresa – rang er sich schließlich in systematischer Selbstprüfung zu innerer Klarheit durch und fand zu religiöser Gelassenheit. Die Erfahrungen von Manresa hat Ignatius in seinem »Exerzitienbüchlein« festgehalten. Die »Geistlichen Übungen« wurden zum eigentlichen »Dienstreglement« seines Jesuitenordens; durch ihre tiefe Seelenkenntnis haben sie in der Kirche eine ähnliche Bedeutung gewonnen wie die Klosterregel Benedikts: Viele Menschen haben bis heute durch die »Exerzitien« geistliche Wegweisung erfahren und persönliche Hilfe gefunden.

In Manresa hatte sich auch das Weltbild des Ignatius ausgeformt: Für ihn vollzieht sich in der Geschichte der Entscheidungskampf zwischen Christus und den Mächten des Bösen – alle Gläubigen sind aufgerufen, als »Soldaten Christi« bedingungslos an diesem Kampf für das Reich Gottes teilzunehmen. Solche »militärische« Vorstellung hat die spätere Ordensgründung nachhaltig geprägt.

Die »Gesellschaft Jesu«

Als Ignatius 1523 bei einer Bußwallfahrt nach Jerusalem den Kampf gegen die ungläubigen Mohammedaner aufnehmen wollte, wurde er zu seiner Enttäuschung zurückgeschickt: er verfügte über keinerlei geistliche Legitimation. Als Erwachsener holte er jetzt die schulische Grundausbildung nach, im Alter von 38 Jahren nahm er dann in Paris das Studium der Theologie auf. Hier versammelte Ignatius einen Kreis von sechs Gleichgesinnten um sich. 1534 schlossen sich die jungen Theologen in der Kapelle auf dem Montmartre zur »Gesellschaft Jesu« (lat. Societas Jesu – S. J.) zusammen und gelobten, nach Beendigung ihrer Studien im Heiligen Land zu wirken. Als sich diese Pläne zerschlugen, stellte sich die Gruppe dem Papst zur Verfügung. Schon 1540 wurden die »Jesuiten« als Orden anerkannt.

Immer beargwöhnt, innerhalb und außerhalb der Kirche angefeindet und verfolgt, aufgehoben und wieder zugelassen, hat der Jesuitenorden bei seinen vielfältigen »Einsätzen« eine außergewöhnliche Wirksamkeit entfaltet.
Von den alten Orden unterschied sich die »Gesellschaft Jesu« grundlegend: sie kannte kein Chorgebet und lehnte das »Bettelprinzip« ab; ihre Mitglieder lebten nicht mehr in Klöstern und trugen kein Mönchsgewand. Solche Eigenart gab dem Orden Beweglichkeit und öffnete ihn zur Welt hin. In einem besonderen Gelübde versprachen die Jesuiten dem Papst Gehorsam, »wohin immer er sie schicken wolle« – die Annahme kirchlicher Würden aber war ihnen strikt untersagt.
Unbedingten Gehorsam schuldeten die Mitglieder auch ihrem auf Lebenszeit gewählten »General«, der die Gemeinschaft mit straffer Disziplin leitete. Aus der Bedingungslosigkeit des sprichwörtlichen »Jesuiten-Gehorsams« bezog der Orden seine »Schlagkraft« – in einem Brief an die portugiesischen Genossen betonte Ignatius, daß man »im reinen und vollkommenen Gehorsam, der wahrhaften Verzicht auf unseren Eigenwillen und Verleugnung unseres eigenen Urteils« einschließe, die »echten Söhne« der Gesellschaft erkenne.
Durch intensive theologische Ausbildung, durch charakterliche Formung der jungen Kleriker in den »Exerzitien« und durch strenge Auslese – innerhalb weniger Jahre hatte Ignatius 400 Bewerber wieder entlassen! – wurde im Jesuitenorden eine geistliche und geistige Elite herangezogen. Der Attraktivität der Gemeinschaft war das förderlich: 1556, im Todesjahr des Gründers, zählte der Orden schon 1000 Mitglieder, kaum 70 Jahre später hatte sich die Zahl vervierfacht.

Die ›Verfügungstruppe‹ des Papstes in Deutschland

Der Papst übertrug seiner ›Verfügungstruppe‹ als besonderen Auftrag die Ausbreitung des Glaubens – in dieser Zeit war das gleichbedeutend mit dem Kampf gegen die Reformation: die Jesuiten haben hier ihr erstes großes Betätigungsfeld gefunden. Die führenden Theologen des Ordens hatten schon an den Beschlüssen von Trient mitgewirkt, andere beteiligten sich – nicht selten als unwillkommene Mahner – maßgeblich an der Reform der Kurie; jetzt galt es, durch Seelsorge und Unterricht Zweifelnde in der Kirche zu halten und die Abtrünnigen zurückzugewinnen.
Diese Aufgabe mußte in Deutschland begonnen werden: Sieben Zehntel der Bevölkerung, so schätzte ein venezianischer Gesandter, hatten sich von der alten Kirche abgewandt; der Norden war fast ganz in pro-

testantischer Hand. 1540 schickte Ignatius seinen Freund Peter Faber nach Deutschland, andere Patres folgten. Konnten sich die spanischen und italienischen Jesuiten anfangs vorwiegend nur mit den Gebildeten verständigen, so erregte ihre karitative Tätigkeit in den Spitälern und Gefängnissen auch beim Volk Aufsehen; es imponierte, daß sie sich jener gehässigen Polemik enthielten, die damals den konfessionellen »Grabenkrieg« bestimmte. »Die Deutschen sind im allgemeinen einfach und ehrlich, nicht verstockt und bösartig«, lobte auf der anderen Seite einer der »Missionare«, »sie nehmen auf, was man sie lehrt.«
Um die dringend benötigten einheimischen Priester heranbilden zu lassen, gründete Ignatius 1552 in Rom das Deutsche Kolleg – bis heute ist das »Germanicum« die Pflanzschule der deutschen Bischöfe geblieben! Ein führender Jesuit war damals der Überzeugung, »daß es mindestens ebensoviel bedeutet, wenn ein einziger Deutscher sich unserer Gemeinschaft anschließt, als wenn zwanzig Italiener oder Spanier in den Orden eintreten«.

Petrus Canisius – Reformer und Lehrer

Zum Haupt und zum Herz der katholischen Erneuerung in Deutschland wurde seit 1549 der gebildete Niederländer Petrus Canisius: die Kirche verehrt ihn als den »zweiten Apostel Deutschlands«. Drastisch charakterisierte er den desolaten Zustand, in dem er die deutschen Katholiken vorfand: »Wir übertreffen die Juden an Wucher, die Türken an Völlerei und Trunksucht, die Heiden an Geiz und Schlechtigkeit, die Tiere an Unzucht und Ausschweifung. Unsere Kirchen sind nicht Bethäuser, sondern Schwätz-, Kauf- und Tanzhäuser.« Canisius verstand die dringend gebotene Reform und die Auseinandersetzung mit dem Protestantismus als seelsorgerliches Anliegen und geistigen Auftrag: »Es ist nötig, daß wir gute und beredte Priester, hervorragende Theologen, in Prosa und Vers erfahrene Beichtväter, beim Volk beliebte Priester und eifrige Mönche einsetzen.«
Gleichsam nach strategischen Gesichtspunkten wurden in den Zentren all der Gebiete, in denen die konfessionelle Entscheidung noch nicht endgültig gefallen war – in Köln und Wien, in Ingolstadt und Prag –, Niederlassungen des Ordens angelegt. Zur Unterrichtung des Volkes verfaßte Canisius seinen Katechismus: bis vor wenigen Jahren noch war dieses Buch Grundlage für die religiöse Unterweisung an den Schulen – mit weit über 500 Auflagen wurde der »Canisi« zu einem echten Volksbuch.
Besonderes Interesse des Ordens galt den Universitäten als den »Stät-

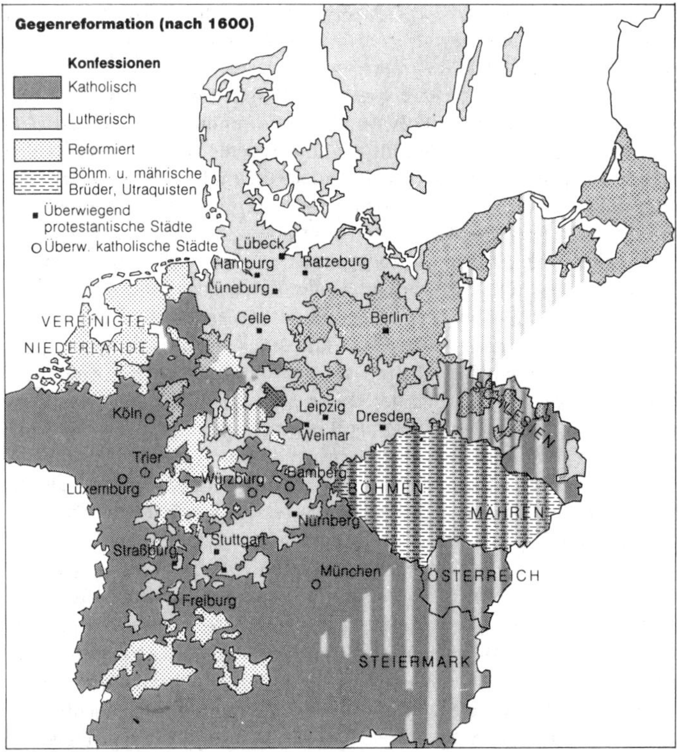

ten der geistigen Entscheidung«: Patres besetzten hier nicht nur die katholischen Lehrkanzeln, die von ihren alten Inhabern in den Wirren der Reformation im Stich gelassen worden waren; neue Universitäten und Akademien, in Dillingen etwa oder in Würzburg und Graz, wurden gegründet – das Hochschulwesen in Deutschland geriet zunehmend »in die Gewalt der Jesuiten«.
In den »Kollegien« sollte die Jugend für den Glauben gewonnen werden: die »Jesuitenschulen« wurden zu Vorläufern unseres Gymnasiums, ihre Pädagogik war für die Zeit revolutionär: neben der Wissenschaft hatte das musische Spiel seinen Platz; Prügelstrafe war streng verpönt – hier wurden allerdings auch die Zeugnisse »erfunden«! Da die Jesuiten kein Schulgeld erhoben, war der Zulauf aus allen Schichten ungeheuer – sogar von protestantischer Seite. 1579 beklagte sich der Rektor von Köln, daß sein Kolleg »nur« 970 Schüler zähle!

Die ›Gegenreformation‹ mit politischen Mitteln

Letztlich konnten aber auch die Jesuiten aus eigener Kraft den verlorenen katholischen Boden nicht zurückerobern. Seit durch den Augsburger Religionsfrieden (siehe Seite 90) die Landesherren in Deutschland auch Herren über die Konfession ihrer Untertanen geworden waren, bedurfte man dazu ihrer Unterstützung. In vielfacher Weise haben sich dabei Maßnahmen kirchlicher Reform und politische Aktionen miteinander verschränkt. Heute akzeptieren auch die katholischen Kirchenhistoriker für diese Vorgänge den lange umstrittenen Begriff »Gegenreformation«: Nachdem die alte Kirche sich innerlich regeneriert hatte, war sie fähig geworden, mit Hilfe des »weltlichen Armes« den »Gegenstoß« gegen den Protestantismus zu führen.

Die Jesuiten verstanden es auch auf dem politischen Feld, sich »die Gunst und das Wohlwollen der hohen Herren« (Canisius) zu sichern und – als Prinzenerzieher oder als Beichtväter der Fürsten – ihre Vorstellungen gebührend ins Spiel zu bringen. »Sooft jedoch die Angelegenheiten das Gewissen berühren«, berichtet ein päpstlicher Nuntius über Kaiser Ferdinand, »geht Seine Majestät den Beichtvater an. [. . .] Der Kaiser legt großes Gewicht auf sein Urteil in politischen Fragen.«

Zum Vorkämpfer der Gegenreformation in Deutschland wurde Baiern, als Albrecht V. 1559 die Jesuiten an seinen Hof nach München holte. Konsequent ging der Herzog jetzt gegen die Protestanten in seinem Territorium vor: der evangelisch gewordene Landadel mußte sich unterwerfen; die reformatorischen Prediger wurden vertrieben; wer die katholische Konfession aufgab, hatte mit Ausweisung zu rechnen; um die protestantischen Bürger und Bauern zu gewinnen, bemühte sich Albrecht – allerdings vergeblich – beim Papst um das Zugeständnis von Laienkelch und Priesterehe für sein Land. Im Gegenzug wurde mit der gleichen Konsequenz der alte Glaube gefördert: die Jesuiten reformierten Kirchen und Schulen nach der Maßgabe des Konzils; die Obrigkeit verordnete den sonntäglichen Kirchenbesuch und überwachte ihn; die baierischen Beamten hatten ihren Eid fortan auch auf das Tridentinische Glaubensbekenntnis zu leisten.

Binnen zehn Jahren wurde in Baiern auf diese Weise die Glaubenseinheit wiederhergestellt – der gegenreformatorische Schwung konnte nun über die Landesgrenzen hinausgreifen: Als sich der Kölner Erzbischof 1582 anschickte, aus nur bedingt religiösen Motiven – die Familie seiner Geliebten drängte auf Heirat – zu den Protestanten überzuwechseln, haben die Baiern im »Kölner Krieg« das wichtige Erzbistum dem Katholizismus erhalten – und zugleich für ihr Haus Wittelsbach gewonnen. Im Gefolge dieser Politik wurden auch die Bischofsstühle von Münster, Paderborn, Osnabrück wieder katholisch. Wenn am Ende jedoch der Sohn des Baiernherzogs – als Bischof nicht eben »aus tridentinischem Holz geschnitzt« – fünf Bistümer in seiner Hand vereinte, so zeichnete sich für die Kirche wieder jene schicksalhafte Verstrickung ab, die man gerade so mühevoll überwunden hatte.

Zum eigentlichen Anführer der Gegenreformation in den geistlichen Territorien wurde der Würzburger Fürstbischof Julius Echter von Mespelbrunn. So sehr er sich auf der einen Seite in landesväterlicher Fürsorge, durch reiche Stiftungen etwa, um das Wohl seiner treugläubigen Untertanen kümmerte, so unnachsichtig verfolgte er die Protestanten in seinem Bistum: in seiner Bischofsstadt mußte sich jeder Bürger einer Glaubensprüfung unterziehen, »Unzuverlässige« wurden aus ihren Ämtern entfernt und zum Auswandern gezwungen – wenige Jahre nach seinem Amtsantritt war Würzburg, das er halb protestantisch übernommen hatte, wieder »reinkatholisch«!

Mit Verspätung ging die Gegenreformation in Österreich zum Angriff über – sieht man von Tirol ab, so hatten in den Erblanden des Kaisers zwischenzeitlich 80 Prozent der Bevölkerung den neuen Glauben angenommen. Mit um so größerer Härte betrieb jetzt der »Generalreformator« Bischof Klesl die Rekatholisierung. Evangelische Gottesdienste in den Städten wurden untersagt, Widerstand der Bauern wurde stellenweise blutig niedergeworfen. Im Bistum Salzburg ließ der Bischof nach dem Bericht seines Sekretärs »Halsstörrige ins Eisen schlagen«, andere mußten als »Exulanten« ihre Heimat verlassen.

Als die Gegenreformation im Dreißigjährigen Krieg zu Ende ging, war ihr Ergebnis für die alte Kirche doch beachtlich: der Siegeszug der Reformation war aufgehalten worden, Süddeutschland war im wesentlichen katholisch geblieben, Ober- und Niederösterreich hatte man den Protestanten wieder entwinden können, in Norddeutschland begannen die Katholiken erneut Fuß zu fassen.

Literatur

Jedin, Hubert: Handbuch der Kirchengeschichte, Bd. IV, Freiburg 1962

Konrad, Robert: Reformation und Gegenreformation, Würzburg 1974

Lortz, Joseph/Iserloh, Erwin: Kleine Reformationsgeschichte, Freiburg/Basel/Wien 1969

Tüchle, Hermann: Reformation und Gegenreformation, Einsiedeln/Zürich/Köln 1965

Zeeden, Ernst Walter: Gegenreformation, Darmstadt 1973

Zunehmende Konflikte – zunehmende Härte der Kriegsführung. *Schweres Geschütz vor den mit Basteien verstärkten Mauern von Jülich, 1610. Kupferstich aus J. L. Gottfrieds »Historischer Chronik« (Ausschnitt).*

MANFRED FIRNKES

DEUTSCHLAND IN DER ZWEITEN HÄLFTE DES 16. JAHRHUNDERTS

Eine in den Geschichtsbüchern vergessene Epoche – Zeit ohne außenpolitische Dramatik, aber voll innerer explosiver Spannung – 63jähriger Friede nach außen, Religions- und Machtkämpfe in den Territorien – Die habsburgische Konzentration auf das »Heilige Römische Reich Deutscher Nation« – Die Habsburgerkaiser: Herrscher zwischen religiöser Toleranz und Unduldsamkeit – Probleme Österreichs und des Reiches: Das Prinzip der Erbfolge – Ständige Türkengefahr – Spannung zwischen Kaiser und Reichsorganen – Handlungsunfähigkeit – Innenpolitische Eskalation durch Militärbündnisse – Katholische »Liga« und protestantische »Union« – Überforderung des Reiches durch Verflechtung von Religion und Politik – Zerbröckeln des Reiches in religiös-politischen Zusammenstößen, Vorboten des Dreißigjährigen Krieges – Und die Bildung? – Ausbildung und Lehre an hohen Schulen – Die Universitäten seit dem 15. Jahrhundert.

Die zweite Hälfte des 16. Jahrhunderts – genauer: die Zeit zwischen 1555 und 1618 – ist eine in vielen Geschichtsbüchern sozusagen ›vergessene Epoche‹. Und doch ist dies eine Zeit voller Brisanz, voller Umwälzungen und Bedeutungen für das folgende Jahrhundert. Sie führt vom Religionsfrieden über lokal begrenzte Konflikte schließlich in den großen europäischen Krieg.

Karl V. und sein Nachfolger Ferdinand I.

Mit Karls V. Abdanken in Raten war ein Stück Mittelalter zu Ende gegangen. Als einzigem Herrscher war es ihm vergönnt gewesen, den Traum vom universalen Kaisertum der mittelalterlichen Könige und Kaiser in einem Weltreich auf politisch-religiöser Basis zu verwirklichen. Aber sein Scheitern war vorgegeben, seit sich sowohl der Papst aus politischen Interessen als auch die deutschen Fürsten aus Angst um den Verlust ihrer »Libertät« (Adelsfreiheit) Karls V. Reichsidee widersetzt hatten. Karl V. hatte zwar geglaubt, daß in seinem Reich die Sonne nicht untergeht, aber spätestens nach seiner Abdankung waren ihre Strahlen dunkler geworden und beschienen zudem nicht mehr ein Weltreich. Die Erbteilung in eine habsburgisch-spanische und habsburgisch-österreichische Linie unter seinem Bruder Ferdinand I. (1503–64) brachte zwar nicht den Verlust der habsburgischen Länder, aber das Ausscheren eines bedeutenden Kräftepotentials, nämlich der habsburgischen Erblande und des deutschen Reiches aus dem Universalverband und somit eine belastende Schwächung. Spanien sollte die Bürde seines Weltreichsanspruches schnell genug zu spüren bekommen. Die langen militärischen Auseinandersetzungen mit Frankreich konnten erst 1598, mit England gar erst 1603 beigelegt werden.
Dem Deutschen Reich hatte Karls V. Abdankung Vor- und Nachteile beschert: Mit der Teilung war das Reich aus der Reihe der bislang führenden europäischen Mächte wieder ausgeschieden, allerdings nicht ohne erstaunlichen Gewinn: inmitten der europäischen Kriege zwischen Spanien, Frankreich, England und den Generalstaaten blieb Deutschland eine Insel des Friedens. Das hartumkämpfte Ziel aller mittelalterlichen Herrscher, Italien, war als Hemmschuh weggefallen, Mailand und Neapel gingen an Philipp II. von Spanien, Karls V. Sohn. Einen gewissen Ausgleich schuf die Mitgift, die Ferdinand I. einbrachte. Er war zugleich König von Ungarn und Böhmen mit den Nebenländern Mähren, Schlesien und der Lausitz. Diesem drei Jahre jüngeren Bruder hatte Karl V. von Anfang an die Rolle seines ersten Helfers zugewiesen, die er auch über dreißig Jahre in dem ererbten

Nachfolger Karls V. auf dem Kaiserthron: sein Bruder Ferdinand I.
*Kupferstich von Barthel Beham (*1502, †1540),*
dem Bruder Hans Sebald Behams.

Habsburgerbesitz und in Deutschland zur Zufriedenheit ausfüllte. Erst gegen Ende der Regierungszeit Karls V. trat eine Entfremdung ein. Schuld daran waren sowohl dynastische Sonderinteressen Ferdinands I. als auch die Zumutung Karls V., seinem Sohn Philipp II. die Nachfolge in Deutschland zu vermachen, ein Plan, den Ferdinand I. zu vereiteln wußte. Völlig abgelehnt hat Ferdinand I. die Religionspolitik seines Bruders. Nur seiner in Glaubenssachen versöhnlichen Haltung war es zuzuschreiben, daß 1552 der »Passauer Stillstand« zustande gekommen war, dem sich Karl V. bis zuletzt widersetzt hat. Als er sich aus Deutschland seit 1553 zurückgezogen hatte, überließ er Fer-

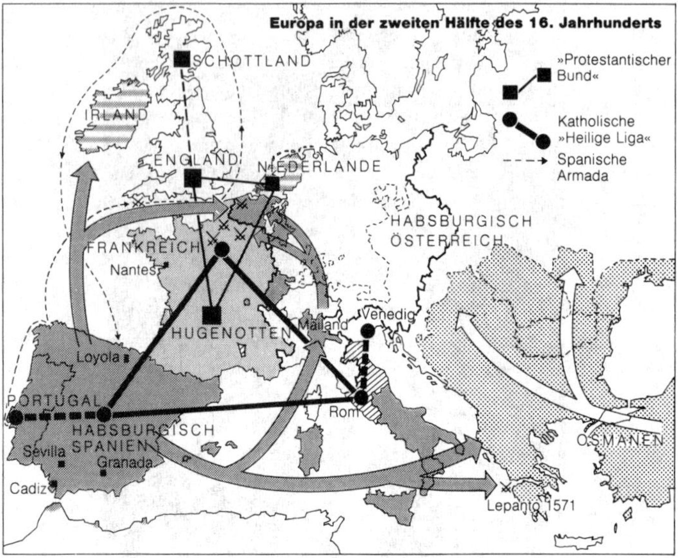

dinand I. die Regierung im Reich und die Durchführung des Augsburger Reichstages 1555 mitsamt der Verkündigung des »Augsburger Religionsfriedens«.

Machtgrundlagen und Gefährdungen in Ferdinands I. Regierungszeit

Die Ferdinand durch die Erbteilung Karls V. 1521 und 1525 zugewiesenen Länder, die fünf Herzogtümer Österreich unter und ob der Enns, Steiermark, Kärnten und Krain, außerdem die Grafschaft Tirol und Vorderösterreich mit Sund- und Breisgau, bildeten die Basis seiner Hausmacht. Durch seine Heirat mit Anna, der einzigen Schwester König Ludwigs II. von Böhmen und Ungarn, hatte sich Ferdinand I. aber auch das Anrecht auf eben diese Länder erworben, in denen er nach dem Tod seines Schwagers durch die Parlamente gewählt wurde. Insgesamt besaß Ferdinand I. ein machtvolles Gebiet, weitgehend in sich zusammenhängend und relativ abgerundet. Die 1531 erfolgte Wahl zum römischen König eröffnete auch die Aussichten auf die Nachfolge im Kaisertum, das er 1558, nach der Wahl durch die Kurfürsten und der Krönung in Frankfurt, antrat, nachdem Karl V. den

Gedanken, Philipp II. zum Nachfolger zu erheben, hatte fallenlassen müssen. Für Ferdinand I. bedeutet die neue Würde zweifellos eine Vermehrung seines Ansehens und die Verantwortlichkeit über die zum Deutschen Reich gehörigen Länder. Aber die wirkliche Macht war viel geringer, als man dies aufgrund solcher Häufung von Machtpositionen vermuten sollte. Schwierigkeiten gab es genug.
In den eigenen Erblanden gelang es Ferdinand I. zeitlebens nicht, die partikularen Bestrebungen des Adels zurückzudrängen. Mehr, als ihm lieb sein konnte, hatte der Protestantismus vor allem auf dem Land die Position der katholischen Kirche untergraben und das einigende Band der Religion durchschnitten. In Böhmen gab es einen selbstbewußten Adel, der nur noch von dem Ungarns übertroffen wurde. Ressentiments hatte Ferdinand schon vor seiner Wahl zum ungarischen König zu spüren bekommen. Um ihre Unabhängigkeit zu bewahren, schreckten die Ungarn nicht einmal davor zurück, Verbindung zu den Türken zu suchen, dem bedrohlichsten Gegner Habsburgs.
In Deutschland stellte sich die Situation nicht anders dar. Der Religionsfriede von 1555 war weder im Wortlaut noch in seiner Rechtsgültigkeit eindeutig formuliert und brachte nur ein Atemholen, kein Ende der religiösen Streitpunkte. Daß sieben Zehntel Deutschlands mittlerweile lutherisch waren, machte die Regierung für den katholischen Ferdinand noch schwieriger. Politisch und religiös war alles im Fluß, und es ist einleuchtend, daß die weitere Ordnung der staatlich-kirchlichen Verhältnisse und die Festigung des Konfessionsfriedens die Hauptaufgaben Ferdinands I. und seiner Nachfolger, Maximilians II. (1564–1576), Rudolfs II. (1576–1612), Matthias' (1612–1619) und Ferdinands II. (1619–1634) blieben.

Fünf Kaiser zwischen Frieden und Krieg

Diesen Kaisern fehlt der Glanz, den viele mittelalterliche Herrscher um sich verbreitet haben, ihren Taten geht alles Spektakuläre, Außerordentliche ab, keine Sage rankt sich um ihre Namen. Die moderne Geschichtsschreibung hat wenig von ihnen zu berichten, und das wohlwollendste Urteil lautet: »Durchschnitt«. Grob betrachtet mag das stimmen. Aber man darf nicht vergessen, daß die Zeit gegen diese Kaiser arbeitete. Ihre verfassungsmäßige Stellung als Kaiser war stark eingeschränkt, die Territorialfürsten trieben eine egoistische Politik ohne Rücksicht auf Reichsinteressen, und das einigende Band des Glaubens war durch die Reformation für immer zerrissen. So regierten sie notgedrungen mehr als habsburgische Territorialherren denn als

Einer unter fünf – Habsburger Probleme: Kaiser Matthias im Krönungsornat.
Wie seine Brüder blieb er weitgehend Spielball der Wirren seiner Zeit. Bildnis der Hans von Aachen-Schule, 1612.

Kaiser und: Bei aller Kritik ist nicht zu übersehen, daß ihre Toleranz und ihr Wille zum religiösen Ausgleich Deutschland die längste Friedenszeit seiner Geschichte beschert haben, mag dieser Friede auch eher auf dem Vorsichherschieben ungelöster Probleme beruht haben als auf dem sicheren Fundament eines von Katholiken und Protestanten akzeptierten Ausgleichs.
Nach den gängigen Quellen entsprach Ferdinand I. ganz und gar nicht dem Klischeebild eines Deutschen. Von seiner Mutter her, Johanna der Wahnsinnigen, war er Spanier, spanisch erzogen und unterrichtet, klein und zart gebaut, dabei lebhaft im Sprechen, schlicht in seinen Lebensgewohnheiten und völlig unspanisch im Repräsentieren.
Der älteste Sohn Ferdinands, sein Nachfolger Maximilian II., in Wien geboren und aufgewachsen, war ein sprachbegabter, leutseliger Mann, dessen zweideutiges Lavieren in religiösen Fragen bis heute keine klare Aussage darüber zuläßt, ob er im Herzen Katholik oder Lutheraner war.
Rudolf II., sein Sohn, beherrschte neben der Muttersprache fließend

Latein, Spanisch, Französisch, Italienisch und leidlich das Tschechische. Aber er widmete sich mehr wissenschaftlichen Studien als den Regierungsgeschäften, sehr zum Nachteil des Reiches. Im Laufe seiner langen Regierungszeit verschlimmerte sich eine von der Mutter ererbte Geisteskrankheit. Seit 1582 lebte er dauernd auf dem Hradschin in Prag, erschien 1594 zum letzten Mal auf einem Reichstag. Im Herbst 1598 brach die Krankheit voll aus. Von Verfolgungswahn getrieben, mißhandelte er unterschiedslos Kämmerer und Minister, wollte keine Bittgesandte oder Freunde mehr sehen. Da er kinderlos blieb und die Erbfolge in den Ländern seines Hauses unsicher war, beschloß der habsburgische Familienrat seine Absetzung und ernannte seinen Bruder Matthias zum Oberhaupt. Verwickelte Auseinandersetzungen gingen voraus, ehe Matthias Rudolf II. durch die Besetzung Prags 1611 zur Abdankung zwang.
Als Matthias ebenfalls ohne Thronerben blieb, war Ferdinand von der Steiermark Anwärter auf das Gesamterbe und die Kaiserwürde. Den spanischen angeblichen Anspruch auf das Gesamterbe befriedigte er im sogenannten »Oñate-Vertrag«, der die Abtretung des Elsaß an Spanien aus strategischen Gründen vorsah. Der Nachfolge stand somit nichts mehr im Wege. Da aber Ferdinand II. wenig von der konfessionellen Versöhnlichkeit seiner Vorgänger besaß und die Gegenreformation in den Erblanden beschleunigte, löste er die offene Revolte der Böhmen aus. Sie nahm mit dem Fenstersturz der königlichen Beamten Slawata, Martinitz und Fabricius aus dem Hradschin in Prag am 23. Mai 1618 ihren Anfang und führte durch Ferdinands II. Unnachgiebigkeit direkt in den böhmisch-pfälzischen Krieg, den ersten Abschnitt des dreißigjährigen Kriegsgeschehens.

Die fünf Habsburger Kaiser im Bann der Erbteilungsprobleme

Die Geschichte der fünf Habsburger ist nicht nur wegen ihrer Kaiserwürde eng mit dem Deutschen Reich verknüpft, sondern auch, weil die Probleme ihrer eigenen Länder denen des Reiches glichen, ja identisch waren, weil ihre außenpolitischen Aktivitäten ins Reich zurückwirkten und weil die Schwierigkeiten der Habsburger auch die Reichspolitik entscheidend hemmen konnten.
In jeder Generation neu stand das Problem der Erbfolge und damit der Teilung der Länder an, eine Schwierigkeit, der sich auch Karl V. nicht hatte entziehen können. Seinem Bruder Ferdinand I. mußte er die deutschen Erblande überlassen, was die Spaltung der Linien zur Folge hatte. Mit gegenseitigen Rücksichten trieben sie fortan eine ei-

*›**Ohne Kurfürsten geht nichts mehr . . .**‹ **Kaiser Maximilian II.**, Sohn und Nachfolger Ferdinands I., im Kreis der sieben Kurfürsten. Holzschnitt von H. Rogel d. Ä., 1564. Berlin, Kupferstichkabinett.*

genständige Politik. Karl V. hatte in Voraussicht dieser Entwicklung vorgehabt, nach Ferdinand I. die Kaiserwürde auf seinen Sohn Philipp II. zu übertragen und dann abwechselnd zwischen beiden Linien hin- und hergehen zu lassen, aber das Vorhaben scheiterte am Bruder, der die universale Kaiseridee Karls schon längst aufgegeben hatte.

In seinem Herrschaftsbereich stand Ferdinand I. nun vor dem gleichen Nachfolgeproblem und löste es nicht anders als Karl: Die österreichische Hauptlinie spaltete sich in mehrere Nebenlinien auf. Dem ältesten Sohn Maximilian gab er Ober- und Niederösterreich und sicherte ihm noch vor dem Tod die Königswürde Böhmens (1548), Ungarns (1563) und die Kaiserwürde des Deutschen Reiches (1564). Der zweite Sohn, Erzherzog Ferdinand, bekam Tirol und Vorderösterreich, (also die alemannischen Gebiete an Hoch- und Oberrhein), der jüngste, Erzherzog Karl, Innerösterreich, d.h. Steiermark, Kärnten und Krain.

Maximilian II. hatte es später, ausgestattet nur mit einem verhältnismäßig kleinen Eigenterritorium, schwer, seine Kaiserautorität durchzusetzen. Er beendete daher das Prinzip ständiger Erbteilung. Sein ältester Sohn Rudolf wurde zum Nachfolger bestimmt, die übrigen Söhne mit einem Jahresgehalt von 25 000 Gulden abgefunden. Rudolf II. war damit Herrscher über eine Ländermasse, die neben Deutschland die Erzherzogtümer Ober- und Niederösterreich, die Königreiche Ungarn und Böhmen mit Mähren, Schlesien und der Lausitz und seit 1595 durch Heimfall Tirol und Vorderösterreich umfaßte. Durch die Kinderlosigkeit sowohl Rudolfs II. als auch Matthias' konnte Ferdinand II. mehr zufällig als geplant die Gesamterbschaft übernehmen. Das leidige Problem ständiger Erbteilung stellte sich damit, wenigstens seit Maximilian II., nicht mehr.

Die Hypothek der Türkengefahr

Die Königsherrschaft in Böhmen und Ungarn hatte den Habsburgern seit Ferdinand I. zwar eine territoriale Erweiterung gebracht, sie – und damit auch das Reich – aber gleichzeitig mit der lebensbedrohenden Hypothek der Türkenexpansion belastet. Ferdinand I. hatte schon 1529 der türkischen Invasion unter Suleiman II. nicht widerstehen können. Sie überflutete Ungarn und brandete vor Wiens Tore. Nach dreiwöchiger Belagerung mußte Suleiman II. sich zwar zurückziehen, ließ aber zum Ärger Ferdinands I. den ungarischen Gegenkönig, Zapolya von Siebenbürgen, als türkischen ›Vorposten‹ und ›Statthalter‹ zurück.

1532 brachen die Türken erneut in Ungarn ein, ein mühevoller Kompromiß kam zustande, der Zapolya die Hälfte Ungarns zusicherte und Habsburgs Ohnmacht bloßlegte. Nicht einmal ein Reichsheer unter dem Befehl des Brandenburger Kurfürsten erzielte zehn Jahre später gegen einen Türkeneinfall wenigstens Kleinerfolge, und als nach fünfjährigem Waffenstillstand und seinem mehrfachen Bruch 1562 endlich ein Friede geschlossen wurde, erkannten zwar die Türken Ferdinands I. Herrschaft über Ungarn an, aber nur gegen jährliche, erniedrigende Tributzahlungen.

Die Türkengefahr gehörte fortan zum festen Bestandteil des Erbes, das die Kaiser ihren Nachfolgern hinterließen. 1566 mußte sich Maximilian II. mit ihnen herumplagen, als Suleiman II. Österreich mit der nächsten Invasion drohte.

Nach Suleimans Tod beließ der achtjährige Waffenstillstand von 1568 alles beim alten. Trotz dieser 1576 nochmals um acht und 1584 von Rudolf II. um neun Jahre verlängerten Waffenruhe gab es ständige Grenzkonflikte und schreckliche Kleinkriege.

1593 erklärte Sultan Murad III. erneut den Krieg, der erst im November 1606 mit dem Frieden von Zsitva-Torok ein Ende fand. Es war nicht mehr Rudolf II., der ihn unterzeichnete, sondern schon der neue Chef des Hauses Habsburg, Matthias, der im April gleichen Jahres seinem Bruder die Vollmacht über Krieg und Frieden im Einverständnis mit den anderen Angehörigen abgerungen hatte.
Österreich mußte auf Siebenbürgen und den größten Teil Ungarns verzichten und dem ihm verbliebenen Restungarn Religionsfreiheit, Ständeherrschaft und Beendigung jeder »Habsburgisierung« zusichern. Mit der Zahlung einer einmaligen Entschädigungssumme hörten endlich die jährlichen Tribute auf, und für über 50 Jahre herrschte fortan an der Türkenfront Ruhe. Sie enthob den Kaiser der Gefahr, für die ständige Bewilligung von »Türkengeldern« durch den Reichstag immer weitgehendere innenpolitische und religiöse Zugeständnisse an die Reichsfürsten machen zu müssen.
Als Rudolf II. den von Matthias unterschriebenen Vertrag zu hintertreiben suchte, provozierte er den Angriff auf Prag, der ihn zur Abdankung zwingen sollte. In seiner Not wandte sich Rudolf II. an die böhmischen Stände und erklärte sich im »Böhmischen Majestätsbrief« vom 9. Juli 1609 zu religiösen Zugeständnissen bereit. Daß ständische Interessen, nicht nur die Böhmens, immer wieder auf konfessionelle Freiheiten oder territorialen Eigennutz ausgerichtet waren, gehörte zu den Grundtatsachen in der zweiten Hälfte des 16. Jahrhunderts. Konfession und Territorium waren die entscheidenden Wirkkräfte, deren Wechselbeziehungen auf die Dauer weder das Reich noch der Kaiser entflechten und unter Kontrolle bringen konnten.

Kaiser und Reich in Abhängigkeit der Reichsstände und Territorialinteressen

Das seit dem frühen Mittelalter einsetzende Kräftemessen zwischen einer um Anerkennung ringenden Zentralgewalt und den partikularen Gegenkräften ging eindeutig zugunsten der Landesfürsten aus. Der Weg in eine Vielzahl von Territorialstaaten war nicht aufzuhalten. Die Kaiser zogen es vor, sich mehr auf eine starke Hausmacht als auf einen Titel zu verlassen, der zwar noch guten Klang besaß, in der handfesten Politik aber nur mehr eine lockere Oberherrschaft über die deutschen Territorien signalisierte. Der in den Urkunden dieser Zeit verwendete Titel »Heiliges Römisches Reich Deutscher Nation« zeigt deutlich die Beschränkung der Herrschaft auf das nationale Teilkönigreich Deutschland, die Gewichtsverlagerung auf die Nation, die diesem

Über dem Volk: Papst, Kaiser und Könige, Fürsten, Geistliche Herren, Adel – doch der Tod macht alle gleich. *Allegorie auf die Ständeordnung. Kupferstich von G. Altenbach, 17. Jh.*

Reich dort die Grenze setzte, wo die deutsche Sprache nicht mehr gesprochen wurde. Nur folgerichtig war es, wenn seit Ferdinand I. die deutschen Könige nicht mehr in Rom und nicht vom Papst zu Kaisern gekrönt wurden, sondern nach Wahl und Krönung seit Maximilian I. den Titel trugen »Erwählter römischer Kaiser«.

Seit Karl V. mit dem Versuch, das Reich als ein Erbreich seiner Dynastie weiterzugeben, gescheitert war, blieb das König- und Kaisertum weiter ein Wahlkönigtum, wenn auch die Habsburger bis 1806 die Kaiser stellten. Diese Kontinuität war nur dadurch möglich, daß das regierende Haupt des Reiches noch zu Lebzeiten meist den ältesten Sohn zum Nachfolger bestimmte und zum »König der Römer« wählen ließ. Freilich, die Fürsten ließen sich das bezahlen. Jeder Herrscher mußte vor seiner oder seines Nachfolgers Wahl eine »Wahlkapitulation« unterzeichnen, in der seine theoretisch große Macht in der Praxis zugunsten von Reichsständen und Reichstag eingeschränkt wurde, so daß er nur noch in Übereinstimmung mit ihnen erfolgreiche Politik betreiben konnte.

Die drei geistlichen Kurfürsten, die Erzbischöfe von Köln, Mainz und Trier und die vier weltlichen, der Pfalzgraf bei Rhein, der Markgraf von Brandenburg, der Kurfürst von Sachsen und der König von Böhmen, hatten sich als eigene Gruppe bald aus dem »Reichsfürstenstand« herausgesondert, der etwa 100 geistliche und weltliche Fürsten des Reiches umfaßte, ungefähr 2500 »Reichsritter« und die 66 »reichsfreien Städte«. Sie alle besaßen die »Reichsunmittelbarkeit«, unterstanden also unmittelbar dem König, keinem Landesherrn. Mit Ausnahme der Reichsritter bildeten diese Gruppen die »Reichsstände«, denen die »Reichsstandschaft«, d.h. Sitz und Einzelstimme im »Reichstag«, zustand. Kurfürsten, Reichsfürsten und Reichsstädte waren in diesem Gremium die drei Kollegien, die getrennt berieten und auch getrennt Beschlüsse faßten, für deren Rechtsgültigkeit die Übereinstimmung der beiden ersten Kollegien und die Zustimmung (Ratifikation) des Kaisers erforderlich waren.
Man kann gewiß nicht behaupten, daß die Zusammenarbeit zwischen Reichstag und Kaiser zum Besten des Reiches war. Wo es um Geld und seine Bewilligung ging, wie in den Türkenkriegen, drehte der Reichstag schnell den Hahn zu, falls sich der Kaiser politisch-territorialen und religiösen Gegenleistungen versperrte. In den beiden ersten Jahrzehnten nach dem Augsburger Religionsfrieden war das Verhältnis Reichstag – Kaiser immerhin noch von Kompromißbereitschaft und Zurückhaltung geprägt, weil weder Ferdinand I. noch sein Sohn Maximilian II. einen Konfrontationskurs steuerten, zumal sie noch persönlich mit vielen auch protestantischen Fürsten befreundet waren. Unter ihnen betrieb vor allem der lutherische Kurfürst von Sachsen eine prokaiserliche Politik, während die militanten Kräfte mit der »reformierten« calvinistischen Pfalz konsequent antikaiserlich handelten. Religion und Politk waren zu einem Knäuel geworden, das nur mit der gegenseitigen Bereitschaft, den »Reichsabschied« von 1555 mit den Verfügungen des »Religionsfriedens« und der »Reichsreform« einzuhalten, mühsam entwirrt werden konnte. Jede Störung der Balance, ob territorial oder religiös, mußte das Reichsgefüge zum Wanken bringen und lähmend seine Teile treffen.
Maximilian II. hatte die Verschärfung deutlich auf dem Reichstag zu Speyer 1570 zu spüren bekommen, als sein Vorschlag, in einer Reform des Reichskriegswesens die Truppen dem Kaiser zu unterstellen, vom Reichstag glatt abgelehnt wurde.
Als Rudolf II. unmittelbar nach dem Reichstag zu Regensburg 1576 die Nachfolge seines Vaters antrat, war die Entspannung vor allem der religiösen Gegensätze immer unwahrscheinlicher geworden. Der Grund lag weniger in Rudolfs II. eindeutiger Stellungnahme für den

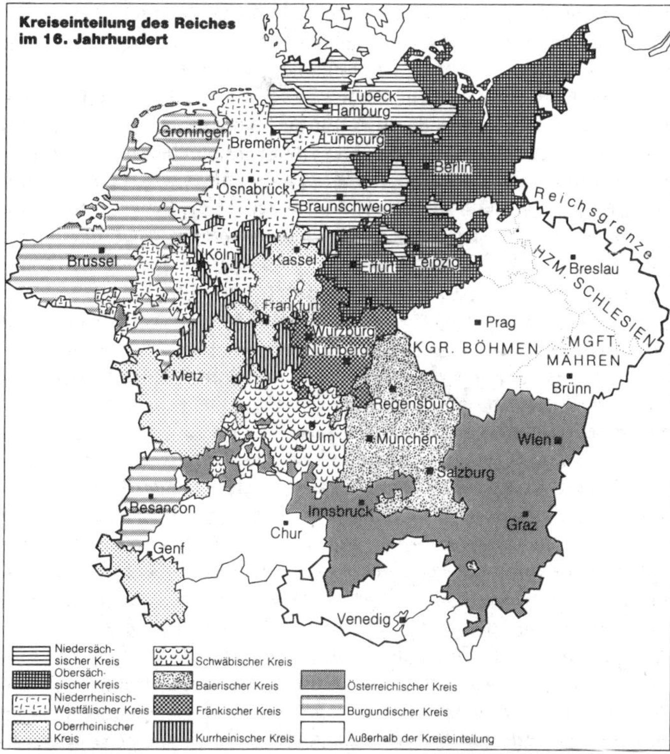

Katholizismus – im Gegensatz zu seinem Vater – als vielmehr in der erstarkenden katholischen Kirche, die im Zuge der Gegenreformation in Köln, Straßburg und Jülich-Kleve wichtigen Boden wiedergutmachen konnte. Außerdem hatte zunehmend das Ausland, hatten Spanien und Frankreich in die innerdeutschen Positionskämpfe auf seiten der Katholiken und Lutheraner eingegriffen, so daß die Fronten sich mehr und mehr verhärteten.

Desolate Rechtsprechungsverhältnisse im Reich Visitationskammer und »Vierklosterstreit«

Im Jahre 1582 kam es zum ersten Eklat, der eine sich über Jahre hinziehende Kettenreaktion auslöste, an deren Ende im Jahre 1612, dem Todesjahr Rudolfs II., die wichtigsten Reichsorgane lahmgelegt waren, und der Reichstag handlungsunfähig dahintagte: In Magdeburg residierte ohne kaiserliche Zustimmung als evangelischer Administrator (Verwalter) des Erzbistums Joachim Friedrich von Brandenburg. 1582 hatte er auf dem Reichstag zu Augsburg den Antrag gestellt, ihn mit Sitz und Stimme in den Reichsfürstenstand aufzunehmen. Die katholischen Stände mußten das ablehnen, wenn sie nicht selber einen Präzedenzfall schaffen und den ihnen nützlichen »Geistlichen Vorbehalt« aus dem »Religionsfrieden« zu Fall bringen wollten, nach dessen Bestimmung ein Bischof oder Abt, der zum Luthertum wechselte, auf Territorium und Amt verzichten mußte. Joachim Friedrich fand keine Mehrheit, weil die katholischen Stände mit dem Auszug aus dem Reichstag drohten.

Als sechs Jahre später Magdeburg, d.h. Joachim Friedrich, turnusgemäß den Vorsitz in der »Visitationskammer«, einer dem »Reichskammergericht« übergeordneten Revisionskommission, zu übernehmen hatte und keine Einigung zustande kam, suspendierte Rudolf II. kurzerhand die Kommission. Es gab damit keine Revisionsinstanz mehr gegen Urteile des Reichskammergerichtes. Der Rechtsprechung im Reich war ein schwerer Schlag versetzt. Rudolf II. kam die Entwicklung sicher nicht ungelegen, weil nun dem »Reichshofgericht« als dem kaiserhörigen Gegengewicht zum reichsständischen Reichskammergericht erhöhte Bedeutung zukam. Peinlich war nur, daß beim Fehlen jeder Revisionsmöglichkeit die Vollstreckung der Urteile in der Luft hing. Wohin konnte man sich mit einer Urteilsanfechtung überhaupt wenden? Diese Frage wurde im »Vierklosterstreit« rasch akut. Trotz des 1555 ausgesprochenen Säkularisationsverbotes hatten bislang protestantische Stände Klöster und Stifte in Württemberg, der Pfalz, Baden, Hessen-Kassel und weiteren Gebieten Süd- und Nordwestdeutschlands eingezogen. Als vier betroffene Klöster Klage beim Reichskammergericht einlegten, gab es ihnen recht und verurteilte den Grafen von Oettingen, die Reichsritter von Hirschhorn, die Reichsstadt Straßburg und den Markgraf von Baden zur Rückgabe widerrechtlich angeeigneter Klöster. Es waren an sich, gemessen an den großen Konflikten, unbedeutende, immer wieder erfolgte Fälle, die aber in ihrer Häufung jetzt nicht mehr unbeachtet bleiben konnten und vor allem für Norddeutschland erhebliche Folgen haben mußten. Denn die Machtbasis der Protestanten beruhte dort weitgehend auf den ehemaligen Reichsbistümern (Bremen, Verden, Minden, Lübeck, Magdeburg, Hildesheim, Ratzeburg, Schwerin), die man durch Unterstellung unter evangelische Administratoren wie im Falle Magdeburgs praktisch säkularisiert (verweltlicht) hatte.

Als die vier zur Herausgabe verurteilten Herren in die Revision gingen, die Visitationskommission aber aufgelöst war, setzte der Reichstag 1598 extra einen »Deputationstag« ein, der mit den 7 Kurfürsten, 10 katholischen und 4 protestantischen Fürsten eine klare katholische Mehrheit besaß. Doch eine Überprüfung des »Vierklosterstreits« kam nicht zustande, weil die Kurpfalz aus politischen Gründen den Frankfurter Deputationstag 1601 sprengte und gemeinsam mit Kurbrandenburg und Braunschweig-Wolfenbüttel behauptete, nur der Reichstag könne über Revisionen, die den »Augsburger Religionsfrieden« betreffen, zuständig sein. Der Deputationstag trat nun nie mehr zusammen, die Reichsrechtsprechung war endgültig zusammengebrochen, und es wuchs die Gefahr, daß sich jeder erneut auf eigene Faust außerhalb der Legalität sein Recht verschaffte.

Handlungsunfähigkeit des Reichstages

Zeitlich gleichlaufend hatte auch die andere Reichsinstitution, der Reichstag, zunehmend unter dem Druck der calvinistischen Kurpfalz zu leiden, die immer offener die partikularistische Umwandlung des Reiches und den Abbau aller zentralen kaiserlichen Rechte forderte. Zwangsläufig mußte der Reichstag als letzte Klammer des Zusammengehörigkeitsbewußtseins stark eingeschränkt weiterarbeiten oder seine Bedeutung völlig verlieren. Daß trotz wiederholter Versuche der Kurpfalz, die Mehrheitsbeschlüsse des Reichstages anzuzweifeln, das Gremium arbeitsfähig geblieben war, lag am gemäßigten Verhalten des kursächsischen Kontrahenten.

Schon auf dem Reichstag in Regensburg 1594, einberufen wegen der Türkenhilfe, hatte die Kurpfalz Bündnispartner dadurch gewonnen, daß sie behauptete, Mehrheitsbeschlüsse des Reichstages seien unverbindlich und die Reichsstände müßten nur so viel an Steuern und Abgaben zahlen, wie jeder einzelne bewilligt habe. Als sie nicht durchdrang, setzte sie den Hebel zunächst am »Deputationstag« 1601 an und legte die Rechtsprechung lahm. 1603 in Regensburg erhob sie die weitergehende Forderung, daß alle Religionsstreitigkeiten – wie etwa der »Vierklosterstreit« – nicht durch Mehrheitsbeschlüsse des Reichstages oder des »Deputationstages« gelöst werden können, sondern nur durch gütliche Einigung.

1607, als Rudolf II. gegen den erklärten Willen seines Bruders den Türkenkrieg wieder aufnehmen wollte und erneut eine Geldbewilligung einbrachte, suchte die Kurpfalz wiederum, daraus politisches Kapital zu schlagen, diesmal mit größeren Erfolgsaussichten. Sie

wußte nämlich die protestantischen Stände, auch Kursachsen, hinter sich, die über die ihrer Meinung nach rechtlich zweifelhafte Verhängung der Reichsacht über die Reichsstadt Donauwörth durch den Kaiser im gleichen Jahr erbittert waren und den Religionsfrieden katholischerseits als gebrochen ansahen. Nachdrücklich forderten sie daher die Sicherung ihrer seither erweiterten Machtstellung für die Bewilligung der Türkenhilfe. Die Katholiken erklärten sich dazu bereit, wenn sich beide Parteien ihren seit dem »Augsburger Religionsfrieden« vertragswidrig angeeigneten Besitz zurückgeben würden. Gerade das mochten die Lutheraner nicht, weil sie – das hatte der »Vierklosterstreit« deutlich gemacht – im Erwerb geistlicher Fürstentümer vor allem in Norddeutschland ein territoriales und damit religiöses Übergewicht besaßen.
Obwohl Kursachsen auch jetzt noch zu vermitteln suchte, verließen die Kurpfalz und ihre Anhänger den Reichstag wegen »Nichtbestätigung ihrer Auffassung des ›Augsburger Religionsfriedens‹ «. Kursachsen und die gemäßigten Protestanten blieben zwar, aber eine Einigung kam im Reichstag nicht mehr zustande. Damit war die letzte Einheitsklammer zwischen Reich und Kaiser gebrochen, der Reichstag hatte sich selbst mattgesetzt. Alle wesentlichen Reichsorgane funktionierten nicht mehr. So gingen die Reichsstände dazu über, außerhalb des Reichstages nach Konfessionen getrennte, selbständige Parteien zu bilden, die, wie könnte es anders sein, bald militärischen Charakter annahmen und politisch-militärische Verwicklungen heraufbeschworen.

Eskalation: Protestantische »Union« und katholische »Liga«

Der Dreißigjährige Krieg kündigte sich von Ferne an, als am 14. Mai 1608 die Kurpfalz mit den Lutheranern in Württemberg, Baden, Brandenburg-Ansbach, Brandenburg-Kulmbach und Pfalz-Neuburg, zu denen später Anhalt, Oettingen und die Reichsstädte Ulm, Straßburg und Nürnberg stießen, in Auhausen bei Dinkelsbühl die »Union« gründeten und Maximilian von Baiern am 10. Juli 1609 in München die meisten katholischen Reichsstände in der »Liga« vereinigte. Durch die jeweiligen Verbindungen zu Frankreich und den protestantischen Ständen in Böhmen, Mähren und Ungarn einerseits und die Fäden zum katholischen Spanien andererseits war das Ausland an die beiden Gruppierungen und die politisch-konfessionellen Auseinandersetzungen des Reiches angekoppelt und verlieh dem 1618 ausbrechenden Krieg bald europäische Dimensionen.

Vorzeichen des Krieges – Konflikte der unlösbaren politisch-religiösen Verflechtung

Bei allen Vorgängen, die zur Lähmung der Reichsorgane führten, fällt immer wieder auf, wie wenig Politik und Religion zu trennen waren, ja wie der Augsburger Religionsfriede diese enge Verbindung geradezu gefordert hat in seiner knappen Entscheidungsformel für die Religionszugehörigkeit der Untertanen: »Cuius regio, eius religio « – »Wessen Gebiet einer zugehört, dessen Religion muß er annehmen.« Da die protestantischen Fürsten nicht nur Territorialherren ihrer Gebiete, sondern zugleich höchste Instanz ihrer Landeskirche waren, fällt es schwer, in ihren Entscheidungen den politischen oder religiösen Beweggründen den Vorzug zu geben. Das gleiche gilt für die Katholiken: sie trieben über die Religion Politik und suchten mit Hilfe der Politik religiöse Vorteile und Einengung des anderen Bekenntnisses.

Territorial-konfessionelle Konflikte in Österreich

In den österreichischen und böhmischen Erblanden und in Ungarn war um etwa 1560 das Luthertum vor allem im Adel, aber auch bei den Bauern, weniger in den Städten, stark verbreitet. Ferdinand I. blieb aber in der Freistellung des Bekenntnisses gegenüber seinen Landständen ebenso unnachgiebig wie auch im Reich gegenüber jedem Drängen auf Abänderung etwa des »Geistlichen Vorbehaltes« oder der »Declaratio Ferdinandea«, die den protestantischen Landständen in einem katholischen geistlichen Fürstentum freie Religionsausübung beließ. Die Bewahrung des Katholizismus in den Erblanden durch Berufung der Jesuiten (Petrus Canisius) und im Reich war Ferdinand I. ein großes Anliegen, das er auch über politische Kompromisse zu erreichen suchte. Doch seine Vorstellungen von einem »religiösen Vergleich« im Reich erfüllten sich nicht, weder auf dem Reichstag 1556–1557 in Regensburg noch beim Religionsgespräch in Worms 1557. Auch sein Einsatz für die Aufhebung der Ehelosigkeit der Priester und die Freistellung des »Laienkelches« hatte keinen Erfolg.
Maximilian II. sympathisierte von Anfang an mit der neuen Religion, so daß es zu einer schweren Krise mit dem Vater um die Nachfolge kam. Hin- und hergerissen zwischen innerer Neigung und Staatsräson, begünstigte er bald die eine, bald die andere Seite. 1568 versprach er dem Adel Ober- und Niederösterreichs, sich aller Eingriffe in ihren Glauben zu enthalten, sehr zum Mißfallen der katholischen Mächte und des Papstes.

Sprachgewandt, gebildet, den Wissenschaften aufgeschlossen – aber geisteskrank: Rudolf II. *Kupferstich aus der von Custos 1599 herausgebrachten Bildnisfolge »Die Gefürsteten Grafen zu Tyrol«.*

Die Phase der Toleranz ging schnell zu Ende, als Rudolf II. die Regierung antrat. Neben seiner katholischen Erziehung in Spanien mag die Erhaltung der eigenen Macht Rudolf II. veranlaßt haben, das Selbstbewußtsein der protestantischen Stände zu beugen und die Gegenreformation in Österreich voranzutreiben. Zunächst in einem langsamen Durchdringungsprozeß brachte er zuverlässige Katholiken in wichtige Positionen, in leitende Hofstellen und städtische Ämter. Eine direkte Bekämpfung der Protestanten wurde erst ab etwa 1600 spürbar, als sein Bruder Matthias in Ober- und Niederösterreich unter dem Einfluß seines Kanzlers, des späteren Bischofs von Wien, Melchior Klesl, lutherische Prediger und Lehrer verjagte und Rudolf II. zu einer härteren Gangart ermutigte. Verbote in Ungarn, Böhmen, Mähren, Schlesien und der Lausitz bedrohten das Luthertum mit völliger Vernichtung. Doch die politischen Ereignisse gaben den religiösen Vorhaben eine ganz andere Wendung.

Seit Bischof Klesl 1605 in Linz die Erzherzöge gegen Rudolf II. vereint und Matthias 1608 als vorgesehener Nachfolger ein Bündnis mit den ungarischen und österreichischen Ständen unter Anschluß Mährens geschlossen hatte und nach Prag marschierte, konnte sich Rudolf II. in Böhmen nur halten, indem er den Ständen die freie Religionsausübung in Aussicht stellte und unter Druck am 9. Juli 1609 verkündete. Dieser »Böhmische Majestätsbrief« sicherte allen Böhmen ohne Unterschied des Standes volle Religionsfreiheit zu und gewährte dem Adel, Rittern und königlichen Städten das Recht, Kirchen und Schulen zu errichten.

So hatte sich am Ende der Entwicklung Rudolfs II. ursprüngliches Wollen ins Gegenteil verkehrt: Der Protestantismus hatte seine Position auf Kosten des Katholizismus ausgedehnt und gestärkt, die Stände waren gegenüber dem Landesfürsten erstarkt.

Die konfessionellen Zustände und Spannungen im Reich

Rudolf II. hatte hier u.a. als Ergebnis gegenreformatorischer Politik ebenso mit wachsender Erbitterung der lutherischen Stände zu rechnen, von der calvinistischen Kurpfalz einmal ganz abgesehen. Wie alle Vorgänger stand er vor dem gleichen Problem, religiöse Konflikte politisch und politische religiös lösen zu müssen. Die Unterstützung war gering. Unter den weltlichen bedeutenden Fürsten waren nur die Herzöge von Baiern und Jülich-Kleve katholisch geblieben. Selbst die geistlichen Fürstentümer bildeten keine zuverlässige Stütze für die katholischen Habsburger. Die Bistümer im Norden lagen eingekeilt in protestantischen Territorien, und es war nur eine Frage der Zeit, wann sie, mit evangelischen Administratoren besetzt, die sich um Bestätigung durch Kaiser oder Papst gar nicht kümmerten, voll in die weltlichen protestantischen Gebiete integriert würden. Das Erzbistum Magdeburg etwa oder das Bistum Halberstadt waren zu Beginn der 60er Jahre evangelisch geworden und gerieten in der Folgezeit wie die Nachbarbistümer Bremen, Verden, Minden, Osnabrück oder Lübeck völlig unter die Kontrolle der umliegenden lutherischen Territorialherren, so daß ihre Säkularisierung und ihr Aufgehen in den Ländern Brandenburg, Braunschweig und Holstein nicht zu vermeiden waren.

RUDOLF II.

Unter den Kaisern in der zweiten Hälfte des 16. Jahrhunderts war Rudolf der merkwürdigste. Seit 1582 lebte der komische Sonderling zurückgezogen auf dem Hradschin in Prag. Rings um ihn her mußte Todesstille herrschen, nur die Vertrautesten durften sich ihm nahen, und sein Verfolgungswahn ging soweit, daß er alle Speisen vorkosten, die hohen Gangfenster zumauern ließ und sich nur als Stallknecht verkleidet aus seinen Räumen traute. Die Menschenscheu und ständige Todesangst waren die Folge einer Geisteskrankheit, die sich anfangs in Schwermut und Melancholie äußerte, seit dem vollen Ausbruch 1598 aber vor zügellosen Tätlichkeiten selbst gegen Minister nicht mehr haltmachte. Zwischen Aggressionen und Depressionen verbrachte Rudolf II. seine letzten 14 quälenden Lebensjahre. Bitter für ihn war das bewußte Miterleben seines geistigen Verfalls, tragisch zu nennen ist die daraus resultierende Abneigung aller habsburgischen Familienangehörigen und die »Entmachtung« durch den eigenen Bruder Matthias. Ursprünglich war der am 18. 7. 1552 als zweiter Sohn Kaiser Maximilians II. und seiner Frau Maria (einer Tochter Karls V.) geborene Rudolf ein lebenslustiger Anhänger glänzender Feste, Turniere und Jagden gewesen, verglichen mit den Fürsten seiner Zeit hochgebildet, geprägt von der »Grandezza« des spanischen Hofes, an dem er erzogen worden war. Sein Lebensinhalt waren die Studien. Nicht am Schreibtisch verbrachte er die meiste Zeit, sondern in seiner großen Bibliothek, im Laboratorium oder in der Sternwarte. Tycho von Brahe und Kepler weilten an seinem Hof. In tiefer Dankbarkeit für die fruchtbaren, sorgenfreien Jahre in Prag widmete Kepler seine berühmten »Tabulae Rudolfinae« dem Kaiser. Nicht weniger als die Naturwissenschaft schätzte Rudolf Kunst und Kunsthandwerker, malte und schnitzte selbst und betrieb mit Fertigkeit die Goldschmiedekunst. Wenn die böhmische Glasindustrie aus dem Schatten Venedigs trat, verdankte sie das ihrem eifrigsten Förderer, Rudolf. Aber der helle Glanz des kunstsinnigen Mäzens wurde verdunkelt durch die Schrecken der Krankheit. Der Tod am 20. 1. 1612 in Prag war eine Erlösung. *(M. F.)*

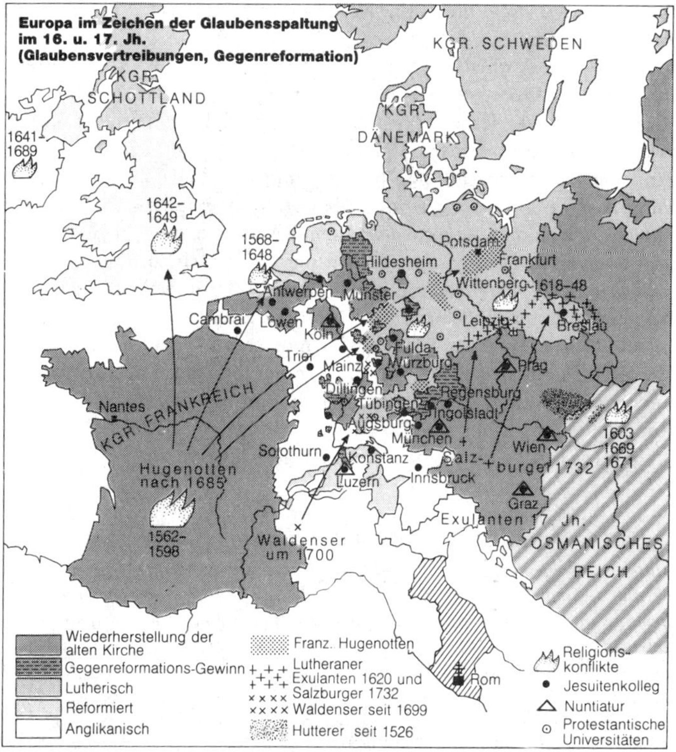

Nicht ganz so trostlos waren die Verhältnisse für den Katholizismus in der Mitte Deutschlands. Im Rhein- und Frankenland lagen seine wichtigsten geistlichen Territorien, die Erzbistümer Köln, Mainz, Trier. Zusammen mit dem habsburgischen König von Böhmen bildeten die drei Erzbischöfe im Gremium der sieben Kurfürsten mit vier Sitzen die katholische Mehrheit, aber der Verlust auch nur eines Erzbistums an die Protestanten mußte verheerende Folgen haben; nicht einmal die Wahrscheinlichkeit eines lutherischen Kaisers war dann auszuschalten.

Im Süden hatte eigentlich nur Baiern die Gegenreformation streng durchgeführt und alle Ansätze der Stände in Richtung Glaubensfreiheit im Keim erstickt, während der Südwesten Deutschlands teils lutherisch, teils calvinistisch war. Seit 1559 hatte der Calvinismus die Kurpfalz erobert, sich nach Hessen-Nassau ausgedehnt und dann am

Niederrhein durch Flüchtlinge aus Frankreich und den Niederlanden Boden gewonnen.
Der tiefe Riß, der bislang den Protestantismus in die »Altlutheraner« und »Melanchthonisten« spaltete, wurde jetzt um das Problem der »Reformierten«, der Calvinisten, erweitert. Die anfängliche Reserviertheit der Protestanten ihnen gegenüber schlug bald in offene Feindschaft um, so daß man lieber katholisch als calvinistisch-reformiert sein wollte. Ganz auf dieser harten Linie ging der Kurfürst von Sachsen gegen die »Kryptocalvinisten« (Anhänger einer Idee der Verbindung von Luthertum und Calvinismus) unter seinen Räten vor und suchte in der »Konkordienformel« von 1577–1580 die Lutheraner auf eine einheitliche, an Melanchthon orientierte Lehre auszurichten, die in scharfem Gegensatz zum Calvinismus stand. Nicht Protestanten, sondern Calvinisten forderten in der Folgezeit immer wieder Kaiser und Reich heraus, bis sie tatsächlich um die Jahrhundertwende Reichskammergericht und Reichstag lahmgelegt hatten. Die Ohnmacht der Reichsinstitutionen aufzuzeigen, langten einfache Mittel.

Beispiel territorial-konfessioneller Brisanz – Die »Grumbachschen Händel«

Ein Beispiel für die Unfähigkeit des Reiches, Streitpunkte im Keim zu ersticken, liefern die »Grumbachschen Händel«. Schauplatz war Mainfranken. Die Bischöfe von Würzburg und Bamberg hatten größte Mühe gehabt, sich gegen den ungestümen Markgrafen Albrecht Alcibiades von Brandenburg-Kulmbach zu behaupten; nur dessen früher Tod 1557 verhinderte letztlich die Begründung eines abgerundeten Fürstentums auf Territorialkosten der Bischöfe. In seinem Gefolge hatte sich der fränkische Ritter Wilhelm von Grumbach (nahe Würzburg) befunden, der sich jetzt nach einem anderen Auftraggeber umsah und in den Dienst des Herzogs von Sachsen-Weimar, Johann Friedrich II. († 1595), trat. Hoffte dieser, mit Grumbachs Söldnern und französischen Geldern seinen Cousin, den Kurfürsten von Sachsen verjagen, und selbst die Kurfürstenwürde gewinnen zu können, so ging es Grumbach darum, mit des Herzogs Hilfe die fränkischen Reichsritter gegen die Fürsten und die Reichsverfassung zu mobilisieren und sich an seinem Intimfeind, Bischof Melchior von Zobel aus Würzburg, zu rächen. Letzteres gelang ihm gründlich, denn beim Versuch, den Bischof in Würzburg auf seinem Ritt von der Stadt zur Feste Marienberg hinter der alten Mainbrücke als Geisel zu fangen, wurde Melchior im Handgemenge erschlagen.

Die nachsichtige Haltung Ferdinands I. bestärkte Grumbach nur noch in seinem Kampf »ums Recht«. 1563 überfiel er mit Billigung seines Patrons Johann Friedrich II. erneut Würzburg. Das Maß war voll, der Kaiser verhängte die Reichsacht, aber kein Fürst fand sich bereit, sie durchzuführen. Vier Jahre lang konnte Grumbach ungestört weiter sein Unwesen treiben und die Ohnmacht des Reiches verspotten, ehe 1567 Kurfürst August von Sachsen die Reichsexekution aus Gründen der eigenen Gefährdung durchführte. Nach der Erstürmung der Feste Grimmenstein in Gotha, wo Johann Friedrich II. residierte, wurde Grumbach gevierteilt, die Feste geschleift und Herzog Johann Friedrich II. nach Wiener Neustadt in die Verbannung geschickt. Dort ist er gestorben.

Der »Klosterkonflikt« von Fulda

Auch in einem anderen Streitfall spielte das Reich mit seinen Institutionen eine klägliche Rolle. Der Adel des Reichsstiftes Fulda hatte sich während der Reformation der neuen Lehre geöffnet. Die Mönche selbst benahmen sich mehr lutherisch als katholisch, wählten 1570 Balthasar von Dernbach, dem man offene Sympathien für den Protestantismus nachsagte, zum Abt. Aber die Enttäuschung war riesengroß, denn der Neugewählte berief 1571 die Jesuiten zur Gründung eines Kollegs, und das hieß »Gegenreformation«. Balthasar wurde abgesetzt und suchte nun Anschluß beim Herzog von Baiern, während der lutherische Adel Hilfe bei den umliegenden protestantischen Fürsten erbat. Für einen Moment sah es so aus, als ob ein harmloser Anlaß die ganze Antipathie der Religionsgegner in einem größeren Krieg zur Entladung brächte. Daß er verhindert wurde, verdankte man nicht Kaiser Rudolf II., sondern der maßvollen Haltung des Kurfürsten von Sachsen und der Intervention des Papstes.
Da nahm der Gang der Dinge eine pikante Wendung. Anstelle Balthasars war mittlerweile Julius Echter von Mespelbrunn (1545–1617) zum neuen Abt gewählt worden, der 1573 in Würzburg die Nachfolge des Fürstbischofs Friedrich von Wirsberg († 1573) antrat und zu einem eifrigen Förderer der Gegenreformation nicht nur in seinem Bistum, sondern auch in der Diözese Bamberg wurde. Dieser zwang mit Hilfe des protestantischen Adels Abt Balthasar 1576 auch zum förmlichen Verzicht auf seine Stellung und lieferte so ein weiteres Beispiel, wie sehr sich im Reich territoriale und konfessionelle Ansprüche vermengt hatten und wie wenig aus taktischen Interessen auf religiöse Gegensätze Rücksicht genommen wurde.

Der vertriebene Balthasar appellierte an den Kaiser und das Reichskammergericht. Erst nach sich über 25 Jahre hinziehenden Prozessen war das sowieso schon schwer angeschlagene Gericht in der Lage, 1602 Balthasars Absetzung für rechtlos zu erklären.
Zwischenzeitlich hatte Julius Echter gegen den erklärten Willen des Adels die Gegenreformation in Fulda durchgeführt. Um dieses Zieles willen hatte der Bischof sich nicht gescheut, mit dem lutherischen Adel gegen seinen eigenen Glaubensgenossen Balthasar vorzugehen. Der Kampf um die Behauptung vor allem der geistlichen Stifte und Fürstentümer durch die Katholiken oder um die Säkularisierung durch die Protestanten war mittlerweile für beide Seiten zu einer Schicksalsfrage geworden.

Der »Kölner Krieg«

Die nächsten Streitigkeiten um ein geistliches Fürstentum brachen in einer Zone höchst labiler konfessioneller Verhältnisse aus, am Niederrhein, wo sich die Interessensphären von Lutheranern, Calvinisten und Katholiken kreuzten. In Köln versuchte der dortige Erzbischof und Kurfürst Gebhard Truchseß von Waldburg, sein Kurfürstentum 1582 entgegen dem »Geistlichen Vorbehalt« des »Religionsfriedens« zu verweltlichen. Ein Erfolg hätte katastrophale Folgen für die Katholiken gehabt. Es wäre in Nordwestdeutschland nämlich nicht nur ein Eckpfeiler des Katholizismus auseinandergebrochen, es stand auch zu erwarten, daß der Sturz die schwankenden westfälischen Bistümer und das katholische Herzogtum Jülich-Kleve mit sich reißen und Deutschland in einen protestantischen Norden und einen katholischen Süden spalten würde. Außerdem hätte Gebhards Übertritt dem Kurfürstenkollegium zur evangelischen Stimmenmehrheit verholfen – mit allen Folgen für eine künftige Kaiserwahl. Zu viele Interessen standen auf dem Spiel, als daß Kaiser Rudolf II. tatenlos hätte zusehen können. Der katholische Teil des Reiches, Spanien und der Papst formierten ihre Truppen, und als auf der Gegenseite Pfalzgraf Johann Casimir mit 7000 Mann dem abgesetzten Gebhard aushalf, war der Krieg um das Kurfürstentum unvermeidlich. Es konnte nur noch darum gehen, den Konflikt lokal begrenzt zu halten. Den neu erwählten Erzbischof Ernst von Baiern, bislang Bischof von Freising und Hildesheim und seit 1581 auch von Lüttich, unterstützten sein Bruder, Herzog Wilhelm von Baiern, und spanische Truppen aus den Niederlanden. Gebhard, hoffnungslos unterlegen, weil die Hilfe der gemäßigteren Protestanten ausblieb, wich 1584 in die Niederlande aus.

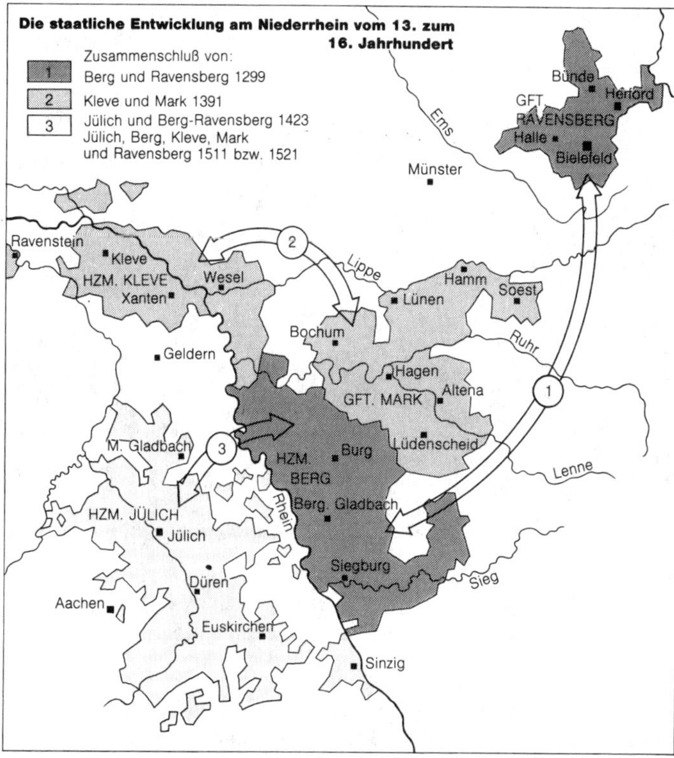

Der »Kölner Krieg« hörte deswegen noch lange nicht auf. Unter furchtbaren Verwüstungen hausten Niederländer und Spanier und genossen die ›Gastfreundschaft‹ des ohnmächtigen Reiches.

Etwa zur gleichen Zeit, 1592, war es in Straßburg zu einer Bischofs-Doppelwahl des evangelischen Johann Georg von Brandenburg und des katholischen Kardinals von Lothringen gekommen. Auch hier behaupteten sich nach harten bis 1604 dauernden Kämpfen die katholischen Kräfte. Vor allem der Ausgang in Köln markierte einen Wendepunkt im Kampf um die geistlichen Fürstentümer. Die Katholiken hatten nicht nur ihre Stellung gehalten, sie konnten auch auf eine weitere Konsolidierung in den Bistümern Münster, Paderborn, Osnabrück und Minden hoffen. Tatsächlich machte dort die Gegenreformation große Fortschritte. Zusammen mit dem katholischen weltlichen Fürstentum Jülich-Kleve, das mit dem katholischen Brüssel verbunden

Kriege um territoriale Macht: Der »Jülich-Klevische Erbfolgekrieg«. *Der Dreißigjährige Krieg wirft seine Schatten voraus. Kupferstich »Belagerung von Jülich« aus J. L. Gottfrieds »Historischer Chronik«.*

war, hatte man in die ansonsten gänzlich protestantischen Territorien Norddeutschlands einen katholischen Keil hineingetrieben.

Der »Jülich-Klevische Erbfolgestreit«

Ausgerechnet in Jülich-Kleve flammten 1609 religiös-territoriale Erbstreitigkeiten auf, mit größerer Gefährlichkeit diesmal als in Köln oder Fulda. Denn Protestanten und Katholiken besaßen mittlerweile in der »Union« und »Liga« ihre militärische Organisationsform, und Kaiser und Ausland waren eingeschaltet. Die Holländer wünschten einen Sieg der lutherischen Seite, die spanischen Niederlande favorisierten die katholischen Kräfte, Frankreich wollte mit Hilfe der evangelischen Reichsfürsten Habsburg in diesen Teil Deutschlands zurückdrängen, Habsburg konnte auf dieses katholische Bollwerk in protestantischer Umgebung nicht verzichten. Höchst beunruhigend war vor allem das erneute Eingreifen des Auslandes in eine innerdeutsche Streitfrage.

Stichworte zur zweiten Hälfte des 16. Jahrhunderts

Beschränkung auf den deutsch-österreichischen Raum. Trennung der Habsburger Dynastie in spanische und österreichische Linie, dadurch Beschränkung der Kaiser- und Reichspolitik auf Deutschland und Österreich. Das Reich verliert in Europa weiter an Macht und Bedeutung, entzieht sich aber auch europäischen Konflikten, gewinnt im Rahmen Europas eine relative Friedenszeit. Betonung der Innenpolitik.
Zunahme der Territorialmacht. Die kaiserliche Macht kann sich nur noch auf die Hausmacht der eigenen Territorien stützen. Die Territorialherren des Reiches bauen ihre Selbständigkeiten weiter aus, Unterstützung für Kaiser und Reich wird zunehmend nur gegen Zugeständnisse gewährt.
Schwächung und Sabotierung der zentralen Institutionen. Der Reichstag verliert seine zentrale Funktion und wird zum Gremium der fürstlichen Einzelinteressen gegen die Interessen des Reiches. Die Schließung der höchsten Revisionsinstanz innerhalb des Reiches, der Visitationskammer, führt zu Rechtsunsicherheit.
Verflechtung von Territorial- und Religionsinteressen. Säkularisierung kirchlicher Güter und Länder und Konfessionalisierungen dienen vielfach der Ausweitung territorialen Besitzes. Dadurch Verschärfung der Konfessionsgegensätze. Andererseits Bündnisse zwischen Fürsten verschiedener Konfession aus partikularistischem, auf Adelsfreiheit und Schwächung des Kaisers zielendem Streben. Gründung von protestantischer »Union« und katholischer »Liga« führt zur Militarisierung der konfessionellen Gegensätze.
Türkengefahr. Die osmanische Gefahr bleibt trotz Abwehrfolgen vor Wien bestehen, Verweigerung der Unterstützung des Kaisers durch die Reichsfürsten macht sie unberechenbar.
Internationalisierung innerdeutscher Spannungen. Bündnisse der Territorialfürsten sowie der »Union« und »Liga« mit ausländischen Staaten (Frankreich, England, Spanien u. a.) ermöglichen ausländischen Einfluß auf die deutsche Politik und beschwören europäische Konflikte herauf. Vorzeichen des Dreißigjährigen Krieges!

Fünf Jahre dauerten die verwickelten Erbstreitigkeiten, als der letzte Fürst kinderlos gestorben war, dann einigten sich unter Vermittlung des Auslandes, nämlich Frankreichs und Englands (nicht mehr des Kaisers oder der Reichsfürsten), die beiden übriggebliebenen Kontrahenten im Vertrag von Xanten 1614. Der zum Katholizismus übergetretene Pfalzgraf der Neuburger Linie, Wolfgang Wilhelm, erhielt das vereinigte Herzogtum Jülich-Berg, der zum Calvinismus gewechselte

Kurfürst Johann Sigismund von Brandenburg bekam Kleve mit den Grafschaften Mark und Ravensberg.

Der Dreißigjährige Krieg wirft seine Schatten voraus

Am Vorabend des Dreißigjährigen Krieges war Deutschland durch die immer erbitterter ausgetragenen konfessionellen Gegensätze auch politisch zerbröckelt. Die Reichsorgane waren gelähmt, die Autorität des Kaisers war durch den Bruderzwist im Hause Habsburg zwischen Rudolf II. und Matthias untergraben. England und Frankreich übten schon mehr Einfluß auf die deutsche Politik aus als die auf ihren Vorteil erpichten Reichsfürsten. Es fehlte eine einigende Klammer, ein einheitliches, starkes Nationalgefühl, das das Staatswohl höher als die eigenen Interessen gestellt hätte, die nur auf Gebietsvergrößerung und Sicherung der Herrschaft ausgerichtet waren. So suchte man leichten Gewissens die Bündnispartner, wo man sie fand, im religiös andersdenkenden Lager oder im Ausland. Kaiser – Fürsten – Katholiken – Protestanten – Calvinisten: Jeder stand gegen jeden, das Reich als ein Gesamtwert ging darüber verloren. »Union« und »Liga« standen Gewehr bei Fuß. Ein neuerlicher kleiner Streitfall konnte genügen, einen Krieg zu entzünden, der durch das Vertragsnetz mit dem Ausland schnell europäische Dimensionen annehmen konnte.
Der »Augsburger Religionsfriede« hatte nur ein Atemholen erlaubt, nicht mehr. Unversöhnlicher denn je standen sich katholische und protestantische Herrscher gegenüber. Der geringe Wille zu gegenseitiger Verständigung ermöglichte die folgenden Schrecknisse des Dreißigjährigen Krieges.

Literatur

Brandi, Karl: Deutsche Geschichte im Zeitalter der Reformation und Gegenreformation, Leipzig 1942
Brunner, Otto: Das konfessionelle Zeitalter. In: Deutsche Geschichte im Überblick, hrsg. von Rassow P., Stuttgart 1952
Hantsch, Hugo: Die Geschichte Österreichs, Bd. I, Wien–Graz 1951
Hassinger, Erich: Das Werden des neuzeitlichen Europa 1300–1600, Braunschweig 1964
Ritter, Moritz: Deutsche Geschichte im Zeitalter der Gegenreformation und des Dreißigjährigen Krieges, Darmstadt 1962

WINFRIED BÖHM

Bildungswesen und Bildungsstätten im Deutschland des Spätmittelalters und der Reformationszeit

Bildungsideale des Spätmittelalters – Vernunft und Gewöhnung – Christus als Vorbild – Bildungsschichten und Universitäten – Scholastische Prinzipien – Universalität – Bildung des Bürgertums – Einflüsse des Humanismus und der Reformation – Fürstenschule und Volksschule – Die Bildungsarbeit der Jesuiten.

Friedrich Paulsen, einer der bedeutendsten Geschichtsschreiber des deutschen Bildungswesens, hat die europäische Kulturgeschichte einmal in drei große Epochen unterschieden und gesagt, das Altertum habe das Individuum für den *Staat*, das Mittelalter für die *Kirche*, die Neuzeit für *sich selbst* gebildet. Bei aller Vorsicht, die man solch groben Periodisierungen und solch einseitigen Zuspitzungen entgegenbringen muß, scheint mit dieser Dreiteilung doch der entscheidende Wandel getroffen zu sein, der sich zwischen Mittelalter und Neuzeit vollzieht und der sich in der Reformation deutlich sichtbar manifestiert.

Im Mittelalter ist die Kirche nicht nur politisch die umfassende und beherrschende Form des geschichtlichen Lebens, sondern auch pädagogisch fällt ihr – wie selbstverständlich – die Aufgabe zu, die Heranwachsenden in das kirchlich-religiöse Leben einzubeziehen und sie auf ihren höchsten und letzten Zweck vorzubereiten: Bürger des ewigen Gottesreiches zu werden. Dementsprechend stehen im Vordergrund der mittelalterlichen Bildung nicht Wissen und Kenntnisse, sondern die Formung des inneren Menschen zu Glauben und Gehorsam, auch wenn – äußerlich gesehen – Auswendiglernen und »Behören« neben der Gewöhnung die hervorstechenden Merkmale von Lehre, Unterricht und Erziehung darstellen.

Spätmittelalterliches Bildungsideal: die Vernunft

Am einprägsamsten läßt sich diese Grundtendenz mittelalterlicher Bildung an der gegen Ende des 13. Jahrhunderts von dem Augustinereremiten und späteren Ordensgeneral Aegidius Romanus (1247–1316) verfaßten Erziehungslehre (»De regimine principum«) ablesen, die im ausgehenden Mittelalter die größte literarische Verbreitung unter dem gesamten pädagogischen Schrifttum erreichte. Bezeichnend für diese Erziehungslehre ist zuallererst, daß sich ihr Autor nahezu ausschließlich auf jenen Philosophen beruft, der im Spätmittelalter zu *der* Autorität schlechthin wurde: auf Aristoteles.

Echt aristotelisch ist dabei vor allem die zugrunde liegende Anthropologie: das Wesen des Menschen, d.h. seine ureigenste Natur, liegt in seiner Bindung an die *Vernunft.* »Der Mensch besteht nämlich nach der Ansicht des Philosophen [gemeint ist Aristoteles], wie er sie im 9. Buch seiner [Nikomachischen] Ethik äußert, vor allem aus Verstand und Vernunft. Wo nun die Vernunft nicht über alle Kräfte im Menschen dominiert, da herrscht und befiehlt der Mensch auch nicht über sich selbst und hat sich nicht wirklich in der Hand.« Da die menschliche Vernunft als Teil einer übergreifenden Vernunft und Gott selbst als die höchste Vernunft angesehen werden, gibt es nur einen einzigen Weg zu Gott: Wer ihn erreichen will, muß der Weisung seiner Vernunft folgen und Tugend aufweisen.

Da die Erziehung aus der (natürlichen) Liebe des Vaters zu seinem Kind heraus begründet wird – genauer aus der natürlichen Eigenschaft der Liebe, für das Geliebte zu sorgen –, ergibt sich als herausragende pädagogische Maxime die Pflicht des Sohnes, dem Vater zu gehorchen, »da jeder denen gehorchen muß, von denen er weiß, daß sie ihn sehr lieben und nichts anderes als sein Bestes wollen«. So wie der Mensch sich dem liebenden Gottvater, der Untergebene dem treusorgenden Monarchen unterwirft, so hat sich das Kind dem leiblichen Vater in ergebendem Gehorsam zu unterwerfen.

Die menschliche Vernunft ist im Kind jedoch zunächst nur als Potenz angelegt und wird erst in einem späteren Entwicklungsstadium (für Aegidius nach dem 15. Lebensjahr) aktiviert; bis zu diesem Schritt ist es notwendig, das Kind streng zu führen und an das Gute und Vernünftige zu gewöhnen: auch hier ganz aristotelisch argumentierend, wird die *Gewöhnung* zur quasi zweiten Natur des Menschen erklärt. Zu dieser Gewöhnung treten später jene Fächer hinzu (nicht an ihre Stelle!), die geeignet sind, den Verstand des Kindes zu erhellen; das sind neben den traditionellen sieben freien Künsten Theologie, Metaphysik, Naturphilosophie und moralische Wissenschaften. Ihr Studium setzt den Heranwachsenden instand, mit 21, spätestens 27 Jahren das typische Kriterium menschlicher Reife, d.h. die Herrschaft der Vernunft, zu erreichen: die Selbstbeherrschung. Dem Leser der Aegidischen Erziehungslehre muß auffallen, daß von Mädchen nicht die Rede ist und erst gegen Schluß des Traktats nur beiläufig erwähnt wird, daß aus einer Ehe auch Töchter hervorgehen können. Diese Geringschätzung beruht auf der einseitig rationalen Anthropologie (Menschenkunde), nach der Frauen und erst recht Mädchen weit weniger als der Mann zur Vernunft fähig sind und entsprechend leichter zum (unvernünftigen) Bösen neigen. Aus der beschränkten Vernunftfähigkeit folgt dann fast zwangsläufig eine beschränkte Erziehung und eine Beschränkung der Frau auf den engen Kreis des Hauses, auf ihre Gefolgschaft gegenüber dem Mann und die Zurückdrängung der Mutter von der Aufgabe der Kindererziehung.

Vorbild und Gewissen – auch sie Gaben der Vernunft

Im Laufe des Spätmittelalters treten andere Erziehungslehren an die Seite jener des Aegidius Romanus. So hat beispielsweise der langjährige Kanzler der Pariser Universität, Johannes Gerson (1363–1429), in seiner pädagogischen Abhandlung »De parvulis trahendis ad Christum« (1409–1412) neben Aristoteles die Heilige Schrift sowie die kirchliche und antike Tradition als weitere Autoritäten ins Feld geführt und neben der Gewöhnung das Vorbild als pädagogisches Prinzip vertreten; bei genauerem Zusehen beruht seine Erziehungstheorie aber ebenfalls auf aristotelischem Denkmuster; die Erziehung hat an den unversehrten natürlichen Gaben des vernünftigen Menschen anzusetzen und sie durch einen immer schon praktizierten bloßen Appell (an die Vernunft) zu aktivieren; Christus wird für das pädagogische Geschehen zum »Gesetzgeber« und »Vorbild« und seine Nachfolge zu einer sittlich-moralischen Nachahmung verkürzt.
Eine andere und in ganz Europa wirksame Erziehungslehre entsteht im Umkreis der holländischen »Brüder vom gemeinsamen Leben«. Ihr Initiator, Geert Groote aus Deventer, arbeitet ab 1379 im Bistum Utrecht als Buß- und Erweckungsprediger. Von seinem Aufruf zu Gebet, Fasten und Werken der Barmherzigkeit erfaßt, scharen sich »bekehrte« Priester, Ordensleute und Laien zu einem frommen Leben zusammen, das man später »devotio moderna« nennen wird. Groote erweitert den pädagogischen Gesichtskreis des Aegidius beträchtlich: So dehnt er die Erziehungsaufgabe nicht nur vom Vater auf beide Elternteile und auf die ganze Familiengemeinschaft aus, sondern begründet über das Argument, daß Ehelosigkeit nicht notwendig pädagogische Enthaltsamkeit nach sich ziehen müsse, die außerfamiliäre Erziehung als subsidiäre (aushilfsweise) Ergänzung zur Familienerziehung. Diese Konkretisierung eines ursprünglich schon auf Augustinus zurückgehenden Gedankens wird dann zum Leitbild für die pädagogische Tä-

tigkeit der Brüdergemeinde, erst in Privathäusern, dann in Konvikten und Internaten, dabei immer ausgerichtet auf die Betreuung armer, elternloser und gefährdeter Schüler und Jugendlicher. Neu an Grootes Erziehungsauftrag erscheint vor allem seine Berufung auf das menschliche Gewissen. Ausgehend von der Annahme, daß Gottes Ruf zum Dienst in allen vernunftbegabten Geschöpfen zu vernehmen sei, stellt er das Zeugnis des Gewissens als innere Stimme neben das äußere Zeugnis der Schöpfung. Das Gewissen ist aber, ganz im Sinn der aristotelischen Tradition, nichts anderes als der Funken höchster Vernunft.

Über der Bedeutung dieser Erziehungslehren darf freilich nicht vergessen werden, daß das ganze Mittelalter hindurch die öffentliche Bildung und Erziehung auf einen Stand beschränkt bleibt: den der Kleriker; lediglich Kloster- und Weltgeistliche erhalten und erteilen eine eigentliche Berufsbildung. Laien genießen allenfalls Gastrecht in den klerikalen Anstalten und haben sich ihren Zuchtvorschriften und Lehrformen zu beugen.

Der zweite Stand, der der weltlichen Herren, erscheint dem Mittelalter einer speziellen schulmäßigen Ausbildung nicht zu bedürfen; es sei, daß die Kunst der Kriegführung und das Regieren weniger in Schulen gelernt werden können als das »Handwerkszeug« des Priesters und Lehrers, jedenfalls wird auch die nach den Kreuzzügen sich ausformende Bildung des Ritterstandes, von der die höfische Literatur so beredtes Zeugnis gibt, nicht in Ritterschulen oder Ritterakademien vermittelt, sondern am Hofe eines Fürsten und Landesherren durch Einleben und Einüben erworben.

Das Gesagte gilt in noch stärkerem Maße für die Berufsausbildung im Bauern- und Bürgerstand. Der Bauernjunge wie der Sohn des Handwerkers und Kaufmanns lernen die Fertigkeiten, die sie für ihr späteres Leben brauchen, im Elternhause oder als Lehrlinge in Werkstatt und Geschäft eines Meisters; sofern sie Grundfertigkeiten im Lesen, Schreiben und Rechnen benötigen, erwerben sie diese in einer Kloster- oder Pfarrschule. Erst gegen Ende des Mittelalters, als Handel und Gewerbe einen vorher nicht gekannten Aufschwung nehmen, wächst das Bedürfnis – vor allem in den Städten – nach vom kirchlichen Angebot unabhängigen Schulen, den sogenannten Stadtschulen.

Die Universitäten des Spätmittelalters

Die herausragende Bildungsinstitution, die in der zweiten Hälfte des Mittelalters (also rund zwischen 1200 und 1500) entsteht, ist die Universität. In mehrfacher Hinsicht spiegelt sie die Prinzipien mittelalterlicher Erziehung wider, und gleichzeitig weist sie über das Mittelalter hinaus. Italien (Bologna, Padua, Salerno), Frankreich (Paris, Montpellier), England (Oxford, Cambridge), Spanien (Salamanca) gehen mit ihren Universitätsgründungen seit dem 12. Jahrhundert voran; auf dem Boden des Deutschen Reiches folgen – besonders dem Pariser Vorbild – in einer ersten Gründungswelle Prag (1348), Wien (1365), Heidelberg (1385), Köln (1388), Erfurt (1392), Leipzig (1409), Rostock (1419) und in einer zweiten Welle Greifswald (1456), Freiburg (1457), Basel (1459), Ingolstadt (1472), Trier (1473), Mainz (1477), Tübingen (1477), Wittenberg (1504) und Frankfurt an der Oder (1506).

Diese Universitäten gehen aus freien, aber öffentlich anerkannten Gelehrtenkorporationen hervor; ihrer Verfassung nach sind sie ursprünglich freie, mit bestimmten Privilegien ausgestattete Körperschaften von Lehrenden und Lernenden. Die ihnen von der geistlichen und weltlichen Macht zugestandenen Vorrechte sind erstens das Recht zu lehren, Prüfungen abzuhalten und die akademischen Grade eines *baccalarius, magister* und *doctor* zu verleihen; zweitens das Recht, sich selbst Statuten und Ordnungen zu geben; drittens das Recht auf eigene Gerichtsbarkeit.

Die Verwaltung von Lehre und Prüfungen liegt in der Hand von Fakultäten (von lat. facultas = Möglichkeiten) mit einem gewählten Dekan an der Spitze; den drei (oberen) fachwissenschaftlichen Fakultäten der Theologie, des Rechts und der Medizin ist die (untere) allgemeinwissenschaftliche Artistenfakultät der freien Künste, die facultas artium, vorgelagert und nimmt eine Art Mittelstellung zwischen den Schulen, die ihren Unterricht immer mehr auf die lateinische Sprache einschränkten, und den berufsvorbereitenden Studien ein. Der Magister- (magister artium) und Doktortitel geben in der Regel das Recht, in der betreffenden Fakultät zu lehren. An der Spitze der Gesamtuniversität steht ein gewählter Rektor – nicht selten ein wohlhabender Student aus vornehmer Familie, der die Ehre des Amtes genießt und dafür einen Großteil der Ausgaben bestreitet.

Universität mit scholastischen Prinzipien – lectio und auctores

Weist auch die Organisation der Universitäten in die Zukunft, so bewegt sich doch der Lehrbetrieb der mittelalterlichen Universitäten weiterhin in ganz starren Formen, wobei die Inhalte der Lehre ebenso feststehen wie die Methoden. Zu Recht ist gesagt worden, die gesamte mittelalterliche Pädagogik gründe auf dem Lesen der Texte, und die

Scholastik (siehe Band 4) in den Universitäten habe dieses Verfahren nur »institutionalisiert« und ein wenig erweitert. Scholastisch ist diese Lehrform insofern, als die Erziehung dieser »Schulen« sich auf das Lesen von Büchern stützt, denen eine bestimmte Autorität zugesprochen wird, und die Aufgabe der Lehre (und der Lehrer) darin gesehen wird, diese Texte zu erklären und auszulegen. Nicht nur erschöpft sich die wissenschaftliche Produktion über einige hundert Jahre hinweg im Hervorbringen immer neuer »Lesarten« und »Kommentare« zu einigen wenigen kanonisierten Lehrbüchern, sondern – und das muß wohl als viel gravierender angesehen werden – das Ziel des Wissens ist nicht zuerst die Bildung und geistige Freisetzung des Menschen, vielmehr die Aneignung und oft recht spitzfindige Anwendung geistiger Techniken (von den Humanisten werden diese Techniken später freilich als geistlos verunglimpft).

Noch ein Wort zu den vorherrschenden Formen des scholastischen Unterrichts: *lectio* (lat. = Lesung) und *auctores* (lat. = Urheber). Die lectio dient nicht, wie etwa die heutige Vorlesung, dem systematischen Vortrag einer Wissenschaft, auch nicht dem Vorlesen oder Diktieren eines Textes; ihre Aufgabe besteht dagegen in der erklärenden und zusammenfassenden Auslegung eines in den Händen der Schüler befindlichen Textes bzw. Textbuches. Diese Texte stammen von den sogenannten auctores; solche »Autoritäten« sind in der medizinischen Fakultät etwa Hippokrates und Galenus, in der Philosophie allen voran Aristoteles. Mögen diese Autoritäten gelegentlich auch abgelöst und ausgetauscht werden, gemeinsam ist ihnen stets eine Art juristischer Anerkennung, und ihre Schriften tragen das nicht zu brechende Siegel der Erhabenheit und Würde. Wie einmal gesagt wurde, scheint das Charakteristische des scholastischen Unterrichts zu sein, daß die Autoren die eigenen Lehren zum Ausdruck bringen, während die Lehrer die Lehren anderer auslegen.

So läßt sich verstehen, daß jede Universität ihre Liste der verbindlichen Textbücher festlegt und einen genau umrissenen Stufengang von Kursen vorschreibt: Nur das Anhören einer Reihe von Vorlesungen und die Teilnahme an einer bestimmten Anzahl von Disputationen – Übungen im Angreifen und Verteidigen von Sätzen – berechtigen zur Meldung für Prüfungen. Diese Prüfungen sind ausschließlich akademischer Natur, und sie geben keinerlei Berechtigung oder Anwartschaft auf Anstellungen. Dabei ist zu bemerken, daß die große Masse der Studenten über die untere Fakultät ohnehin nicht hinauskommt, und auch hier erreicht nur eine Minderheit den *baccalarius artium.*

Basis der Universität: christliche Heilslehre, Universalität, Internationalität

Schließlich sind noch zwei Merkmale der mittelalterlichen Universität zu nennen, die sie mit der Kirche teilt und die deshalb die enge Verwandtschaft beider Lebensformen und Einrichtungen deutlich machen: Universalität und Internationalität. Die deutsche Universität erwächst aus und auf dem Boden der Kirche; ihre Lehre bemißt sich aus der Lehre der Kirche (selbst keiner der späteren Humanisten wäre auf den Gedanken gekommen, die Wahrheit der christlichen Heilslehre anzuzweifeln); die Kirchensprache wird zur Gelehrtensprache; die Angehörigen der Universitätskorporation sind mehr oder weniger eng mit kirchlichen Ämtern verbunden, und handele es sich nur um die Bezahlung der Lehrstühle aus kirchlichen Pfründen. Die Internationalität schlägt sich sichtbar vor allem in der Wanderlust der Gelehrten und Studenten nieder; nicht nur werden die italienischen und französischen Universitäten von ganzen Wogen deutscher Studenten überspült, ein auch hierzulande von Stadt zu Stadt vagabundierendes Studentenproletariat wird zeitweise fast zu einer Landplage.

Bürgertum – Stadtschulen – Privatschulen

Neben den Universitäten bringt das späte Mittelalter noch eine andere neue Bildungsinstitution hervor: die sogenannten *Stadtschulen.* Im Gegensatz zu den älteren *Klosterschulen* stehen diese unter der Verwaltung und Aufsicht der Städte: der Rat der Stadt ernennt und entläßt die Lehrer, er stellt die Gebäude bereit und trägt einen Teil der Kosten. Der Lehrplan dieser Schulen weicht zunächst nicht von dem der kirchlichen Schulen ab; an großen Stadtschulen, z.B. in Nürnberg, Ulm, Hagenau, erstreckt sich der Unterricht aber bald über die elementaren Künste des Lesens, Schreibens und Rechnens und der lateinischen Sprache hinaus und umfaßt auch die Anfangsgründe der Artistenfakultät. Eine scharfe Grenze zwischen Schule und Universität wird in Deutschland erst im 19. Jahrhundert gezogen.
Diese Stadtschulen gehen in den meisten Fällen aus *Pfarrschulen* hervor – Schulen, die jeder Pfarrherr bei seiner Kirche zu unterhalten verpflichtet war. Ihre Ausweitung und Ausbreitung verdanken sie freilich der fortschreitenden Entwicklung von Handel und Gewerbe, welche das Bedürfnis nach Schulkenntnissen vor allem auf seiten der Bürgersöhne rasch anwachsen läßt.
Der Aufstieg der Stadtschulen – gegen Ende des 15. Jahrhunderts hat

Strenge und Züchtigung trotz ›freiheitlicher‹ Ideen. *Mehrere Lehrer unterrichten verschiedene Zirkel von Schülern im gleichen Schulraum. Holzschnitt von 1592.*

nahezu jede Stadt ihre eigene Schule, und auch in größeren Dörfern sind »Stadtschulen« keine Seltenheit mehr – führt häufig zu einem Absinken der Kloster- und Stiftschulen, und zwar sowohl zahlenmäßig als auch in ihrer Bedeutung. Dafür beginnt sich neben den öffentlichen Schulen allmählich auch ein Privatschulwesen zu entwickeln: *deutsche Lese- und Schreibschulen,* die im Unterschied zu den gelehrten Schulen auf Latein verzichten, ihren Schwerpunkt auf die elementaren Fertigkeiten legen und damit als der eigentliche Vorläufer der deutschen *Volksschule* anzusehen sind.

Bildung zu Beginn der Reformationszeit

Dieses Schulwesen sorgt dafür, daß gegen Ende des Mittelalters der Großteil wenigstens der Stadtbevölkerung Lesen und Schreiben beherrscht – zusammen mit der Erfindung des Buchdrucks eine wichtige Voraussetzung dafür, daß sich die geistigen Bewegungen des Huma-

nismus und der Reformation am Anfang des 16. Jahrhunderts so rasch ausbreiten können (man denke an die Bedeutung der Flugschriften von Luther und Hutten).
Die Disziplin dieser Schulen bleibt hart, und die Rute ist das typische Attribut des Lehrers, auch in den Stadt- und Privatschulen.
Rechtlich (z. B. in der Verfassung der Universitäten) und inhaltlich zeigt sich insgesamt eine aus der Umklammerung durch die Kirche herausstrebende Tendenz zur Verweltlichung.

Renaissance – Humanismus – Reformation: Geändertes Weltbild – Erweiterter Bildungshorizont

Den Erweiterungen des geographischen Horizonts, den die Entdekkungen und Weltumsegelungen mit sich bringen, und den durchgreifenden politischen und sozialen Veränderungen korrespondieren ein neues Weltbild und ein neues Selbstverständnis des Menschen, für das sich die buntschillernden Begriffe »Renaissance«, »Humanismus« und »Reformation« eingebürgert haben.
Die damit bezeichneten geistigen Bewegungen stehen – ganz besonders auf pädagogischem Gebiet – in einem wechselseitigen, wenngleich spannungsreichen Zusammenhang. Dabei ist der von Grund auf christliche Charakter dieser Bewegungen deutlich zu unterstreichen, und wenn diese energisch gegen das »christliche« Mittelalter Front machen, so kann das nur heißen, daß Renaissance, Humanismus und Reformation ein ursprünglicheres und authentischeres Verständnis des Christentums »erneuern« und gegen seine rationalen Erstarrungen und Verkrustungen durchsetzen wollen. Gemeint ist die Erklärung der Welt als Schöpfung eines personalen Gottes, der den Menschen als Krone der Schöpfung nach seinem Ebenbilde geformt hat, und das heißt: ihn damit ebenfalls zum Schöpfer, wenigstens zum Mitschöpfer der Welt gemacht hat.

Der Mensch – autonomes Ebenbild Gottes

Der humanistische Gedanke von der Autonomie der menschlichen Person, vom Menschen als dem Autor seiner eigenen Geschichte und vom personalen Gewissen als der höchsten richterlichen Instanz über sein Handeln wird zum tragenden Fundament des »neuen« Erziehungsdenkens und der bald einsetzenden Bildungsreform. Die scharfen Gegensätze, die nun zwischen herkömmlicher Schule und der

PARACELSUS

Sein Leben war so ungewöhnlich wie sein Name: Philippus Aureolus Theophrastus Bombastus von Hohenheim – Paracelsus nannte er sich erst fünf Jahre vor seinem Tod. Früh hat der Vater, Stadtarzt von Villach, in dem Jungen (um 1493 zu Einsiedeln/Schweiz) die Neigung zur Heilkunst geweckt. Sein Studium absolvierte Hohenheim an den berühmten europäischen Universitäten, in Ferrara erwarb er 1516 den »Doctor beyder Arzeneyen«. Bald entlarvte sich ihm die Schulmedizin seiner Zeit als gelehrte Scharlatanerie; er verhöhnte ihre Vertreter als »Geldpfaffen und Requiemsdoktoren«.*

Paracelsus wollte sich sein »Wissen unmittelbar aus der Natur« holen. Er durchstreifte ganz Europa von Lissabon bis Moskau, um »der arztney auf den grunt« zu kommen: Überall sammelte er die alten Geheimnisse der Volksheilkunst. Auf diesen Wanderungen mag sein medizinisches Weltbild entstanden sein: der Mensch als Mittelpunkt der Natur ist auch ihren Gesetzen unterworfen – danach hat sich der Arzt zu richten. Die Medizin wurde zur Naturwissenschaft.

Zweimal unternahm Paracelsus den Versuch, seßhaft zu werden – in Salzburg und als Professor der Medizin in Basel – nach kurzer Zeit jeweils mußte er wieder flüchten. Die Natur, der er sich verschrieben hatte, hat es mit ihm nicht gut gemeint: er war klein und verwachsen und sprach mit »krächzender Zunge«. Er fand keine Frau und hatte kaum Freunde – nur »den Kranken gefiel ich«, mußte er bekennen. Sie strömten dem »Wunderarzt« in Massen zu – das genügte ihm.

Als Paracelsus 1541 mit kaum 48 Jahren in Salzburg starb, vermachte er seine wenigen Habseligkeiten den Armen. Wie reich sein Erbe in Wirklichkeit war, haben erst spätere Zeiten entdeckt: er hat der modernen Medizin den richtigen Weg gewiesen, er hat den Zusammenhang von Krankheit und Seele erkannt und wurde so zum »Ahnherrn der Psychiatrie«, den Apothekern hat er neue Arzneien vermittelt, gegen die Geißeln der Zeit, Pest und Syphilis, hat er wirksame Therapien gefunden. *(W. S.)*

neuen Bildung aufbrechen, hat kaum jemand plastischer darzustellen vermocht als der sarkastische Rabelais in seinem »Gargantua und Pantagruel«. Worauf es ankommt, ist nicht mehr, sich mehr oder weniger umfangreiche Kenntnisse anzueignen, sondern ein klares Bewußtsein seiner selbst und von seiner eigenen Freiheit zu erwerben, um seinen Platz als Mensch unter Menschen zu finden und die höchste menschliche Freude zu genießen: frei und ungleich zu sein.

Bildungsinhalte: Poesie, Literatur, Geschichte

Die Wiederbelebung der Antike wird als Rückkehr zu den wahren Lehrmeistern des menschlichen Lebens und Handelns verstanden, denn als wirkliche Lehrer gelten nicht mehr diejenigen, die uns mit totem Wissen füttern, uns mit Definitionen abspeisen oder uns Begriffe von Gut und Böse geben; wirkliche Lehrer sind – so betont es jedenfalls mit allem Nachdruck Petrarca – vielmehr jene, die uns »nicht nur belehren über das, was das Laster ist und was die Tugend, indem sie uns mit diesem oder jenem Begriff unablässig in den Ohren liegen, sondern in der Brust eines jeden Liebe und Sehnsucht nach dem Guten und Haß und Verachtung des Bösen entzünden«. Nicht Begriffe und Definitionen also, vielmehr Bilder und Beispiele soll uns die Schule darbieten; deshalb der Rückgriff auf die Poesie, die Literatur, die Geschichte und deshalb die Verurteilung der Grammatik und der rationalen Philosophie.

Luthers Bildungsidee – Der freie Christenmensch

Auch Luthers Bildungsidee wird von dem Prinzip der persönlichen Autonomie und dem theologischen Postulat nach der »Freiheit des Christenmenschen« getragen. Während Renaissance und Humanismus aber den ästhetisch-literarischen Inhalten den Vorrang in Schule und Bildung einräumen und den Menschen auf sich selber stellen wollen, geht es dem Reformator um die Entfaltung der menschlichen Persönlichkeit auf sittlich-religiöser Grundlage und aus evangelischer Verantwortung heraus. Der Christenmensch Luthers ist grundsätzlich »Herr über alle Dinge und niemand untertan«, er muß deshalb aus der Bevormundung durch die Institution Kirche befreit werden; der Boden, auf dem er sein religiöses Leben und seine Bildung zu gründen hat, sind sein persönlicher *Glaube* und sein eigenes *Gewissen.* Dieser pädagogische Gedanke wird noch verstärkt, indem Luther betont, daß

NIKOLAUS KOPERNIKUS

Kopernikus wurde am 19. Februar 1473 als Sohn eines wohlhabenden deutschen Kaufmanns in Thorn geboren. Die Erziehung des schon früh verwaisten Knaben übernahm sein Onkel Lukas Watzenrode, der später Bischof von Ermland wurde. Auf dessen Einfluß ist es wohl zurückzuführen, daß Kopernikus Theologie und Kirchenrecht studierte. Nach dem Besuch verschiedener Universitäten promovierte er 1503 in Padua zum Doktor des kanonischen Rechts und kehrte dann in die Heimat zurück, wo er durch Vermittlung des Onkels als Domherr und späterer Kanzler des Domkapitels zu Frauenburg (Ostpreußen) ein wichtiges Verwaltungsamt in der ermländischen Diözese erhielt.
Dieses Amt ließ ihm aber Zeit genug, sich eingehend mit astronomischen Fragen zu beschäftigen, für die er sich schon seit seiner Jugend brennend interessierte. Weniger aufgrund astronomischer Beobachtungen, die damals ohne geeignete Fernrohre sowieso nur in bescheidenem Umfang möglich waren, als vielmehr nach sorgfältigen theoretischen Überlegungen und gründlicher Auseinandersetzung mit den antiken Autoren wandte er sich gegen das allgemein anerkannte, höchst komplizierte geozentrische Weltbild des Ptolemäus und ersetzte es durch ein eigenes System, das die Sonne als ruhenden Mittelpunkt des Weltalls annahm.
Die Zeitgenossen erkannten die revolutionierende Bedeutung dieser Auffassung noch nicht. Katholische Theologen – darunter auch zwei Päpste – ließen sie immerhin als Hypothese gelten; die Fachgelehrten blieben gleichgültig oder lehnten sie ab.
Kopernikus legte seine Gedanken schließlich in einem großen Werk »De revolutionibus orbium coelestium« nieder, zögerte wegen der Ablehnung aber dessen Druck dreizehn Jahre lang hinaus, bis es endlich wenige Tage vor seinem Tod erschien. Er starb am 24. Mai 1543; erst siebzig Jahre später nahm die Kirche erstmals Anstoß an seinem Weltsystem. *(H. P.)*

JOHANNES KEPLER

Kepler war der Sohn eines armen Handwerkers. Er wurde am 27. Dezember 1571 in Weil der Stadt (Württemberg) geboren. Der schwächliche, für die handwerkliche Arbeit wenig geeignete Knabe durfte die Lateinschule besuchen und sollte in Tübingen Theologie studieren, wandte sich aber der Mathematik und Astronomie zu. Er ging als Mathematiklehrer an ein protestantisches Gymnasium in Graz. Hier schrieb er sein erstes astronomisches Werk, durch das Tycho Brahe, Hofastronom Kaiser Rudolfs II., auf ihn aufmerksam wurde und ihn nach Prag holte. Die elf Jahre, die er am kaiserlichen Hof als Astronom wirkte, gehörten zu den fruchtbarsten und sorglosesten seines Lebens. Zu den in dieser Zeit entstandenen astronomischen Werken gehörte auch seine berühmte »Astronomia Nova« (Neue Astronomie), in der er die ersten beiden der nach ihm benannten Gesetze über die Planetenbahnen entwickelte.

Nach dem Tod Rudolfs II. übersiedelte Kepler 1612 nach Linz, um dort als Lehrer und Landschaftsmathematiker zu wirken. Unermüdlich setzte er seine astronomischen Forschungen fort, gab ein siebenbändiges astronomisches Lehrbuch »für Schulbänke niederen Ranges und den gemeinen Pöbel« heraus, ein Werk über die »Weltharmonie« mit dem 3. Planetengesetz und schließlich das große Abschluß- und Tafelwerk seiner Astronomie, die »Rudolfinischen Tafeln«.

Finanzielle und familiäre Sorgen belasteten nun sein Leben, seine alte Mutter wurde in Württemberg als Hexe angeklagt, und nur sein persönliches Eingreifen als kaiserlicher Hofmathematiker verhinderten eine Verurteilung.

1628 trat Kepler in die Dienste Herzog Wallensteins und übersiedelte mit seiner Familie nach Sagan in Schlesien. Aber auch hier fand er nicht die Sicherheit, die er sich erhofft hatte. Als er 1630 zur Regelung finanzieller Forderungen und wegen Herausgabe seiner Werke nach Süddeutschland reiste, erkrankte er in Regensburg an Lungenentzündung und starb, neunundfünfzigjährig, am 15. November 1630. Seine Berechnungen bereiteten Galilei und Newton den Weg. (H. P.)

Lehre und Unterricht den einzelnen instandzusetzen haben, seine eigene Glaubens- und Gewissensentscheidung zu treffen und sie in der christlichen Gemeinde zu bewähren. Schule und Erziehung haben aus Kindern solche freien Christenmenschen zu machen, die geeignet und voll befähigt sind zu christlicher und weltlicher Führung in Stand und Beruf.

Verfall der Bildung und Bildungsstätten

Es gehört zu den Merkwürdigkeiten der Geschichte, daß dieser eigentlich auf pädagogische Reform drängende Impetus zunächst zu einem erschreckenden Rückgang im Bildungswesen führt, der den großen Humanisten Erasmus von Rotterdam bald darüber klagen läßt, daß, wo das Luthertum herrsche, die Wissenschaften zugrunde gehen. Luthers Kritik an den mittelalterlichen Universitäten und an der scholastischen Bildung konzentriert sich auf zwei Vorwürfe: erstens, daß sie in Sachen der Philosophie und Theologie der Vernunft zuviel Einfluß gegeben und die Lehre des »verdammten, hochmütigen, schalkhaften Heiden« Aristoteles mit der christlichen der Schrift vermengt und von Tugend und Verdienst, statt von Sünde und Gnade geredet habe; und zweitens, daß das mittelalterliche Schul- und Bildungswesen mit seiner Tendenz auf Versorgung in kirchlichen Ämtern und Stellungen »nur auf den Bauch gerichtet« gewesen sei und im Grunde ein unchristliches Wesen getrieben habe.

Die Auflösung der Stifte und Klöster zieht den Verlust der von ihnen getragenen Schulen nach sich. Da die Reformation das Volk in seiner Muttersprache anredet, erscheint das Studium der lateinischen Sprache überflüssig. Religiöse Schwärmer setzen die Idee in die Welt, nur dem Ungelehrten werde die Erleuchtung zuteil. Im Umkreis dieser Gedanken erfahren die Universitäten einen geradezu katastrophalen Verfall. So hat beispielsweise die Universität Wien 1530 noch ganze 30 Studenten, in Heidelberg gibt es mehr Professoren als Studenten, die Universität Basel schließt ihre Pforten, und selbst die Universität Wittenberg fristet nach 1522 ein kümmerliches Dasein.

Dieser Niedergang des Bildungswesens veranlaßt schließlich Luther selbst, an die Bürgermeister und Ratsherren aller Städte in deutschen Landen zu appellieren, »daß sie christliche Schulen aufrichten und halten sollen«. Dieser Appell kann freilich nicht verhindern bzw. kommt zu spät, als daß sich die Führer des Humanismus – Erasmus, Reuchlin, Mutian – vom Luthertum abwenden und der alten Kirche mehr vertrauen, weil sie der humanistisch-ästhetischen Bildung und dem rationalistischen Wissenschaftsbetrieb wohlgesonnener erscheint als der Moralismus und strenge Gläubigkeit der Reformation.

Impulse der Humanisten – Altsprachliche Schulen und Universitätsreform

Von seiten der Humanisten entstehen nicht nur zahlreiche Schriften pädagogischen und didaktisch-methodischen Inhalts, sondern Erasmus und Reuchlin werden durch ihre Hochschätzung der griechischen Sprache zu Begründern und Vorläufern des althumanistischen Schulbetriebs. Auch die Reform der Universitäten ist den Humanisten zu verdanken: die Einbeziehung der poetischen und rhetorischen Literatur in den Lehrkanon, die Einführung des klassischen Lateins an Stelle des mittelalterlichen Lateins, die Schaffung von Professuren für das Griechische. Auch in den niederen Schulen kommt es schrittweise zur Abschaffung des scholastischen Grammatikpaukbetriebs und zur Lektüre klassischer Autoren.

Praxisbezogenes protestantisches Schulwesen

Schien die Reformation zunächst bildungsfeindlich zu sein, so zeigt sich doch bald, daß von ihr entscheidende Impulse für die Erneuerung des Bildungswesens ausgehen. Die grundsätzliche Weltzugewandtheit der lutherischen Reform führt zu der Forderung, die Kinder nicht nur »seliglich«, sondern auch »nützlich« zu erziehen, d.h. sie nicht nur »zu Gottes Dienst« vorzubereiten, sondern sie auch »feine geschickte Leute« für den Dienst an den weltlichen Ordnungen werden zu lassen. Wenn Luther in das Zentrum der Religion die Schrift stellt, so ergibt sich zwangsläufig, daß die sprachlichen Studien für die Erkenntnis der Schrift und damit für die Erhaltung des Evangeliums unentbehrlich sind; wenn Luther den Dienst an den weltlichen Ordnungen betont, so ergibt sich zwangsläufig sein Aufruf an die Obrigkeiten, notfalls mit Zwang und auf öffentliche Kosten zu den Studien anzuhalten, um taugliche Männer für die öffentlichen Ämter heranzubilden.

Melanchthon: Gelehrtenschulen und neue Universitäten

Während sich Luther auf diese Appelle beschränkt und nur allgemeine Richtlinien aufzeigt, wird Philipp Melanchthon (1497–1560) zum eigentlichen Baumeister eines protestantischen Schulwesens. Unter seiner aktiven Mitwirkung werden 1521–1526 neue Gelehrtenschulen in Magdeburg, Eisleben und Nürnberg errichtet; seiner Initiative sind die Universitätsneugründungen in Marburg (1527), Königsberg (1544), Jena (1558) und Helmstedt (1576) zu verdanken. Reformiert werden die Universitäten Wittenberg, Tübingen, Leipzig, Greifswald, Rostock, Heidelberg. 1528 wird die erste allgemeine Schulordnung für das Kurfürstentum zu Sachsen erlassen, der eine lange Reihe weiterer Schulordnungen folgt: Braunschweig (1528), Hamburg (1529), Schleswig-Holstein (1542), Mecklenburg (1552), Kurpfalz (1556).

Die landesherrlichen Schulen Ende des 16. Jahrhunderts

Wenn wir uns ein grobes Bild vom Bildungswesen um 1600, also nach den reformierenden Auswirkungen von Humanismus und Reformation, machen wollen, dann sind folgende Linien nachzuzeichnen: Unter dem Einfluß der Kirchenspaltung verlieren die Universitäten nicht nur ihren universalistischen, sondern auch ihren internationalen Charakter; an ihre Stelle tritt das Territorialprinzip, und die Neugründungen im 16. und 17. Jahrhundert lassen sich deutlich in protestantische und katholische Universitäten unterscheiden. Verfassung und Fakultätsgliederung der Universitäten bleiben im wesentlichen unverändert, wenngleich die Bedeutung der (unteren) philosophischen Fakultät allmählich zu steigen beginnt, bis sie dann in der neuhumanistischen Universitätsreform Humboldts zu Beginn des 19. Jahrhunderts ihre dominierende Stellung gewinnt.

Während in der mittelalterlichen Universität jeder Magister bzw. Doktor über alle Fächer – genauer: über alle approbierten Textbücher der Fakultät – zu lesen hatte, entstehen allmählich feste Lehrstühle für die einzelnen Fächer. Der Universitätsunterricht behält zwar noch den Charakter des Schulmäßigen, und die Lektionen werden stundenplanartig festgelegt, aber an ihre Seite treten zunehmend Übungen und die Einführung der Studenten in die wissenschaftliche Forschung.

Nach der Reformation bestehen im protestantischen Deutschland Stadt- und Staatsschulen nebeneinander. Die Stadtschulen setzen die Tradition der gleichnamigen Anstalten des Mittelalters fort; die Staatsschulen dagegen – auch Fürsten-, Landes- oder Klosterschulen genannt – stellen eine neue Einrichtung der Reformation dar. Sie haben die Aufgabe, begabte Kinder (männlichen Geschlechts) auf öffentliche Kosten für den Landesdienst vorzubereiten. Die ersten dieser ganz offensichtlich der Forderung Luthers an die weltliche Obrigkeit

Folge leistenden Anstalten werden 1543 durch Moritz von Sachsen gegründet, und zwar die später berühmten sächsischen Fürstenschulen zu Pforta, Meißen und Grimma. Die Errichtung dieser Staats- oder Landesschulen nimmt die schon im Mittelalter aufgetretene Tendenz zur Verweltlichung des Schulwesens auf, verstärkt sie und wird zu einem entscheidenden Schritt zum gelehrten Schulwesen überhaupt, aber auch vom mittelalterlichen Staat zum modernen Kulturstaat. Aus heutiger Sicht bemerkenswert erscheint die stufige Gliederung dieser Schulen: die Elementarstufe vermittelt Lesen und Schreiben, die Mittelstufe führt in die lateinische Grammatik ein, die Oberstufe konzentriert sich auf die klassische Lektüre und die rhetorische Imitation. Inhaltlich stützen sich diese Schulen auf die beiden Säulen Sprachen und Glaubenslehre; gegenüber der mittelalterlichen Betonung der Grammatik gewinnen die Rhetorik und Poetik sowie Vorbilder und Nachahmung der klassischen Autoren zunehmend an Bedeutung. Der Religionsunterricht geht zum großen Teil auf die Reformation zurück; die Einführung in den Kult und in die Sakramente werden abgelöst durch die Einübung in die rechte Lehre; immer wieder betonen die Reformatoren, daß ihre Gegner keinen Katechismusunterricht kennen.

Auf dem Weg zur deutschen Volksschule

Es wäre sicherlich falsch, in Luther den Vater der deutschen Volksschule sehen zu wollen, und doch erfährt das Volksschulwesen entscheidende Anregungen aus der Reformation. Das Bemühen, die Schrift als Quelle der Wahrheit allen Christgläubigen zugänglich zu machen, läßt es notwendig erscheinen, allen Mitgliedern der Kirche das Lesen zu lehren, um ihnen so einen unmittelbaren Zugang zum Wort Gottes zu eröffnen. Da sich aber bald zeigt, daß ungeleitetes Schriftstudium oft zu Fehlinterpretationen und zu falschem Verständnis führt, muß der Leseunterricht durch den Katechismusunterricht ergänzt werden. Sosehr die Reformatoren diese beiden Grundsteine für die protestantische Volksschule auch gelegt haben mögen, bedarf es noch langer Zeit, ehe sich die »deutsche Schule« als eine besondere Form des öffentlichen Schulwesens neben der Latein- bzw. Gelehrtenschule etablieren kann. Selbst in der Württembergischen Schulordnung des Herzogs Christoph (1559) und auch noch in der kursächsischen (1580) taucht die deutsche Schule noch mehr oder weniger als Notbehelf für kleine Dörfer auf. Wo sie eingeführt wird, erteilt in der Regel der Küster den Unterricht, und dieser beschränkt sich auf Lesen,

Schreiben, Katechismus und Gesang. Erst im 17. Jahrhundert kommt es zur Ausbreitung der Volksschule in Deutschland. Bis dahin haben sich, quasi am Rande der offiziellen Schulordnungen, die alten deutschen Lese- und Schreibschulen erhalten.
Über dieser äußeren Reform des Bildungswesens darf freilich nicht übersehen werden, daß Zucht und Disziplin lange Zeit noch die Strenge und Härte des Mittelalters beibehalten. Auch nach Humanismus und Reformation bleibt die Rute das Allheilmittel der Erziehung und des Unterrichts; Auswendiglernen und Gehorchen sind weiterhin in den Schulen gang und gäbe.
Daß Schule und Unterricht, wie sie durch Humanismus und Reformation geprägt werden, bis gegen Ende des 18. Jahrhunderts fast unverändert erhalten bleiben, mag darauf zurückzuführen sein, daß sie jene beiden großen Bildungsmächte zu vereinigen vermögen: Christentum und Antike. Erst zu Anfang des 19. Jahrhunderts werden jene neuen Bildungselemente Eingang in das öffentliche Schulwesen finden, die das 17. und 18. Jahrhundert hervorbringen: die modernen Wissenschaften und die neuen Sprachen.

Die Gegenreformation – Die pädagogische Erneuerung durch die Jesuiten

Obwohl die Auswirkungen der Reformation weit über die Kirche hinausgingen und zu politischen, kulturellen und geistigen Veränderungen großen Ausmaßes führten, haben sie doch auch innerhalb der katholischen Kirche selbst Erneuerungen hervorgerufen. Die sogenannte Gegenreformation hat auf pädagogischem Gebiet zu einer Reform des katholischen Bildungswesens geführt, die zwar einerseits als eine Wiederbelebung der mittelalterlich-katholischen Frömmigkeit und Kirchengebundenheit angesehen werden kann, andererseits aber ebenso wie die protestantische Reform als eine dem Geist des Renaissance-Humanismus verpflichtete Bewegung erscheinen muß. Diese pädagogische Erneuerung ging nicht so sehr von der Kirche als Institution aus, sondern wurde maßgeblich von den kirchlichen Orden, allen voran dem Jesuitenorden, getragen. In den von seinem Gründer Ignatius von Loyola (1491–1556) noch selbst verfaßten Satzungen wird als pädagogisches Ziel leitmotivisch angegeben, »der eigenen Seele und den Seelen der Nächsten zur Erreichung des Endzweckes, für den sie geschaffen sind, zu helfen«. Kennzeichnend ist die von den Jesuiten eingeführte geistige Übung der Exerzitien, bei denen die Renaissance-Idee der bewußten Selbstgestaltung des Menschen mit dem mittelalterlichen Gedanken der demütigen Selbstverleugnung auf fruchtbarste Weise verschmolzen wurde.

Das Konzil von Trient hatte die Wiederbelebung der Dom- und Klosterschulen gefordert, unentgeltlichen Grammatikunterricht verlangt und vor allem die Errichtung von Seminarien zur Ausbildung der Kleriker für nötig erachtet. Der Jesuitenorden richtete in der Folgezeit nicht nur Kollegien und Seminarien für die Klerikerausbildung ein, sondern nahm bald das gesamte (höhere) Bildungswesen des katholischen Europa in die Hand. Die organisatorische und pädagogische Grundlage lieferte die 1599 erlassene umfassende Studienordnung, die das Erziehungs- und Unterrichtssystem, die Lehrpläne und Lehrbücher, die Unterrichtsinhalte, die Stundenverteilung, die Unterrichtsmethode und die Prüfungen bis ins einzelne regelte. Diese Unterrichtsordnung blieb in den Kollegien bis 1832 unverändert in Kraft.

So haben – grob gesehen – Reformation und Gegenreformation gemeinsam und zugleich auf unterschiedliche Weise versucht, die beiden großen Bildungsmächte *Christentum* und *Antike* miteinander zu vereinigen, und damit die pädagogische Kultur Europas auf Jahrhunderte hinaus entscheidend geprägt.

Literatur

Denifle, Heinrich: Die Entstehung der Universitäten des Mittelalters bis 1400, Berlin 1885, Nachdruck: Graz 1956

Garin, Eugenio: Geschichte und Dokumente der abendländischen Pädagogik, Bd. 1: Mittelalter, Reinbek 1964

Kaufmann, Georg: Geschichte der deutschen Universitäten, Stuttgart 1896, Nachdruck: Graz 1958

Luther, Martin: Pädagogische Schriften, besorgt von Hermann Lorenzen, Paderborn 1957

Paulsen, Friedrich: Geschichte des gelehrten Unterrichts auf den deutschen Schulen und Universitäten vom Ausgang des Mittelalters bis zur Gegenwart, Berlin 1885, Nachdruck: Aalen 1965

Paulsen, Friedrich: Das deutsche Bildungswesen in seiner geschichtlichen Entwicklung, Bd. 1: Von den Anfängen bis zur Reichsgründung 1871, Leipzig 1928

Petzold, Klaus: Die Grundlagen der Erziehungslehre im Spätmittelalter und bei Luther, Heidelberg 1969

Reble, Albert: Geschichte der Pädagogik, Stuttgart (1952) 1981

Schoelen, Eugen (Hrsg.): Erziehung und Bildung im Mittelalter. Ausgewählte pädagogische Quellentexte, Paderborn 1965

Allgemeine Literaturhinweise

Die folgende Übersicht bringt nur die wichtigsten grundlegenden neueren Werke, die ihrerseits alle weitere Literaturhinweise enthalten.

Aubin, Hermann/Zorn, Wolfgang (Hrsg.): Handbuch der deutschen Wirtschafts- und Sozialgeschichte, Bd. 1, Stuttgart 1971

Blickle, Peter/Bierbrauer, Peter/Blickle, Renate/Ulbrich, Claudia: Aufruhr und Empörung? Studien zum bäuerlichen Widerstand im Alten Reich, München 1980

Brandi, Karl: Deutsche Geschichte im Zeitalter der Reformation und Gegenreformation, München 1969

Dülmen, Richard van: Reformation als Revolution. Soziale Bewegung und religiöser Radikalismus in der deutschen Revolution, München 1977

Elton, Geoffrey Rudolph: Europa im Zeitalter der Reformation, 2 Bde., Hamburg 1971

Freytag, Gustav: Bilder aus der deutschen Vergangenheit. Bd. II (Hrsg.v. Heinrich Pleticha), Hamburg 1978

Goertz, Hans-Jürgen: Die Täufer. Geschichte und Deutung, München 1980

Grundmann, Herbert (Hrsg.): Gebhardt. Handbuch der deutschen Geschichte, Bd. 2: Von der Reformation bis zum Ende des Absolutismus, Stuttgart 1970

Hassinger, Erich: Das Werden des neuzeitlichen Europa, Braunschweig 1964

Joachimsen, Paul: Die Reformation als Epoche der deutschen Geschichte, Aalen 1970

Kantzenbach, Friedrich Wilhelm: Die Reformation in Deutschland und Europa, Gütersloh 1963

Lortz, Joseph: Die Reformation in Deutschland, 2 Bde., Freiburg 1962

Lutz, Heinrich: Reformation und Gegenreformation, München 1979

Moeller, Bernd: Deutschland im Zeitalter der Reformation, Göttingen 1977

Neubig, Karl-Heinz: Renaissance und Reformation, München 1962

Peuckert, Will-Erich: Die große Wende. Das apokalyptische Saeculum und Luther, Darmstadt 1976

Ritter, Gerhard: Die Umgestaltung Europas im 16. Jahrhundert, Berlin 1950

Romano, Rugiero/Tenenti, Alberto: Die Grundlegung der modernen Welt, Frankfurt 1967

Skalweit, Stephan: Reich und Reformation, Berlin 1967

Zeeden, Ernst-Walter: Deutsche Kultur in der frühen Neuzeit, Frankfurt 1968

Sach- und Namensregister

Kursiv gesetzte Ziffern verweisen auf Abbildungen

Aachen 45, 51, 52, 194
–, Krönung Karls V. 49, 51, 52
Aachen, Hans von; »Kaiser Matthias« *268*
Abendmahl *14*, 18, *42*, 147
Abendmahlsstreit 41, *42*, 147
Ablaßhandel 23-24, *24*, 27, 69
Achilles, Albrecht; Markgraf 204
Adelige Gesellschaft 199-208
Adelsprivilegien 119-120, 127-128, 289
Adrian von Utrecht 50
Aegidius Romanus 292, 293
»Affenteuerliche und Ungeheuerliche Geschichtsschrift vom Leben« 223
Agnes von Sachsen *84*
Agricola, Georgius (Georg Bauer) 191, 192, *192*
–, »De re metallica« *192*
»Ain new lied« 212
Alba, Feldherr 83, 85
Alberti, L. B.; Architekt 225
Albrecht IV., Herzog von Baiern 204
Albrecht V., Herzog von Baiern 260
Albrecht Alcibiades, Markgraf von Brandenburg-Kulmbach 89, 284
Albrecht, Erbprinz von Baiern 82
Albrecht, Herzog von Preußen 89, *205*
Albrecht von Brandenburg, Kardinal 23, 24
Alcibiades, Markgraf von Brandenburg-Kulmbach 89, 284
Aldegrever, Heinrich, »Patrizier« *175*
–, »Wiedertäufer« *158*
Alexander VI. Borgia, Papst 249
Alexander, päpstlicher Gesandter 247, 251
»Alexanderschlacht« (Altdorfer) 244
Allgäuer-Haufen, Bauernkrieg 121, 122, 127
Altdorfer, Albrecht 241, 244
»Alte Orte« 144
Altsprachliche Schulen 305
»Amadis« 224
Amman, Jost *104-105*, 112, 189, *197*, *205*
–, Berufsbilder *197*
–, Heerlager *104-105*
–, Höfisches Leben *205*
–, Ständebuch 189
Amurath III., Sultan 63
»An den christlichen Adel deutscher Nation« 18, 36, 214
Anhalt, Fürst von 70, 278
Anna, Gemahlin Ferdinands I. 266
Anna, Tochter Ferdinands I. 82
Anna von Böhmen und Ungarn 55
Anna von Sachsen 204
»Apokalypse« (Dürer) 242
»Apostel« (Dürer) 242
Aragona, Luigi d'; Kardinal 169
Arbeiteraufstände 186
Armada, spanische 73
»Armer Konrad« 117
Artillerie 110, *110*, 167, 170
Aschaffenburger Schloß 228, *243*
Asienhandel 172, 182
Assisi, Franz von 250
»Astronomia Nova«, Johannes Kepler 303
Auctores 296
»Augenspiegel« 210
Augsburg 19, 27, 30, 42-43, 44, 72, 73, 81, 85, 86-87, 89, 90, 92-93, 94, 114, 167, *179*, 187, 231, *233*, 238, 240, 246, 260, 276, 277, 278, 279, 290
–, Bischof von 114
–, Disputation Luther / Cajetan 27, 30
–, Fuggerei 167, *179*
–, Fuggerkapelle *233*
–, Geharnischter Reichstag 19, 73, 85
–, Rathaus 228, *238*
–, Reformation 44
–, Reichstag 19, 27, 42-43, 171, 72, 73, 85-87, 88, 248, 276
–, Stillhalteabkommen von 81
Augsburger Bekenntnis 42
Augsburger Interim 73, 81, 85, 89, 90
Augsburger Religionsfriede 19, 50, 73, 90-93, 94, 277, 278, 279, 290
August, Herzog von Sachsen 285
»Augusteum«, Wittenberg *37*
Augustinus, Kirchenvater 23
»Auslegung der Episteln und Evangelium« (Luther) *146*

Baden, Markgraf von 276, 278
Baden-Durlach 44
»Badener Disputation« 144
Bader *197*
Bad Windsheim 235
Baiern 74, 82, 281
–, Gegenreformation 82
Baltringer Haufen, Bauernkrieg 122, 127
Bamberg 132, 284, 285
Bamberger Dom, »Weihnachtsaltar« *233*
Bandwebstuhl 192
Bankwesen 95, 177, 186, 188
Bannandrohungsbulle, Verbrennung der 33, 247
Barbarossa, Chairedin; Korsar 75, 78, 80, 81
Basel 39, 136, 167, 145, 245, 246, 295, 300, 304
–, Universität 295, 304
Bauer, Georg (Agricola) 191, 192, *192*

Bäuerliche Gesellschaft 114-145, *126*, 186, 294
Bauernkrieg 19, 69, 72, 95, 114-135, *118, 121, 123, 126, 131*, 143, 174, 176, 186
–, Flugblätter des *118, 121, 123, 126*
»Bauernparlament« von Heilbronn 129
Beham, Barthel; »Ferdinand I.« *265*
Beham, Hans, »Bauern« *115*
–, »Bauernkrieg« *131*
–, »Landsknecht« *103*
Bergbau 172, 173, 188, 189-192, *192*, 193, 194
Bergleute 194
Berlichingen, Götz von 129, 203
Bernburg, Schloß *207, 243*
»Berner Disputation« 145
Berner Expansion 148
Berufsbilder *197*
Beuckels, Johann (Jan Bockelson), Wiedertäufer *159*
Bevölkerungszahlen 68, 183
»Beweinung Christi« (Riemenschneider) 234, 236
Bibelauslegung 36
Bibelübersetzung 72, 214-216
Biberach 86
Bibra, Lorenz von (Grabmal) 236
Bildende Kunst 225-246, *246*
Bilderstürmer 19, 154-155
Bildungsbürgertum 163-164
Bildungswesen 291-310
Blaubeuren, Hochaltar 231
Böblingen, Schlacht bei 130
Boccacio 222
Bockelson siehe Beuckels
Bodensee-Haufen, Bauernkrieg 122
Bodenstein, Andreas (Karlstadt) 18, 31, 154
Böhm, Hans 117-119
Böhmen 48, 73, 95, 264, 267, 270, 271, 275, 278, 279, 281, 283
–, König von 275
–, Kurfürst von 48
»Böhmische Brüder« 157
»Böhmischer Majestätsbrief« 73, 272, 281
Böhmisch-Pfälzischer Krieg 269
Bologna 50, 64, 85, 295
–, Konzil von 85
–, Krönung Karls V. 50, *65*, 66
–, Landsknechtsmeuterei 64
–, Universität 295
Bora, Katharina von; Nonne, Frau Luthers 19
Bordesholmer-Altar (Schleswig) 236
Borromäus, Carl; Bischof von Mailand 255
Brandenburg 44, 48, 86, 275, 281
–, Kurfürst von 48, 86
–, Markgraf von 275
Brandenburg-Ansbach 278
Brandenburg-Kulmbach 278
Brant, Sebastian 189, 218
Braun-Hogenberg, »Schwäbisch Hall« *170*
Braunschweig 134, 221, 281, 306
Braunschweig, Heinrich Julius von 221
Braunschweig-Wolfenbüttel 277
Breisach, Münster 238, 240
Bremen 172, 228, 281, 276
Breu d.Ä., Jörg; »Augsburger Reichstag« *88*
Brosamer, Hans; »Hans Sachs« *219*
Brüdergemeinden 156, 294
»Brüderhöfe« 157
»Brüderliche Ermahnung« (Murner) 216
»Brüder vom gemeinsamen Leben« 293
Brüggemann, Hans 236
Buchdruck 94, 188, 298
Bückeburg, Stadtkirche *242*
Bundschuh 114-115, 116, 117
Bürger, Erziehung 294
Bürgerbauten 164, *166*
Bürgerliche Kunst *231*
Bürgertum 163-181, 294
Burgklehner, M.; »Tiroler Adler« *252*
Burgrecht 148
»Burgrechtsstädte« 147
Burgund 48, 50, 60, 62, 66, 95
–, Freigrafschaft 60, 95
–, Herzogtum 62, 66
Burgunderkriege 97
Busang, Conrad von (Grab) 230
Bußprediger 250

Cajetan, Kardinal 27
Calvin, Johannes 94, 141, 148-151, 227
Calvinismus *27*, 149, 151, 283, 284, 286, 289, 290
–, Schema *27*
Cambrai, Damenfriede von 66
Campeggi, Kardinal *88*
Canisius, Petrus 258, 260, 279
»Carolina« 68
Casimir, Johann; Pfalzgraf 286
»Cenodoxus« 220
Chairedin Barbarossa, Korsar 75, 78, 80, 81
Christine, Königin von Dänemark 237
Christliches Universalreich 94
Christoph, Herzog von Württemberg 307
»Civitates Orbis Terrarum« *170*
Clemens VII., Papst 50, 66
Coburg, Veste 19, 71
Cognac, Liga von 64
Colmar 222, 245
»Confessio Augustana« 19, 34, 42-43, 71, 94
Contarini, Staatsmann 250
»Corpus iuris canonici« 33
Cranach d.Ä., Lucas 241, 244
Cranach d.J., Lucas; »Schmalkaldischer Kriegsrat« *84*
Creglingen 234
Crépy, Friede von 73, 81
Croy-Teppich *71*
»Cuius regio, eius religio« 19, 90, 148, 279
Custos; »Rudolf II.« *280*

»Damenfriede von Cambrai« 66
»Das Rollwagenbüchlein« *217*
Daucher, Adolf 238, 239
Daucher, Hans 233
David, Gerard 240
Da Vinci, Leonardo 229
»Declaratio Ferdinandea« 279
De Gattinara, Mercurino; Kanzler Karls V. 52, 59
»De parvulis trahendis ad Christum« 293
»Der Bundtschu« *118*
»De regimine pricipum« 292
»De re metallica« 191, 192
»De revolutionibus orbium coelestium« 302
»Der fahrende Schüler im Paradeis« 220
»Der jungen Knaben Spiegel« 222
Dernbach, Balthasar von 285
»Der Schelmen Zunft« 218
»Deutsche Libertät« 89
Deutsche Schriftsprache (Luther) 36, 213, 214, 215
Deutsches Kolleg, Rom 258
Deutsche Volksschule 307
Deutsch-französische Konflikte 57-62, 64, 65, 66, 74, 75, 78-80, 81, 95
»Die Gefürsteten Grafen zu Tyrol« *280*
»Die Schildbürger« 221
»Die Wittenbergisch Nachtigall« *217*
Dillingen 259
Dircksz, Barend; »Buttermarkt« *187*
Disputationen 296
Domschulen 309
Donatello 228
Donauschule 241, 244
Donauwörth 278
Don Juan de Austria 81
Doppelsöldnder 108
Doria, Andrea; Admiral 65, 75
Douvermann, Heinrich 236
Dreißigjähriger Krieg 290
»Dunkelmännerbriefe« 209, 210, 211
Dürer, Albrecht 94, *103*, 198, 226, 227, 229, 238, 241-243, 245
Dürer-Zeit 227, 230-240, 241-246

Echter von Mespelbrunn, Julius, Abt 285, 286

Eck, Johannes; Theologieprofessor 18, 123, 154, 248
Eidgenossenschaft, Reformation 74, 136-151
»Ein feste Burg ist unser Gott« 215
»Ein Frag an eynen Münzer«, Flugblatt *24*
Einsiedeln 139, 300
Eisenach (Luther) 17
Eisleben 16, 19, 306
Eltersdorf 156
Emden, Rathaus *238*
»Engel-Pieta«, Fuggerkapelle *233*
»Epistolae obscurorum virorum« 210
Erasmus von Rotterdam 39, 139, 184, 209, 304
»Erbärmdegruppe«, Fuggerkapelle 239
Erbfolgekrieg, Jülich-Klevischer 73, 288, *288*, 289, 290
Erfurt 247
–, Luther 17, 18, 20
–, Universität 295
Erhart, Michel 231
Ernst, Erzbischof von Baiern 286
Ernst von Braunschweig, Herzog 70
»Erster Kappeler Landfriede« 146
»Erste Zürcher Disputation« 140
Erziehung 205, 206, 257, 291-294, 308-309
–, höfische 205, 206
Evangelische Fürsten 70, 71
Evangelischer Gottesdienst *30*
»Evangelisches Glaubensbekenntnis« 71
»Exerzitien« 256, 257, 308

Fabeln 222-223
Faber, Peter; Pater 258
Fähnlein 108, 110-111, 112, 113
Faktoreien 172, 186, 187
Fakultäten 295, 296
Farel, Wilhelm; Reformator 148
Fastnachtspiele 219-220
Faust 221
»Feldbuch der Wundarznei« *103*
Fenstersturz zu Prag 269
Ferdinand, Erzherzog 270
Ferdinand I., Kaiser 50, 54-55, 64, 72, 73, 74, 75, 78, 80, 86, 88, *88*, 89, 90, 92, 260, 264, 265, *265*, 266, 267, 268, 269, 270, 271, 273, 274, 279, 285
–, Habsburgischer Besitz 54-55
Ferdinand II., Kaiser 269, 271
Ferdinand von der Steiermark (Kaiser Ferdinand II.) 269
Fernhandel 171, 172, 176, 177, 182-188, 196
Feudalordnung 119-120
Feuerwaffen 69, 113
Findelhäuser 167
Fischart, Johann 222, 223
»Flöh-Hatz« 223
Flugblätter, Bauernkrieg *118*, *119*, *121*, 123, *126*
Flügelspinnrad 192
Folter 68
Franck, Sebastian; Chronik des 107
Frankenhausen, Schlacht bei 70, 133-134
Frankfurt 44, 48, 188, 266, 295
Franz I., König von Frankreich 48, 58, 59, 62, 64, 72, 75, 78-80, 81, 95
Franz von Assisi 250
Franziskanermönche 250
Französisch-deutsche Konflikte 57-62, 64, 65, 66, 74, 75, 78-80, 81, 95
Frauenburg 302
Freiburg 136, 148, 295
–, Münstervorhalle *242*
»Freie Künste« 292
Freier Christenmensch 94, 301, 304
Freigrafschaft Burgund 60, 95
Freising 286
Freudenstadt, Stadtplan *238*
Friedrich der Weise, Kurfürst von Sachsen 19, 27, 33, 36, 49, 57, 153
Friedrich von Wirsberg, Fürstbischof 285
Frischlin, Nikodemus 220
Fritz, Joß 115, 116, 117
Fronarbeit 186
»Froschmeuseler« 222
Frueauf, Rueland 240
Frühkapitalismus 163, 164, 165-181, 186-188
Frühmerkantilismus 177, 178, 179
Frundsberg, Georg von; Landsknechtsführer 62, 64, 101, 102, 108
Fugger 23, 49, 95, 186, 187, 188, 194, 197, *238*
Fuggerei, Augsburg 167, *179*
Fuggerkapelle, Augsburg *233*, 238, 239
Fulda 285, 286
–, »Klosterkonflikt« 285
Fürsten 19, 69, 70, 71, 90-91, 137, 177, 178, 179, 180, 181, 290
Fürstenhof, Leben am 199-208
Fürstenkrieg 73
Fürstenschulen 306-307
Fürstenstädte 179, 181
Fürstentümer, geistliche 275-290
Füssen 232
Fußknechte 113

Galilei, Gelileo 69, 303
Gama, Vasco da 182
»Gänsemännchen-Brunnen«, Nürnberg *231*
»Gargantua und Patagruel« 223, 301
Gassenlaufen 113
Gattinara, Mercurino; Großkanzler 52, 59
Gebhard Truchseß von Waldburg, Kurfürst 286
Gegenreformation 95, 247-259, *259*, 269, 275, 280, 283, 285, 286, 308-309
–, Ausbreitung *259*
»Geharnischter Reichstag zu Augsburg« 19, 73, 85
»Geistlicher Vorbehalt« 92, 279, 286
Geistliches Lied 213
»Geistliche Übungen« 256
Gelehrtenschulen 305, 306
Gelehrtensprache 297
»Gemeine Herrschaften« 136, 145
Gemmingen, Uriel von (Grabmal) 236
Genf 73, 137, 148, 149, 151
–, Akademie 151
–, Reformation 73, 148, 149
Gent 50, 80
–, Aufstand von 80
Georg, Herzog von Sachsen 134
Gerhaert, Nikolaus 235
»Gericht bei besetzter Bank« 112
Gerichtsbarkeit, Heer 112, 113
Gerichtsreform, Bauernkrieg 129, 130
Gerson, Johannes; Universitätskanzler 293
Gerßdorff, J.; »Landsknecht« *103*
Geschlechterbuch, Nürnberger 197
Geschütze 110, *110*, 167, 170
Gesellschaft, adelige 199-208
–, bürgerliche 163-181
»Gesellschaft Jesu« 95, 256, 257
Gewandhaus, Braunschweig *166*
Gewerbe 182-198
Gewürzhandel 183
Geyer, Florian 129
Gheyn, W. de; »Landsknechte« *103*
Giebelstadt, Schlacht bei 131
Glasindustrie, böhmische 282
Glaubensfreiheit, Schweiz 145, 146
Glaubensspaltung *282*
Gnade 18, 21-23, 140
»Goldene Bulle« 48
»Goldfaden« 222
Gothart-Neithart, Mathis 241, 243-244
»Gottesstaat auf Erden«, Müntzer 132
Gottfried, J. L.; »Historische Chronik« 262
Götz von Berlichingen 129, 203
Graf, Jörg; Landsknechtslied 98-99
Grasser, Erasmus 232
Graubünden 137

Grebel, Konrad; Täufer 156
Gregor XIII., Papst 254
Gregorianischer Kalender 254, 255
Greifswald, Universität 295, 306
Gresbecks, Heinrich; Bericht von der Wiedertaufe in Münster 160-161
Grimma, Fürstenschule 307
Grobianismus 216, 218
»Grobianus« 218
»Grumbachsche Händel« 284-285
Grünewald siehe Gothart-Neithart
Güstrow, »Apostel« 237
Gutenberg-Bibel 188

Habsburger-Dynastie 54, 72, 88, 95, 264, 267-271, 288, 290
–, Erbmonarchie 72
–, Hausbesitz *58/59*
–, Stammtafel *51*
Hadrian VI., Papst 248
Hagnauer, Niclas 230
»Halbe Hosen« 106
Halberstadt 23, 44, 82, 281
Hamburg 172, 306
»Handbüchlein des christlichen Streiters« 39
Handel 182-198
Handelsgesellschaft 193
Handelshäuser 177
–, Fugger und Welser *190*
Händler, ambulanter *195*
»Handspiegel« 210
Handwerker 164, 173, 174, 186, 196, 198
Hans von Küstrin, Markgraf 89
Heer 97-113, *104-105,* 167, 170
Heerlager, deutsches *104-105*
Hegau, Bauernforderungen 114
Heidelberg, Universität 34, 295, 304, 306
Heilbronn, »Bauernparlament« 213
»Heilig-Blut-Altar«, Rothenburg *235,* 236
Heiligenstadt 234
»Heiliger Georg«, Stockholm 237
»Heilige Schrift«, Luther 27, 30, 252, 293
»Heiliges Römisches Reich Deutscher Nation« 272
Heinrich, Herzog von Braunschweig 86
Heinrich I., Herzog von Württemberg 204
Heinrich II., König von Frankreich 89, 95
Heinrich VIII., König von England 64, 72, 81
Held, Matthias 80
Helfenstein, Graf 128
Helmstedt, Universität 306
Henker *112*
Henlein, Peter 189
Henneberg, Berthold von (Grabmal) 236
Herrschaften, eidgenössische 137
Hessen 70
–, Landgraf von 70
Hexenprozesse 68
Hildesheim 276, 286
Hindelanger Altar 232
Hipler, Wendel; Bauernführer 129
Hirschhorn, Reichsritter von 276
»Historia von D. Johann Fausten / dem weit bescheyten Zauberer und Schwartzkünstler« 221
Hochstetten, Handelshaus 186
Hofhaltung *201*
Höfisches Leben 199-208, *201, 205*
Hofmann, Melchior; Wiedertäufer 157, 158
Hohenheim, Philippus Aureolus Theophrastus Bombastus von (Paracelsus) 300
Holbein der Ältere, Hans 229, 240, 241
Holbein der Jüngere, Hans 241, 246
Horb 232
Hradschin 269, 282
Hubmaier, Prediger 120
Hugenotten *283*
Humanismus 39, 94, 163, 188, 189, 209-224, 298, *298,* 304, 305, 306, 308
Hus, Johannes *14,* 31, 152
Hussitenkriege 97
Hussitische Kirche, Schema *26*
Hutten, Ulrich von 36, 176, 189, 210, 212
Hutter, Jakob 157
»Hutterei« 157
Hutterer *283*

»Ich hab's gewagt mit Sinnen« 211
Ignatius von Loyola 95, 255-256, 257, 258, 308
Imhof, Handelshaus 186
»Index« 254
Indienhandel 171, 172, 182, 188
Ingolstadt *171,* 258, 295
»Inhalt zweierley Predigt« *30*
»Innere Orte«, Schweiz 144
Innsbruck 89
»Institutio christianae religionis«, Calvin 149
Isabella von Kastilien, spanische Königin 50
Isabella von Portugal, Gemahlin Karls V. 50, 62, 80
Isenheimer Altar 230, 244
Italienpolitik 57-62, 64-66, 75, 78

Jagd 143, 204
Jena, Universität 306
Jesuitendrama 220-221
Jesuitenkirche, München *242*
Jesuitenkollegien 258-259
Jesuitenorden 72, 167, 220-221, 255, 256-257, 258, 259, 260, 279, 308-309
–, Schulwesen 308-309
Joachim Friedrich, Kurfürst von Brandenburg 276
Johann I. von Sachsen, Kurfürst *14,* 134
Johann Friedrich II., Herzog von Sachsen-Weimar 284, 285
Johann Georg, Markgraf von Brandenburg 80, 287
Johann Sigismund, Kurfürst von Brandenburg 290
Johanna, Prinzessin 50
Johanna die Wahnsinnige 268
Johannisburg, Aschaffenburg *243*
Juan de Austria, Don 81
Jülich *262, 287*
Jülich-Berg, Herzogtum 289
Jülich-Kleve, Herzogtum 275, 281, 286
»Jülich-Klevischer Erbfolgekrieg« *288*
Jülich-klevischer Erbfolgestreit 73, *288,* 289, 290
»Jüngstes Gericht«, Martin Schongauer 240
»Junker Jörg«, Luther 18
Jüterbog 24

Kaisertum, Karl V. 52-53
–, Schwäche 272, 273-275
Kaiser und Kurfürsten *270*
Kaiserwahl Karls V. 48
Kalkar 236
Kapitalgesellschaft 186, 193, 194
Kappel 72, 145, 146, 147
–, Schlacht bei 72, 147
Kappeler Landfriede, Erster 146
»Kappeler Milchsuppe« 145
»Kapuziner« 250
Karl III., Herzog von Bourbon 61, 62
Karl V., Kaiser 33, 35, 42, 46, 47, 48-50, 51, 52, 53-64, 65, 66, 67-74, 75, 76, 77, 78, 79, 80, 81, 82, 83, 84, 85, 86-91, *88,* 91-96, 101, 113, 172, 188, 189, 264, 265, 266, 269, 270, 273
–, Außenpolitik 57-64, 65, 74-80, 81
–, Erbteilung 266
–, Innenpolitik 67-74, 80, 81-91
–, Kaiserkrönung in Bologna 65, 66
–, Stammtafel *51*
–, Wahl *48*
–, Weltreich *51*
Karlstadt, Andreas; Leipziger Disputation 18, 31, 154
Kärnten 55, 117, 266, 270

–, Bauernunruhen 117
»Karsthans« 216
»Katechismus Canisi« 258
Katechismusunterricht 307
Katharina von Aragón, Gemahlin Heinrichs III. 64
Katholische Kirche, Erneuerung 247-259, 308-309
»Katholische Liga« 80, *90*, 278, 288, 289, 290
»Katzbalger« 108
Kaufbeuren 232, 239
Kempten, Bauernkrieg 121, 122
–, Fürstäbte von 121
Kepler, Johannes 282, 303
Kieser, Eberhard *195*
Kirchenreform 141, 149, 247-259, 308-309
–, Genf 149
–, Zürich 141
»Kleiner Katechismus«, Luther 19, 44
Klerikerausbildung 309
Klesl, Melchior; Bischof von Wien 261, 280, 281
Kleve, Herzogtum 81, *287*, 290
»Klosterkonflikt« 285
Klosterschulen 297, 306, 309
»Knabenspiegel« 222
Knappschaftskassen 194
Knipperdolling, Bernhard; Wiedertäufer *158*, 159, 160, 162
Kollegien, katholische 254, 309
Köln 48, 164, 194, 195, 258, 274, 275, 283, 287, 295
»Kölner Krieg« 260, 286-288
Kolonialhandel 172, 178
Kolumbus, Christoph 72, 94, 182, 183
Konfessionalisierung der Politik 275-290
Konfessionelle Bündnisse *90*
Konfessionen, Städte 174, 176
–, Territorien 90, 91
»König der Römer« 273
Königsberg, Universität 306
Königshofen 131
»Konkordienformel« 284
Konstantinopel, Osthandel 182
Konstanz 253
Konvikte 214
Konzil von Trient 73, 82, 85, 251-253, 309
Kopernikus, Nikolaus 69, 94, 302
Krafft, Adam 198, 232, *233*
–, »Kreuzwegstation« *233*
Krain, Herzogtum 55, 266, 270
Krautheim 203
Kreditwirtschaft 176, 177, 178, 186
Krefeld, Textilgewerbe 194
Kreiseinteilung, 16. Jh. *275*
Kriegsführung *262*
Kues, Nikolaus von 249
Kulmbach, Plassenburg *243*
Kunst der Reformationszeit 225-246
Kunsthandwerk, bürgerliches 229
Kupferminen 194
Kurbrandenburg 277
Kurfürsten 48, 86, *270*, 274, 283
–, Kaiserwahl 48
Kurie, Reform der 254
Kurpfalz 277, 278, 281, 283, 306
Kursachsen 278
Küstrin, Johann von 200
Kuxen 193

Lagerleben *103*
La Goletta, Seeschlacht von 75
»Lalebuch« 221
Landesherrschaften 23-24, 35, 69, 90-91, 176, 177-181, 272, 273-290, 306-307
–, Ablaßhandel 23-24
–, Konfession 90-91
–, Machtzuwachs 69, 94, 178-181, 272-275, 279
–, Schulen 306-307
–, Streitigkeiten 275-290
Landeskirchen, evangelische 44, 82, 94, 279
Landesschulen 306-307
»Landfrid durch Kayser Carol den fünften« *115*
Landfriedensformel, Augsburger Religionsfriede 92
Landschaftsmalerei 229
»Landsgemeindedemokratien«, eidgenössische 136, 143
Landshut, St. Martin 232
»Landshuter Hochzeit« 204
Landsknechte 69, 97-113, *103*, 167
»Landsknechtslied« 98-99
Landsknechtsmeuterei, Sacco di Roma 64, 65
Landsknechtsschlacht *61*
Langensalza, Bauernkrieg 133
Lateinschulen 218, 307
Lausitz 264, 271, 281
»Laus Stultitae« 39
»Lebenserinnerungen des Bartholomäus Sastrow« 86-87
Lederer, Jörg 232
Leibeigenschaft 121, 143, 144
Leiden, Jan von 162
Leinenherstellung 195
Leipheim, Schlacht bei 127
Leipzig *166*, 188, 247, 295, 306
–, Altes Rathaus *166*
–, Universität 295, 306
»Leipziger Disputation« 30-32, 154
Leo X., Papst 23, 25, 27, 33, 49, 72
Leonardo da Vinci 229
Lepanto, Seeschlacht von 73, 81
»Lewenklaw«, Hans von Amelbeurn 77
Leyden, Johann Beuckels von (Jan Bockelson); Wiedertäufer *159*
Liebenstein, Jacob von (Grabmal) 236
»Liga«, katholische 73, 80, 90, 278, 288, 289, 290
Liga von Cognac 64
Linz 303
Lissabon, Überseehandel 98
Literaturgeschichte der Reformationszeit 209-224
»Lob der Torheit« 39
»Loci communes rerum theologicarum« 34
Lodenweberei 195
Lohnarbeit 173, 186, 198
Lothringen, Kardinal von 287
Lotzer, Sebastian; Bauernführer 122, 123
Louise von Savoyen, Mutter Franz I. 66
Loyola, Ignatius 95, 255-256, 257, 258, 308
Lübeck 171, 237, 276, 281
–, Marienkirche *237*
–, Reichsbistum 276
Ludwig II., König von Ungarn und Böhmen 55, 64, 266
Luther, Martin *14*, 15-45, *21*, *38*, *53*, 55-57, 71, *71*, 82, 94, 122, *128*, *146*, 153, 155, 194, 209, 210, 211-216, 218, 227, 247, 248, 249, 250, 301, 304
–, Auslegung der Episteln und Evangelium *146*
–, Bibelübersetzung 214-216
–, Bildungsidee 301, 304
–, Lebensdaten 18-19
–, Reformation 15-45
–, Reichstag zu Worms *53*, 55-57
–, Schriften und Übersetzungen *128*, 189, 210, 211-216
–, Thesenanschlag 72
–, Universitäten 304
»Lutherhaus«, Wittenberg *37*
Lüttich 286
Luzern 136, 144
Lyrik der Reformationszeit 224

Madrid, Frieden von 62, 66
»Magdalena«, Gregor Erhart 231
Magdeburg 17, 19, 23, 44, 80, 82, 85, 89, 276, 281
Magister artium 215
Mähren 264, 271, 278, 281
»Mährische Brüder« 157
Maidbronn, »Beweinungsrelief« 236
Mailand, Herzogtum 57, 59, 61, 62, 64, 75, 95, 264
Mainz, Albrecht von Brandenburg 23
–, Erzbischof von 274
–, Grabmale Backoffens 236
–, Universität 295
»Majestätsbrief«, Böhmen 73
Malerei der Reformationszeit 240-246
Manlich, Handelshaus 186
Mansfelder Gewerke 194

Manufakturen 178, 186
Manz, Felix; Täufer 156
Marburg, Landgrafenschloß *150*
–, Universität 306
Marburger Religionsgespräch 19, 41, 147
Margarete von Österreich, Statthalterin der Niederlande 50, 54, 66, 74
Maria, Schwester Karls V.; Statthalterin der Niederlande 74, 75, 79
Marienkapelle, Würzburg 234
Marienkirche, Krakau 235
Marignano, Schlacht von 139
Mark *287*
Marketender 111
Markgröningen, Rathaus *238*
Mark und Ravensberg, Grafschaften 290
Marlowe, Christopher 220, 221
Matthias, Kaiser 73, *268*, 269, 272, 280, 281, 282, 290
Matthys, Jan; Wiedertäufer 158, 159
Maximilian, Herzog von Baiern 278
Maximilian I., Kaiser 48, 50, 72, 97, 101, 102, 110, 113, 273
Maximilian II., Kaiser 73, 88, 268, 270, *270*, 271, 274, 279, 282
Mecklenburg, Herzog von 89
–, Reformation 44
–, Schulordnungen 306
Meisner, Daniel; »Politisches Schatzkästlein« *195*
Meißen, Fürstenschule 307
Meisterprüfungen 173
Meistersang 224
Melanchthon, Philipp 34, 44, 71, 154, 305, 306
Melchior Klesl, Bischof von Wien 261, 280, 281
Memling 240
»Memminger Bundesordnung« *118*, 122, 124
Mennoniten 242
Merici, Angela 250
Mespelbrunn, Julius Echter von; Fürstbischof 261
Messe 40, 188, 252
Metz 19, 89, 95
Militärwesen 97-113, 167
Miltenberg 203
Mindelburg 101
Mindelheim 101
Minden 276, 281, 287
»Mi-parti-Kleidung« 106
»Mitten wir im Leben sin / mit dem Tod umfangen«, Luther 216
Mohács, Schlacht bei 64, 72
Möller, Anton; Weber 192
Monopolwirtschaft 95, 176, 177, 178, 193, 194
Montanindustrie 193, 194
Montanus, Martin 222
Morgarten, Schlacht von 145
Moriskentänzer 232
Moritz, Herzog von Sachsen 19, 34, 82, *84*, 89, 95, 307
Morus, Thomas 39
Mosellanus, Petrus 32
Mühlberg, Schlacht bei 19
Mühlhausen 132, 133, 134, 137
Müller, Hans; Landsknecht 120
München, Rathaus 232
–, St. Michael *227*, *242*
–, St. Peter 232
Münnerstadt 234
Münster 158, 160, 162, 261, 287
Münster, Sebastian *63*
Müntzer, Thomas 70, *126*, 132-134, 135, 142, 154
Murad III., Sultan 272
Murner, Thomas 216, 218
–, »Vom großen lutherischen Narren« *217*

Naogeorg, Thomas 218
»Narrenschiff« 189, 218
Naturalhandel *187*
Naumburg 44
Navarra 57, 71
Neapel 48, *49*, 57, 59, 62, 65, 95, 264
Neithart, Mathis Gothart (»Grünewald«) 226
Neri, Philipp 255
Neuburg 289
Neuenburg 137, 148
Neues Testament, Übersetzung 36
Neuhochdeutsch 215
»Neuwe Chronica Türkischer Nation« 77
Niederlande 48, 50, 73, 95, 183
Niederrheinische Staatenbildung *287*
Niklashausen, Pfeifer von 117-119
Nikolaus von Kues 249
Nikomachische Ethik 292
Nizza, Friede von 79, 80
Notke, Bernt 237, *237*
Nürnberg 74, 166, 171, *185*, 189, *231*, 232, 238, 245, 278, 306
–, Altes Rathaus 166
–, Frieden von 74
–, »Gänsemännchen-Brunnen« 231
–, Pellerhaus *238*
»Nürnberger Anstand« 19, 72, 74
»Nürnberger Ei« 189
Nürnberger Geschlechterbuch 197
Nürnberger Reformation 44

Ockham, Wilhelm von; Scholastiker 20
Oettingen 276, 278
Ofen 80
»Onate-Vertrag« 269
Orienthandel 183, 233
Orte, eidgenössische 136, 137
Osmanen *63*, 74, 95, 289
Osmanenexpansion *78*
Osnabrück 261, 281, 287
Osterode 234
Österreich 48, 55, 95, 266, 270, 271, 279

Pacher, Michael 241
Pädagogik 291-310
Paderborn 228, 261, 287
–, Bürgerhaus *238*
–, Rathaus *238*
»Pammachius« 218
Päpstliche Universität 254
Papsttum, Kritik am 30-40
Paracelsus siehe Hohenheim
Passau, Vertrag von 19, 73, 89
»Passauer Stillstand« 265
Patrizier *175*
Paul III., Papst 78, 250
Paul, Vinzenz von; Reformator 255
Paumgärtner, Handelshaus 186
Pavia, Schlacht bei 61, *61*, 62, 95, 102
»Peinliche Gerichtsordnung« 68
Pellerhaus, Nürnberg *238*
Pensionen, Schweizer Söldnerwesen 138, 139, 140, 144
Pest 80, 300
Petri, Adam *146*
Petrus Canisius 258, 260, 279
Pfalzgraf bei Rhein 274
Pfalz-Neuburg 278
Pfarramt, evangelisches 44
Pfarrschulen 297
Pfarrwahl 143
Pfefferkorn, Johannes 209-210
Pfeifer von Niklashausen 117-119
Pfeiffer, Heinrich; Bauernführer 132, 133
Pforta, Fürstenschule 307
Pforzheim, Lateinschule 34
Philipp I., der Schöne, König von Kastilien 50, 95
Philipp II., König von Spanien 50, 73, 91, 188, 264, 267, 270
Philipp, Herzog von Braunschweig 86
Philipp von Hessen, Landgraf 19, 41, 85, 134, 204
Pirckheimer, Humanist 211
Pius V., Papst 254
Pizarro, Francisco 182
Plassenburg, Kulmbach *243*
»Politisches Schatzkästlein« *195*
Pommern, Reformation 44
Pommersches Fürstenhaus *71*
Prag 258, 269, 272, 282, 295, 303
–, Fenstersturz 269
–, Universität 295
Prencz, Georg; »Inhalt zweierley Predigt« *31*
Prinzenerziehung 205, 206

Privatschulen 297-299
Profoß 112
Proletariat 173
Protestanten 19, 41, 70, 71, 72, 73, 74, 81, 82, 84, 88, 244, 276, 278, 279, 281, 284, 285, 288, 290
–, Böhmen 281
–, Schulen 305, 306, 307
–, Unterdrückung 260, 261, 279, 280, 281
Protestantische Union *90*, 278, 288, 289, 290

Rathausbauten 164, *166*, 228, *238*
»Ratio atque institutio studiorum« 309
Ratzeburg 276
Ravensberg, Grafschaft *287*, 290
Rechtsprechung 68, 69, 112, 275-277, 289
–, Landsknechtsheer 112, 113
Reformation 15-45, *22*, *43*, 53-57, 94, 174, 176, 188, 225-246, 247-249, 291-310
–, Ausbreitung *43*
–, Kunst 225-246
–, Literatur 45, 209-224
–, Schema *22*
–, Schweiz 136-151, 156
Reformationszeit, Bildung und Kultur 291-310
–, Politik 47-102
Reformatio sigismundi 52
Reformbestrebungen der Katholischen Kirche 249-259
Reformierte Kirche 150, 284
–, Schema *22*
Regensburg 68, 80, 81, 82, 274, 277, 279, 303
–, Reichstag 68, 80, 82, 74, 277, 279
–, Stillhalteabkommen von 81
Reichlin, Johannes 34, 210, 304
Reichlin-Fehde 209-210
»Reichsabschied« 274
»Reichsfreie Städte« 274
»Reichsfürstenstand« 274, 276
Reichsgliederung, Karl V. *67*
»Reichshofgericht« 276
»Reichskammergericht« 81, 276
Reichsorgane, Schwächung der 275-277
Reichspolitik unter Karl V. 67-74, 80, 81-91, 264
»Reichsreform« 274
Reichsregiment 70, 94
–, gespaltenes 70
Reichsritter-Aufstand 19
Reichsritterschaft 36
Reichsstände 35, 42, 272, 273, 274, 275
Reichstag, Augsburg 19, 27, 42-43, 71, 72, 86-87, *88*, 248, 276
–, Regensburg 68, 80, 82, 274, 277, 279
–, Speyer 19, 41, 72, 81, 82, 274
–, Worms 35-36, 53-57, 82
Reichsteilung, habsburgische 264
»Reichsunmittelbarkeit« 274
Reichsverfassung 88, 129, 274
Reinhard d.Ä., Graf zu Solms, Kriegstagebuch *84*
Reislaufen 100, 137-139, *138*
Religionsfriede 19, 90, 93, 267, 274, 276, 286
–, Augsburger 19, 50, 90-93
Religionsgespräche, Marburger 147
–, Wormser 279
Reliquienhandel 69
Renaissancekirchen *245*
Renaissancekunst *201*, *207*, 225-246, *227*
Renaissance-Rathäuser *238*
Renaissance-Rollwerk *242*
Renaissance-Schlösser *243*
Rhein, Pfalzgraf bei 48, 275
Riemenschneider, Tilman 94, 198, 234
Ritterakademien 294
»Ritteraufstand« 69, 95
Ritterheere, Niedergang der 97
Ritterroman 222, 224
Rogel, H.; »Kurfürsten und Kaiser« *270*
Rollenhagen, Georg 222
»Rollwagenbüchlein« 222
Romane der Reformationszeit 222-223
Romanus, Aegidius; Ordensgeneral 291
Römischer Kaiser, erwählter 273
»Römischer Katechismus« 254
»Römischer König« 273
»Roßdieb zu Fünßing« 220
Rostock, Universität 295, 306
Rothenburg 127, 234, 235, 236
–, »Heilig-Blut-Altar« 235, 236
Rothmann, Bernd; Wiedertäufer 158
Rottenburg 157
Rudolf II., Kaiser 73, 268, 269, 271, 272, 274, 275, 276, 277, 280, *280*, 281, 282, 285, 286, 290, 303
»Rudolfinische Tafeln« 303
Runkelstein bei Bozen *101*

»Sacco di Roma« 64, 65, 72, 95
Sachs, Hans *31*, *197*, 200, *217*, 219, *219*, 220, 224
–, »Beschreibung aller Stendt auf Erden« *197*
–, »Inhalt zweierley Predigt« *31*
–, »Roßdieb zu Fünßing« 220
–, »Wittenbergisch Nachtigall« *217*
Sachsen 44, 48, 83, 275, 284
Sächsisches Fürstenhaus *71*
Sakramente 18, 252
Säkularisierung 276, 281, 289
Sales, Franz von; Bischof von Genf 255
Salzburg 80, 117, 134, 240, 261, 300
–, Bauernunruhen 117, 134
–, Bistum 261
Salzburger Protestanten *283*
Sandrart, Joachim von 243
»Sangbüchlein«, Luther 215
Sastrow, Bartholomäus (Reichstag zu Augsburg) 86-87
Sattler, Michael; Prior 156
Savonarola, Girolamo; Bußprediger 152, 249
Savoyen 66, 79, 80, 148
–, Louise von; Mutter Franz I. 66
Schaffhausen, Reformation 145
Schauspieltruppen, englische 220-221
Schede, Paulus Melissus 224
Scherenberg Grabdenkmal, Würzburg 234
»Schimpf und Ernst« 222
Schleitheim 156
Schlesien 264, 271, 281
Schleswig, Bordesholmer-Altar 236
Schleswig-Holstein 44
–, Schulordnungen 306
Schlettstadt, Bauernerhebungen 115
»Schlösserartikel«, Bauernkrieg 127
Schmalkaldischer Bund 19, 72, 73-74, 82-83, *90*, 94, 249
Schmalkaldischer Krieg 19, 73, 83, 83-91, *84*
Schmid, Ulrich; Bauernführer 122
Scholastik 295-297
Schongauer, Martin; »Madonna im Rosenhag« 240
Schreibschulen 298
Schriftgießer *197*
Schriftsprache, deutsche 36, 213, 214, 215
Schuldrama 218, 220
Schulen, altsprachliche 305
–, bürgerliche 297-299, *298*
–, landesherrliche 167, 306-307
–, Reformation und Gegenreformation 44, 291-310
Schultheiß 112
Schwäbischer Bund 100, 101, 123, 127
Schwäbisch-Hall *170*
Schwankliteratur 189, 221-224
Schwarerd, Georg; Vater Melanchthons 34
Schwärmer 41, 94, 152-162
Schwarz, Matthäus; Hauptbuchhalter des Jakob Fugger 187
Schwarz, Veit, C., Trachtenbuch *180*
Schwarzer Bergbau 194
Schweinichen, Hans von 200
Schweiz, Bauernerhebung 116, 117, 143

–, Einwohnerzahlen 137
–, Reformation 74, 136-151
Schweizer Söldner 100
Schwerin, Reichsbistum 276
Schwyz 136, 144
»Sebastian-Altar«, München 240, 241
Seehandel 172, 182, 183
Seminare 309
Sempach, Schlacht von 97
»Sendbrief vom Delmetschen«, Luther 19, 215
Servet, Michael; Arzt 149
Sforza, Francesco; Herzog von Mailand 75
Shakespeare, William 220, 221
Sichem, Christian; »Thomas Müntzer« *126*
Sickingen, Franz von 36, 69, 72
Siebenbürgen 272
»Sieben freie Künste« 292
Silberbergbau 188
Silberimport 183, 184, 188
Silbermonopol 188
Silbervorkommen 182, 191, 194
Simons, Menno; Täufer 162
»Sola fide« 40
»Sola gratia« 21, 23
»Sola scriptura« 27, 30
Sold 100, 108-109
»Soldaten Christi« 256
Solddienst 137-139, *138*, 140, 144
–, eidgenössischer 137-139
Söldner, Schweizer 137-139
Söldnerheer 95, 97-113, 167, 178
Solymannus XII., Sultan *63*
Sondertagsatzung, Schweiz 144
Sozialkonflikte, Bauernaufstände 69, 114-135, 143, 173, 174, 175
Sozialstruktur, Stadt 163-181
Spalatin, Georg; Kaplan 33, 205
Spanische Kriege 61
Spätgotik, Bildhauer der 230-240
–, Malerei 240-246
Spätmittelalterliche Erziehung 291-298
Spätmittelalterliche Universität 294-297
Speyer, »Abschied des Reichstages« 70
–, Reichstage 19, 41, 72, 81, 82, 115, 274
»Spießbürger« 170
Spitäler 239
Stadion, Christoph von; Bischof 249
Stadt, Gesellschaft 163-181
–, Politik 181
–, Proletariat 173, 174
–, Regiment 173
–, Sozialstruktur 163-181
–, Steuersystem 170
–, Wirtschaft 172
Stadtbefestigungen 165, 170
Stadtbilder 164-171, *184-185, 195*
Stadtschulen 297-299, 306
Stände, evangelische 42
»Ständebuch« des Jost Amman 189
Ständeordnung, Allegorie der *273*
St. Andreasberg 192
Staupitz, Johann von; Augustiner 20
St. Claren, Türkenkriege 77
Steckelburg 189
Steiermark 55, 117, 134, 266, 270
–, Bauernunruhen 117, 134
Steuersystem, städtisches 170
St. Gallen 137, 145
St. Georgen, Eisenach 17
St. Julien, Frieden von 148
St. Michael, München *227*
Stockholm, »Heiliger Georg« 237
Stockmeister 112
Storch, Nikolaus; Zwickauer Propheten 154
Stoß, Veit 232, *233*
–, »Weihnachtsaltar« *233*
Stotternheim 17
Straßburg 44, 158, 195, 218, 222, 230, 245, 275, 276, 277, 287
Streitschriften der Reformationszeit 217, 218
Stübner, Marcus; Zwickauer Propheten 154
Studentenkrawalle 247
Studentenproletariat 297
Stühlingen, Bauernkrieg 120, 121
St. Wolfgang, Hochaltar 241
Suleiman II., Sultan 72, 74, 75, 78, 271
Sünden, Vergebung *14*
Sundgau 266
Syphilis 300
Syrlin d.Ä., Jörg; Chorgestühl Ulm 231, *231*

Tabak 183
»Tabulae Rudolfinae« 282
Tagsatzung 136, 144
Talmud 210
Taschenuhr 189
Taufe 18, 40
–, Christi *38*
Täufer 72, 94, 142-143, 152-162
–, in Münster 72, 157-161
Territoriale Streitigkeiten 275-290
Territorialherren 69, 90-91, 134-135, 199-208, 267, 279, 289
–, Konfession 90-91
–, Machtzuwachs 69, 178-181, 289
Territorialpolitik 178, 179, 181, 275-290
Territorialstaat, absolutistischer 134-135, 178-181
Tetzel, Dominikanermönch; Ablaßpraxis 24, 25
Textilgewerbe 192, 193, 194-196
Theatinerorden 250
Thesenanschlag zu Wittenberg 18, 24-25, 28-29, 72, 210
Thorn 302
Thüringen, Bauernkrieg 132-134
Tierfabel 222
»Till Eulenspiegel« 221
Tirol 134, 266, 271
–, Bauernkrieg 134
»Tiroler Adler« *252*
Tizian 229
Toledo 80
Toleranzphase 279
»Totentanz« *237*
Trachtenbücher *180*, 195
Transsubstantiation 40
Trient, Kardinal von 86
–, Konzil von 73, 82, 85, 95, 251-253, 309
Trier, Erzbischöfe von 274
–, Erzbistum 283
–, Kurfürst 48
–, Universität 295
Truchseß von Augsburg, Kardinal 248
Truchseß von Waldburg 127, 131
Tübingen, Universität 34, 295, 310
Tuchweberei 195
Tumba Friedrichs III., Wien 230
Tunis, Seeschlacht von 75
Türkenexpansion 55, 63, 64, 66, 74, 76-77, 78, 80, 96, 267, 271, 272
–, Mohács 64
–, vor Wien 76-77, 96
»Türkengelder« 272
Türkisch-französische Allianz 64
»Turmerlebnis«, Luther 18

»Über die Willensfreiheit«, Luther 39
Ulm 44, 121, 127, 195, 278
Ulmer Münster, Chorgestühl *231*
Ulrich, Herzog von Württemberg 117
Ulrich von Hutten, »Herr Ulrichs von Hutten anzoig« *213*
Ungarn 80, 264, 267, 270, 271, 272, 278, 279, 281
Union 73, 278, 288, 289, 290
–, protestantische 73, *90*
Universitäten 37, 40, 94, 254, 258-259, 294-297, 295, 304, 305, 310
–, der Jesuiten 258-259
–, frühe 295
–, päpstliche 254
–, reformierte 305, 306
–, Spätmittelalter 294, 297
–, Verfall 304

Universitätsmatrikel von Wittenberg *37*
Unruh (Uhr) 189
Unternehmertum, frühes 197
Unterwalden 136, 144
Uri 136, 144
Ursulinen 250
Utrecht, Bistum 293

Vasari 228, 229
Vatikanisches Konzil, Zweites 253
Venedig 64, 101, 171, 172, 182
–, Osthandel 182
–, Republik 101
Verden 276, 281
Verdun 19, 89, 95
Verfassung des Reichs 274
Verfassungsreform, Bauernkrieg 129, 130
Verlagssystem 95, 173, 174, 186, 196
»Verlorener Haufe« 109
Vernunft 291-293
Verona 101
»Vier Apostel«, Dürer 242
»Vierklosterstreit« 276, 277
Villach 89, 300
Vinzentinerinnen 255
Vischer, Peter 198, 238
Visitationskammer 276, 277, 289
Visitationskammer-Streit 276
Vogtland, Bauernkrieg 134
Volksbücher 221-224
Volksschule 298, 307, 308
»Von dem großen Lutherischen Narren« 216, *217*
»Von der babylonischen Gefangenschaft der Kirche« 18, 40, 214
»Von der Freiheit eines Christenmenschen« 18, 40, 214
Vorderösterreich 271

Waadtland 148
Waffen, Landsknechte 108
Wagenburg *104-105*
Wahlkapitulation 49, 55, 94, 273
–, Kalrs V. 49
Waldburg, Truchseß von 130
Waldeck, Franz von; Bischof von Münster 160-161
Waldenser *283*
Wallenstein, Herzog 303
Wallis 137
Wartburg, Luther 18, 36, 37, 153
Watzenrode, Lukas; Bischof 302
Wechsel 185
Weigant, Friedrich; Bauernführer 129
»Weihnachtsaltar« *233,* 235
Weilburg, Schloß *201, 243*
Weil der Stadt 303
»Weingartner Vertrag«, Bauernkrieg 128, 131
Weißenburg im Nordgau 86
Welser 95, 186, 187, 188, 194
–, Niederlassungen *190*
Weltchronik Sebastian Münsters *63*
Welthandel 171-173, 182-188
Wickram, Jörg *217,* 222
–, Rollwagenbüchlein *217*
»Wider die räuberischen und mörderischen Rotten der Bauern« 129
»Wider die stürmenden Bawren« 19, *128*
Wiedertäufer, Münster 157, *158,* 160-162
–, Zürich 142, 156
Wien 66, 72, 74, 75, 76-77, 96, 230, 258, 268, 271, 295, 304
–, Tumba Friedrichs III. 230
–, Türkenbedrohung 66, 72, 74, 75, 76-77, 96, 271
–, Universität 295, 304
»Wiesenstück«, Dürer 243
Wildhaus 139
Wilhelm, Herzog von Hessen 89
Wilhelm von Croy 50
Willibald, Heiliger (Eichstätt) 239
Windsheim 234
Wirtschaftsbürgertum 163-165, 170-173, 176, 177
Wirtschaftspolitik 137-138, 163-181, 182-198
–, der Schweiz 137-138
–, der Städte 163-181
Wittenberg 18, 20, 24-25, 34, 37, 38, 154, 155, 244, 247, 295, 304, 306
–, Augustinerkloster 20
–, Kirchensturm 238-239
–, Luthergedenkstätten *37*
–, Thesenanschlag 18, 24-25, 28-29, 210
–, Universität 34, 37, 295, 304, 306
Wolgemut, Michael 245
Wolltucherei 194, 195
Worms, Anton von (Köln) *165*
»Wormser Edikt« 18, 19, 36, 57, 70, 71, 72, 153
Wormser Reichstage 18, 35-36, 53-57, 82, 279
Wörth, Schloß 244
Württemberg 44, 117, 278
Württembergische Schulordnung des Herzogs Christoph 307
Wurzach, Schlacht bei 127
Würzburg 118, 119, 129, 131, 132, 232, 234, 236, 259, 284
–, Bauernkrieg 213, 215, 216
–, Bischöfe von 284
–, Lorenz von Bibra-Grabmal 236
–, Marienkapelle 234
–, Pfeifer von Niklashausen 118, 119
–, Scherenberg-Grabmal 234

Xanten, Vertrag von 289

Zapolya, ungarischer Gegenkönig 271
Zehnte 143, 144
Zentralgewalt, Verfall 272, 273-275
Zobel, Melchior von; Bischof 284
Zölibat 38
Zollpolitik 178, 179, 181
Zsitva-Torok, Frieden von 272
Zug 136, 144
Zugewandte Orte 136, 137
Zunft 173
»Zürcher Disputation, Erste« 140
Zürich 136, 140-144, 145-147, 156
»Züricher Mandat gegen das Reislaufen« *138*
Züricher Reformation 140-144, 145-147, 156
»Zweihänder« 108
»Zweiter Kappeler Krieg« 147
»Zweiter Kappeler Landfrieden« 147
Zweites Vanikanisches Konzil 253
»Zwickauer Propheten« 154-155
Zwilling, Gabriel; Augustiner 153
Zwingli, Huldrych (Ulrich) 19, 41, 94, 122, 139, 140, 141, *141,* 142, 143, 144, 145, *146,* 147, 152, 156
»Zwölf Artikel« der Bauern 122-123, 124-125, 127, 129, 135

ABBILDUNGSNACHWEIS

Archiv für Kunst und Geschichte, Berlin (1); Kunstarchiv Arntz, Haag (1); Bayer. Nationalmuseum, München (1); Klaus G. Beyer, Weimar (3); Bildarchiv Preußischer Kulturbesitz, Berlin (15); Deutsche Fotothek Dresden (2); Germanisches Nationalmuseum, Nürnberg (4); Photo Gundermann, Würzburg (1); Hauptamt für Hochbauwesen, Nürnberg (2); Herzog August Bibliothek, Wolfenbüttel (3); Maria Jeiter, Aachen (1); Kunstsammlungen der Veste Coburg, Coburg (1); LEXIKOTHEK Verlag GmbH; Gütersloh (46); Bildarchiv Foto Marburg, Marburg (2); Museum für Kunst und Kulturgeschichte, Lübeck – Castelli (1); Öffentliche Kunstsammlungen, Basel (1); Österreichische Nationalbibliothek, Wien (7); Rijksmuseum, Amsterdam (1); roebild, Frankfurt – Busch (1); Toni Schneiders, Lindau (2); Städtische Kunstsammlungen, Augsburg (1); Ludwig Windstosser, Stuttgart (1); Zentralbibliothek, Zürich (1).